Transformando Confusão *em* Clareza

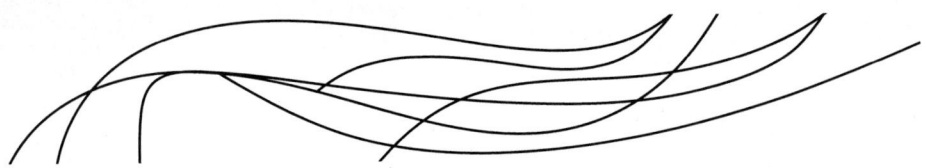

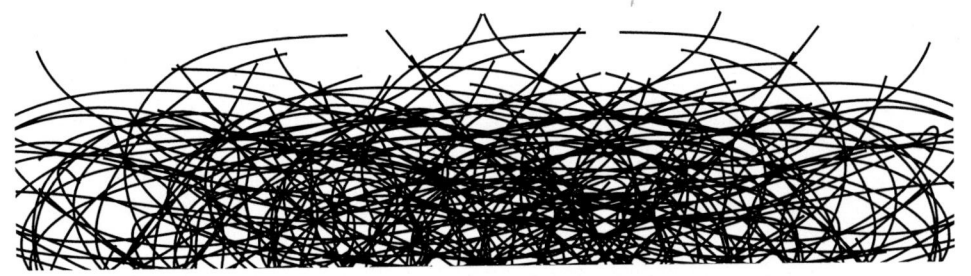

Transformando Confusão em Clareza

Um Guia para as Práticas Fundamentais do Budismo Tibetano

Yongey Mingyur Rinpoche *com* Helen Tworkov

Prefácio de Matthieu Ricard

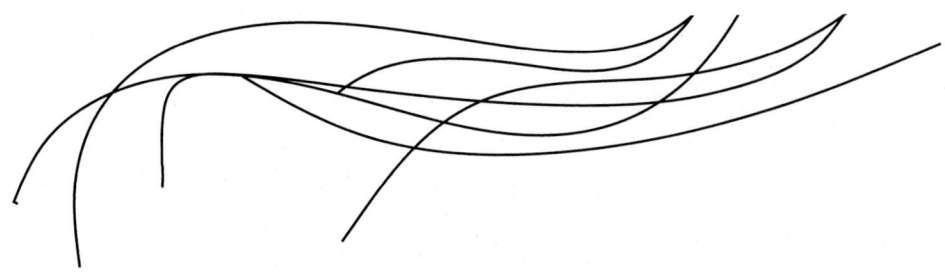

© 2014 by Yongey Mingyur

Direitos desta edição:
© 2018 Editora Lúcida Letra

Publicado sob acordo com Shambhala Publications Inc.

Título original: Turning confusion into clarity

Coordenação editorial: Vítor Barreto
Tradução: Paula Rozin
Preparação de texto: Heloísa Pupatto Fiuza de Andrade
Revisão técnica: Equipe Tergar Brasil
Revisão: Thaís de Carvalho
Design de capa e diagramação: Aline Haluch | Studio Creamcrackers

Dados Internacionais de Catalogação na Publicação (CIP)

Y78t	Yongey Mingyur, Rinpoche, 1976-.
	Transformando confusão em clareza : um guia para as práticas fundamentais do budismo tibetano / Yongey Mingyur Rinpoche com Helen Tworkov ; prefácio de Matthieu Ricard. – Teresópolis, RJ : Lúcida Letra, 2018.
	432 p. ; il. ; 23 cm.
	Inclui índice.
	Tradução de: Turning confusion into clarity.
	ISBN 978-85-66864-56-4
	1. Budismo tibetano. 2. Vida espiritual - Budismo. I. Tworkov, Helen. II. Título.
	CDU 294.3
	CDD 294.3923

Índice para catálogo sistemático:
1. Budismo tibetano   294.3

(Bibliotecária responsável: Sabrina Leal Araujo – CRB 10/1507)

Turning Confusion into Clarity
Transformando Confusão *em* Clareza

Livros de Yongey Mingyur Rinpoche

A Alegria de Viver: Descobrindo o Segredo da Felicidade.
Yongey Mingyur Rinpoche com Eric Swanson – Rio de Janeiro, RJ:
Editora Elsevier, 2007.

Alegre Sabedoria: Abraçando Mudanças e Encontrando Liberdade.
Yongey Mingyur Rinpoche com Eric Swanson – Teresópolis, RJ:
Editora Lúcida Letra, 2016.

Para outros ensinamentos de Yongey Mingyur Rinpoche,
ensinamentos de áudio e vídeo sobre práticas fundamentais do
Budismo Tibetano, acesse: www.store.tergar.org

Sumário

Prefácio de Matthieu Ricard, 9
Agradecimentos, 15

PARTE UM: ENTRANDO NO CAMINHO, 17
1. Primeiros Passos, 17
2. Meditação: A Ferramenta Essencial, 45
3. Traços dos Meus Gurus, 78

PARTE DOIS: AS QUATRO PRÁTICAS FUNDAMENTAIS, 90
4. O Primeiro Pensamento que Transforma a Mente: Preciosa Existência Humana, 90
5. O Segundo Pensamento que Transforma a Mente: Impermanência, 115
6. O Terceiro Pensamento que Transforma a Mente: Carma, 138
7. O Quarto Pensamento que Transforma a Mente: Sofrimento, 158

PARTE TRÊS: AS QUATRO PRÁTICAS FUNDAMENTAIS EXTRAORDINÁRIAS, 191
8. A Primeira Prática Extraordinária: Tomar Refúgio, 192
8. Parte dois | Tomar refúgio para o benefício de todos os seres bodhichitta, 242
9. A Segunda Prática Extraordinária: Purificação, 267
10. A Terceira Prática Extraordinária: Mandala – Acumulação de Sabedoria e Mérito, 300
11. A Quarta Prática Extraordinária: Guru Yoga, 334
12. Após o Ngondro, 389

Glossário, 396
Leituras Recomendadas, 408
Créditos, 409
Sobre a Comunidade de Meditação Tergar, 411
Índice Remissivo, 412

Prefácio

Yongey Mingyur Rinpoche é um dos meus professores e filho de coração de vários dos meus principais mestres espirituais. Por isso, me parece um pouco inadequado escrever um prefácio para seus profundos ensinamentos, do mesmo modo que é desnecessário fazer uso de uma lanterna ao meio-dia. Em vista disso, o que se segue é mais uma oferenda à sua sabedoria e aos mestres da linhagem.

Em *A Alegria de Viver*, Mingyur Rinpoche escreve: "Um dos principais obstáculos que enfrentamos quando tentamos examinar a mente é uma convicção profunda e muitas vezes inconsciente de que "nascemos do jeito que somos e nada que fizermos poderá mudar isso." Tive essa mesma sensação de inutilidade pessimista durante minha infância, e vi isso refletido várias vezes em meu trabalho com as pessoas ao redor do mundo. Sem sequer pensarmos conscientemente sobre o assunto, a ideia de que não podemos alterar nossa mente bloqueia todas as nossas tentativas.... [No entanto,] durante minhas conversas com cientistas de todo o mundo, fiquei espantado ao ver que existe um consenso quase universal na comunidade científica de que o cérebro está estruturado de uma maneira que, na verdade, possibilita efetuar mudanças reais na experiência diária."

A combinação de testemunhos pessoais, com insights sobre a mente das pessoas e a entusiástica abertura para com o entendimento contemporâneo são algumas das características marcantes da inigualável facilidade com que Mingyur Rinpoche apresenta os ensinamentos mais profundos do Budismo, juntamente com questões relevantes para nosso mundo moderno. Em *Transformando a Confusão em Clareza*, Rinpoche aplica essas maravilhosas habilidades. Ele nos oferece ensinamentos abrangentes sobre as práticas fundamentais, contendo instruções indispensáveis para realizar essas práticas de forma tradicional e autêntica. O que é muito especial, no entanto, é que essas instruções tradicionais são intercaladas com memórias inspiradoras, histórias de grandes mestres e insights íntimos do próprio caminho espiritual do Rinpoche, tornando, assim, os ensinamentos plenamente vivos.

É também significativo que, neste livro, Rinpoche tenha escolhido dar instruções extensivas sobre as práticas fundamentais, quando tantos praticantes hoje estão sedentos pelos chamados ensinamentos avançados. Porém, como Kyabje Dudjom Rinpoche (1904-87) escreveu: "O nascimento do significado da Grande Perfeição em seu fluxo mental depende dessas práticas fundamentais."

Essa visão é consonante com a de todos os grandes mestres do passado. Drigung Jigten Gonpo (1143-1217), por exemplo, disse: "Outros ensinamentos consideram a prática principal mais profunda, mas aqui são as práticas preliminares que consideramos profundas."

Para os leitores deste livro, esse fundamento sólido fará com que as práticas subsequentes fluam naturalmente. Sem as práticas fundamentais, por mais magníficas que as práticas subsequentes possam parecer, seu destino não é diferente de um castelo construído na superfície de um lago congelado. Assim como certamente o castelo afundará quando o calor da primavera chegar, as visões elevadas daqueles que julgam poder dispensar as práticas fundamentais entrarão em colapso assim que as circunstâncias externas se tornarem desafiadoras. Dilgo Khyentse Rinpoche (1910-91) disse muitas vezes: "É fácil ser um bom meditador quando estamos sentados ao sol com a barriga cheia. Quando confrontado com condições adversas o meditador é posto à prova."

Certa vez alguém veio visitar Shechen Rabjam Rinpoche, neto de Khyentse Rinpoche, para discutir suas dificuldades. O visitante começou dizendo como sua prática da Grande Perfeição estava indo bem e como era maravilhoso simplesmente "permanecer na visão". A seguir, ele acrescentou: "Mas sabe, eu não suporto estar naquele centro de Darma. As pessoas são tão maldosas e não consigo me dar bem com elas." Quando Rabjam Rinpoche sugeriu que, em tais ocasiões, ele tentasse praticar ensinamentos do treinamento da mente, o homem respondeu: "Ah, isso é realmente difícil." Portanto, a pessoa achava fácil praticar o ensinamento mais profundo, que é a culminação do caminho budista, mas lhe era muito desafiador aplicar os ensinamentos com os quais deveríamos começar.

Depois que o homem saiu, Rabjam Rinpoche lembrou o que o grande yogi Shabkar Tsodruk Rangdrol (1781-1851) havia dito sobre tais casos: "Há pessoas que fingem ser capazes de mastigar pedras, mas nem conseguem mastigar manteiga."

Em sua autobiografia, Shabkar afirma: "Hoje em dia algumas pessoas dizem: 'Não há necessidade de despender grande esforço nas práticas preliminares. Qual é o objetivo de tanta complicação? Basta simplesmente praticar o Mahamudra, destituído de todas as elaborações.' Não escute tais bobagens. Como alguém que nunca foi sequer à praia pode falar sobre o mar?"

Nesse caso, onde podemos começar? Para entrar verdadeiramente de forma significativa no caminho da transformação, devemos antes examinar cuidadosamente nós mesmos. Poderíamos perguntar: o que estou fazendo com a minha vida? Quais foram minhas prioridades até agora? O que posso fazer com o tempo que ainda me resta viver? É claro que esses pensamentos só fazem sentido se acharmos que a mudança é desejável e possível. Será que pensamos que "nada precisa ser melhorado em nossa vida e no mundo que nos rodeia"? Será que a mudança é possível? Cabe a cada um de nós decidir.

A próxima pergunta é: em que direção queremos mudar? Se tentarmos ascender na escada social ou corporativa para enriquecer ou ter mais prazer, temos tanta certeza de que essas coisas, se alcançadas, nos trarão satisfação duradoura? Nessa encruzilhada, quando nos perguntamos quais realmente seriam nossos objetivos, precisamos ser honestos com nós mesmos e não nos contentar com respostas superficiais.

A resposta que o Budismo nos apresenta é que nossa vida humana é extremamente preciosa. A desilusão que às vezes nos acomete não significa que a vida não vale a pena ser vivida. No entanto, ainda não identificamos claramente o que torna a vida significativa.

Os ensinamentos dos grandes mestres budistas não são receitas aleatórias. São verdadeiros guias resultantes da experiência viva de especialistas no caminho espiritual, que possuem conhecimento extraordinário e compreendem claramente os mecanismos produtores de felicidade e sofrimento.

Tendemos a dizer: "Primeiro vou cuidar das minhas atividades atuais e terminar todos os meus projetos e, quando tudo estiver pronto, terei mais clareza e poderei me dedicar à vida espiritual." Mas pensar assim é nos enganar da pior maneira. Como Jigme Lingpa (1729-98) escreveu em *Treasury of Spiritual Qualities* [Tesouro das Qualidades Espirituais]:

> Atormentados pelo calor do verão, os seres suspiram com prazer
> À clara luz da lua do outono.
> Não pensam e nem se alarmam ao saber que,
> Cem de seus dias já passaram.

Então, ao invés de deixar o tempo passar como areia escorrendo pelos nossos dedos, devemos prestar atenção à canção de Milarepa (c. 1052 – c. 1135)

> Temendo a morte, fui para as montanhas.
> Por meio da meditação sobre a incerteza de quando ela virá,
> Conquistei o bastião imortal do imutável.
> Agora, meu medo da morte já se foi!

Quando repetem o mantra mágico "não preciso de nada", os eremitas estão tentando se livrar das intermináveis distrações que dominam a mente e os deixam com o gosto amargo de tempo perdido. Eles querem desembaraçar suas vidas para se dedicarem completamente ao que de fato é enriquecedor. Como um dos professores de Mingyur Rinpoche, Nyoshul Khen Rinpoche (1932-99), nos disse: "A mente é muito poderosa. Pode criar felicidade ou sofrimento, céu ou inferno. Se, com a ajuda do Dharma, você consegue eliminar seus venenos internos, nada do exterior jamais afetará sua felicidade; porém, enquanto esses venenos permanecerem em sua mente, você não encontrará a felicidade que busca em nenhum lugar do mundo."

Meu próprio mestre-raiz, Dilgo Khyentse Rinpoche, deu constantes ensinamentos sobre essas práticas também. Pouco antes de partir para o Butão, onde faleceu em 1991, o último ensinamento que ele deu em sua sala do Monastério Shechen, no Nepal, foi precisamente o das práticas fundamentais.

Como alguém que se inspirou imensamente nas instruções dadas por este livro, encorajo você a estudá-lo e a praticá-lo. Agora, deixe as palavras de Mingyur Rinpoche falarem por si mesmas.

Matthieu Ricard
Monastério Shechen
Boudanath, Nepal
Abril de 2013

Agradecimentos

Em 2004, Mingyur Rinpoche deu ensinamentos sobre as práticas fundamentais do Budismo Tibetano em Vancouver, na Colúmbia Britânica. Gostaria de agradecer a Alex Campbell pela transcrição dessas palestras, de onde saíram os alicerces para este livro, além de seu apoio contínuo a esse projeto. O material subsequente veio de entrevistas que realizei com Mingyur Rinpoche entre 2009 e 2011.

Muitas pessoas se ofereceram para apoiar esse projeto e gostaria de agradecê-las, especialmente ao Lama Karma Lekshe e Kunwood Dakpa por sua assistência no Monastério Osel Ling em Catmandu; a Guillermo Ruiz, Jenny e Chao-Kung Yang por sua bondade no Monastério Tergar durante um período que seria desolador sem suas presenças em Bodhi Gaya; a Justin Kelley, Nina Finnigan e Miao Lin pela amizade e incentivo; e a Edwin Kelley, diretor do *Tergar International*, que tem sido um leal participante na concretização de muitos projetos de Mingyur Rinpoche.

Por sua generosa ajuda com as imagens, agradeço muito a Jeri Coppola, Urygen Gyalpo, Marie Sepulchre, Vivian Kurz, *Shechen Arquives* e Jeff Watt por sua assistência com a imagem do campo de refúgio do *Himalayan Art Resources*. Pelo incentivo inicial desde as leituras parciais, gostaria de agradecer a Joanna Hollingbery, Amy Gross, Glenna Olmsted, Myoshin Kelley e Carole Tonkinson; e também a Ani Pema Chödrön e Michele Martin, que ofereceram seu entendimento desse material a fim de orientar a transcrição da fala de Mingyur Rinpoche para a forma escrita. No final, o manuscrito foi aprimorado pelos comentários astutos de James Wagner, Kasumi Kato e Clark Dyrud; muitíssimo grata pelo seu tempo e esforço e, especialmente, pelas leituras diligentes de Bonnie Lynch, Steve Tibbetts e Dominie Cappadonna.

Muitos agradecimentos a James Shaheen por arranjar tempo em sua agenda tão cheia da *Tricycle: The Buddhist Review* para ler o manuscrito em diferentes estágios e por sua profunda amizade; e a Matthieu Ricard por colocar tão eloquentemente esses ensinamentos em seu contexto histórico. Tim Olmsted, professor sênior na comunidade Tergar, baseou-se em sua longa história com Mingyur Rinpoche e Tulku Urgyen Rinpoche para oferecer insights inestimáveis, e sou grata por sua dedicação em salvaguardar esses preciosos ensinamentos. Tim também enviou o manuscrito para a *Shambhala Publications*, que foi beneficiado, com muita apreciação, pelas habilidades editoriais de Emily Bower.

Do início ao fim, o conhecimento de Cortland Dahl dos textos tibetanos tradicionais sobre as práticas fundamentais combinado com sua sabedoria e sua devoção a Mingyur Rinpoche conferiram uma importância fundamental às suas contribuições. Desejo agradecer sua colaboração – e sua inesgotável paciência.

Em junho de 2011, Mingyur Rinpoche iniciou um retiro solitário por um longo período de tempo, confiando que seus alunos continuariam o trabalho que havia iniciado. Apesar de toda a atenção crítica dedicada a essas páginas, muitos aspectos foram informados a partir de minha compreensão das palavras de Rinpoche; portanto, quaisquer erros que possam existir são exclusivamente meus.

Para Mingyur Rinpoche, ofereço minha mais profunda apreciação por sua bondade incondicional e pela oportunidade de trabalhar com ele. E, como alguém que se beneficiou tanto com seus ensinamentos, gostaria de seguir a sugestão que ele faz no final do livro, quando pede aos leitores que considerem dedicar tudo o que aprenderam para os outros:

"Tal como fazemos com a prática, não queremos manter o mérito e a sabedoria para nós mesmos, ou usar o Dharma para adicionar outro chapéu à nossa cabeça. Queremos distribuí-lo para o benefício de todos os seres. Mesmo em um desejo silencioso, você pode pensar: dedico tudo o que aprendi aos outros, para que possam ser livres de confusão em suas vidas e desenvolver sabedoria e clareza; que o sofrimento seja transformado em paz."

Helen Tworkov
Cape Breton, Nova Escócia
Agosto de 2013

Parte Um
Entrando no caminho

1. Primeiros passos

Meu pai, Tulku Urgyen Rinpoche, era um grande mestre de meditação. Quando criança, eu morava no convento Nagi Gompa, lá no alto da cidade de Catmandu e, mesmo antes de começar meus estudos formais, com frequência eu me juntava às monjas para ouvir os ensinamentos dele. Muitas vezes ouvi meu pai usar a palavra tibetana *sangye* para explicar a iluminação. *Sang* significa "despertar", ser livre de ignorância e sofrimento. *Gye* significa "expandir e florescer". A iluminação tem um sentimento de abertura, explicou ele, como uma flor desabrochando.

Meu pai dizia muitas coisas maravilhosas sobre a iluminação que eu não entendia, portanto, construí minha própria versão: tornar-se um Buda significava nunca mais se sentir agitado, zangado ou enciumado. Eu tinha cerca de sete anos naquela época, me achava preguiçoso e era meio adoentado. Pensava que o despertar deixaria esses problemas para trás – eu me tornaria robusto, saudável e livre de medos e defeitos. E o melhor de tudo: a iluminação apagaria todas as lembranças de algum dia ter tido sentimentos negativos.

Com essa feliz conclusão, um dia perguntei a meu pai: "Quando eu for iluminado, serei capaz de me lembrar de mim? Do meu velho 'eu'?"

Não era incomum ver meu pai rir carinhosamente de minhas perguntas, mas essa ele achou particularmente engraçada. Então ele me explicou que a iluminação não é como ser possuído por um espírito. A cultura tibetana tem uma tradição de oráculos, pessoas que ficam possuídas pelos espíritos e fazem previsões e profecias. Quando isso acontece, elas esquecem dos seus "eus" anteriores e se tornam seres diferentes; rodopiam e caem como bêbados loucos. Para imitar esse comportamento desvairado, meu pai agitava seus braços, levantava um joelho de cada vez e dançava em círculos. De repente, parou e disse: "Não é desse jeito. Despertar é mais como se descobrir." Juntou as mãos em concha e me disse: "Se você tem um punhado de diamantes, mas não percebe o que são, você os trata como pedrinhas. Quando os reconhece como diamantes, consegue usar suas preciosas qualidades. Tornar-se um Buda é como descobrir um diamante em sua mão. Você está se descobrindo, não se livrando de si mesmo."

1. Mingyur Rinpoche com seu pai, Tulku Urgyen Rinpoche, e seu irmão mais velho Tsoknyi Rinpoche, no Nagi Gompa, em Catmandu, Nepal, por volta de 1981.

Os oito passos das práticas fundamentais

As práticas fundamentais do Budismo Tibetano são uma sequência de oito passos que mapeiam um caminho de autodescoberta. Elas nos ajudam a reconhecer o diamante que sempre tivemos conosco, e essa descoberta é o que queremos dizer com "despertar". Esses passos nos afastam de hábitos que causam confusão e infelicidade, conduzindo-nos à clareza de nossa verdadeira natureza.

Em tibetano, as práticas fundamentais são chamadas ngondro, cujo significado é "o que vem em primeiro lugar", e a tradução tradicional desse termo refere-se às "práticas preliminares". Contudo, muitas vezes a palavra "preliminar" tem sido usada para diminuir a importância do ngondro. Por essa razão, eu prefiro dizer "fundamental". Construir uma casa requer uma base sólida. Sem fundamentos sólidos, nossa casa vai cair e todo o tempo, dinheiro e energia empregados para a sua construção serão desperdiçados. Isso explica por que os mestres sempre enfatizaram que esses primeiros passos são mais importantes do que as práticas subsequentes.

O ngondro contém os princípios essenciais que ressurgem em todos os ensinamentos budistas, tais como os relativos ao "não eu", à impermanência e ao sofrimento. Pode transformar conceitos sobre compaixão, carma e vacuidade, que deixam de ser teorias interessantes e se tornam experiências diretas. Pode mudar a sua forma de pensar sobre si mesmo, seu modo de entender suas próprias capacidades e de se relacionar com os outros. As possibilidades introduzidas pelo ngondro são tão vastas e profundas que tentar compreender sua totalidade pode parecer avassalador. Por esse motivo, é importante lembrar que o ngondro funciona passo a passo.

Fazendo a travessia da confusão para a clareza

Você já esteve em alguma parte do mundo onde as pessoas usam animais para moer farinha? Talvez já tenha visto um burro ou um camelo preso a um moinho. O animal fica girando em torno da pedra do moinho para que o trigo ou o milho sejam prensados até virar farinha, e tem antolhos para que não se distraia de sua tarefa. Em nossa vida normal, nós também percorremos o mesmo caminho repetidas vezes. Permanecemos cegos aos nossos tesouros inerentes e continuamos caminhando em círculos de ignorância. Voltamo-nos para fora de nós para obter a felicidade por meio de relacionamentos, dinheiro ou poder, apenas para descobrir que estamos agravando nossos hábitos sem encontrar nenhum alívio da confusão. Damos a esse ciclo interminável o nome de *samsara*, que significa "girar" ou "girar em círculos." Falamos que estamos presos em uma existência cíclica. Sem saber nada sobre o Dharma, sem saber que há um caminho ou uma saída para esse ciclo infindável, sentimo-nos, como dizem os textos, "como abelhas presas em um jarro". Esse não é um sentimento agradável, contudo, uma espécie de resignação se instala.

O primeiro sinal do despertar é a compreensão de que não estamos condenados a refazer os mesmos passos eternamente. Talvez estejamos acostumados a pensar que "essa é a minha vida, estou aprisionado a esses hábitos repetitivos, neuróticos e sentimentos incômodos e nada pode ser feito sobre isso." Porém, podemos reconhecer as limitações dessa análise e pensar: "O jarro de abelhas da existência samsárica deve ter uma pequena rachadura por onde eu possa escapar." Esse é o início do processo de se afastar do samsara. Começamos a nos distanciar do estado mental de confusão que se manifesta como desejo e aversão. Deixamos de ir buscar cada pequeno conforto e a promessa da sociedade de que a felicidade permanente virá na forma de romance, casas, reputação ou riqueza. Deixamos de nos voltar para fora. Começamos a reconhecer que, na verdade, já temos tudo de que precisamos para sermos felizes.

É muito importante entender o que cria o samsara, também chamado de reino de confusão. O samsara não surge a partir de circunstâncias externas. Não está ligado a nenhum objeto específico do mundo ao nosso redor. O que cria samsara é o modo habitual da mente de se apegar às suas percepções errôneas da realidade. Quando nos afastamos do samsara, começamos a nos afastar do estado de aprisionamento no qual a mente se coloca. Desejamos abrir mão da experiência da insatisfação, e um bom lugar para começar é renunciar ao hábito de culpar as circunstâncias externas por nossos sentimentos de ansiedade, angústia e insatisfação.

Para qual direção voltamos a mente? Para si mesma. Trabalhamos com nossa própria mente tanto como fonte de confusão quanto como fonte de clareza e satisfação. Voltamo-nos para abrir mão das percepções errôneas que nos mantêm aprisionados a ciclos de comportamento que não aliviam nossa insatisfação. Abrir mão desses hábitos nos permite descobrir a liberdade de fazer escolhas, o que significa que não somos mais escravos de nossa neurose e egocentrismo, das nossas atrações e aversões. Conhecer plenamente essa liberdade, permitindo que ela permeie nossa vida, é o chamado nirvana, a libertação, o despertar ou a iluminação. É também o chamado estado búdico. Descobrir essa liberdade é o caminho do Dharma. Samsara é um estado mental. Nirvana é um estado mental. Assim como o sol continua a brilhar independentemente de ser nublado pelas nuvens, a clareza existe no meio da confusão e do sofrimento.

Imagine chegar a uma pousada em uma aldeia à noite. Parece não existir outros carros, casas ou pessoas, mas, pela manhã, todos aparecem milagrosamente. É claro que estavam lá o tempo todo mas, na escuridão, não pudemos reconhecer sua presença. Ocorre exatamente o mesmo com nossa natureza liberada. Reconhecimento é o que transforma nossa realidade de confusão na clareza que gera a calma genuína. Reconhecimento é a chave do nosso caminho, e nosso caminho começa com essas práticas fundamentais.

Deixe-me inserir aqui uma palavra de advertência: o caminho mapeia essa jornada de descoberta, mas isso não significa que nosso despertar interior segue uma direção organizada e linear. Todo o caminho budista baseia-se na compreensão de que nossa própria mente oferece a fonte mais confiável de conforto, calma e proteção, mas os hábitos que nos amarram à confusão permanecem muito fortes, e abrir mão deles não acontece em uma sequência ordenada. Eu sei, por experiência própria, que receber ensinamentos específicos de como abrir mão dos padrões habituais não significa que esse processo vai acontecer de uma só vez.

Soltar

Muitas vezes ouvimos que os ensinamentos do Buda são sobre como "soltar" os nossos apegos e fixações, mas o que isso significa realmente? É fácil pressupor que isso significa que "não posso ter riqueza ou fama, nem uma casa legal ou um bom trabalho. Devo desistir da família, dos amigos, até dos filhos." Este é um mal-entendido. Precisamos renunciar é a nosso apego.

Quando comecei meu próprio ngondro, isso não estava claro para mim. Em minha tradição, o ngondro acontece no início do retiro tradicional de três anos. Durante este tempo, todas as formas de distração, incluindo amigos e familiares, são eliminadas ou minimizadas para intensificar a imersão total no estudo do Dharma.

Quando eu tinha onze anos, comecei a viver, na maior parte do tempo, no Monastério Sherab Ling, no norte da Índia, a oeste de Dharamsala. Dois anos depois, comecei meu retiro de três anos e logo enfrentei essa aparente contradição: por um lado, parecíamos estar aprendendo que "riqueza é bom, comida é bom, fama é bom, pois tudo está na mente." Por outro lado, soava como se devêssemos desistir de tudo.

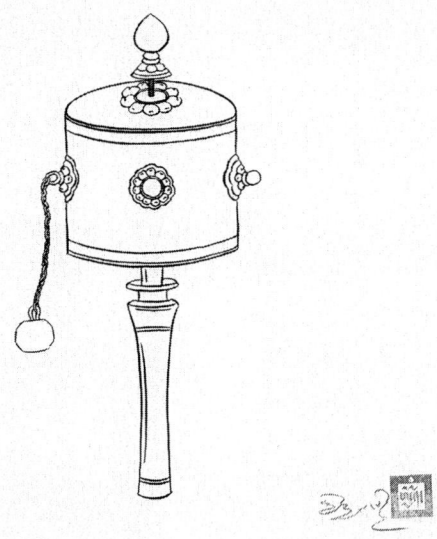

2. Roda de oração.

Uma tarde, visitei Saljay Rinpoche, meu mestre de retiro, cujo quarto ficava fora do salão principal. Como sempre, ele tinha seu *mala* [conjunto de contas usado para fazer orações] em uma das mãos e sua roda de oração na outra. As rodas de oração manuais são preenchidas com textos sagrados, sendo o mais popular o OM MANI PADME HUNG, o mantra da grande compaixão. Os textos são enrolados dentro de um cilindro de metal acoplado no topo de um cabo de madeira, que é girado por um suave movimento da mão. O propósito da roda de oração é disseminar bênçãos.

Expliquei que seus ensinamentos me deram a entender que eu tinha que abandonar minha vida como eu a conhecia, tanto no Nepal quanto na Índia. "Você quer dizer renúncia total?", perguntei. "Tenho que ir para a floresta ou viver em uma caverna?"

Ele respondeu com um ensinamento que um mestre budista da Índia antiga, chamado Tilopa [988-1069], deu a seu discípulo Naropa [1016-1100]: "Os fenômenos não podem atar você ao samsara. Apenas seu próprio apego pode prendê-lo ao samsara. O importante é desistir de agarrar."

3. Mala.

Ele observou minha reação antes de continuar, que foi – como se tornou comum – um pedido silencioso para que ele continuasse falando. E disse a seguir: "Não significa se entregar aos confortos materiais. Isso nunca trará felicidade. Se você soltar, se abrir mão, poderá viver feliz tanto em uma caverna como em um palácio."

Para demonstrar a diferença entre soltar e desistir, Saljay Rinpoche segurou seu mala de sementes bodhi na mão esquerda, com a sua palma virada para baixo e os dedos fechados em torno do objeto. E disse: "O mala é a experiência; quanto mais forte você tenta segurá-lo, mais contas vão escorregar pelas laterais de seus dedos cerrados."

"Conforme se esforça para envolver todas as contas, sua mão vai ficando cada vez mais apertada, até você ficar tão cansado que finalmente deixa de se esforçar e desiste." Ele relaxou a mão e o mala caiu no seu colo.

Mas, continuou, "soltar não é o mesmo que desistir. Veja outro exemplo." Estendeu a mão com a palma voltada para cima, e deixou o mala apoiado sobre ela: "Isso é soltar", explicou. "Fenômenos são bons. Riqueza é bom. Dinheiro é bom. Percepção é bom. O problema é o apego. Isso demonstra o soltar. Você não está agarrando o mala, mas ainda o tem. A principal diferença entre a mão virada para baixo e a mão voltada para cima é a sabedoria."

Há sabedoria em soltar. Se agarrarmos com muita força, ficamos sem esperança. A parte mais importante desse treinamento – afastar a mente do samsara e voltá-la para o nirvana – está em deixar de agarrar. Pode ser um grande alívio aprender que o apego e o agarrar são os principais obstáculos para nossa felicidade, e não nossa bela casa ou um trabalho de prestígio. Mas soltar não é como levar o lixo para a lixeira ou dar um casaco usado para um mendigo. Desapegar das coisas do samsara pode fazer com que sintamos estar arrancando nossa própria carne dos ossos.

Geralmente, não podemos pular direto para a mente do desapego sem desistir de nada em um plano exterior. Por esse motivo, o caminho inclui práticas que estimulam vários graus de renúncia. A própria meditação expressa renúncia: por mais caótica, apegada ou consumida pelo desejo que nossa mente possa ser, ainda assim nos afastamos das pressões da atividade convencional para tentar trabalhar com nossa confusão mental. Esse é um grande passo. Aprender a afastar nossa mente dos hábitos de confusão – como fazemos no ngondro – a fim de acessar as verdadeiras fontes de libertação dentro de nós é outro grande passo.

Tanto Saljay Rinpoche quanto meu pai costumavam dizer diversas vezes: "Já temos tudo o que precisamos para nossa jornada." Por que continuavam repetindo isso? Porque, embora entendamos as palavras, não acreditamos realmente nelas. Ninguém acredita 100%. Está tudo bem, porque temos que começar de algum lugar.

Descobrir o que já temos pode parecer fácil. Mas não é. O apego ao samsara ocorre em um plano muito profundo, tão profundo que nenhuma força externa pode rompê-lo. O rompimento deve vir de dentro.

Isso começa com soltar todas as projeções, construções e ideias convencionais sobre nós mesmos, aprendendo a reconhecer quem realmente somos. Para isso, a meditação é nossa ferramenta mais eficaz.

Shamata

Uma meditação que usamos em todo o ngondro é a *shamata*, palavra do sânscrito que significa "calma permanência". Em tibetano, é *shinay*. Discutirei a prática de shamata no próximo capítulo, todavia, para elucidar essa discussão, quero levantar alguns pontos. "Calma permanência" descreve a mente que repousa em sua própria estabilidade, mente que não está sendo movida ou levada pelas circunstâncias o tempo todo. Acessamos a mente da calma permanência por meio do reconhecimento. O que reconhecemos? A consciência plena: a qualidade cognoscível da mente que está sempre presente, da qual nunca estamos separados nem por um instante. Embora normalmente não reconheçamos a consciência plena, não podemos viver sem ela, assim como não podemos viver sem respirar. Por esse motivo, costumo usar os termos shamata e meditação da consciência plena de forma intercambiável.

Descobrir nossa própria consciência plena nos permite acessar a estabilidade e a clareza naturais da mente que existem independentemente de condições e circunstâncias, e independentemente de nossas emoções e estados de espírito. A consciência plena existe se estamos felizes ou tristes, calmos ou ansiosos. Ela não aumenta nem diminui. Não atingimos a consciência plena; em vez disso, aprendemos a reconhecê-la, e esse reconhecimento desperta a natureza iluminada da mente.

No entanto, esse reconhecimento nunca acontecerá a menos que acreditemos em nossa capacidade de permitir que ele aconteça. Precisamos abrir mão de nossa noção de falta, de deficiência, de não sermos suficientemente bons para perceber que já somos um Buda. Embora possamos não acreditar 100% que temos tudo o que precisamos para nossa jornada, precisamos desenvolver um pouco de fé em nossas capacidades. Para realizar isso, o primeiro passo do ngondro atua deliberadamente para nos convencer de que o estado búdico está na palma de nossa mão.

As quatro práticas comuns e as quatro práticas extraordinárias

As liturgias tradicionais do ngondro variam de curtas e simples a longas e complexas; e dentre os muitos comentários existentes sobre o ngondro, alguns contêm instruções precisas sobre rituais, oferendas, visualizações e assim por diante. No entanto, os estudantes ocidentais nem sempre se sentem inspirados pelas explicações tradicionais, ou não conseguem navegar pelos aparatos culturais do antigo Tibete a fim de compreender os ensinamentos essenciais, que são atemporais e universais. Mesmo que uma quantidade razoável de material sobre "como fazer" seja fornecido aqui, a ênfase é mais no significado. Também desejo introduzir brevemente todas as oito práticas do ngondro para que possamos ter uma noção de todo o processo e, mais tarde, examinar a fundo as explicações detalhadas. Com uma visão geral de toda a floresta, é pouco provável que nos percamos entre as árvores.

Os oito passos de ngondro são divididos nos quatro pensamentos que transformam a mente, também chamados de as "quatro práticas comuns" e as "quatro práticas extraordinárias". A distinção entre "comum" e "extraordinária" baseia-se em métodos e técnicas usados na realização das práticas. As práticas comuns são compartilhadas por todas as escolas do Budismo. Muitos pontos de vista sobre as práticas extraordinárias também são "comuns" a todas as escolas budistas, particularmente a prática de tomar refúgio. Porém, os métodos que usamos são exclusivos do Budismo Tibetano.

O Primeiro Pensamento que Transforma a Mente: Preciosa Existência Humana

Este primeiro passo é uma contemplação que enfatiza que nós, humanos, nascemos com tudo o que precisamos para fazer a travessia da confusão para a clareza. Esse primeiro pensamento desencadeia uma efusiva apreciação por atributos e circunstâncias aos quais tendemos a não dar importância – nossos olhos, ouvidos, membros e órgãos; nossa capacidade de conhecer, de falar e de aprender. Examinamos nosso corpo físico e nossos atributos mentais para estabelecer a convicção inabalável de que, neste momento, somos totalmente dotados do raro e precioso potencial de despertar. Esse reconhecimento rompe com nossas tendências habituais – e também muito humanas – de ver a nós mesmos em termos do que nos falta. Afastamo-nos dos sentimentos de inadequação que amortecem nossas aspirações e inibem nossas capacidades.

O Segundo Pensamento que Transforma a Mente: Impermanência

As oportunidades oferecidas pelo nosso precioso nascimento humano são raras, não perduram e podem não acontecer de novo por um longo tempo.

Embora envelhecer e morrer seja inevitável, as pessoas ainda chegam à velhice sentindo-se traídas por seus corpos. Os aspectos mais comuns da vida podem ser vividos com uma resistência extraordinária e essa resistência, em si, causa sofrimento. Quando paramos de negar a certeza da morte, podemos aproveitar ao máximo o tempo que temos nesta preciosa forma humana. Esse é o ponto essencial do segundo pensamento.

Sejam quais forem os fenômenos que examinamos – nosso corpo, edifícios, aviões, computadores – todos confirmam a certeza da impermanência. Nosso corpo apresenta um desafio particularmente difícil, porque desejamos muito não morrer. Nossa mente lógica e racional nos diz que vamos morrer, mesmo quando agimos como se fôssemos viver para sempre. Essa mesma ilusão sobre a permanência, em geral, inclui também nosso modo de nos relacionarmos com nossos empregos, nossa situação econômica, nossos entes queridos e assim por diante. No entanto, porque essas situações dependem de causas e condições externas, elas não podem permanecer constantes. Quando deixamos de reconhecer sua natureza impermanente, apegamo-nos irremediavelmente àquilo que não podemos ter.

Esse desajuste entre como as coisas são e como gostaríamos que fossem causa uma quantidade enorme de confusão e insatisfação todos os dias. Digamos que chegamos ao aeroporto e nosso voo foi adiado. A agitação coletiva entre os passageiros atrasados tende a ser contagiosa. Para não sermos pegos por essa agitação, devemos ser capazes de acolher a mudança. Porém, ficamos presos em como as coisas deveriam ser, agindo como se existisse uma conexão intrínseca entre um voo ser adiado e um estado de exasperação. Agimos como um peixe fisgado: uma vez que nossas expectativas foram frustradas, ser fisgado em frustração, exasperação, talvez até raiva, parece inevitável.

Sentimo-nos impotentes, mas não o somos. Talvez não possamos fazer nada em relação a um voo adiado. Mas, com certeza, podemos eliminar a exasperação. Por meio da meditação, podemos nos conectar com a consciência plena. Uma vez conectados à consciência plena, não mais nos identificamos com a reação. Isso afeta o comportamento normal e nos permite mudar a maneira com que nos relacionamos com as circunstâncias, mesmo quando elas mudam.

Até um pequeno problema cotidiano, tal como um atraso – que acontece no aeroporto, no trânsito, na fila do caixa eletrônico – pode fazer nossa mente entrar em parafuso. Para muitas pessoas, nesses tempos modernos, esse estado mental define a vida diária – estão sempre estressadas, sempre culpando e reagindo às circunstâncias externas. E esse tipo de apego contribui para que as pessoas cheguem ao momento da morte ainda sem aceitar a mudança que está bem diante delas. A vida diária oferece inúmeras ocasiões para nos adaptarmos à mudança e à impermanência.

No entanto, desperdiçamos essas preciosas oportunidades, imaginando que temos todo o tempo do mundo.

Na verdade, quando estabilizamos nosso próprio reconhecimento da consciência plena, pelo menos temos a chance de mudar as circunstâncias fora de nós mesmos. Se abordarmos um agente da companhia aérea com raiva e indignação moral, é claro que, como qualquer ser senciente sendo atacado, ele ou ela recorrerá à autoproteção defensiva. Isso é o que eles conhecem. No entanto, com a prática, tornamo-nos mais seletivos em nosso comportamento. Podemos ver as tendências convencionais e os padrões emocionais que nos conduzem de um passo a outro. Podemos ver como as ações e as reações condicionam nossa mente para o próximo momento. Com a ferramenta do reconhecimento, temos uma escolha. O resultado de qualquer situação não é predeterminado. Aceitar nossa própria impermanência nos encoraja a deixar de lado as reações convencionais e a cultivar comportamentos que possam reduzir o sofrimento no futuro. Isso nos introduz à causa e efeito, que é o próximo passo.

O Terceiro Pensamento que Transforma a Mente: Carma

Carma diz respeito à lei de causa e efeito. O ensino tradicional para jovens monges utiliza a técnica de plantar uma semente para explicar essa lei: plantamos a semente e o grão cresce. Ligamos o motor e o carro começa a andar. É assim que o mundo funciona. O carma introduz um componente ético: o que fazemos neste momento condiciona o momento seguinte para nós e para os outros de forma positiva, negativa ou neutra. Grande parte da atividade cotidiana é neutra, mas – por exemplo, quando nosso voo é adiado – temos a possibilidade de seguir em uma direção positiva ou negativa. O presente é condicionado pelo nosso passado, e nosso futuro será condicionado pelo presente. Isso nem sempre é óbvio, pois embora nosso comportamento presente certamente influencie o futuro, esse futuro pode significar o próximo minuto, o próximo ano ou a próxima vida.

4. Mingyur Rinpoche em Nubri, Nepal, por volta de 1983.

Muitas pessoas não acreditam em reencarnação e resistem à ideia do carma porque ele está associado a vidas passadas e futuras. No entanto, entender o carma é tão relevante para esta vida quanto para o que pode ou não acontecer depois de nossa morte. Por este motivo, não precisamos de acreditar em reencarnação para nos beneficiarmos do entendimento do carma. O carma ajuda a explicar como o estado atual de nossa mente pode ser influenciado por um evento do passado distante ou recente, e como nosso comportamento de hoje afetará nosso futuro.

É muito importante saber que carma não é destino. As influências cármicas passadas que contribuem para nossas circunstâncias atuais não determinam o futuro. Nosso comportamento determina nosso futuro; em outras palavras, nosso futuro é determinado por eventual envolvimento em comportamentos que visam a prejudicar ou a ajudar a nós mesmos e aos outros. Criamos nosso próprio carma. Portanto, quanto mais assumimos a responsabilidade por nossas ações, mais aumentamos nossa capacidade de criar a vida que queremos viver.

Nossa vida não é predeterminada. Podemos mudar e controlar a direção de nossa vida, independentemente das circunstâncias passadas ou presentes. Mas reconhecer que vamos morrer, revitaliza nossa aspiração de criar um bom carma. Tudo é impermanente e a morte chega sem aviso prévio. Compreender o carma torna nossa vida significativa nesse exato momento. Cada momento oferece uma oportunidade de nos voltarmos em direção ao despertar; e é bastante provável que aproveitemos melhor cada instante se aceitarmos que esses momentos são limitados. Se acreditarmos em reencarnação, então a aspiração de criar um bom carma se intensifica porque queremos criar as melhores condições para o nosso renascimento, e o momento presente oferece a melhor oportunidade. O comportamento que nos afasta da infelicidade e do ato de fazer mal a nós e aos outros ajudará a aliviar circunstâncias difíceis em nossas vidas futuras.

Quando entendemos o papel que desempenhamos no sofrimento que vivenciamos – que é o tema do quarto pensamento –, ficaremos ainda mais motivados a prestar atenção à lei do carma e à interdependência. Estaremos ainda mais estimulados a diminuir o sofrimento neste exato momento, em vez de carregá-lo para o futuro.

O Quarto Pensamento que Transforma a Mente: Sofrimento

Com as três primeiras contemplações – existência humana preciosa, impermanência e carma – começamos a aceitar quão infrutíferas têm sido nossas estratégias para alcançar a felicidade. Certamente a maioria dos adultos já experimentou as decepções do samsara, mas, na falta de alternativas, continuamos a esperar pelo melhor, girando em círculos o tempo todo como o camelo amarrado à pedra do moinho. No entanto, antes que possamos realmente nos afastar do mundo da confusão, devemos confrontar a total dimensão do sofrimento e insatisfação que define o samsara. Só então estaremos preparados para nos dedicar de todo o coração aos pontos de vista e aos valores que nos libertam do sofrimento.

O primeiro ensinamento dado pelo Buda Shakyamuni foi sobre *dukkha*, uma palavra em sânscrito comumente traduzida como "sofrimento". Muitas vezes, associamos sofrimento a desastres, tais como terremotos, guerras ou doenças terminais; por outro lado, muitos treinamentos budistas se baseiam em manter uma mente estável quando nosso voo é cancelado, ou quando não conseguimos encontrar o controle remoto da TV. Essas irritações diárias podem parecer triviais, mas, na verdade, fazem parte do nosso dia a dia e podem criar um estado contínuo de agitação. *Dukkha* descreve uma mente que nunca está confortável, que sempre quer que as coisas sejam diferentes do que são, uma mente que gira sem parar.

Às vezes, *dukkha* é interpretado como insatisfação, a sensação de que, por mais que as circunstâncias sejam muito boas, elas sempre poderiam ser melhores. "É um dia perfeito, mas um pouco quente." Ou, "minha vida está indo muito bem, se ao menos eu tivesse mais dinheiro, pudesse conseguir aquela promoção, pudesse comprar aquela casa." A mente se volta para fora continuamente, tentando mudar as circunstâncias externas, ou se retrai a fim de evitá-las. Volta-se para aquele novo carro ou aquela comida favorita, busca um parceiro ou prestígio. Agarrando. Ansiando. É uma mente nunca satisfeita com o presente, sempre inquieta, sempre zunindo em busca de um lugar para pousar, o que às vezes consegue – mas apenas por alguns segundos. O tema consistente de *dukkha* é querer que as coisas sejam diferentes do que são. Como existem muitos níveis de agitação mental, é difícil juntar todos os tipos em uma palavra. Mas a insatisfação pode se transformar em verdadeira angústia e criar uma vida de sofrimento.

5. Shakyamuni, o Buda histórico (aprox. 566-485 AEC).

O Buda entendeu que o samsara é mantido pelo apego e pela ignorância. Ver que isso resulta em sofrimento é o início do processo de voltarmo-nos para a libertação. Começamos aceitando – ou pelo menos reconhecendo – nossa situação. Familiarizamo-nos com os padrões que nos mantêm girando e vê-los nos possibilita afastarmo-nos de seu domínio. O próprio reconhecimento quebra a jarra de abelhas do samsara.

Certa manhã, no Nagi Gompa, juntei-me às monjas e ouvi meu pai explicar a verdade do sofrimento. Eu ainda era um menino e simplesmente não conseguia entender por que alguém gostaria de escutar esses ensinamentos. Quando a palestra terminou, as monjas foram embora e eu fiquei para trás, meio amuado em um canto. Então, meu pai me chamou: "Ahme." Este é um termo carinhoso em tibetano, como "querido" ou "meu bem." "Ahme, por que você está tão triste?"

"Desde o início", eu disse, "você me dá más notícias."

Ele, então, me contou sobre a visita que havia feito a um centro de Dharma no Sudeste Asiático. Ele fora convidado a ensinar durante um final de semana e os alunos haviam alugado um grande auditório. No primeiro dia o lugar estava cheio, mas, no segundo, esvaziara pela metade. No final do programa, alguns alunos disseram: "Já ouvimos o bastante sobre o sofrimento; será que você pode nos dar alguma boa notícia?" E meu pai lhes disse: "A má notícia é a boa notícia."

Meu pai me explicou que a maioria dos seres não tem a capacidade de reconhecer sua própria infelicidade, mas os humanos têm. "Essa é a bênção de nosso nascimento," disse ele. "É o que nos torna diferentes de outros seres; porém, a verdadeira vantagem é usar esse reconhecimento como caminho para a liberdade. Se nunca reconhecemos o sofrimento, permanecemos presos ao samsara."

O reconhecimento de *dukkha* nos ajuda a nos libertarmos de *dukkha*. Quando enfrentamos o sofrimento com honestidade, o poder energético de *dukkha* sobre nossa vida se ameniza e a má notícia do sofrimento se transforma na boa nova da liberação. Quanto mais soltamos nossos apegos e projeções, mais *dukkha* se dissolve. Quanto mais *dukkha* se dissolve, mais nossa verdadeira natureza emerge – a natureza fundamental de nosso ser, que não é mais presente nem ausente, nem maior nem menor, pois independe de nosso humor e nossas emoções. Não é como o mercado de ações que sobe ou desce dependendo das circunstâncias. Nossos acessos de raiva e nossos momentos "incríveis!", nossas depressões e entusiasmos, são todos como ondas que surgem da clareza calma e sempre presente de nossa mente, e desaparecem na mesma clareza calma. E de novo surgem e desaparecem, repetidas vezes.

Felicidade

Os ocidentais falam da "busca" da felicidade, que geralmente depende de correr atrás de condições externas: a derrubada de um regime opressivo, a reestruturação de um sistema financeiro ou a mudança de parceiros ou casas. Com o encorajamento da sociedade, depositamos nossa felicidade na busca de reputação, poder e riqueza. Esforçamo-nos muito para satisfazer nossos desejos. Compramos roupas ou móveis da moda, ascendemos na escada corporativa e negociamos salários maiores. Essa versão de felicidade depende do "sucesso", que é convencionalmente medido pelo grau em que cumprimos nossas atividades ou satisfazemos nossos desejos. Há apenas um problema: a própria natureza do desejo é que ele não pode ser satisfeito – pelo menos não por muito tempo.

A felicidade de que estou falando não é "buscada". Na verdade, quanto mais permanecemos comedidos, sem correr atrás de pensamentos ou fantasias, sem ir de um objeto atraente para outro, mais podemos acessar um contentamento desperto que está sempre conosco. Estamos tão familiarizados com a reatividade tumultuada de nossa mente que o caos mental parece ser bastante normal. Sermos capazes de abandonar o apego requer prática.

Esse estado desperto de calma é bastante alegre e se aproxima de uma profunda sensação de bem-estar. Todos nós já tivemos momentos de relaxamento, onde deixamos os ombros soltos e cessamos a tagarelice ansiosa de nossa mente. Demos um grande suspiro e pensamos: "Nossa, tudo está indo muito bem: eu, minha situação, o mundo." Há uma aceitação das coisas exatamente como elas são. Paramos de ir atrás do que queremos. Paramos de tentar controlar nossa zona de conforto. Esse desprendimento nos traz uma sensação de paz e otimismo. Não determinamos estratégias para alcançar esse estado, tal como pôr um chapéu na cabeça. É mais como deixar de tentar manipular ou influenciar nossas circunstâncias. No entanto, esses momentos de satisfação total tendem a ser passageiros. Em segundos, os pensamentos, os anseios e as fantasias retornam. Porém, com disciplina e perseverança, essa calma não planejada se prolonga para além de uma experiência momentânea.

Transmissão

Antes de deixar para trás os quatro pensamentos que transformam a mente e continuar com os quatro passos extraordinários do ngondro, quero dizer algumas palavras sobre a transmissão tradicional de certas práticas budistas tibetanas. É perfeitamente apropriado desenvolver familiaridade com as quatro práticas extraordinárias – assim como outras práticas – através da leitura. Textos e comentários fornecem um auxílio maravilhoso para nossos esforços em direção ao despertar. No entanto, para a próxima parte de ngondro, devemos receber a transmissão de um guia vivo para realmente fazermos as práticas.

Com diferentes graus de formalidade, a transmissão, no Budismo Tibetano, envolve rituais e ensinamentos que "iniciam" o aluno na realização de uma determinada prática, reafirmando e aprimorando, assim, sua capacidade. A ideia de transmissão pode soar bastante estranha, mas a maneira como ela funciona no Budismo Tibetano é semelhante àquilo que a maioria das pessoas já conhece. Por exemplo, todos nós recebemos algum grau de educação. Para que isso acontecesse, tivemos que encontrar uma instituição que oferecesse as áreas de conhecimento que nos interessavam. Algumas vezes tivemos até que fazer exames de admissão para nos qualificarmos. Talvez haja momentos em que o conhecimento é transmitido de forma muito informal, e outros em que os rituais e ritos de passagem, como cerimônias de graduação, habilitam o aluno a entrar em níveis mais elevados de aprendizagem. A estrutura e a formalidade do processo educacional nos permitem explorar nossas paixões e interesses.

Quando se trata de transmissão em um sentido espiritual, não nos inscrevemos para aprender uma determinada matéria, mas sim para transformar nosso relacionamento com nossa mente. Dessa forma, as qualidades de presença que o mestre comunica ganham mais importância do que ter credenciais adequadas ou talentos especiais para transmitir informações. Ao se conectar com um mestre espiritual e uma linhagem, a possibilidade de despertar deixa de ser uma ideia abstrata e passa a ser algo que podemos ver e sentir.

Como isso funciona exatamente? O mestre – a quem também chamamos de "guia" ou "guru" – possui a energia da prática. A transmissão pode ser uma cerimônia – às vezes dura apenas alguns minutos – que ativa nossa capacidade através da leitura de textos e ensinamentos. Isso funciona como uma rede de cabos de extensão: recebemos energia elétrica conectando à fonte que já está conectada. A transmissão ativa nossa capacidade, tornando o processo vivo. Podemos comprar um cartão SIM para nosso telefone celular mas, para usá-lo, devemos ativá-lo. Esse é o papel técnico da transmissão.

No entanto, com base no ritual, o contato com um mestre vivo e os membros de uma comunidade de prática pode ser a apresentação inicial, em primeira mão, das possibilidades de despertar. Temos a chance de ver que possuímos o mesmo potencial de iluminação que o mestre, o qual também representa o Dharma e a linhagem. A transmissão não é somente um ritual que confere permissão para certas práticas. Ela confere autoconfiança e otimismo: "Eu também posso fazer isso."

Sem a transmissão adequada, a prática perde o poder como uma língua morta. Há uma grande quantidade de material inspirador para ser estudado, porém, sem o sumo que somente pode ser espremido dos ensinamentos recebidos de uma pessoa viva, a prática seca. Seria como aprender a tocar piano lendo um livro, ao invés de ter aulas com um professor talentoso. Sem a confiança da iniciação, nossas aspirações podem facilmente sucumbir ao desânimo, à impaciência ou ao tédio.

Por favor, respeite essa diferenciação entre ler e praticar. Se você se sentir inspirado a fazer as práticas, precisará encontrar um guia apropriado e autêntico. No antigo Tibete, as pessoas caminhavam durante dias para receber transmissões das práticas que desejavam fazer. Hoje, mesmo se não tiver um centro de Dharma perto de sua casa, use a internet para encontrar um guia habilitado que esteja visitando sua região ou morando próximo para que possa ir visitá-lo, ou examine a possibilidade de se juntar a grupos de discussão on-line. Então, quando tiver dúvidas ou precisar descobrir um programa de prática viável, você terá alguém para consultar. Isso é muito importante.

As quatro práticas extraordinárias do ngondro

Até agora, os ensinamentos sobre a existência preciosa, a impermanência, o carma e o sofrimento nos ofereceram maneiras de darmos um passo atrás e refletirmos sobre os padrões habituais mais óbvios que nos mantêm girando no samsara. No próximo conjunto de práticas, damos um passo à frente para dentro de nós. Continuamos a examinar nosso comportamento pessoal, mas acrescentamos maneiras de descobrir aspectos mais sutis e estáveis de nós mesmos; e isso dá início ao processo de reconhecimento de nosso próprio estado búdico.

A primeira prática extraordinária: Tomar refúgio

Entramos na segunda parte de ngondro tomando refúgio no Buda, o guia supremo; no Dharma, os ensinamentos budistas; e na Nobre Sangha, a comunidade de seres iluminados. Nossa motivação é gerar e alimentar toda a bondade, sabedoria e compaixão que já possuímos. Buda, Dharma e Sangha tornam-se ferramentas para descobrir esses aspectos de nosso ser que, como o diamante, foram obscurecidos. Estamos cultivando a capacidade de nos refugiar nos melhores e mais verdadeiros aspectos de nós mesmos – nossa própria natureza búdica – porém ainda não entendemos realmente o que isto significa.

Vamos começar examinando os refúgios em que normalmente confiamos. Em geral, buscamos proteção nos unindo a alguém ou a algo. Refugiamo-nos em nossos relacionamentos, em nossas casas, em nossa saúde e em nossa riqueza. No entanto, se perdemos a casa, se o relacionamento acaba ou nosso dinheiro ou saúde diminui, a segurança que investimos nessas condições também diminui. Se nos refugiamos no poder político ou militar, e o regime que apoiamos cai, podemos perder nossa posição e prestígio. Examinando essas questões, vemos que os refúgios samsáricos são muito pouco confiáveis e nossa mente é tão instável quanto nossas fontes de refúgio. Cheia de altos e baixos, para cima e para baixo.

Com nossa nova mudança de direção, recorremos a refúgios que dão suporte à nossa busca pela liberdade. Continuamos a recorrer ao instinto de proteção. Mas agora escolhemos refúgios que ajudam a cultivar as qualidades positivas que já existem dentro de nós e que trazem felicidade duradoura. Não nos livramos de nossa necessidade de refúgio; nós a transformamos. Começamos com o que temos e construímos a partir daí.

Budistas de diferentes linhagens e contextos culturais tomam refúgio no Buda, Dharma e Sangha. Em minha tradição, o refúgio inclui *bodhichitta*, a mente que aspira à iluminação a fim de ajudar a todos os seres reconhecerem e manifestarem plenamente seu próprio estado búdico. A questão principal da *bodhicitta* é que, a partir de agora, todas as nossas práticas – e por fim todas as nossas atividades diárias – serão motivadas pela aspiração de ajudar os outros a reconhecerem sua natureza, tornarem-se Budas e conhecerem a liberdade permanente. As pessoas podem se beneficiar do amor, da comida, do conforto, das roupas ou do dinheiro que oferecemos, mas quando aplicamos *bodhichitta* a nossos esforços, fazemos a suprema aspiração de obter esse benefício final. Então, nosso desejo pode ser: "Eu tomo refúgio no Buda, no Dharma e na Sangha para ajudar todos os seres a se iluminarem." A aspiração da *bodhichitta* elimina a separação entre eu e outro, distinguindo nossa prática de refúgio de muitas outras escolas budistas.

A segunda prática extraordinária do ngondro: Purificação

De maneira semelhante ao refúgio, esta prática baseia-se em uma necessidade primordial da condição humana. Todos já cometemos atos que causaram algum grau de sofrimento para nós e para os outros. Uma vez que entendemos a lei de causa e efeito, reconhecemos que não podemos prejudicar os outros sem nos machucar. A infração pode ser o assassinato intencional de um ser humano ou a morte inevitável de insetos enquanto dirigimos pela estrada; pode envolver mentiras ou trapaças. Todos já cometemos atos que precisam de perdão – ou purificação.

Poderíamos indagar: se nossa verdadeira natureza é pura e virtuosa, o que estamos purificando? Em última análise, estamos removendo a lama do diamante. Purificamos nossa mente até percebermos que já somos puros. Sem essa realização, tendemos a nos relacionar com nossa experiência do dia a dia como uma série infinita de problemas que precisamos corrigir. A prática da purificação ajuda a desmantelar o hábito de nos vermos como impuros.

A terceira prática extraordinária do ngondro: Oferenda de mandala

É comum ver os tibetanos mais velhos com as mãos unidas no mudra da mandala.

Às vezes também carregam arroz ou flores nas mãos. Recitam preces curtas e, a seguir, abrem as mãos e jogam o arroz ou flores no ar, sem reter nada nas mãos; apenas fazem um gesto de soltar e doar tudo.

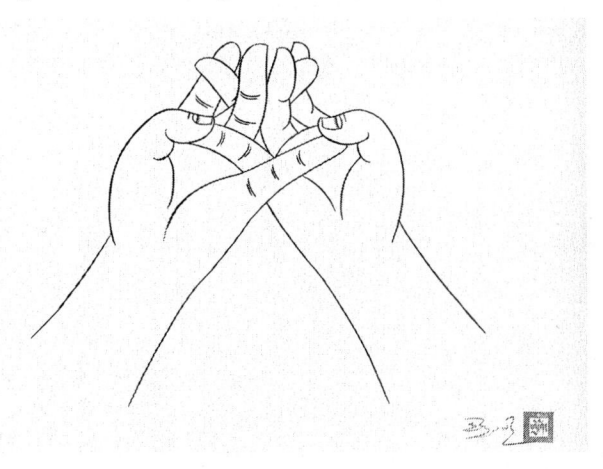

6. Mãos no mudra da mandala.

Cresci vendo as pessoas fazerem isso, mas nunca chamou minha atenção até que um dia observei minha avó realizando a prática. Quando lhe perguntei o que estava fazendo, ela explicou que estava oferecendo o mundo inteiro e tudo o que há nele – incluindo a si própria – aos Budas. Fiquei em silêncio porque minhas muitas dúvidas poderiam contrariar minha avó.

Mais tarde, em Sherab Ling, Saljay Rinpoche me ensinou que a prática da mandala cultiva a mente do desapego. Ele explicou do mesmo modo que minha avó tinha explicado, dizendo: "Doamos o mundo inteiro e tudo que existe nele. É assim que cultivamos a mente do desapego." E continuou a elaborar sobre o que devemos abrir mão: "planetas, galáxias, oceanos, nuvens..."

"Mas, não possuímos essas coisas," eu disse, interrompendo para corrigir meu mestre.

"Estamos trabalhando com a mente," disse Saljay Rinpoche. "A imaginação torna qualquer coisa possível. Qualquer coisa. Mas também doamos as coisas que têm um sentido convencional de propriedade, como casas ou rodas de oração, nosso dinheiro, mesas ou livros. Doamos nosso corpo."

Então perguntei: "O que estamos realmente, efetivamente doando?"

"Estamos entregando a mente que agarra," disse Saljay Rinpoche. "Deixamos ir a mente que cria sofrimento. Essa é a mente egóica."

A mente egóica de apego e fixação é o obstáculo fundamental a nosso caminho de liberação. Para dissolver essa barreira, fazemos uma experimentação de infinita generosidade que é acessada por meio da imaginação. Usamos nossa imaginação para alimentar a mente da generosidade e isso acumula mérito. Ao mesmo tempo, nossa imaginação nos leva muito além da realidade relativa, ordinária e conceitual, e, como resultado, vislumbramos a verdadeira clareza vazia de nossa mente a partir da qual afloram todas as formas, e esse insight acumula sabedoria. No final, percebemos que nossa verdadeira natureza é a fonte suprema e inesgotável de riquezas e com a indestrutibilidade do diamante.

A quarta prática extraordinária do ngondro: Guru yoga

Nesta fase de ngondro, é como se tivéssemos chegado às margens de um grande rio e quiséssemos atravessar para o outro lado. Não estamos completamente livres de nossos hábitos egocêntricos. No entanto, nós os reconhecemos e desenvolvemos alguma confiança de que nossa vida não precisa mais ser controlada pela confusão. Talvez tenhamos vislumbrado a clareza original de nossa mente. Ou talvez o valor de nossa jornada até o momento nos inspire a seguir adiante. Mas, na verdade, não podemos fazer a travessia do samsara para o nirvana por nossa conta. Precisamos de um mestre ou de um guru vivo.

Nesse passo final de nossa prática, encontramos os imensuráveis benefícios de ter um guru; entendemos a suprema inseparabilidade entre nossa natureza essencial e a do guru, o que nos confere confiança e estimula nossa busca. No guru yoga, unimos nossa mente com a mente do guru e, assim, recebemos as bênçãos de toda a linhagem – um universo vasto e ilimitado de seres prontos para apoiar nossos esforços.

Mesmo que a outra margem do rio nos pareça muito perto ou muito longe, todos precisamos de ajuda para atravessar. O guru ajuda a mudar nossa percepção da confusão para a clareza. Ele ou ela é a ponte que nos permite fazer a travessia do samsara para o nirvana. Além disso, a prática do guru yoga é a ponte entre o ngondro e as práticas subsequentes. A partir deste ponto, trabalhamos continuamente para transformar os padrões que nos mantêm girando no samsara, permitindo que os vislumbres da liberdade descobertos por esses primeiros passos reorientem nossa visão e comportamento.

A importância dos primeiros passos

Hoje em dia, muitas pessoas se apressam em fazer o ngondro ansiando por práticas "avançadas." Nenhuma prática é mais importante do que essa. Você sabe o que muitos dos grandes mestres do Tibete faziam quando completavam seu ngondro? Começavam de novo desde o início. Conheço lamas altamente realizados que fizeram o ngondro dezesseis vezes. Muitos grandes lamas praticaram o ngondro no final de suas vidas – o ngondro foi seu primeiro e último passo.

À medida que progredimos no ngondro, as práticas bem como os pontos de vista demandam mais de nós, mas cada etapa nos prepara para a próxima, por isso é bastante viável. Por favor, traga essas palavras ao coração. Não se apresse. Não imagine que há práticas "mais importantes" do que essas. Um passo de cada vez realmente pode mover nossa mente da confusão para a clareza.

2. Meditação

A Ferramenta essencial

Antes de ir mais além, quero falar sobre meditação. Principalmente porque a meditação fornece a ferramenta essencial para todas as nossas práticas, incluindo as práticas do ngondro, e também porque meditação, hoje em dia, significa coisas diferentes para pessoas diferentes. A fim de estabelecer um entendimento comum, quero relatar uma de minhas primeiras introduções à meditação.

Meu pai comparava os efeitos da meditação com o comportamento de um bom pastor. Da grande janela de sua pequena sala no Nagi Gompa, podíamos ver a vasta extensão do céu e a cidade de Catmandu espalhada lá embaixo. Às vezes sentávamos juntos e víamos meninos conduzindo seus rebanhos. "Os bons pastores sentam-se na colina, vigiando seu rebanho, alertas e conscientes," explicou meu pai. "Se um animal se afastar, eles descem correndo para oferecer orientação. Eles não ficam correndo em torno do rebanho conduzindo-o dessa ou daquela maneira, senão os pobres animais não conseguem comer o suficiente e ficam esgotados, sendo que o pastor também fica exausto."

"Os bons pastores meditam?", perguntei.

"Eles não trabalham com suas mentes de uma maneira direta," disse ele. "Não estão meditando, mas estão relaxados e não estão distraídos. Olham para fora, para seu rebanho, mantendo uma estabilidade interna. Não ficam correndo atrás dos carneiros e ovelhas. Quando meditamos, não corremos atrás dos pensamentos. Um mau pastor tem uma visão estreita. Pode perseguir um carneiro que se desvia para a esquerda, mas perde o que se move para a direita, e acaba correndo em círculos como um cachorro correndo atrás da cauda. Quando meditamos, não tentamos controlar todos os nossos pensamentos e sentimentos. Apenas repousamos naturalmente, como o bom pastor, vigilantes e atentos."

Uma vez meu pai apontou para um menino sentado ao sol com as costas reclinadas em uma pedra observando o rebanho que pastava abaixo. O menino desamarrou o pano que guardava seu almoço e comeu devagar, erguendo os olhos para ver como estavam suas cabras. Quando terminou de comer, tirou uma flauta de madeira e meu pai abriu a janela para ouvir. Todos pareciam tão felizes: o menino, meu pai e as cabras. Perguntei a meu pai: "Esse menino medita?" Ele fez sinal de que não. E eu disse: "Ainda assim, ele parece tão feliz!"

"O bom pastor é livre para fazer escolhas em seu comportamento," explicou. "Tem uma mente calma, o que mantém seu rebanho calmo. Como não faz os bichos ficarem nervosos, eles não fogem. Isso lhe dá tempo para sentar, almoçar e tocar sua flauta."

"Mas não confunda comportamento relaxado com mente relaxada. Hoje o sol está brilhando. Não está muito frio, nem tem muito vento. As condições climáticas para esse pastor não poderiam ser melhores. O que acontece se elas mudam? O que acontece com a mente se o proprietário vende as cabras? Para conhecer a verdadeira liberdade da mente, devemos meditar para reconhecer a natureza da mente. Assim, não seremos levados por pensamentos, emoções e condições externas. Com o mau tempo ou a luz do sol, a mente continua estável."

Para cultivar uma mente estável independentemente das circunstâncias, devemos trabalhar com a própria mente. Trabalhar diretamente com a mente desvela a qualidade inerente da consciência plena meditativa. Cada prática de ngondro difere em conteúdo e abordagem. Porém, em cada caso, trabalhamos com a mente de um modo intencional.

Consciência plena

A consciência plena é a qualidade da mente natural, inata e cognoscente que está conosco o tempo todo. Não podemos funcionar sem consciência plena; não teríamos experiência sem a consciência plena. No entanto, nem sempre a reconhecemos. Na verdade, na maioria das vezes, não. A meditação nos ensina a reconhecer a consciência plena que já possuímos.

Existem três tipos de consciência: a consciência normal, que experimentamos antes de aprender a meditar; a consciência plena meditativa, que vem com o reconhecimento da consciência plena propriamente dita; e a consciência plena pura, que ocorre quando nosso reconhecimento se aprofunda e vivenciamos diretamente a natureza da consciência.

Consciência normal

A qualidade mais predominante da consciência normal é que a consciência, em si, não é reconhecida. Ficamos tão preocupados e identificados com cada ideia e imagem em nossa mente, que não reconhecemos a própria consciência. A consciência está sempre presente. Não podemos funcionar sem ela, mas podemos funcionar sem reconhecê-la.

Existem duas formas de consciência normal: uma é atenta e presente – características associadas à meditação e demonstradas pelo bom pastor. A outra forma é caracterizada pela distração, sem nenhuma semelhança com o comportamento meditativo. No entanto, nenhum dos dois tipos reconhece a consciência propriamente dita. Digamos que olhamos para uma flor. Com a consciência normal distraída, nossos olhos se voltam para a flor enquanto pensamos em pizza, parceiros ou filmes. Ou, talvez, possamos ir de carro para um restaurante com os amigos e, ao sairmos, surgir uma discordância sobre o caminho de volta. Não esquecemos o caminho porque a consciência desapareceu – nunca deixamos de ter consciência, assim como não vivemos sem respirar – mas nossa consciência foi encoberta por distrações, pela mente que fala consigo mesma, por fantasias e devaneios. Estávamos conscientes o bastante para chegar ao restaurante, mas não o suficiente para saber como o fizemos. A consciência pode ficar turva, obscurecida – mas continua lá. Nesse estado distraído, somos como o mau pastor. Tomamos café da manhã enquanto seguimos os pensamentos do que vamos comer no jantar. No jantar, não nos lembramos do que comemos no café da manhã.

Quando prestamos atenção ao lavar os pratos, dirigir o carro ou resolver problemas de matemática, permanecemos focados na atividade. Quando uma pessoa faz um trabalho bem feito, isso geralmente reflete a sua capacidade de prestar atenção. Para um sapateiro, o campo de atenção pode ser o detalhe da costura, da colagem e a flexibilidade do couro. Os médicos devem prestar atenção aos sinais físicos e emocionais dos pacientes. Para se destacar em qualquer trabalho, a consciência normal não distraída deve predominar. Em cada caso, a atenção – e, portanto, a própria mente – é o objeto de consciência: ovelhas, sapatos, pacientes ou a estrada. A mente não está perdida em conversas distraídas; está ciente de seu objeto de atenção, mas a consciência, em si, passa despercebida.

Atributos mentais tais como atenção e concentração também podem ser ferramentas benéficas para nossos estudos do Dharma, a memorização de textos e assim por diante. Mas a concentração e o foco não desvelam o estado natural e original de nossa mente, que é onde encontramos a verdadeira liberdade. Para isso, precisamos reconhecer a consciência plena.

Consciência plena meditativa

A meditação requer algum grau de consciência da própria consciência. Nós nos tornamos conscientes da qualidade da mente, não apenas dos fenômenos percebidos pela mente. Quando começamos a meditar, pode ser útil ter imagens de Budas, da respiração ou de uma flor como suporte. Repousamos nossa atenção no suporte. Mas apenas prestar atenção ainda não é meditação. Os dois ingredientes fundamentais para a meditação são a intenção e o reconhecimento. Começamos por nos apoiar deliberadamente no suporte – é aí que a intenção entra. Também estamos conscientes do que está acontecendo enquanto acontece – isso é reconhecimento. Em outras palavras, quando repousamos nossa atenção na respiração, não nos sentimos completamente absorvidos na experiência a ponto de perdermos contato com o resto. Estamos plenamente conscientes da respiração, mas também sabemos que estamos cientes.

Digamos que usamos uma flor como suporte para a consciência. Trazemos nossa atenção para o objeto e o usamos como apoio para o reconhecimento da consciência. Isto é o que queremos dizer com suporte. O objeto da meditação apoia o cultivo do reconhecimento. Buda Shakyamuni disse: "Um monge, ao caminhar, sabe que está caminhando; quando está parado, sabe que está parado; quando sentado, sabe que está sentado; quando deitado, sabe que está deitado." Esse conhecimento, esse reconhecimento de cada momento e de cada atividade é meditação.

Uma vez que reconhecemos a consciência, podemos continuar usando o suporte se ele for útil, mas não de um modo focado e estreito. Usar um suporte para nossa meditação, tal como a respiração ou uma forma visual, torna-se um método para desenvolver um estado mental mais espaçoso e relaxado que permanece estável em meio à atividade da mente. Se começar usando uma flor como suporte, não se preocupe se você tem ou não consciência. Se desejar que a flor seja seu suporte para o reconhecimento da consciência, isso acontecerá. A intenção e a motivação em si trarão o reconhecimento.

Dentro das práticas do ngondro, os suportes variam de animais – vacas ou cães – para seres dos reinos dos deuses, divindades e gurus... e para universos inteiros. O som de um mantra pode ser um suporte. Mas o processo é o mesmo que trabalhar com uma flor ou com sua própria respiração. O suporte funciona como uma forma de descobrir e reconhecer as qualidades da mente.

Consciência Plena Pura

À medida que a consciência plena meditativa se aprofunda, podemos começar a experimentar o que chamamos de consciência plena pura. Esse não é um estado extraordinário de consciência. Na verdade, uma de suas principais características é que ele é completamente comum. É simplesmente a extensão natural do primeiro vislumbre de consciência plena que surge quando começamos a meditar. No entanto, o próprio processo da meditação nos conecta não apenas com a presença da consciência plena, mas com sua própria natureza. Uma vez que reconhecemos essa consciência plena pura, todo o caminho do despertar – incluindo todas as práticas de ngondro – nos ajuda a estimular e a estabilizar esse reconhecimento, integrando-o com todos os aspectos de nossa vida.

Aprendendo a meditar

Como a consciência plena está sempre presente, pode parecer que nunca deveríamos deixar de reconhecê-la. Porém, mesmo que tenhamos a intenção e a motivação, nossos esforços podem sair dos trilhos e nos deixar frustrados: "Parece tão simples, por que não conseguimos meditar?" Devido a toda nossa compreensão intelectual, não conseguimos entender como ela é tão simples e continuamos a ter visões equivocadas. Todas essas visões têm em comum um mal-entendido: a crença de que há algo de errado com o momento presente. Talvez nosso local de meditação não seja suficientemente quieto, talvez seja muito quente ou muito frio; podemos ter muitos pensamentos ou muitas emoções, ou pensamos que não temos os pensamentos e sentimentos corretos. Tudo o que surge identificamos como um problema com o momento presente.

À medida que começamos a tentar descobrir os aspectos da mente que não havíamos visto antes, uma vez estabelecida nossa intenção, tudo o que acontece é bom. Simplesmente percebemos o que surge e deixamos ir. Não nos fixamos, não queremos guardar em algum lugar nem julgar o que aparece. Apenas observamos o desfile de pensamentos e emoções como se estivéssemos em uma plataforma de observação.

Ao invés de tentar construir um ambiente mental ou físico idealizado para a meditação, o melhor suporte é nosso próprio corpo. O Buda disse que nosso corpo é como uma xícara e nossa mente como a água. Quando a xícara está parada, a água está calma. Quando a xícara se move, a água se agita. Aquietar o corpo sustenta nossos esforços para trabalhar com a mente, tornando a postura o primeiro passo importante para aprender a meditar.

Ter um local específico para meditar pode ser útil, mas não pense: "Oh, eu não tenho uma sala de meditação com um altar perfeito e uma janela panorâmica com vista para uma cachoeira." Apego a um local de meditação perfeito é só uma distração ou uma desculpa. Trabalhamos com qualquer situação em que estivermos. Se tivermos um lugar limpo e silencioso, maravilhoso. Se vivermos em uma cidade suja e caótica, não há problema. As pessoas praticam meditação em prisões, quartéis do exército, abrigos para pessoas sem teto e hospitais. O ponto essencial é trabalhar com a mente. Qualquer outra coisa – condições favoráveis ou desfavoráveis – pode ser usada a serviço de nossa prática.

O maior suporte para trabalhar com a mente não é um local externo, mas sim o nosso corpo. Já conhecemos a conexão entre corpo e mente: quando o corpo perde energia com a doença, nossa mente também perde energia. Se tivermos um resfriado ou uma dor de cabeça, dizemos: "Não consigo pensar direito." Se a mente está conturbada pela rejeição, o corpo se sente abatido, como se tivesse sido esmagado pela vida. Com uma experiência feliz como um romance ou uma promoção, o corpo floresce com confiança. Ainda assim, as pessoas em geral não percebem como o corpo pode respaldar a mente na meditação.

A postura dos sete pontos

Para desenvolver uma postura que dá suporte à nossa prática, baseamo-nos em um conjunto clássico de diretrizes chamado postura dos sete pontos. A postura simboliza as qualidades da forma iluminada. Essas diretrizes estabilizam o corpo, criam um suporte fundamental para a mente e alinham os canais de energia que ajudam a manter a mente alerta, aberta a relaxada.

Como o corpo de cada pessoa é diferente, cada postura precisa de alguma experimentação. Não tente sentar por longos períodos no início. É mais importante manter uma posição estável por um curto período de tempo – cinco ou dez minutos, que pode ser aumentado gradualmente – do que passar quarenta minutos se mexendo ou se distraindo com desconfortos ou dores.

Pernas

Sente-se no chão com as pernas cruzadas. A maioria das pessoas senta em uma almofada para deixar o quadril um pouco mais alto do que os joelhos. Isso cria uma base de suporte de três pontos, proporcionando uma sensação de enraizamento no chão que confere força à parte superior do corpo. Se obstáculos físicos dificultam sentar no chão, é possível usar uma cadeira, mas mantenha suas costas retas e seus joelhos no mesmo nível que o quadril. Para criar o mesmo nível, você pode colocar uma almofada na cadeira para erguer o corpo ou colocá-la debaixo dos pés. Os pés devem ficar firmemente plantados no chão. É desejável encontrar uma postura que crie uma sensação de força e coragem, não de forma agressiva, mas também não passiva.

Quando sentamos no chão, existem vários estilos diferentes de cruzar as pernas. A postura vajra (também conhecida como a postura do lótus completo) oferece a base mais estável: o pé esquerdo repousa sobre a coxa direita e está bem próximo do corpo. O pé direito repousa na coxa esquerda. Poucos tibetanos usam essa posição. A maioria dos meditadores usa a postura do meio-lótus, com um pé repousando na coxa oposta. Ou as duas pernas estão no chão, uma dobrada perto do corpo e a outra fora dele.

Todas essas posturas das pernas sustentam as costas e ajudam a conter a agitação no corpo e na mente. Para as pessoas que não cresceram sentadas no chão ou sentadas com as pernas cruzadas, essas posturas podem ser difíceis, até mesmo dolorosas. Com o tempo, isso pode mudar. Exercícios de alongamento podem ajudar e a prática aumentará a capacidade de fazer essas posturas. A meditação não é um esporte competitivo. Sentar na postura de lótus completo não deve ser como a linha de chegada ao final de uma corrida de cem metros. A intenção é mais importante do que a postura, intenção e sinceridade. Portanto, experimente com a melhor intenção e faça o melhor que puder.

Mãos

As mãos descansam no colo, ou repousam entre o colo e o umbigo. A mão que fica embaixo tem a palma voltada para cima, e a outra mão repousa sobre ela, também com a palma para cima. Não importa se é a mão direita ou a esquerda que fica embaixo. Na posição formal, os polegares apenas se tocam suavemente, formando uma espécie de mudra oval. As mãos podem ser colocadas nos joelhos com as palmas voltadas para baixo. Para alguém com pernas longas e braços curtos, isso pode criar tensão nos antebraços ou nos ombros. Neste caso, deslize as mãos para trás até que elas possam descansar sobre as coxas sem tensão.

Antebraços

Deixe um pequeno espaço entre os antebraços e as laterais do tronco. Para entender como é essa postura, imagine-se com um ovo colocado a poucos centímetros abaixo da sua axila. Isso ajuda a manter o peito aberto e expansivo. Essa posição é chamada de "manter os braços como as asas de um abutre." Mas não erga os ombros nem aponte os cotovelos para fora como se estivesse prestes a bater asas. Isso criaria uma tensão insuportável. O mais importante é dar ao peito o máximo de espaço para respirar, sem nenhuma restrição; portanto, não aperte os braços.

Costas

Manter as costas retas é o mais importante. Se suas costas estiverem caídas, seu peito desaba e isso contribui para um estado mental embotado, com uma mente que não está totalmente perceptiva às suas próprias capacidades. Além disso, essa mente se torna mais vulnerável ao sono. Se as costas estiverem encurvadas, os canais do corpo ficam bloqueados, criando agitação e desconforto. Costas muito rígidas tendem a se manter retas, com um corpo tenso e uma mente tensa. Isso é muito cansativo. A pessoa pode se sentar em uma posição aparentemente perfeita por um tempo mas, de repente, cai no sono, cansada do estresse de sustentar a postura com muita rigidez. Os tibetanos dizem: "Não se sente como se você tivesse engolido uma régua."

Lembre-se de que cada corpo é diferente. Os tibetanos comparam a coluna ereta na postura de meditação com uma pilha de moedas sobrepostas em uma linha reta, ou com vértebras que são tão retas como uma flecha. Mas todas as colunas têm curvas naturais que devem ser levadas em consideração. Então, "ereta" não é uma descrição objetiva de como sua coluna deve ser. Ereta significa a sua postura em perfeito equilíbrio.

Pescoço e cabeça

Quando você permite que a coluna faça uma curvatura natural para frente no pescoço, a cabeça encontrará seu próprio lugar de repouso sobre o pescoço – nem muito atrás, nem muito para frente. Normalmente, é apenas uma ligeira inclinação, uma ponta do queixo voltada para a garganta, prolongando a linha do pescoço. Para os iniciantes em meditação – e mesmo para os praticantes de longa data – a mente, na meditação, muitas vezes oscila entre a agitação e o torpor. Se a cabeça cair muito para frente, o resultado é torpor e sonolência. Se o queixo estiver erguido e projetado para fora, isso geralmente indica muito pensamento discursivo ou agitação mental. Encontrar o equilíbrio certo no corpo ajudará a contrapor essas duas tendências da mente.

Para verificar o seu alinhamento correto, segure uma laranja com a mão na altura da boca, de palma virada para baixo; coloque a outra mão, com a palma para cima, abaixo do umbigo. Então, abra a mão superior e solte a laranja. Se o seu alinhamento estiver correto, a laranja cairá na palma da mão inferior.

Boca

Quando você relaxa os músculos ao redor da boca e do maxilar, tanto os dentes superiores como os inferiores e os lábios tendem a se separar ligeiramente. Essa é a posição de repouso da boca. Em seguida, deixe que a ponta da língua repouse na parte superior do palato, onde o palato e os dentes superiores se encontram. Você pode respirar pela boca, pelo nariz ou por ambos.

Olhos

Algumas tradições de meditação sugerem fechar os olhos. Os principiantes em meditação, muitas vezes, acham que essa é a maneira mais fácil de evitar distrações, mas alguns problemas podem surgir daí. À medida que progredimos na prática, queremos trabalhar com a mente em todas as circunstâncias e situações. Ter a almofada perfeita, um bonito altar e até mesmo essas sugestões de como se sentar, como sustentar a coluna e as mãos – todos são suportes testados durante anos para nos ensinar como trabalhar com a mente. Não podemos descartar esses suportes tradicionais. Porém, nosso objetivo não é manter uma postura de meditação perfeita como um Buda de pedra. Se apenas praticamos em situações distanciadas do cotidiano, ou se nos afastamos por meio de técnicas tais como fechar os olhos, poderemos criar barreiras na nossa capacidade de integrar a prática com nossas atividades diárias. Por esse motivo, sugiro que vocês experimentem manter os olhos abertos.

Três modos diferentes de olhar podem ser usados quando os olhos são mantidos abertos. No primeiro, o olhar está voltado para baixo, repousando levemente a cerca de cinquenta centímetros ou um metro à frente do corpo. O segundo método é olhar para frente de uma maneira normal.

O terceiro método é elevar suavemente o olhar. É muito bom alternar esses estilos. Usar somente uma das posições do olho, por um longo tempo, pode ser bastante enfadonho ou cansativo, enquanto que mudar a posição do olho pode revitalizar a meditação. Além disso, não tente controlar o piscar dos olhos. Se piscar, pisque naturalmente. Tentar controlar o piscar cria tensão.

Dicas para a meditação

Encontre uma posição possível de manter por, pelo menos, vinte minutos sem se mover. Se você tiver que treinar para chegar a esse ponto, perfeito. Mantenha a posição por um minuto ou cinco minutos. Aos poucos, aumente um minuto a cada dia. É bom escolher a quantidade de tempo para meditar e cumprir esse tempo, para que você não passe sua meditação se perguntando: "Posso parar agora? Essa dor é suficiente? Ou já passou dos limites?" Comprometer-se a manter uma postura durante um minuto é mais importante que buscar cumprir os vinte minutos em estado de agitação mental.

Uma vez escolhida uma determinada postura para sua sessão de meditação, dedique alguns instantes para escanear o corpo a fim de identificar tensões. Verifique o maxilar, a boca, o pescoço e a posição do queixo. Tente soltar qualquer tensão. Preste muita atenção aos ombros. Muitas vezes você precisa fazer um esforço consciente para relaxá-los. Verifique a tensão nas mãos, nos dedos, nas costas e nos tornozelos. Faça os ajustes necessários à estabilidade e ao conforto.

Tente relaxar 100%. Isso significa que tudo o que você vivencia é permitido. Se ainda tiver alguma tensão em seu corpo, está tudo bem. Mais importante do que um corpo relaxado é uma mente relaxada, então faça o melhor que puder com sua postura e deixe sua mente relaxar. Se abordar a meditação como se fosse uma competição esportiva ou um grande projeto, o corpo desenvolve tensões. Se associar a meditação ao relaxamento do tipo sauna, seu corpo poderá desabar e você cairá no sono.

O que você quer dar a seu corpo e a sua mente é o ponto médio entre relaxamento e tensão.

A postura de meditação em dois pontos

Ao praticar a meditação fora de sua almofada, ou se suas condições somente permitem a prática enquanto espera na fila, caminha pela rua ou anda de ônibus, então você tem a instrução dos dois pontos: mantenha as costas retas e seus músculos relaxados. É só isso!

Descobrindo a mente-do-macaco

Iniciantes em meditação geralmente relatam que, no momento em que sentam, a mente acelera e transborda com ainda mais pensamentos do que o habitual. Isso é resultado do encontro com a mente-do-macaco, aquela que fala incontrolavelmente e devaneia aqui e acolá. Ao abordar a meditação, nossa expectativa é que a nossa mente se torne calma e serena, mas quando nos sentamos para meditar é como se tivéssemos acabado de beber um café expresso. A mente parece voar para dezenas de direções diferentes, da comida para a fama, para ganhar na loteria, para comprar um carro vistoso e para comer um hambúrguer orgânico. Parece até um passeio na montanha-russa – desenfreado, maluco e talvez até um pouco assustador. Na verdade isso é um bom sinal, porque a mente-do-macaco sempre atua dessa maneira naturalmente cafeinada e meio alvoroçada. Esse é o seu hábito. Nós é que nunca percebemos isso antes.

Se deixarmos um macaco entrar na bela sala de um templo, em poucos minutos a sofisticada seda chinesa será destruída, as tigelas de água serão atiradas ao chão, as almofadas rasgadas e tudo ficará de pernas para o ar, enquanto o macaco pula de um objeto ao outro. Essa pode não ser uma imagem muito bonita, mas é como a nossa mente tende a funcionar – nunca descansa, vai de um objeto a outro, bagunçando as coisas e correndo daqui para lá. Quando nos dedicamos atentamente ao trabalho físico ou mental, como quando construímos uma casa, nos preparamos para um exame ou fazemos nosso imposto de renda, guardamos o macaco atrás da porta. Porém, se temos muito tempo livre, o macaco geralmente assume o controle.

Ouvi falar sobre um homem que ficou preso em uma solitária durante anos e que acabou sendo liberado depois que novos testes de DNA provaram sua inocência. E o que ele disse sobre estar sozinho em uma cela foi: "Ter só a si mesmo como companhia é a pior companhia que alguém poderia querer." Essa fala expressa a angústia de uma mente que se tortura, sem o alívio das distrações externas – e muito menos da meditação.

O macaco não suporta ficar sem trabalho, portanto, para se manter ocupado, ele mantém a mente girando. Digamos que no final do mês você descubra que seu extrato bancário difere dos seus cálculos em um dólar. O macaco fica tão feliz! Convence-o a pesquisar todos os extratos e a rastrear onde ocorreu o erro. Uma vez resolvido o problema, logo surge outro.

Em entrevistas particulares, ouço as pessoas falarem de problemas entre seus familiares, parceiros e empregadores. Ao serem ouvidos, os problemas parecem muito pequenos. Mas se pensarmos sobre eles repetidas vezes, ficam cada vez maiores. Fazer uma tempestade em copo d'água é a especialidade do símio. Essa é a natureza da irrequieta mente-do-macaco.

Geralmente não observamos a mente e, por isso, esse encontro com o macaco pode ser confuso. Mas, na verdade, estamos começando a reconhecer a consciência plena e todos os pensamentos, sentimentos e impulsos que estão constantemente passando por ela. Se as pessoas vêm fazer meditação a fim de se livrar dos pensamentos, esse encontro com a mente-do-macaco pode ser desanimador. Mas não precisamos nos livrar dela. Ignorar essa fábrica de pensamento nunca funciona e suprimi-la é impossível. Mas podemos fazer amizade com ela. Como? Ficando perto dela, sem sermos agressivos. Não tentamos vencer ou controlar nosso novo amigo. Se quisermos conhecer suas qualidades, precisamos estar presentes para esse encontro. Quando começamos a meditar, não importa o estilo ou tradição que sigamos, certamente vamos encontrar o macaco.

Porém, com a meditação da consciência plena, damos ao símio um serviço construtivo para fazer.

Saljay Rinpoche comparou nossa mente-do-macaco com o chefe de uma empresa, cuja função é fazer com que todos trabalhem o máximo possível, 24 horas por dia, sete dias por semana.

7. Saljay Rinpoche em Sherab Ling, por volta de 1988.

A mente que dá ordens não dá sossego. Ela nos obriga a pensar constantemente em uma coisa após a outra, sem interrupção e, principalmente, sem quaisquer consequências significativas. Todas essas atividades mentais são como dezenas de trabalhadores contratados pela empresa, escravizados por quaisquer ditames do chefe, enquanto nós, os funcionários, não temos ideia de como negociar um acordo melhor porque estamos convencidos de que somos o chefe, não o escravo.

Nossa identificação com o chefe-macaco nos transforma em escravos do ego: "Aqui tem chocolate; adoro chocolate! Preciso comer um pedaço. Odeio espinafre! Eu gosto desse colega. Não gosto daquele outro. Esse carro é feio. Aquele é lindo." O macaco lança a mente para um lado, depois para o outro. A mente assemelha-se a ondas turbulentas na superfície de um lago, sem descanso ou tranquilidade. Corremos para atender o chefe-macaco, uma ordem depois da outra. Podemos até pensar: "Espere aí! Talvez eu possa dar ordens a esse animal de vez em quando!" Mas não sabemos como.

Saljay Rinpoche explicou que esse gostar e não gostar, a aceitação e a rejeição, a aversão e a atração – todas as mensagens que o macaco usa para nos manter em estado de turbulência – são projeções. Essas projeções filtram os dados sensoriais que, por sua vez, criam atitudes que sobrepomos aos objetos dos nossos sentidos. Dessa forma, um cheiro raramente é apenas um cheiro, mas uma experiência aromática agradável que nos atrai, ou um odor desagradável que provoca aversão. Os sons dos pássaros nos atraem, mas os latidos dos cães não. Tais reações correspondem a atitudes e ideias preconcebidas, não à situação ou ao objeto real.

"Estamos sempre respondendo às projeções, mas não sabemos como operar o projetor," disse Saljay Rinpoche. "O projetor é a mente-do-macaco, o chefe. Não adianta odiá-lo. Isso apenas aprisiona a mente em negatividade e dá mais poder ao macaco. Tentar trancafiá-lo também não vai funcionar, porque ele sempre descobre como escapar. Contudo, não se torne um escravo da mente-do-macaco. O truque é dar um trabalho para a mente-do-macaco. Ela adora uma tarefa, adora trabalhar e adora manter-se ocupada. Você transforma a mente-do-macaco em seu funcionário e você se torna o chefe."

No início de nossa prática de Dharma, o macaco não consegue trabalhar na mesma atividade por muito tempo. Ele fica entediado, inquieto e volta a fazer bagunça. Para que possamos manter o controle, não só damos uma tarefa ao macaco mas, com frequência, mudamos de atividade para mantê-lo ocupado. À medida que adquirimos mais controle, podemos treinar o macaco para trabalhar em tempo integral para nós. Mas isso não acontece da noite para o dia, por isso Saljay Rinpoche incentivava seus alunos a manterem a intenção de continuar a prática de reconhecer a consciência plena, porém, trocando os métodos de meditação e mudando os suportes.

Meditação da consciência plena

Quando praticamos o ngondro, podemos alternar nossos suportes para reconhecer a consciência plena. Passamos do suporte da respiração para o suporte de olhar uma flor ou ouvir um som. E o que acontece quando a mente-do-macaco aparece gritando: "Preste atenção em mim! Precisamos repassar novamente aquele episódio do passado e antecipar o futuro"? Se estivermos usando a respiração como suporte, voltamos para a respiração. Sem julgamento, sem desânimo ou sem nos sentirmos desesperados, apenas voltamos para a respiração e seguimos com ela.

Várias formas de shamatha, ou meditação da consciência plena, nos ensinam como descobrir as qualidades inatas de nossa mente; a mais comum delas usa a respiração como suporte para o reconhecimento da consciência plena. Isso se dá por meio do contato com as sensações. A respiração é o suporte mais comum, está disponível em todas as circunstâncias e condições, o que explica por que muitas vezes ouvimos a instrução "volte para a respiração." Se nos perdemos no pensamento discursivo, se nos perdemos em uma experiência do passado ou se desaparecemos no buraco negro da raiva ou da inveja, lembramos: "volte para a respiração."

A natureza da respiração a torna o suporte mais confiável, especialmente para os praticantes novatos.

Vamos tentar meditar usando a respiração como suporte para a consciência plena. Mas antes de qualquer exercício de meditação, é bom começar apenas repousando a mente. Só isso. Nesse momento, mantenha qualquer postura informal em que você estiver. Para ter uma noção de como é a sensação de repousar a mente, pense em como você descansa no dia a dia. Depois de correr por alguns quilômetros, o que acontece quando você para ou faz uma pausa? Imagine que você limpa a casa por uma hora ou duas e, quando termina, faz uma pausa para descansar. Imagine esse primeiro momento de fazer a pausa. Ou imagine ter chegado a um imenso prédio de apartamentos em Hong Kong ou Mineápolis e descobrir que lá não tem energia elétrica. Os geradores não estão funcionando e você tem que subir dois lances de escadas, ou talvez dez ou vinte. Enfim, ao chegar ao seu apartamento, você bebe um copo de água e se afunda no sofá. Aaahhh! Algo assim. Pense em uma atividade que requer um esforço extra e, a seguir, pratique uma versão silenciosa desse relaxamento. Apenas repouse. Apenas relaxe a mente, mesmo que seja por alguns segundos. Aaahhh!

Experimente fazer isso. A seguir, repouse. Repouse por mais alguns segundos. Agora saia do repouso. Como foi a experiência?

Agora preciso contar um grande segredo: repousar a mente desta maneira é meditação. No entanto, se disser isso logo de início, você pode começar com uma grande expectativa e ficar tenso e ansioso, e isso não ajuda muito. No entanto, essa sensação de repouso, de deixar tudo que surgir apenas ser como é, sem tentar controlar nada, essa mente de "aaaaaahhhhhhh" se aproxima da consciência natural. Chamamos isso de "consciência plena aberta" ou "shamatha sem suporte."

Quando digo que essa mente se aproxima da consciência plena aberta, quero dizer que, sem a intenção de meditar, você não terá muito benefício só com a experiência. Motivação e intenção ajudam a desenvolver a consciência plena. Mas se infundir suas intenções com muita esperança e expectativa, elas podem gerar decepções. É importante combinar o propósito da sua intenção com a mente relaxada que repousa.

Este exercício pode ser repetido várias vezes. Não tente se agarrar à consciência plena. Se perceber que sua mente está vagueando, apenas retome o exercício e comece de novo.

Agora vamos tentar uma abordagem mais formal para a meditação. A prática é shamatha, ou meditação da consciência plena. Vamos usar nossa respiração como o objeto de suporte para nossa consciência.

Meditação da consciência plena com a respiração

- ▶ Sente-se em uma postura relaxada com as costas retas.
- ▶ Seus olhos podem estar abertos ou fechados.
- ▶ Por um minuto ou dois, repouse na consciência plena aberta. Talvez traga à mente a sensação de se afundar no sofá para descansar após um exercício extenuante: aaahhh!
- ▶ Agora respire normalmente pela boca, pelo nariz ou ambos.
- ▶ Traga sua consciência para a respiração enquanto ela flui para dentro e para fora do corpo.
- ▶ No final da expiração, repouse sua consciência no espaço que ocorre naturalmente antes da próxima inalação.
- ▶ Se sua mente vaguear, simplesmente traga-a de volta para a respiração.
- ▶ Continue assim por 5 a 10 minutos.
- ▶ Conclua o exercício repousando na consciência plena aberta.

A respiração é o objeto de consciência mais comum para as pessoas que estão iniciando a meditação. Mas você pode usar qualquer coisa que surgir em sua experiência como suporte para a consciência plena: formas, sons, cheiros, gostos ou sensações. Você pode escolher um objeto externo como uma flor, uma estátua, um incenso – qualquer coisa. Repita todos os primeiros passos que fizemos acima, incluindo o repouso por alguns minutos na consciência plena aberta. Essa prática é usada para juntar seu corpo e sua mente.

Se escolher uma forma, basta repousar seus olhos levemente nessa forma. Não há necessidade de investigar, analisar, julgar ou avaliar o que vê. Você está apenas vendo. Se escolher um som, então apenas ouça. Não tente bloquear outras experiências sensoriais, tais como os movimentos, sons, cheiros ou mudanças de temperatura à sua volta. Todos os seus sentidos estão abertos. Você pode acolher o reconhecimento de qualquer experiência dos sentidos, mantendo uma consciência estável do objeto que escolheu. Tente fazer isso por cinco a dez minutos de cada vez.

Consciência plena aberta

Mesmo nos estágios iniciais da meditação, é possível ter a experiência de deixar que sua consciência se mova do objeto para a própria consciência. Isso pode ocorrer naturalmente, mas você precisa saber que é bom deixar isso acontecer, para que não tente bloquear essa mudança. Você pode entrar espontaneamente naquilo que é chamado de consciência plena aberta – consciência que não usa um objeto para se estabilizar. Assim, quando a mente vaguear, você volta ao objeto como uma forma de estabilizar seu reconhecimento da consciência plena.

Com a prática, você poderá aprender a usar as experiências da vida cotidiana como suporte para a meditação, sem ficar restrito às ideias que possa ter sobre suportes ou lugar, tempo apropriado ou a postura adequada para sua prática. Você se liberta das tentativas de se "concentrar" ou "focar", e confia mais em uma consciência espaçosa e relaxada, que lhe permite acolher todas as suas experiências e usá-las para direcionar tudo ao esforço de despertar. Mesmo quando trabalhar com a respiração, tente mudar o foco na respiração para a consciência da respiração. Seja qual for o objeto escolhido para fazer "shamatha com objeto," tente voltar o foco do seu suporte para a própria consciência. Uma vez que estabilizar a mente na natureza da consciência plena, você poderá remover o apoio completamente. Aí então a meditação se torna "shamatha sem objeto", o que é o mesmo que consciência plena aberta.

Pratique a consciência plena aberta com 100% de relaxamento, o que significa que tudo é perfeito tal como é. Deixe a mente-do-macaco fazer suas coisas malucas. O macaco não precisa relaxar. O macaco não sabe como relaxar. Essa é sua natureza. O macaco pode estar enlouquecido ou tirando uma soneca. Contudo, você já não está unido ao macaco. Você está unido à consciência plena. Se relaxar 200%, então será levado em uma de duas direções: tenta arduamente forçar o relaxamento e acaba ficando mais tenso, ou fica tão relaxado que se afunda e adormece. Então, 100% é a medida certa. Toda vez que você começa a meditar, é bom começar com a consciência plena aberta. Apenas repouse a mente por alguns minutos. Simplesmente repouse.

Aqui está outro segredo: sabe qual é o verdadeiro obstáculo do repousar na meditação? Isso é muito simples. Não há nenhuma experiência de "Uau"! Não há nada a ser acrescentado e nenhum trabalho a fazer. Essa meditação está tão perto de nós como a ponta do nosso nariz, ou seja, está muito perto para ser vista. Às vezes, os mestres nos dizem: "pare de meditar." Isso não significa desistir de reconhecer a consciência plena, mas sim que "não há necessidade de usar lanterna à luz do sol." Supondo que somos inerentemente insuficientes, usamos o equivalente mental de uma lanterna para melhorar a luz do sol.

A consciência plena aberta é como o espaço. Falamos em espaço e nos referimos a ele, mas na verdade não o reconhecemos. Apenas vemos o que está no espaço. Quando falamos em ver o espaço, em geral, queremos dizer o vale, a mesa, a árvore ou algo que traz definição ou perspectiva a uma área, mas não o espaço em si. Do mesmo modo que não acreditamos nos benefícios do reconhecimento do espaço, a prática da consciência plena aberta tende a não ter credibilidade. Não acreditamos realmente em seus benefícios, assim como não valorizamos o que é grátis. Parece que precisamos de um preço para garantir o valor das coisas. Com a meditação, pagamos esse preço com os exercícios que exigem mais trabalho do que a consciência plena aberta: consciência com objetos. Aqui, a mente não pode apenas repousar, sem um trabalho a fazer; ela precisa se estender a determinados objetos dos sentidos em busca de suporte.

É sempre bom começar qualquer exercício de meditação com um ou dois minutos de consciência plena aberta. Isso nos conecta com o estado básico de nossa mente. Mesmo que os ventos da ansiedade, do medo, da raiva ou da inveja agitem a superfície do lago, embaixo ele continua claro e calmo. É muito importante entender isso, porque muitas vezes pensamos: "estou muito agitado para meditar." Ou "minha raiva ou inveja está destruindo minha equanimidade." Nada pode destruir nossa equanimidade. Podemos perder o contato com ela, mas ela não pode ser destruída. Que maravilhoso! No entanto, ainda não desenvolvemos conexão suficiente com nossa consciência plena básica para confiar em sua veracidade – ou mesmo em sua existência. Se estivermos com raiva ou atados a um nó de sofrimento, tendemos a sentir que ele nos consome por inteiro, como se o lago tivesse igualmente ondas turbulentas ao fundo. Mas não é assim. Temos essa consciência plena pura, clara e luminosa quando estamos felizes e quando estamos tristes, quando estamos com raiva ou deprimidos, ou quando estamos alegres e cheios de energia. A consciência plena não está ligada a emoções ou pensamentos. Não depende de circunstâncias ou condições.

Conectar-se com essa consciência plena é essencial para entender o que queremos dizer com "bondade básica." A consciência plena não tem solidez, nem imobilidade, nem medida, mas continua sendo o fundamento de nosso ser. Temos essa consciência plena, não importa quão caótica ou preocupada esteja a nossa mente, não importa o quanto o macaco controle o show. Por isso dizemos que não precisamos nos livrar de nossos pensamentos negativos ou afastá-los. Se trouxermos a consciência plena para o primeiro plano da atividade mental, a mente-do-macaco automaticamente perde seu poder.

Fazendo amizade com os pensamentos

A maioria de nós já teve a experiência de ficar enlouquecido pelos pensamentos. "Se apenas eu pudesse parar de pensar nessa pessoa, naquele incidente, naquela briga com meu chefe, em meu parceiro..." Uma infinidade de pensamentos, mesmo quando não promovem nenhum benefício, apenas giram em círculos como abelhas dentro de um jarro. Uma vez que esses pensamentos são identificados como problema, queremos nos livrar deles. Os pensamentos podem ser um grande aliado para a meditação, mas tendemos a torná-los nossos inimigos. Pensamos que durante a meditação, qualquer coisa é melhor do que ter pensamentos. "Durante o dia todo eu fico pensando, pensando. Mas, na meditação, quero cair no mais puro e profundo vazio, sem pensamentos. Bem-aventurança. Nada. Puro. Pacífico. Que maravilha!" E daí, o que acontece? Nossa mente gira tanto durante a meditação quanto em outras ocasiões. Nesse ponto, em vez de realizarmos nossas esperanças de bem-aventurança e paz, iniciamos uma pequena guerra com nossos pensamentos: "Pensamentos maus, vão embora!"

Existem muitas estratégias para aniquilar os pensamentos, como beber álcool, usar drogas, comer em excesso, fazer inúmeras compras ou navegar na Internet – atividades que restringem a mente ao vício e à compulsão. Hoje em dia, muitas pessoas têm a ideia de que a meditação oferece uma maneira eficaz e saudável de se livrar de pensamentos indesejados. Muitas pessoas pensam que o objetivo de prestar atenção a uma flor, por exemplo, é suprimir ou afastar os pensamentos. Isso pode funcionar por alguns segundos, mas quando relaxamos nosso foco rígido ao objeto, os pensamentos invadem de novo nossa mente. Isso não traz nenhum benefício duradouro ou transformador.

A meditação, de fato, oferece uma maneira saudável de trabalhar com a mente. Todavia, não queremos nos livrar dos pensamentos. Esse é o equívoco número um. Pensar, tal como respirar, é uma atividade natural. Tentar impor um vazio artificial é exatamente o oposto de como trabalhamos com a clareza natural da mente.

Um incidente dos meus primeiros dias em Sherab Ling me apresentou à amizade com os pensamentos. Naquele tempo, o monastério ainda era mais semelhante ao antigo Tibete do que com a Índia moderna. Não havia água encanada e levava vários minutos caminhando para ir do meu quarto até o banheiro. Um dia tentei abrir a janela que fica acima da privada, mas ela estava emperrada. Comecei a bater na janela até que, de repente, ela abriu e bateu na parede de fora quebrando o vidro. Minhas ansiedades saíram do controle. Tive medo de que as pessoas do monastério não fossem gostar mais de mim, ou pensassem que eu era estúpido, que meu atendente e tutores ficassem bravos comigo e que, quando meu grande crime fosse descoberto, eu fosse repreendido.

Durante dois dias não disse nada e ninguém também se manifestou. Mas tudo em que eu conseguia pensar era no vidro quebrado. Então, decidi me entregar antes que alguém o notasse. Descrevi a situação para o gerente de manutenção, e ele disse: "Não tem problema." Explicou que a janela era velha, a moldura de madeira estava podre e precisava ser substituída de qualquer maneira. Fui embora me sentindo bastante aliviado.

Logo, no entanto, os pensamentos da minha má ação retornaram. Quando estava estudando os textos, a imagem do vidro quebrado aparecia de repente e eu entrava em pânico. A imagem me assombrava e meu coração acelerava. Tentei me livrar dela. Impossível. Então, me repreendi: "Não seja tão estúpido. Até o gerente da manutenção disse que não era um problema." Finalmente, expliquei minha situação a Saljay Rinpoche e perguntei: "Será que consigo me livrar de meus pensamentos?"

Saljay Rinpoche disse: "Você não pode se livrar de seus pensamentos. Mas está tudo bem. Você não precisa. Talvez seus pensamentos possam se tornar seus melhores amigos. Você pode aprender a torná-los seus aliados."

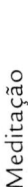

8. Mingyur Rinpoche (na frente) e Tsoknyi Rinpoche, em Sherab Ling, por volta de 1989.

Não entendi tudo o que ele disse, porém percebi que a diferença entre tratar meus pensamentos como amigos ou inimigos revelava a diferença entre felicidade e sofrimento. Ainda não entendia como fazer amizade com meus pensamentos. No entanto, comecei a entender que tentar vencer ou eliminar os pensamentos, na verdade, alimentava a intensidade da situação e do sofrimento.

Normalmente, nossa mente-do-macaco está no banco do motorista. Um pensamento leva a outro, não conseguimos detê-los e eles nos deixam loucos. Quando cultivamos a consciência plena, já não caímos nessa corrente. A própria consciência nos permite estar na beira do rio sem sermos levados pela correnteza. Somos libertados da tirania da mente-do-macaco.

Os pensamentos ainda estão lá. Podem ser silenciosos ou turbulentos, concentrados, indomáveis ou dispersos. No entanto, paramos de nos identificar com eles. Tornamo-nos a consciência plena, não os pensamentos. Com o reconhecimento da consciência plena, podemos dar um passo para trás e observar os pensamentos a certa distância, e saber que os estamos observando. Já não precisamos nos livrar deles porque não estão mais nos conduzindo. Quando nos identificamos com nossa consciência plena natural e não com os pensamentos, o seu poder destrutivo se dissolve.

Usando os pensamentos como suporte para a meditação

Quando começamos a meditar, a respiração, um sino ou uma flor são os objetos mais comuns de suporte. Quando nossa mente vagueia, voltamos para esses suportes. Mas, há outra opção: usar os próprios pensamentos para dar suporte ao reconhecimento da consciência plena. Quando nos tornamos conscientes dos nossos pensamentos, não seguimos o enredo, e não somos pressionados pelo chefe-macaco; em vez disso, simplesmente permanecemos não reativos, atentos aos pensamentos que passam pela mente.

Vamos tentar fazer isso. Comece observando seus pensamentos como se fossem moscas zumbindo ao redor de sua cabeça. Mantenha os olhos abertos e mova a cabeça para a esquerda, para a direita, para cima e para baixo, observando a todo tempo a mente-do-macaco zumbindo rapidamente de um pensamento a outro. Blá, blá, blá, pizza, planos, parceiro, passagem de avião, observando, observando. Tente fazer isso por alguns minutos.

Muitas pessoas acham esse exercício bem difícil, apesar de estarmos meramente dando continuidade ao que ocorre em nossa mente na maior parte do tempo. Porém, quando colocamos o processo sob uma lupa, parece que ficamos paralisados. Observar a imprevisível mente-do-macaco de modo intencional tende a quebrar os padrões, tornando difícil o exercício.

Agora vamos tentar uma meditação mais formal usando nossos pensamentos como o objeto de suporte.

MEDITAÇÃO USANDO PENSAMENTOS COMO SUPORTE PARA A CONSCIÊNCIA PLENA

- ▶ Sente-se em uma postura relaxada com as costas retas.
- ▶ Seus olhos podem estar abertos ou fechados.
- ▶ Por um ou dois minutos, repouse na consciência plena aberta.
- ▶ A seguir, deixe que os pensamentos surjam. Traga sua consciência para o ato de pensar em si. Observe e mantenha sua atenção voltada para os pensamentos. Não tente mudar os pensamentos, nem "tente" fazê-los desaparecer. Apenas volte sua atenção para a ocorrência dos pensamentos. Não tente analisar, interpretar ou julgar; apenas observe seus pensamentos.
- ▶ Se os pensamentos desaparecerem naturalmente, repouse na consciência plena aberta.
- ▶ Quando os pensamentos retornarem, use-os como suporte para manter sua atenção.
- ▶ Se for levado pelos pensamentos, traga gentilmente a mente de volta para o processo de apenas manter-se consciente dos pensamentos.
- ▶ Tente fazer isso durante cinco a dez minutos.
- ▶ Termine repousando na consciência plena aberta.

Para muitas pessoas, a tentativa de estar atento aos pensamentos faz com que eles desapareçam. Está tudo bem. Deixe-os ir embora. Não coloque energia prendendo-se a eles. Na verdade, essa impossibilidade de reter os pensamentos nos leva para a consciência plena aberta, portanto, deixe que isso aconteça. Porém, o efeito dessa meditação é que, mesmo quando seus pensamentos persistem, eles não carregam você junto. A consciência plena canaliza o poder da mente-do-macaco em uma direção diferente. Enquanto estiver apenas observando pensamentos e não sendo sugado pela corrente, isso é meditação. Você está seguindo suas próprias ordens de praticar a consciência plena. E, desse modo, usa os pensamentos para se libertar dos pensamentos.

Os pensamentos não param. Porém, você pode parar de correr atrás deles. O reconhecimento da consciência plena agora define a sua mente, o que reduz a fixação ao ego e ao apego. Qualquer coisa que ajude a dissolver a noção sólida de um "eu" independente atua em seu benefício. A mente que reconhece a consciência plena não é mais "só sobre mim."

Mover sua atenção para a consciência em si quer dizer que deixamos de nos identificar e correr para atender os movimentos mentais de nossos pensamentos e emoções. Quando isso acontece, podemos falar em permanecer estável em qualquer circunstância. Isso inclui circunstâncias mentais e físicas, internas e externas. Podemos permanecer estáveis em meio a uma tempestade ou à luz do sol, em meio a sensações agradáveis ou desagradáveis, pensamentos desejáveis ou indesejáveis, emoções construtivas ou destrutivas.

Estabelecendo a intenção

Seja qual for a prática a ser feita, especificar a motivação é muito importante. Se colocarmos um objeto redondo em um morro, tal como um pneu de carro, ele vai rolar para baixo. O reconhecimento da consciência plena funciona do mesmo jeito: quando estabelecemos a intenção, a mente seguirá nessa direção. O alvo não é o objeto; a consciência plena é o objeto. É por isso que chamamos o "objeto" de suporte. Usamos essa ferramenta para acessar a mente da consciência plena. Depois de usar o suporte para recolher a mente, estabelecemos a intenção e, em seguida, permitimos a transferência do objeto para a consciência plena.

Nyoshul Khen Rinpoche costumava me dizer: "Seja qual for sua prática, o aspecto mais importante é a consciência plena. A consciência plena contém tudo. Quando a consciência plena é reconhecida, todas as práticas se tornam importantes. Se você não tiver o reconhecimento da consciência plena, mesmo que pratique todos os métodos maravilhosos ou avançados, não alcançará a realização."

Não se preocupe se sua mente vagueia. Não se julgue, nem fique com raiva, ou pense que está sozinho. A mente de todas as pessoas vagueia. Está tudo bem. Quando se enredar em seus pensamentos, volte para seu suporte – a respiração ou seja qual for o escolhido. Se devanear, volte. É assim que se aprende. Retornar ao objeto – por exemplo, a respiração – lhe dá o suporte de que você precisa. Quando você usa a meditação para desenvolver a consciência plena da respiração, a mente que presta atenção à respiração automaticamente reconhece a consciência plena. Em outras palavras: usar um objeto como suporte permite que a consciência plena se autorreconheça. Isso acontecerá naturalmente, mas você precisa permitir que isso aconteça não se fixando ao objeto e mantendo a intenção de reconhecer a consciência plena.

A meditação é uma atividade mental. Onde quer que a mente vá, existe a oportunidade de meditação. A ideia de que meditação é algo que só fazemos sentados em uma almofada de uma determinada maneira ou em um determinado tempo, tem criado muita confusão. Todavia, se pudermos reconhecer a consciência plena em qualquer lugar, a qualquer momento, podemos perguntar por que damos tanta importância à meditação em nossos colchões e almofadas e na postura dos sete pontos. A resposta é que desenvolvemos uma identificação muito forte com nossa mente-do-macaco. A fim de transferir essa identidade para nossa consciência plena natural, precisamos de ajuda, suportes e métodos. Todos nós precisamos dessas estratégias, mas não as confunda com o verdadeiro significado da meditação. Não estamos treinando a fim de aprender sobre objetos. Estamos treinando para aprender sobre nossa mente, porque nossa mente é a fonte de todas as possibilidades – boas e más, felizes e tristes, saudáveis e neuróticas. A liberdade existe dentro de nosso próprio coração e mente.

O maior obstáculo para meus estudantes de ngondro é que eles pensam que ngondro e meditação são duas práticas distintas. Mas não são. Meus alunos sempre dizem coisas como: "Na verdade, eu prefiro a prática da meditação do que fazer prostrações ou mantras." Uma vez que começamos nosso caminho no Dharma, cada prática é um exercício de consciência plena. À medida que progredimos, cada atividade é uma prática de consciência plena ou, pelo menos, uma oportunidade de exercitar a consciência plena. Cada momento em que estamos acordados oferece essa oportunidade.

Permanecer estável no meio do caos ou mesmo do contentamento é uma descrição plausível de nosso objetivo. Mas precisamos fazer uma distinção entre processo e resultado. O processo de reconhecimento da consciência plena influencia definitivamente a mente-do-macaco. Nossa atividade mental ordinária não será tão dispersa e reativa como talvez fora antes. Cultivar o reconhecimento da consciência plena, com certeza, acaba resultando em uma mente mais tranquila. No entanto, nossa abordagem é manter o reconhecimento da consciência plena como nosso alvo e, em seguida, permitir que aconteça o que tiver de acontecer. Essa intenção é de extrema importância.

E, na verdade, o que tende a acontecer – se permitirmos – é que a mente se aquieta. Mas, nosso foco não é nos tornarmos calmos ou alcançarmos um resultado específico. Se ficarmos obcecados em permanecer calmos, não poderemos conhecer essa calma de modo perdurável. Mas se cultivarmos o constante reconhecimento da consciência plena, entenderemos que a consciência plena, em si, é inerentemente calma. Essa é a sua natureza, por mais turbulenta que seja nossa mente. A inabalável calma da consciência plena está sempre conosco. Isso nos permite descobrir uma sensação de paz e estabilidade que não depende da presença ou ausência de sentimentos agradáveis ou desagradáveis. Uma vez que sentimos o gosto disso, nossa mente naturalmente se acalma. Dessa forma, embora "ser calmo" não seja o objetivo, sem dúvida é o resultado. Com a prática, acessamos a calma consciência plena dentro da turbulência de nossa mente. Uma vez que mudamos de perspectiva e estabilizamos nossa intenção, mesmo pensamentos e sentimentos dolorosos podem funcionar como caminhos para esse reconhecimento. Isso leva a uma tremenda confiança em nossa capacidade de trabalhar com o que quer que surja. Em meio à agitação interna ou externa, acreditamos na infalível confiabilidade de nossa própria consciência plena.

Passo a passo

A prática do Dharma se desenvolve gradualmente. Digamos que nossa primeira experiência de ver a lua seja uma imagem plana e bidimensional que um amigo nos mostra, descrevendo a sua forma, cor e as suas qualidades. Isso é semelhante às palavras que descrevem o Dharma aos iniciantes. Usamos conceitos que apontam para além dos conceitos. Normalmente, quando começamos, nossa compreensão do Dharma envolve palavras, imagens, letras e sentimentos. Estamos aqui e apontamos para o Dharma lá.

À medida que praticamos, nossa experiência transforma nossa capacidade de ver a lua e podemos vê-la refletida no lago. Essa imagem da lua é mais dinâmica e tem mais vitalidade do que uma imagem plana ou meras palavras. Nossa natureza búdica é a lua. E estamos usando conceitos para ir além dos conceitos.

O próximo nível é a realização direta. Vemos a lua diretamente – sem conceitualizar. Sem palavras, sem descrições, sem preconceitos. Apenas consciência plena nua. Nós nos tornamos aquilo para o qual estivemos apontando. Não há separação entre aqui e ali, entre "eu" e Dharma. No início, vemos um pedaço da lua. Temos uma pequena realização. Esse é o início da realização direta. Não nos tornamos um Buda nesse nível, mas estamos livres do samsara, livres de dukkha. Quando vemos nossa verdadeira natureza em sua plenitude, é como ver a lua cheia. Neste momento, concluímos o caminho da realização, o que significa que não há mais nada a realizar. A partir de então, praticamos o Dharma para aprofundar e estabilizar nossa realização.

Ao usar a linguagem de nossa mente da realidade relativa, fazemos distinções úteis – mas palavras e conceitos são apenas meios para nos instruir. Essa divisão da consciência em três categorias – consciência normal, consciência plena meditativa e consciência plena pura – oferece uma ferramenta para ajudar a compreender a consciência plena única e indivisível. Existe apenas uma consciência plena. Essa é nossa qualidade inata e natural. Todos possuem isso. Falamos do céu ocidental ou do céu oriental. Mas há apenas um céu. A consciência plena é tão indivisível quanto o céu.

Meditação e vida diária

Hoje em dia as pessoas aprendem meditação para encontrar paz de espírito, reduzir o estresse ou sentir alegria. Esses esforços têm alguns aspectos positivos, especialmente quando a pessoa identifica a mente como a fonte das dificuldades e a fonte da felicidade. Mas, muitas vezes, esses esforços se enquadram na categoria de meditação como uma atividade que tem um começo e um fim: "Agora estou meditando e, mais tarde, não estarei meditando."

O dilema aqui é que qualquer resultado positivo da meditação tende a ser de curta duração. Presta-se pouca atenção à integração da meditação com as atividades diárias. A meditação foi separada da visão e da intenção de sabedoria e compaixão. Um músculo de meditação pode ser desenvolvido, mas o propósito não é claro, por isso é difícil descobrir a genuína liberação.

O verdadeiro parâmetro é o que acontece fora da almofada. Se não houver sinais de mudança nas atividades da vida diária, então, os plenos benefícios da meditação não estão sendo realizados. Se o cachorro de nosso vizinho fizer xixi em nosso gramado, se o garçom trouxer nossa sopa fria ou se nosso voo for cancelado e ficarmos tão raivosos e exasperados quanto antes de termos começado a meditar, então algo está faltando.

Quando entendemos a visão, sabemos onde estamos indo e podemos aplicar isso às nossas atividades da vida diária. A visão é o entendimento de que nossa verdadeira natureza, a essência da consciência plena, em si, é fundamentalmente pura e plena, tem todas as qualidades maravilhosas que em geral pensamos não ter. Se não levarmos essa visão para nossas atividades, nossa sessão de prática formal pode ficar árida e sem vida.

Acabaremos ficando como bonecos sentados totalmente imóveis nas prateleiras das lojas de brinquedo. Pode parecer que estamos fazendo tudo certo, porém, de alguma forma, o despertar permanece fora de alcance.

Todos os estágios do ngondro envolvem o cultivo da consciência plena meditativa. A transição da consciência plena meditativa para o terceiro tipo de consciência – consciência plena pura – varia de acordo com as diferentes tradições. Na minha tradição, a consciência plena pura é "introduzida" por um guia ou professor que já reconheceu a natureza da mente. Damos a isso o nome de "introduzir ensinamentos sobre a natureza da mente." Podemos ter tudo o que precisamos para despertar, mas a consciência plena pura pode não ser reconhecida justamente por ser tão simples e comum. Muitas vezes, as pessoas assumem que o despertar envolve alguma experiência nova e espetacular e ficam à espera desse evento milagroso, sendo que, o tempo todo, nunca estivemos separados dessa consciência plena pura. O guia, professor ou guru nos apresenta àquilo que não fomos capazes de reconhecer dentro de nós.

Em minha tradição, as instruções que nos introduzem à natureza da mente algumas vezes são dadas quando o aluno inicia as práticas fundamentais e, outras vezes, só acontecem depois de o aluno ter completado várias práticas. Se você já recebeu essas instruções, então pode fazer as práticas do ngondro como uma maneira de aprofundar e estabilizar seu reconhecimento da consciência plena pura.

Seja qual for o tipo de consciência que aplicamos, cada prática do ngondro oferece uma oportunidade para reconhecer algo sobre a consciência plena que talvez não tenhamos visto antes. O Budismo está cheio de muitas ideias maravilhosas, mas é o reconhecimento da consciência plena que nos leva do samsara para o nirvana.

Traços dos meus gurus

Recebi dos meus gurus tudo o que conheço sobre o Dharma. Por isso, talvez seja bom vocês conhecerem um pouco sobre eles. Cresci em um tempo muito diferente do de meus professores. Viajei pela primeira vez para o Ocidente no início dos meus vinte anos e aprendi um pouco de inglês. Minha maneira de dizer as coisas pode ser diferente da deles; meus exemplos, minhas referências e meu interesse por ciência e psicologia são novos. No entanto, em essência, esses ensinamentos são os mesmos que meus professores ensinaram. As circunstâncias do mundo mudaram desde a época em que meus professores foram treinados no Tibete, mas a mente humana não mudou, o que significa que o ngondro continua sendo tão relevante e benéfico para as pessoas de hoje como era há muitos anos.

Algumas pessoas têm muitos professores e outras têm apenas um. Não existe um número certo ou errado. Eu tive quatro professores principais: meu pai, Tulku Urgyen Rinpoche; Sua Eminência Tai Situ Rinpoche; Saljay Rinpoche e Nyoshul Khen Rinpoche. Khen Rinpoche foi o único que conheci quando jovem, os outros conheci quando era criança. Mas quanto mais eu me conecto com a sabedoria desperta desses mestres, e isso ainda continua todos os dias, mais eu os sinto como o mesmo em essência – uma única mente, sem nenhuma diferença.

Tulku Urgyen Rinpoche

Meu pai sempre foi gentil e amoroso, dava-me doces e beijos de boa noite na bochecha – algo não tão comum para os pais tibetanos. Quando fiquei um pouco mais velho, pensava nele como um chefe ou um ministro, porque todos a seu redor, incluindo os altos lamas e os estrangeiros, o tratavam como sendo muito importante. Diante de qualquer desentendimento, eles diziam: "Vamos perguntar a Tulku Urgyen." Essas pessoas pareciam muito impressionadas pelo fato de eu ser filho dele, o que me deixava bastante orgulhoso. No entanto, ainda percebia meu pai como um velho que usava óculos e tinha diabetes. Quando comecei a receber seus ensinamentos, seus aspectos físicos foram para segundo plano, e sua sabedoria tornou-se objeto de meu interesse. Era o que eu queria ver e ouvir. Desde então, relacionei-me com ele como meu guru e, em alguns aspectos, mais como um guru do que como pai.

Mesmo antes de começar a receber ensinamentos de meu pai, houve momentos em que a experiência que tinha dele quando criança punha minha realidade de cabeça para baixo. Lembro-me de um exemplo com bastante clareza. Meu pai tinha a reputação de receber qualquer pessoa, sem exceção. Uma tarde, um ministro da comitiva do rei do Nepal vinha fazer uma visita. A cozinha estava em alta expectativa, preparando doces especiais e chá, e a agitação crescia entre as monjas e os estrangeiros. No entanto, olhando o comportamento de meu pai, ninguém pensaria que uma coisa fora do comum iria acontecer naquele dia. Eu mesmo imaginei que ele usaria roupas especiais, mas ele não o fez. O ministro chegou vestido com roupas elegantes de seda e adotou um estilo sofisticado e educado de falar. Eles conversaram por um tempo e pareciam curtir a companhia um do outro.

Minutos depois que o ministro partiu, um mendigo local veio discutir algum problema com meu pai. Seus pés estavam cobertos de lama, os cabelos emaranhados e as roupas rasgadas. Foi assim que vi o mendigo, sujo e maltrapilho. Olhando para trás, não tenho certeza de que meu pai se relacionaria com essa descrição. Não acho que a forma exterior do homem tenha sido a sua principal percepção, porque uma das qualidades especiais de meu pai era reconhecer a essência búdica de cada ser que encontrava. Meu pai convidou o mendigo para comer os doces e tomar o chá especial que tinha sido preparado para o ministro. Não houve mudança em sua voz ou em sua preocupação com o visitante. Ele tratou ambos exatamente da mesma maneira. Valorizou ambos exatamente da mesma maneira. Mesmo sendo criança, sem palavras para expressar minha admiração, eu sabia que isso era incomum.

Podemos não identificar esse comportamento enquanto estamos à procura de um mestre iluminado. Mas se analisarmos nosso próprio comportamento e examinarmos as pessoas que conhecemos, poderemos apreciar o quanto isso é excepcional.

Por isso, poderíamos nos sentir inspirados a imaginar que tipo de mente manifesta esse comportamento e perguntar: com qual informação essa mente está trabalhando? Não são os valores do samsara. Ela não trabalha com os apegos da fixação do ego, nem com as hierarquias das convenções sociais. Quando falamos de "calma permanência," não nos referimos a uma situação de calma, tal como meditar em um lugar tranquilo e bonito. Estamos falando de uma mente que permanece estável em meio a circunstâncias instáveis.

Sua Eminência Tai Situ Rinpoche

Tai Situ Rinpoche é o abade do Monastério Sherab Ling, onde vivi por muitos anos, e continua a ser um professor importante para mim. Nós nos conhecemos quando eu tinha apenas quatro ou cinco anos, e eu não tinha nenhuma noção de nosso futuro juntos – embora ele já o antevisse. Naquela época, minha mãe e seus pais me levaram em peregrinação para os lugares sagrados budistas da Índia. Tínhamos visitado o Tso Pema, lago situado a oeste do Himachal Pradesh, onde Guru Rinpoche havia meditado, e lá recebemos ensinamentos de Sua Santidade, o Dalai Lama. Na mesma viagem visitamos Bodh Gaya, local da iluminação do Buda Shakyamuni, além de Sarnath, onde o Buda ensinou o Dharma pela primeira vez. Visitamos também meu irmão dez anos mais velho, Tsoknyi Rinpoche, que estudava em Tashi Jong, a meia hora de Sherab Ling. Em seguida, marcamos uma reunião para conhecer Tai Situ Rinpoche. Meu avô, Lama Tashi Dorje, e o último Tai Situ Rinpoche estiveram juntos no monastério de Tsurphu, no Tibete.

9. O 12º Tai Situ Rinpoche, em Bodh Gaya, 2008.

    Durante nossa primeira visita a Sherab Ling, Situ Rinpoche disse a meu avô: "O [16º] Karmapa me disse que esse menino é uma reencarnação do último Mingyur Rinpoche." Meu avô tinha uma vaga informação sobre isso, mas eu não tinha sido formalmente reconhecido, e só então essa identificação tornou-se clara para minha família. Ao sair de Sherab Ling, minha avó me disse: "Nossa, você é um menino muito importante!" Então, perguntei: "O que você quer dizer com 'menino importante'"?

10. O 11° Tai Situ Rinpoche, Pema Wangchug Gyalpo (1886-1952).

Ela disse: "Você é um tulku", o que significa a reencarnação de alguém que desenvolveu atributos espirituais e, portanto, é dotado de um potencial maior de realização espiritual.

No dia seguinte, voltamos a ver Tai Situ Rinpoche e, desta vez, meu avô pediu-lhe que nos desse iniciações de longa vida. Esse ritual incluía ingerir uma pílula de longa vida – uma mistura especial de ervas medicinais e doces – além de um néctar de longa vida. Situ Rinpoche preparou um conjunto de pílulas e de néctar para minha família e um conjunto separado para mim – uma deliciosa mistura de tsampa (farinha de cevada), manteiga e açúcar. A distinção especial de ter feito as pílulas só para mim, bem como todos aqueles doces, fez desta uma ocasião feliz.

Então, Tai Situ Rinpoche me disse: "No futuro, você será muito bem-vindo para estudar aqui em meu monastério." E foi exatamente para onde fui, cerca de seis anos depois.

No momento de meu primeiro encontro com Tai Situ Rinpoche, senti que já o conhecia antes. Mais tarde, entendi que todos os Mingyur Rinpoches anteriores – eu sou o sétimo – sempre tiveram a orientação dos Tai Situ Rinpoches; e que meu próprio monastério em Kham, no leste do Tibete, é um ramo do Monastério Palpung, sede tradicional da linhagem Tai Situ.

Saljay Rinpoche

Meu pai e Saljay Rinpoche se conheceram no Tibete. Mais tarde, no Monastério Rumtek, no Sikkim, sede dos Karmapas, ambos foram professores dos jovens monges e tulkus. Saljay Rinpoche era um tulku e estudou com o Tai Situ anterior no Monastério Palpung. Em 1959, fugiu do Tibete para escapar dos chineses e, por fim, chegou a Sherab Ling para estar com o jovem Tai Situ Rinpoche.

Saljay Rinpoche e meu pai moldaram meus primeiros anos no Dharma. Seus ensinamentos estavam tão próximos, tanto em visão quanto em expressão, que continuamente reafirmavam um ao outro. Em muitos aspectos, era como estudar com um professor com dois corpos diferentes e, às vezes, confundo o que aprendi com um e com outro.

Com meu pai e Saljay Rinpoche, experienciei sua bondade e compaixão antes de entender sua sabedoria. Ambos faziam todos os esforços para ajudar qualquer pessoa, não importa quão difíceis fossem as circunstâncias. Entre os tibetanos em Bir, um campo de refugiados próximo de Sherab Ling, Saljay Rinpoche era conhecido por seu coração generoso, e eles o chamavam para fazer orações para familiares que estavam doentes ou pediam que viesse até suas casas para realizar rituais para os moribundos. Ele nunca dizia: "Estou muito ocupado" ou "É muito difícil chegar lá." Bir ficava a meia hora de carro do monastério e as estradas eram muito sinuosas, o que poderia ser perigoso no inverno ou durante as monções.

Dois anos depois que cheguei a Sherab Ling e pouco depois de ter sido formalmente entronizado como o 7º Mingyur Rinpoche, fui acordado no meio da noite com fortes pancadas em minha porta. Por vários minutos, nem meu atendente nem eu respondemos. É comum que os tulkus tenham atendentes e o meu dormia em uma sala adjacente. Ambos esperávamos que quem estivesse batendo simplesmente fosse embora. Finalmente, disse a meu assistente para averiguar o motivo daquele estrondo. Três moradores de Bir estavam lá fora da porta, tremendo no frio. Explicaram-me que o seu pai acabara de morrer e eles tinham vindo a Sherab Ling para me pedir que os acompanhasse imediatamente a fim de realizar os rituais especiais de corpo presente para os mortos. Eu tinha doze anos e não conhecia bem essas orações especiais, além de estar com muito sono. Era inverno e a geada cobria minhas janelas. Não queria sair da cama quente, e mandei meu assistente dizer que, na manhã seguinte, iria às oito horas. Quando saíram, fiquei tão bravo por ter sido acordado que não conseguia voltar a dormir.

Na manhã seguinte, meu atendente providenciou um carro para nos levar até Bir. Eu estava nervoso porque imaginei que seria o primeiro lama a entrar na casa, e não tinha certeza sobre o que fazer. Mas ao chegar, soube que depois de eu ter recusado o pedido da família, eles acordaram Saljay Rinpoche e ele fora com eles para Bir. Quando descobri que Saljay Rinpoche, um senhor idoso, tinha deixado sua cama quente para sair em uma noite fria, fiquei realmente surpreso e emocionado, e tive vergonha de meu comportamento. O reconhecimento de sua infinita compaixão se aprofundou com o tempo, mas minha total confiança nele teve início com essa experiência.

Nyoshul Khen Rinpoche

A primeira vez que ouvi falar sobre Nyoshul Khen Rinpoche foi pouco antes de me mudar para Sherab Ling. No Nagi Gompa, muitas noites os ocidentais se aglomeravam na salinha de meu pai para ouvir ensinamentos. Às vezes, meu pai começava pedindo notícias do mundo. Naquela época não tínhamos eletricidade, então não havia rádio nem televisão. Esse era o horário das notícias da BBC de meu pai. Uma pessoa contava as notícias sobre a eleição de um novo presidente americano, sobre as reuniões entre o governo tibetano no exílio e as autoridades chinesas ou sobre um terremoto na América do Sul.

Uma noite, um aluno informou: "Nyoshul Khen Rinpoche está no Tibete."

Meu pai ficou realmente surpreso e perguntou: "Você tem certeza? Ele conseguiu visto? Como você sabe disso?"

O aluno disse a meu pai que tinha certeza de que Nyoshul Khen Rinpoche estava no Monastério Kathok, em Kham, um dos seis principais monastérios da linhagem Nyingma no Tibete. Meu pai disse: "Uau! Essa é realmente uma grande notícia! Que felicidade para o povo do Tibete ter a visita de um grande mestre iluminado."

Mais tarde, naquela noite, meu pai me disse: "Você deve fazer todo o esforço possível para receber ensinamentos de Nyoshul Khen Rinpoche."

Até então, durante dois anos, tinha vivido na maior parte do tempo em Sherab Ling e, depois de iniciar o retiro de três anos, não saí mais. Quando meu retiro terminou, imediatamente fui ao Nepal visitar minha família. Naquela época, meu pai disse mais uma vez: "Você precisa receber ensinamentos de Nyoshul Khen Rinpoche." Fez parecer que era uma sugestão comum, tal como "você precisa ir ao mercado comprar uma nova lamparina de querosene." Ele não queria que eu me sentisse pressionado mas, posteriormente, me explicou que já havia tratado com Khen Rinpoche, e que seria muita sorte ter a oportunidade de estudar com esse grande mestre.

Enquanto ainda estava no Nepal, fui informado de que tinha sido convidado para participar das cerimônias de cremação de Dilgo Khyentse Rinpoche, no Butão. Isso foi no outono de 1992 e essa também foi a ocasião de meu primeiro encontro com Khen Rinpoche. Lembro-me como se fosse hoje. Todo pensamento conceitual desapareceu de minha mente. Seus olhos, sua boca, o jeito com que movia as mãos, seu modo de falar, de andar – tudo era um ensinamento para mim, sem nenhuma comunicação verbal. Ele era tão descontraído que andava como se não tivesse músculos no corpo. Porém andava muito rápido, quase como se estivesse deslizando sobre gelo, muito suave, sem um pingo de tensão. E mantinha os olhos levemente erguidos, como se nunca parasse de meditar, nem por um instante. Suas sobrancelhas se espalhavam pelo rosto como asas, e ele mal piscava, talvez uma vez a cada hora. Mas seu olhar não parecia letárgico. Tudo nele era completamente natural e desperto.

11. Nyoshul Khen Rinpoche, por volta de 1988.

Eu estava no Butão com três outros monges: Tulku Pema Wangyal Rinpoche, meu amigo Tenzin e meu assistente. Um dia, durante as cerimônias, fomos convidados para almoçar nas salas de Nyoshul Khen Rinpoche. Havia duas salas, uma levando à outra, e comemos na sala de dentro. Disse que tinha ouvido falar dele por meio de meu pai e que era maravilhoso finalmente conhecê-lo. Mas a maior parte de nossa conversa foi sobre o Butão, porque nós quatro partiríamos no dia seguinte para uma viagem pelo Butão, país de residência de Khen Rinpoche. Ele nos aconselhava quanto aonde ir, quais lugares sagrados deveríamos visitar, como eram as estradas e coisas assim.

No final de nosso almoço, um atendente veio dizer a Khen Rinpoche que alguns ocidentais da sala externa queriam vê-lo. Ele fez um gesto para que esperássemos e foi para a outra sala, fechando a porta atrás dele. Meu amigo Tenzin ficou tão curioso que se abaixou com as mãos, os joelhos e a bochecha colada no chão para que pudesse espreitar pela fenda entre a porta e o solo. Foi quando disse que os ocidentais tinham feito uma pergunta – e Rinpoche estava lhes respondendo! Naquele momento, juntei-me ao meu amigo, deitando a bochecha no chão e deixando meu traseiro no ar.

De repente, sem avisar, um atendente abriu a porta, batendo-a diretamente em nossas cabeças. Ficamos vermelhos de vergonha, mas olhamos para cima, sorrimos e fingimos que era normal estar com as mãos, os joelhos e as cabeças no chão. O atendente era muito gentil para dizer alguma coisa e Tulku Pema Rinpoche não conseguia parar de rir.

Quando Khen Rinpoche se juntou a nós, estávamos sentados corretamente e eu disse a ele: "Eu realmente gostaria de receber seus ensinamentos."

Ele não disse sim. Também não disse não. Ele disse: "Vamos ver." Senti grande confiança nele e queria receber seus ensinamentos o mais rápido possível; todavia, as circunstâncias exigiram que eu aguardasse vários anos.

Finalmente, fui para o Butão onde recebi a transmissão da linhagem Nyongtri de Khen Rinpoche. *Nyongtri* significa "ensinamento experiencial," e essa linhagem também é chamada de a Grande Linhagem de

Auscultação do Dzogchen. Tradicionalmente, um mestre transmite essa linhagem a um único aluno durante toda a vida desse mestre, e o processo pode levar décadas. Isso difere de outras linhagens, que misturam experiência com teoria, estudo de textos ou dialética. Aqui, o avanço de um nível a outro é baseado apenas em experiência. O aluno não pode avançar para o próximo nível até que o mestre esteja completamente convencido de que ele incorporou e realizou o ensinamento anterior. No meu caso, a transmissão não levou décadas, mas fiquei com Khen Rinpoche, no Butão, por muitos meses, e esses ensinamentos continuam a guiar minha vida.

O papel do guru

Quando era criança, eu não conseguia entender por que precisávamos de um guru vivo se já tínhamos o Buda Shakyamuni. Hoje em dia não tenho palavras para expressar adequadamente o significado do papel do guru. A prática em si reafirma o valor do mestre, mas isso pode não acontecer imediatamente. Isso porque as pessoas que vêm para o Dharma já adultas, sem terem crescido em um contexto budista, muitas vezes imaginam que a atividade da prática as tornará imediatamente felizes. Afinal, já nos disseram que somos inerentemente iluminados, precisamos apenas limpar a lama que encobre nossa própria natureza límpida como um diamante. Mas quanto tempo isso leva e de quanta ajuda vamos precisar?

Podemos começar com uma grande explosão de entusiasmo, mas o que acontece quando nada acontece? Ou quando experimentamos a força persistente de nossos padrões emocionais habituais, ou quando nossas frustrações e decepções ameaçam ofuscar nosso otimismo inicial? Todo o propósito do caminho é chegar à liberação, mas para curar a doença do sofrimento, devemos examinar a causa. Isso significa trabalhar com nossos problemas mais difíceis, como o orgulho e a arrogância, a raiva e a ganância – não de forma teórica abstrata, mas da maneira mais pessoal possível. Essa é a lama de nossa mente. Leva um tempo para removê-la e precisamos de ajuda. Todos nós.

Em geral, chegamos ao Dharma ainda acreditando que as circunstâncias externas são responsáveis pela nossa insatisfação. Começamos com pouca ou nenhuma noção de que os obstáculos à liberação foram construídos pela nossa mente – e podem ser desconstruídos para que possamos acessar nossas qualidades que são semelhantes a um diamante. E certamente em alguns momentos na jornada parece que estamos atravessando pântanos. Então, o que fazer? Se quisermos escalar o Monte Everest, precisaremos encontrar um guia que já esteve lá, alguém que tenha percorrido a região e conheça as cordas, e que não tenha apenas lido livros e assistido a filmes sobre o assunto.

Todas as nossas práticas do ngondro usam meios e métodos para nos ajudar a desmantelar os enganos que se tornaram uma segunda natureza. Falamos em soltar, soltar, soltar. Continuamos a repetir isso justamente porque o hábito do ego é de não soltar. O trabalho do ego é impedir que saibamos quem realmente somos, enquanto a função especial do guru é a de nos apresentar a nós mesmos.

Embora três dos meus quatro professores tenham morrido, continuo aprendendo novas coisas com eles. Algo que eu possa não ter entendido claramente, ou que pensei ter entendido quando na verdade não compreendi, pode de repente se tornar claro. Posso aplicar um ensinamento ouvido há anos atrás a alguma confusão atual e, assim, a sabedoria de meus mestres se manifesta como uma realidade viva. Sua orientação continua a me inspirar, e minha gratidão por seu amor e preocupação ainda se aprofunda. Podemos sentir imenso amor pelo Buda, Dharma e Sangha, e podemos apreciar e nos inspirar nos reflexos da iluminação, como as imagens do Buda, mas tais elementos não podem proporcionar a bondade, a orientação e o encorajamento que nutrem nossas aspirações. O guia vivo é quem nos conecta ao coração do Dharma.

Parte Dois
As quatro práticas fundamentais comuns

O Primeiro Pensamento que Transforma a Mente

Preciosa existência humana

Começaremos agora uma discussão mais detalhada sobre os quatro pensamentos que transformam a mente. Essas contemplações compõem a primeira parte de ngondro, sendo chamadas de ngondro "comum" ou "exterior". Elas começazm com a contemplação de nossa preciosa existência humana.

O que torna nosso nascimento tão precioso é nosso potencial de despertar. Nascemos Budas e todas as práticas do Dharma nos ajudam a reconhecer e a cultivar essa verdade. Como não acreditamos, realmente, em nossa própria capacidade de despertar, os ensinamentos trabalham para reverter a tendência de nos vermos como insuficientes.

Um dia, quando meu pai se dirigia às monjas em sua salinha do Nagi Gompa, ele disse: "Cada uma de vocês tem natureza búdica." Ele ensinava sentado em uma arca mais elevada, que também servia como cama; isso é comum para os tibetanos que passam a maior parte dos dias meditando e ensinando. Eu tinha cerca de oito anos e havia me juntado às monjas sentadas em tapetes ou almofadas no chão. Independentemente das palavras que usasse, meu pai sempre falava sobre a natureza da mente, ensinando como poderíamos nos conectar com nossa própria natureza búdica, que também chamava de consciência plena pura.

Ouvi meu pai dizer, muitas vezes, que todos éramos inerentemente Budas, que todos nascemos com a natureza búdica, e que o nascimento humano proporciona a melhor oportunidade de reconhecermos isso. Ouvia com toda atenção possível, mas sempre me imaginava fraco e ansioso demais para que essa boa notícia também pudesse me incluir. Naquela época eu sofria de extrema timidez e ataques de pânico. Um clima carregado com tempestades de neve, trovões ou relâmpagos me causava tanto pânico que sentia como se minha garganta se fechasse, suava muito e tinha ondas de náusea que me deixavam tonto. Por conta dessas experiências, não conseguia imaginar que pudesse ter as mesmas qualidades de todos os Budas.

Meu pai, no entanto, realmente enfatizou naquela manhã que não havia exceções. "Quer você acredite nisso ou não," disse ele, "não há a menor diferença entre sua verdadeira natureza e a verdadeira natureza de todos os Budas." Pela primeira vez, eu disse a mim mesmo: "Isso deve me incluir." A ideia de que eu era essencialmente igual a todos os Budas me deu alguma confiança e pensei que, no futuro, eu poderia ser menos fraco e medroso.

Naquela época, meu pai me apresentou aos ensinamentos sobre a preciosa existência humana, perguntando: "Como seria existir como cachorro? Ou como vaca? Você teria liberdade e tempo para meditar?" Ele me pediu para considerar as diferentes circunstâncias que devem se reunir para que uma pessoa se conecte ao Dharma. Ele dizia: "Cada um de nós tem tudo o que precisa para se tornar um Buda," ou seja, precisamos apenas reconhecer o Buda que já somos. "Podemos ver, ouvir, saborear e tocar, temos a capacidade de manifestar infinita bondade e temos as circunstâncias afortunadas de nascer em um lugar e em um tempo onde o Dharma existe. Tudo está aqui, precisamos apenas começar a reconhecer e a apreciar todas essas maravilhosas circunstâncias que já fazem parte de nossa vida."

Visto que nasci em uma família amorosa de dedicados praticantes do Dharma, essa lição deveria ter sido fácil. No entanto, cada vez que me sentava com a intenção de apreciar minha bondade básica, tudo em que conseguia pensar era em meus ataques de pânico, em minha mente rebelde e em minha fragilidade física. Sentindo-me um fracasso, pedi que meu pai explicasse o que eu estava fazendo de errado.

"É um bom sinal encontrar suas qualidades negativas em primeiro lugar," disse ele. "Muitas vezes elas estão tão profundamente entranhadas – como uma farpa que penetra fundo na pele – que nem as vemos. Para que possamos nos separar das qualidades negativas, primeiramente precisamos vê-las."

Para explicar como isso funciona, meu pai usou a imagem do esterco de vaca seco. Na Índia e no Nepal, o esterco de vaca é comumente usado como combustível. O esterco úmido é moldado em bolos achatados e grudado às paredes das choupanas de barro para secar. "Se colocarmos esterco de vaca em uma parede de barro, ao secar, ele se torna parte da parede," explicou meu pai. "Se tentarmos lavar as peças que ficam grudadas, o que acontece? No início, a parede parece mais suja do que antes e cheira pior ainda. Mas se você continuar adicionando água, cedo ou tarde, o esterco vai se desgrudar da parede e ela ficará limpa.

"Quando começamos a examinar nossa mente, é provável que só vejamos as coisas de que não gostamos em nós, e pode parecer que nossas qualidades negativas, na verdade, estão aumentando. Isso é muito natural. No fim, vemos que essas negatividades são apenas uma pequena parte de quem somos. Abaixo delas está a nossa natureza búdica, nossa consciência plena pura, e nada poderá removê-la, nunca. Por mais oculta que nossa natureza de Buda esteja, ela sempre está conosco."

Em geral, identificamo-nos tanto com nossos padrões emocionais e pensamentos habituais a ponto de pensarmos que eles são "eu". Nosso potencial se contrai em torno de uma definição limitada de nós mesmos. Limitamo-nos a pensamentos fixos sobre "Esse é quem eu sou." Não estamos satisfeitos com nossa vida, mas reprimimos nossa capacidade de nos transformarmos. Para ultrapassar esses limites autoimpostos, precisamos deixar de lado nosso modo habitual de não dar importância às nossas qualidades e circunstâncias humanas.

Lentamente, aprendi a confiar que havia mais qualidade em mim do que um pacote de coisas de que não gostava. Comecei a pensar que talvez a iluminação realmente fosse possível, até mesmo para mim. Reconhecer esse potencial – e ganhar confiança em nossa capacidade de tirar proveito dele – é a essência do primeiro pensamento que move a mente em direção à liberação.

As Oito Liberdades e as Dez Vantagens

Os ensinamentos sobre a preciosa existência humana dividem-se em dezoito contemplações distintas: as oito liberdades e as dez vantagens, também chamadas de dez riquezas. Cada contemplação oferece uma abordagem diferente para abalar nossos hábitos autoimpostos, e nos fornece uma nova apreciação das qualidades que já existem dentro de nós.

As oito liberdades

As oito liberdades referem-se a circunstâncias restritivas em que poderíamos ter nascido – mas das quais, felizmente, estamos livres, livres das circunstâncias e condições que colocam a sabedoria do Dharma fora de nosso alcance.

As primeiras quatro contemplações exaltam os benefícios de nascermos humanos, considerando o infindável sofrimento a que os seres estão submetidos em outros reinos. Podemos nos imaginar como uma vaca e, então, perceber nossa boa sorte de nascermos livres das circunstâncias mentais e físicas que restringem a vida de uma vaca. Podemos imaginar uma vaca pisando em seu próprio excremento, confusa – ou talvez aterrorizada – pelos cheiros e sons de um matadouro. São condições muito difíceis, quase intransponíveis, para alguém se conectar com o estado búdico. Usamos a imaginação e a meditação para conhecer as qualidades da vida de uma vaca, a fim de sentir uma apreciação sincera pelas extraordinárias vantagens oferecidas por nosso próprio nascimento humano.

Ao trabalhar com as oito liberdades, comparamos as vantagens de nascer no reino humano com as desvantagens de nascer nos quatro reinos não humanos: os reinos dos infernos, dos fantasmas famintos, dos animais e dos deuses. Imaginamos quatro circunstâncias dentro do reino humano que restringem o potencial de despertar e apreciamos o fato de nascermos livres dessas restrições: não nascemos em um país de intolerância religiosa; ou em uma região dominada por pontos de vista ignorantes; ou em um local onde um Buda não apareceu. E nascemos livres de deficiências mentais ou físicas que podem restringir severamente nossa capacidade de despertar. Mas, para continuar com as oito liberdades, em primeiro lugar precisamos esclarecer o conceito de reinos.

Os seis reinos da existência samsárica

No Budismo Tibetano, mapeamos seis reinos a fim de investigar as principais aflições mentais que nos prendem ao samsara. Os seis reinos da existência samsárica são divididos em três reinos inferiores e três superiores. Os reinos inferiores são o dos infernos, o dos fantasmas famintos e o dos animais. Os três reinos superiores são o reino humano, o dos semideuses e o dos deuses.

Os três primeiros reinos – infernos, fantasmas famintos e animais – correspondem respectivamente à raiva, à ganância e à ignorância; essa ordem sugere os níveis de sofrimento físico ou emocional vivenciados em cada reino. Por exemplo, o reino animal corporifica o estado mental da ignorância. Os animais têm qualidades maravilhosas, mas não têm a capacidade de refletir sobre sua situação e encontrar uma saída para a esperança e o medo, ou encontrar a liberdade quando vivem como presas ou predadores. Embora os animais tenham a natureza búdica tal como nós, suas circunstâncias inibem sua capacidade de reconhecê-la.

É claro que nós humanos também temos ignorância. Esse é o principal obstáculo para reconhecermos nossas qualidades búdicas inerentes. Mas, ao contrário dos animais, não somos determinados por ilusão e ignorância.

Por exemplo, os pais permitem que as crianças comam alimentos com alto teor de açúcar mesmo quando o diabetes atinge proporções epidêmicas. Como humanos, somos dotados de inteligência para fazer melhores escolhas. Mesmo que os hábitos de desejo nos condicionem a comer muito açúcar, nossa capacidade de superar padrões destrutivos, todavia, existe. Outro exemplo diz respeito ao meio ambiente: em muitas áreas do mundo, a água destinada ao consumo e ao banho está envenenada por resíduos químicos e até mesmo humanos. Não há nada de inteligente nisso, contudo a capacidade de reconhecer alternativas positivas está em nosso poder. Não estamos inerentemente fadados a nossos hábitos insalubres de corpo e mente. Temos o potencial de despertar para a consciência plena pura que a ignorância obscurece. Os estados aflitivos que caracterizam os reinos são chamados *kleshas*, ou impurezas, porque contaminam nossa capacidade de reconhecer nossa sabedoria original.

Os reinos inferiores: Animais, fantasmas famintos e infernos

Na maioria das vezes, os ensinamentos sobre os seis reinos começam com o mais inferior e depois seguem gradualmente a ordem rumo aos de cima. Porém, entre todos os reinos não humanos, podemos nos relacionar mais facilmente com o reino animal. Vamos começar relembrando, por um momento, a experiência de termos sido aprisionados pelos impulsos básicos de nossa natureza animal. Você se lembra de um caso recente em que desejou intensamente um determinado alimento, ou sentiu um desejo primitivo de sexo, ou teve uma reação de luta ou fuga a uma situação estressante? Consegue se conectar com a força desse anseio? Os animais vivem toda a sua vida movidos por instinto e autopreservação. Muitos humanos vivem em um estado semelhante, inibindo sua capacidade de conhecer sua verdadeira natureza. O principal ponto de investigação dos reinos não humanos é alegrarmo-nos por não estarmos aprisionados em nossas aflições e assegurarmo-nos de que não fazemos uso indevido de nossa oportunidade de despertar.

O reino dos fantasmas famintos é habitado por seres emaciados, com barrigas inchadas e pescoços longos e magros, que só conseguem engolir uma gota de água por vez. Essas criaturas, também chamadas *pretas*, estão condenadas à tortura por fome e sede insaciáveis.

Sobre o que realmente estamos falando aqui? Ganância. Como um estado mental, a ganância não pode ser satisfeita, deixando-nos sempre ávidos e desesperados. Os seres humanos conhecem intimamente esse reino. Com a crise financeira global de 2008, testemunhamos os efeitos de mentes tão movidas pela ganância e tão restringidas pelo egoísmo que se tornaram incapazes de imaginar o sofrimento que certamente resultaria de suas ações.

Quando as pessoas estão preocupadas com a quantidade de dinheiro que podem acumular todos os dias, seja qual for o meio, incluindo ações ilegais e não éticas, elas estão consumidas pela força de sua necessidade insaciável e não podem se beneficiar do Dharma. Os fantasmas famintos permanecem nesse reino para sempre; alguns humanos passam grande parte do tempo nesse estado. No entanto, nenhum humano está fadado a permanecer lá.

O objetivo é entender como esses estados mentais criam obstáculos para a liberação – mas também entender que os humanos não são aprisionados por eles. Entramos e saímos em diferentes estados aflitivos da existência samsárica, mas o nascimento humano nos dá a chave que nos liberta inteiramente de nossas prisões autoconstruídas e do samsara.

No mapa tibetano da mente, o inferno é descrito como o reino "mais inferior", ou seja, é o estado aflitivo do mais intenso sofrimento. Os seres dos infernos são torturados por raiva e agressividade. Avalie o termo raiva cega. Pense na última vez em que você sofreu uma raiva tão intensa a ponto de ficar cego para qualquer ideia da causa desse sentimento ou da solução saudável para aliviá-lo. Ter sua mente totalmente dominada pela raiva provoca um estado de cegueira ao efeito destrutivo da raiva, tanto sobre os outros quanto sobre você, e também o cega frente a qualquer possível saída desse sofrimento.

Além do sofrimento da hostilidade, os seres do inferno são torturados pelo ambiente, com temperaturas que variam do calor extremo a um frio inimaginável. Essas condições tornam os seres dos infernos aprisionados em seu sofrimento imediato. Imagine um momento de dor física extrema, como aquela causada por um nervo comprimido, um dente infectado ou um espasmo muscular; ou imagine ser vítima de tortura. Agora imagine ter de suportar essa agonia de seu primeiro até o seu último suspiro. Nessas circunstâncias, a aspiração de reconhecer sua natureza búdica não pode surgir.

Por favor, entenda que "inferno", bem como qualquer outro reino, não é um lugar, mas uma projeção confusa da mente. As forças externas não são responsáveis por esses estados mentais. A localização do inferno não confunde apenas os ocidentais. Os tibetanos também podem confundir esses reinos com locais externos. É por isso que Saljay Rinpoche costumava me dizer: "Tudo é uma manifestação mental. Não existe um inferno lá fora."

Uma vez que esses reinos descrevem as aflições humanas, pode ser útil pensar como a mente manifesta diversos reinos, ao invés de pensar que nascemos dentro deles. Se pensarmos, erroneamente, que nascemos neles, então poderíamos pensar que esse é um destino sem saída. Mas não funciona assim. Liberdade significa não ser dominado pela raiva, pela ganância, pela ignorância e outras emoções destrutivas. Os humanos consumidos pelo ódio vivem em um reino que chamamos de "inferno" porque não há escapatória e, portanto, eles não têm acesso ao Dharma, nenhuma possibilidade de despertar. Estados extremos de aflição mental não nos permitem dar um passo atrás e observar o que está acontecendo. Quando nos identificamos com nossa negatividade, caímos no rio e somos levados pela correnteza.

Essas contemplações nos ajudam a desenvolver a confiança de que podemos aprender a nos afastar da compulsão e não sermos mais tiranizados pelas kleshas. Podemos fazer escolhas. Podemos acessar nossa sabedoria original e cultivar a consciência. Portanto, o sofrimento que mais desperta nossa compaixão é a ausência de qualquer oportunidade de esses seres reconhecerem suas próprias qualidades iluminadas.

Os reinos superiores: Reinos dos humanos, semideuses e deuses

Os reinos dos humanos, dos semideuses e dos deuses compreendem os três reinos superiores do samsara. No mundo humano, as principais causas de sofrimento são ganância, desejo e apego. O apego não se refere apenas a fenômenos externos, como casas, comida, dinheiro e parceiros. Nosso apego torna-se mais intenso quanto às ideias que temos a nosso respeito. Somos apegados ao nosso ego, ao nosso falso sentido de uma personalidade artificial e inventada que tanto apreciamos e protegemos. Colocamo-nos em primeiro lugar e tentamos satisfazer as demandas criadas por nossas ideias de quem somos e do que necessitamos.

A boa notícia sobre o reino humano é que ele proporciona sofrimento suficiente para fazer a travessia do samsara para o nirvana. Nem além da conta e nem muito pouco. O sofrimento oprime tão completamente os seres nos reinos inferiores que a possibilidade de liberação não pode emergir. Nosso sofrimento não sufoca nosso anseio de liberdade, e nossos momentos fugazes de felicidade confirmam que o sofrimento não é fixo; o sofrimento também é impermanente e mutável. Juntos, sofrimento e felicidade criam as condições perfeitas para o despertar. Isso não é maravilhoso?

Os reinos habitados pelos semideuses e deuses demonstram as aflições da inveja e do orgulho. (Os reinos dos semideuses e dos deuses são frequentemente apresentados como dois reinos separados mas, no ngondro, nós os classificamos como um único reino.) As seduções de luxo e lazer superam a aspiração de despertar. Pense em todo tempo, dinheiro e energia que algumas pessoas gastam para ter prazer e satisfazer os desejos dos sentidos – o melhor alimento, o sofá perfeito, o melhor carro, a melhor banheira de hidromassagem, férias ideais em uma ilha. Absorvendo toda sua vida com objetos materiais, criam uma fachada de falsa segurança e satisfação e, ao mesmo tempo, se sujeitam à devastação pelas inevitáveis flutuações da vida, pois continuam despreparadas para mudanças no seu status financeiro ou social, a perda de entes queridos, o envelhecimento, o declínio da saúde e a morte.

Os meditadores que se entregam a esse reino podem passar mais tempo organizando as belas imagens em seus altares do que trabalhando com suas mentes. Ou são tão fortemente seduzidos pelo conforto que praticam deitados no sofá. Você sabe qual é o problema com isso? É mais difícil praticar dessa maneira. A mente que satisfaz seu gosto pelo luxo e pelos prazeres sensoriais distancia-se da prática da consciência plena. Sentar ereto e colocar alguma determinação em seus esforços, na verdade, ajuda a mente a abrir mão de suas armadilhas habituais, sejam elas as indulgências sensoriais, a raiva cega ou a ganância.

Os seres no reino dos deuses tendem a usar a meditação como outra maneira de buscar bem-aventurança ou criar intencionalmente experiências prazerosas, como voar para um resort em uma ilha. A meditação acaba se tornando outra forma de buscar prazer e não um método para ver com clareza a natureza da mente e experienciar as coisas tais como são. Por fim, essas estratégias equivocadas de felicidade fazem esses seres retornarem aos estados inferiores de sofrimento.

Meu pai sempre enfatizou que o reino humano oferecia a melhor oportunidade de despertar. Porém, quando eu era criança, os reinos dos deuses ainda pareciam muito sedutores: palácios luxuosos cheios de comida deliciosa, festas fantásticas, ótima música. Então meu pai explicou que a completa satisfação dos desejos dos sentidos cria um grau de embriaguez que torna os seres do reino dos deuses um pouco estúpidos. Um tipo de complacência letárgica garante uma existência muito longa nesse reino. Meu pai diria: "Os seres do reino dos deuses vivem sem sabedoria." E, só pelo tom de sua voz, entendi que viver sem sabedoria era o estado mais triste de todos.

Praticando com as oito liberdades

Porque a natureza búdica é inerente a todo ser, não existem obstáculos absolutos à liberação. No entanto, nem todos os seres têm a oportunidade de despertar em sua condição atual. Muitos lutam com estados mentais, físicos e emocionais, que colocam poderosas barricadas no caminho do Dharma. Todos os seres encontram dificuldades e obstáculos. Mas termos nascido humanos significa que temos a capacidade de não sermos determinados ou derrotados por eles.

Quando praticamos com as oito liberdades, trocamos de lugar com os seres em cada um dos estados que restringem a capacidade de liberação. Imaginamos que existimos como um ser do inferno, um fantasma faminto, um animal ou um habitante do reino dos deuses. Tornamo-nos esse ser; não apenas os observamos de fora, como se estivéssemos assistindo à televisão.

Você não precisa praticar as oito liberdades nessa ordem. Se trocar de lugar com um ser do inferno ou dos reinos de fantasmas famintos for muito deprimente ou triste, então vá para os reinos dos animais ou dos deuses e volte mais tarde para os mais difíceis. Sugiro começar com o mais fácil, que provavelmente é o reino dos animais. Escolha um animal que você conhece, como uma vaca ou um cachorro.

Meditação guiada da vaca

- ► Sente-se em uma postura relaxada com as costas retas.
- ► Seus olhos podem estar abertos ou fechados.
- ► Repouse na consciência plena aberta por um ou dois minutos.
- ► Traga sua mente para a imagem da vaca.
- ► Repouse nela. Se sua mente vaguear, traga-a de volta à imagem da vaca.
- ► Agora, torne-se uma vaca. Você tem quatro pernas e uma longa cauda. Imagine fazer o som que uma vaca faz ("Muuuuuuuu") e imagine que você está mascando grama.
- ► Agora use quatro aspectos para contemplar a vida dessa vaca:

Corpo: como é o corpo da vaca? Imagine como é realmente ser essa vaca. Habite o corpo da vaca. Seja específico.

Vida útil: considere a curta expectativa de vida de uma vaca. Aprecie a duração da sua vida e as oportunidades que ela lhe oferece para despertar!

Circunstância: Onde a vaca passa seus dias e noites? Onde ela come? Em um celeiro sujo, talvez coberto com esterco e moscas, ou no sol quente?

Sofrimento: como a vaca vive e para que ela serve? Ela é criada para produzir leite ou carne? Talvez tenha uma argola nas narinas ou seja chicoteada, ou talvez trabalhe em lugares calorentos. Talvez seja criada em um lote industrial tão superlotado que não consegue se mover, ou talvez seja injetada com diversos produtos químicos a fim de engordar rápido para atender ao mercado consumidor. Sinta isso em seu próprio corpo o máximo possível, usando as sensações com suporte da consciência meditativa.

▶ Em seguida, reconheça quão limitada sua vida seria se você fosse uma vaca. Você não teria capacidade de escolher seu próprio caminho na vida, muito menos erradicar as causas do seu sofrimento.
▶ Agora, contemple e aprecie sua boa sorte de ter nascido humano, com uma realidade muito diferente daquela de uma vaca. Alterne entre ser a vaca e apreciar sua boa sorte em ser humano.
▶ Se você se distrair ou se cansar, repouse por alguns instantes na consciência plena aberta, antes de retornar à meditação da vaca.
▶ Tente fazer isso por cinco ou dez minutos.
▶ Termine repousando na consciência plena aberta.

Consciência normal e Consciência meditativa

Repousar a mente na vaca é diferente de fantasiar a respeito de vacas. Essa é uma meditação da consciência plena. Normalmente, quando pensamos em algo, não começamos com a intenção de fazê-lo. Os pensamentos se seguem tão rapidamente que nem sabemos o que está acontecendo. Além disso, nos identificamos com nossos pensamentos. Ficamos tão absorvidos pelo que pensamos e sentimos que acreditamos que isso é o que somos. Aqui, a intenção de cultivar a consciência plena nos permite saber que estamos pensando enquanto pensamos. Como imaginamos a vaca intencionalmente, cultivamos o reconhecimento da atividade mental nesse momento e não nos perdemos em pensamentos. Com a consciência plena, sabemos que estamos meditando.

Tente entrar em contato com a diferença entre consciência normal e consciência plena meditativa. O ingrediente transformador é reconhecer a consciência enquanto pensamos sobre a vaca, o fato de que sabemos que estamos pensando, enquanto pensamos. Começamos estabelecendo a intenção de reconhecer a consciência plena.

Quando fazemos uma meditação analítica como essa, é muito útil alternar períodos de contemplação com períodos de meditação do repouso. Quando imaginamos ser uma vaca, depois de um tempo nossa mente pode ficar entediada e inquieta, e podemos pensar: "Já chega de vaca!" Se isso acontecer, solte a imagem e repouse. Solte a visualização, mas fique com a consciência. Relaxe e expire profundamente: Aaahhh. É assim que repousamos, é assim que praticamos a consciência plena aberta. Sem mais vaca.

Digamos que estamos meditando e ficamos tão absorvidos nos pensamentos que perdemos a noção do que está acontecendo. Nesse mesmo instante, despertamos de repente. E retomamos. Nesse exato momento, experienciamos a consciência plena. Isso é não distração, não meditação, a sensação de não estar perdido. Primeiro, reconhecemos: "Ai, estou perdido." A seguir, pensamos: "Agora eu tenho que meditar." Mas isso vem depois. No meio há uma abertura, um momento de consciência não distraída. Sabemos onde estamos e o que estamos fazendo, mas não estamos tentando controlar a mente nem fazer nada especial. Estamos completamente à vontade com o que está acontecendo à nossa volta. Isso é repousar em não meditação.

Às vezes, queremos largar a meditação quando enjoamos dela ou quando ela fica estagnada, mas também queremos deixá-la de lado quando experienciamos uma mudança real no sentimento. Nesse caso, por exemplo, é fácil apreciar intelectualmente as vantagens que os seres humanos têm sobre as vacas, mas quando ocorrer a mudança do conhecimento teórico para um sentimento experiencial, relaxe a meditação e apenas repouse nesse sentimento. Aaahhh. Repousamos na não meditação, sem esforço, sem nos preocupar com o que está acontecendo ou não, entretanto não estamos perdidos.

Se a mente se tornar inquieta novamente e a fala discursiva começar a assumir o controle, volte à meditação da vaca. Isso requer um pouco de disciplina e esforço. Se você sair da rota e retornar à meditação da vaca vinte vezes em um minuto, não tem problema. Treinar a mente para não divagar requer prática.

Quando sair da meditação da vaca, aprecie as diferenças entre a vida da vaca e a sua. Pense nessas diferenças. Termine a sessão sentando-se calmamente, ficando apenas com a consciência plena. O exercício completo pode demorar de cinco a dez minutos.

As quatro condições restritivas do reino humano

Depois de contemplar os quatro reinos não humanos – infernos, fantasmas famintos, animais e reinos dos deuses – a contemplação do primeiro pensamento prossegue com as quatro circunstâncias humanas que restringem a capacidade de despertar.

Em primeiro lugar, apreciamos que não nascemos em uma "região fronteiriça", termo que deriva do tempo em que certas áreas limítrofes dos países budistas não seguiam esta prática ou eram hostis ao Dharma. Hoje, podemos considerar como tais os países ou as sociedades que criticam ou condenam as religiões alheias, ou que tentam eliminar instituições religiosas que não apoiem o seu regime político. Considere também os conflitos entre cristãos na Irlanda, ou entre budistas e Tamils no Sri Lanka, ou a agressividade sectária entre muçulmanos xiitas e sunitas – e aprecie a liberdade de poder seguir o caminho religioso de sua escolha.

Em segundo lugar, apreciamos o fato de que nossas aspirações não foram restringidas por termos nascido em uma área dominada por "pontos de vista errôneos." Isso se refere a situações em que as crenças predominantes tornam difícil, se não impossível, beneficiarmo-nos do Dharma. As crenças equivocadas podem incluir a crença de que prejudicar os outros traz virtude, ou aceitar que o lucro justifica a escravidão ou a matança, ou negar verdades que estão além da nossa compreensão pessoal, tal como a inseparabilidade entre forma e vacuidade.

Em terceiro lugar, imaginamos um reino onde um Buda nem sequer apareceu. Aqueles tempos da história humana desprovidos de um mestre plenamente desperto são chamados Idade das Trevas. Se tivéssemos nascido nesse tempo, nem ouviríamos falar sobre o Dharma e, muito menos, teríamos condições favoráveis para compreender seu valor. Mas esse não é o caso; por isso, regozijamo-nos com nossa boa sorte!

O quarto e último dos estados restritivos refere-se a nascer livre de disfunções físicas ou mentais incapacitantes. As deficiências não necessariamente impossibilitam a prática do Dharma, mas podem torná-la mais difícil. Se estivermos livres desses problemas, deveríamos nos alegrar com os benefícios de ter um corpo e uma mente saudáveis, ao invés de não darmos importância a isso. Essa contemplação proporciona uma oportunidade de reconhecermos os talentos inerentes à nossa existência humana e considerar seu papel em nossos esforços para despertar – podemos ouvir o Dharma, ler os textos, viajar para receber ensinamentos ou fazer uma peregrinação pelos locais sagrados.

Prática diária

Tente imaginar cada uma das oito liberdades como parte de uma prática diária, assim como fez com a vaca. No início, cada exercício pode levar uns dez minutos mas, com a familiaridade, um ou dois minutos para cada reino devem ser suficientes.

À medida que for passando de reino em reino, vivencie o sofrimento vivido pelos diferentes seres. É bastante natural que sentimentos de compaixão surjam espontaneamente, esses exercícios podem nos comover e nos fazer chorar. Você não precisa afastar os sentimentos compassivos, mas mantenha a ênfase em permanecer consciente, saber o que está acontecendo enquanto acontece.

Trocamos de lugar com os outros seres a fim de reconhecer que temos o que é necessário para acabar com o sofrimento. Esse é nosso objetivo principal. Além disso, essa contemplação oferece um benefício adicional importante. Os dois maiores obstáculos para a meditação são o torpor e a agitação, que podem ser atenuados ao trabalharmos com os seres vivos.

Quando tentamos domar a mente, ela geralmente responde, tornando-se excepcionalmente entorpecida ou agitada e rápida. Com o entorpecimento, a mente se fecha antes que possamos trabalhar com ela e perdemos o controle das nossas intenções. Isso leva à sonolência e, muitas vezes, ao adormecimento. Com a agitação, a mente zune como uma abelha bêbada e não pode se estabilizar.

Muitas vezes, tentar trazer a atenção para a respiração ou para um objeto, como uma chama ou uma flor, simplesmente não impulsiona a mente o suficiente para atenuar o torpor e a agitação. Exercícios de meditação sobre os seres vivos, no entanto, especialmente quando envolvem sofrimento ou impermanência, ajudam a estabilizar a mente e a mantê-la ativamente engajada, tornando-a menos sujeita a entorpecimento e agitação. É claro que nossa mente ainda vagueará. Isso é um funcionamento muito natural. Apenas continue voltando para a consciência plena.

Construindo um fundamento sólido

Antes de passar às dez vantagens, quero chamar sua atenção para como a prática da preciosa existência humana cria um fundamento sólido para todo o caminho do ngondro.

Para começar, a própria contemplação envolve-nos com o reconhecimento da consciência plena. Quando trocamos de lugar com os seres de outros reinos, começamos a descobrir que a bondade amorosa e a compaixão estão conosco o tempo todo. Só precisamos saber como cultivar essas qualidades inerentes. Deixar que sonhos e fantasias governem nossa vida pode nos colocar tão fora de contato com a realidade que logo acreditamos em nossas versões inventadas. Em geral, nossos pensamentos exercem tremendo poder sobre nós. Com essas contemplações, aprendemos a aproveitar o poder da imaginação para desmantelar os padrões emocionais que nos mantém girando no samsara.

Todos nós somos bem apegados às nossas identificações, podendo ficar totalmente aprisionados dentro das várias caixas que criamos para nossos tão estimados rótulos: "Eu sou um homem, sou tibetano, sou budista" e assim por diante. Centenas de rótulos como esses forjam identidades rígidas. Porém, quando imaginamos ser um animal, nosso sentido sólido de "eu" pode se afrouxar. Nossa caixa agora inclui ser uma vaca. Que incrível!

Uma vez que começamos a afrouxar nossas ideias aprisionantes sobre quem somos, podemos experimentar novas formas, modelos e identidades. Se continuarmos em nosso caminho do Dharma, essa nova flexibilidade nos permitirá ver mais consciência plena, sabedoria e compaixão se manifestando o tempo todo, tanto nos outros como em nós mesmos. E se podemos nos tornar uma vaca, talvez possamos nos tornar um Buda.

A forma como usamos a imaginação começa de maneira simples mas, pouco a pouco, as práticas se tornam mais complexas. Começamos imaginando um animal fora de nós e, depois, nos tornamos o animal. Mais tarde, imaginamos um Buda fora de nós, mas, ao final do ngondro, tornamo-nos um Buda. Começamos modestamente, mas uma vez que começamos a expandir as definições de quem somos e de quem podemos nos tornar, tudo é possível. Finalmente, todas as nossas noções rígidas caem por terra e percebemos que não nos tornamos Budas: já somos Budas.

Quando trazemos a imaginação para a jornada espiritual, ela se torna uma forma de abrir mão das definições das caixinhas e amplia o alcance das possibilidades. Em vez de tentar controlar a mente e forçá-la a deixar de fazer o que naturalmente faz, usamos sua energia criativa. Deixamos que todas as palavras, imagens e enredos das histórias que nos ocupam sirvam a um propósito construtivo.

O que permite à mente mudar e reestruturar seu conteúdo momento após momento? O que permite tanta mutabilidade? Para responder a essa pergunta, você pode se perguntar se existe um "eu" essencial que o define. Se achar que sim, tente encontrá-lo. Existe alguma base para todas as suas ideias a respeito de si mesmo? Ou seu sentido de identidade talvez só exista como um conceito? Quando abre mão de todas as suas ideias acerca de como as coisas são, até mesmo suas crenças a seu respeito, o que lhe sobra? O que você vê em sua experiência direta e nua?

Certa vez no monastério Tergar, em Bodh Gaya, na Índia, um aluno comentou que a caixa de madeira posicionada na frente da minha cadeira poderia ser vista como uma mesa, um cofre, um baú ou um trono, dependendo do contexto e do uso. A questão é que a imaginação dá origem à experiência, apesar de, em geral, partirmos do princípio de que nossas experiências surgem da realidade objetiva, independentemente de como pensamos a esse respeito. O poder da imaginação pode ser um recurso fantástico no caminho espiritual, mas também pode ser uma grande dor de cabeça. Então, de fato, podemos escolher entre usá-lo para beneficiar a nós e aos outros, ou sermos tiranizados por ele.

Essa prática levanta muitas questões interessantes: o que nos possibilita imaginar a nós mesmos como outros seres? Essa capacidade de trocar de lugar com os outros nos diz o que a nosso respeito? Se as crenças que temos sobre nós e o mundo nada mais são do que ideias, quem e o que somos? Essas são questões que sugerem a verdade absoluta da vacuidade, a realidade suprema que nos possibilita libertar a nós mesmos das identidades fixas e fabricadas. Haverá muitas oportunidades para discutir isso mais adiante, mas, por enquanto, apenas considere essas questões de forma criativa e descontraída.

As dez vantagens, ou dez riquezas, descrevem nossas oportunidades inerentes para despertar: nascer humano; nascer em uma região central; nascer com nossos sentidos intactos; nascer livre de situações socialmente fixas; nascer com devoção ao Dharma; nascer num lugar onde um Buda apareceu; nascer em um mundo onde um Buda ensinou o Dharma; nascer em um mundo que dispõe da vantagem de ter uma linhagem; nascer em um mundo com a vantagem de haver uma Sangha; nascer em um mundo onde existe a bondade dos professores.

As dez vantagens

As dez vantagens, ou dez riquezas, invertem os estados restritivos e enfatizam as circunstâncias humanas favoráveis à liberação.

A primeira vantagem é o fato de ter um nascimento humano – a principal condição para o despertar. Mesmo que não possamos aproveitar essa habilidade ao máximo, ainda é notável termos o potencial de explorar nossa própria consciência, aprendermos como a mente funciona, experienciarmos nosso Buda interior diretamente, e conhecermos nossa verdadeira natureza além do ego, da personalidade e das ideias sobre individualidade.

A próxima vantagem refere-se a uma "região central," ou seja, um lugar onde existe a oportunidade de encontrar o Dharma. Refere-se também a Bodh Gaya, o local da iluminação do Buda Shakyamuni, situado na Índia Central. Também pode significar o ambiente físico imediato de nossa educação ou escola, ou qualquer circunstância que nos permita fazer uma conexão com o Dharma. Não interprete essas vantagens muito literalmente. O ponto importante é reconhecer e apreciar que nascemos em um tempo e lugar onde temos acesso ao Dharma.

Na terceira vantagem, apreciamos nascer com nossos sentidos intactos. Felizmente, em nosso tempo, existem livros em Braille para os cegos e a linguagem de sinais para os surdos. As deficiências que poderiam tornar impossível praticar o Dharma já não oprimem nosso potencial inato. Mas há ainda casos onde os sentidos são muito deficientes para a prática. Portanto, devemos nos alegrar com o fato de que nossos olhos nos permitem ler palavras de sabedoria, nossos ouvidos podem ouvir as palavras vivas do Dharma e assim por diante.

A próxima vantagem é nascer "livre de situações socialmente fixas." Isso se refere a meios de vida que criam sofrimento para si e para os outros, especialmente em épocas em que o sistema de casta e de classes determinava nosso lugar no mundo. Em muitas áreas do mundo de hoje, os sistemas sociais não são tão fixos. No entanto, a necessidade de emprego, a limitada disponibilidade de trabalho e o consentimento estabelecido de destruição do meio ambiente com fins lucrativos, ou o trabalho na indústria bélica e na indústria da carne, significam que as culturas ainda sancionam meios de subsistência que contribuem para o sofrimento. Ao contemplar essa vantagem, reconhecemos nossas opções e apreciamos o poder de escolher um meio de vida que não acrescente mais sofrimento ao mundo.

Em quinto lugar, consideramos a boa sorte de nascer com devoção ao Dharma. Se isso não for válido para nós, não há problema. Temos o potencial para despertar à devoção ao Dharma, o potencial de nos interessarmos pelos seres sencientes e reconhecermos a possibilidade de despertar.

As próximas cinco vantagens descrevem as circunstâncias que tornam possível a nossa conexão com o Dharma. Em primeiro lugar, o Buda apareceu neste mundo. Em segundo, não só apareceu, mas também ensinou o Dharma. Se o Buda tivesse aparecido mas não ensinado, isso não nos ajudaria muito. Isso quase aconteceu, pois após a iluminação do Buda Shakyamuni, em Bodh Gaya, sua resposta inicial foi: "Ninguém jamais vai acreditar no que acabou de acontecer comigo, no que eu aprendi e no que eu reconheci. Não tem sentido tentar comunicar nada disso. Ninguém vai entender." Contudo, de acordo com os relatos, Brahma e Vishnu intercederam e imploraram ao Buda que ensinasse.

Em terceiro lugar, não só o Buda apareceu e ensinou, mas também somos abençoados com a "vantagem da linhagem." Sem a linhagem de transmissão de seus ensinamentos, esses poderiam ter se perdido. Na história do mundo, várias religiões surgiram e foram extintas. Muitas dinastias e linhagens reais desapareceram. No entanto, há 2.600 anos temos uma linhagem ininterrupta que remonta ao Buda Shakyamuni. Aprecie como isso é extraordinário!

Em quarto lugar, apreciamos a "vantagem da Sangha." O Buda poderia ter aparecido e ensinado, mas seus ensinamentos poderiam existir apenas como relíquias culturais em museus sem nenhuma conexão viva e presente com suas origens. O fato da sabedoria do Buda Shakyamuni continuar a ser transmitida, ensinada, praticada e vivenciada é uma grande bênção que não deveria ser subestimada!

A última vantagem que cria circunstâncias favoráveis para nossa conexão com o Dharma é a bondade do professor. Apreciamos o fato de termos nascido em uma terra com bondosos mestres do Dharma. No meu caso, é absolutamente claro para mim que, sozinho, não conseguiria encontrar alívio para meus medos e ataques de pânico. Foi somente com a ajuda de meus mestres que pude ver meus hábitos neuróticos sem ser arrastado por eles. O alívio que isso trouxe foi como viver em um mundo diferente do que eu habitava antes. Eu nunca poderia ter feito isso sozinho. A bondade de meus professores tornou-se uma experiência profundamente sentida, não apenas uma ideia sobre como as pessoas iluminadas deveriam agir.

A raridade do nascimento humano

Agora que cultivamos uma intensa gratidão por nossa existência humana, devemos dar uma boa olhada à nossa volta e aceitar que essa é uma condição impermanente e rara e, talvez, ela não ocorra novamente. Como Shantideva disse:

> É tão difícil encontrar as facilidades e riquezas
> que tornariam significativo este nascimento humano!
> Se agora eu não conseguir aproveitá-las,
> como teria uma chance dessas novamente?

Quando meu pai explicou pela primeira vez o aspecto excepcional do nascimento humano, perguntei-lhe: "Se os seres humanos são uma raça tão rara, por que Catmandu é tão lotado que mal se anda em meio à multidão?

Meu pai respondeu com uma história sobre um empresário tibetano que ia e voltava várias vezes entre o Tibete e a Índia. No Tibete, ele ouviu ensinamentos sobre a preciosa existência humana e como os humanos eram muito mais raros que outros seres. Algum tempo depois, o homem voltou ao professor e perguntou: "Você já esteve em Calcutá?"

O professor lhe disse: "Não."

"Ah, agora eu sei por que você acha que nascer humano é tão raro," disse o homem. "Calcutá é tão abarrotada de gente que é difícil andar pela rua. A imensa e vazia região do Tibete, com um vilarejo aqui e outro lá nas montanhas, fizeram você acreditar que nascer humano é excepcional. Mas, posso lhe garantir que não é."

Então o professor disse: "Vá até a floresta com uma pá e cave um buraco na terra, talvez de um metro por um metro, e veja se consegue permanecer ali o suficiente para contar todas as criaturas que vivem lá."

Um formigueiro pode conter mais seres do que uma cidade pequena. A maioria dos seres vive no oceano; um estudo internacional identificou duzentas mil espécies marinhas e o estudo ainda não foi concluído. Os tibetanos dizem que, se atirarmos várias vezes um punhado de arroz cru na sala, as chances de um grão grudar na parede é maior do que nascer humano.

De acordo com o entendimento budista, nascer humano é resultado de ações virtuosas em nossas vidas passadas. Aproveite esse momento para pensar sobre como é raro no mundo de hoje trabalhar para o bem-estar dos outros, ou praticar a paciência diante da agressão, ou oferecer dinheiro ou comida em tempos econômicos difíceis. Quando comparadas a todas as ações motivadas por interesse próprio e hostilidade, as que surgem do altruísmo e do sacrifício são poucas e esparsas. Isso diz respeito ao carma, que é o terceiro pensamento transformador da mente em direção ao Dharma. Discutiremos isso em detalhes mais tarde. Nesse momento, apenas aprecie que você nasceu nessa forma rara e que isso não aconteceu por acaso. Sinta-se agradecido e não se preocupe com nada mais.

Suporte para nossa prática

Eu tenho uma amiga que reclamou que sua região da Colúmbia Britânica não dava suporte aos estudos do Dharma. Ela me disse: "É muito solitário praticar no Ocidente. Nossas famílias acham que seria melhor se estivéssemos estudando medicina ou alguma profissão respeitável. Mesmo que o Dharma tenha nos inspirado a passar uma vida ajudando os outros, nossos comprometimentos não são valorizados. Não é como no Tibete, onde o Dharma foi tão valorizado."

E eu respondi: "Todo mundo que pratica o Dharma está trabalhando com suas próprias dificuldades pessoais. Caso contrário, por que praticar? E todos precisam de encorajamento. Todos os bodisatvas – aqueles que fazem votos de trabalhar para a liberação de todos os seres – e mestres enfrentaram obstáculos, desencorajamentos e tiveram problemas com suas famílias. Pense no Buda Shakyamuni. Pense em Naropa. Pense em Milarepa. O que tornou esses mestres excelentes não foi a ausência de obstáculos, mas o fato de terem aproveitado os obstáculos para despertar seu estado búdico. Veja os mestres modernos. Veja Khyentse Rinpoche."

Dilgo Khyentse Rinpoche [1910-1991] foi um dos maiores mestres do Budismo Tibetano do século passado, um verdadeiro rei do Dharma. Desde pequenino, ele só queria estudar o Dharma. Seus pais eram devotos budistas, mas seu irmão mais velho já fora reconhecido como um tulku e seus pais se recusaram a perder outro filho para os monastérios.

Durante os primeiros anos de Khyentse Rinpoche, todos os grandes lamas que o encontravam concordavam que ele tinha qualidades especiais, mas seus pais se recusaram a permitir que ele fosse ordenado.

Porém, em um verão, as coisas mudaram. Seu pai contratou muitos trabalhadores para ajudar na colheita. A fim de alimentar a todos, enormes barris de sopa eram colocadas em fogueiras. Um dia, quando Khyentse Rinpoche tinha cerca de dez anos, ele estava brincando com seu irmão e caiu em um barril de sopa fervente. Seu corpo ficou tão queimado que ele não conseguia se mover na cama. A família se reunia todos os dias para recitar orações de longa vida, mas ele esteve à beira da morte por muitos meses.

Um dia, seu pai lhe disse: "Farei qualquer coisa para salvar sua vida. Você consegue pensar em alguma coisa, alguma cerimônia ou preces que possam fazê-lo melhorar?"

Imediatamente Khyentse Rinpoche disse a seu pai: "Ajudaria muito se eu pudesse pôr as vestes de monge."

12. Dilgo Khyentse Rinpoche (à direita) com Tulku Urgyen Rinpoche, no Nagi Gompa, 1985.

É claro que seu pai consentiu e assim que as túnicas foram delicadamente colocadas sobre suas queimaduras, ele se recuperou bem rápido.

Outro dos maiores mestres budistas, Atisha [982-1054], também teve problemas familiares. Como o Buda Shakyamuni, ele nasceu em uma família real; seu pai queria que ele herdasse o trono e tentou afastá-lo das atividades espirituais. Naropa teve uma história semelhante. Tudo o que ele queria era seguir um caminho espiritual, mas seus pais o fizeram casar – o que não funcionou muito bem.

É natural sermos inspirados pelas mais elevadas realizações dos grandes mestres. Mas, a identificação com suas lutas e problemas familiares também pode nos inspirar. Quando vemos que, como nós, eles também enfrentaram obstáculos e problemas, podemos nos relacionar com sua disciplina, perseverança, dedicação – qualidades que devem ser cultivadas se quisermos renunciar ao mundo da confusão.

Não estamos sozinhos com nossas lutas. Os detentores da linhagem e das práticas nos dão suporte. Ao contemplar nossa preciosa vida humana, ganhamos a confiança de que nós também podemos fazer isso. Compreender que temos tudo o que precisamos para nossa jornada pode realmente nos inspirar a não desperdiçar nossos tesouros inerentes. Já plantamos algumas sementes muito potentes e um pouco de sucesso com nossos esforços definitivamente mudará a nossa noção de nós mesmos. Podemos expandir nossas definições e explorar uma gama mais ampla de possibilidades. Podemos nos surpreender ao pedir ao nosso empregador umas férias ou um aumento que antes pensávamos não merecer. Talvez aceitemos um convite para uma atividade que costumava nos assustar, como falar em público, viajar em avião ou cantar em um karaokê.

Mais importante ainda, podemos vir a entender que a iluminação não é apenas uma possibilidade distante, mas nossa própria natureza. Não podemos mais ficar sem ela, assim como o fogo não pode deixar de ter calor. Mas só podemos despertar quando percebemos que a iluminação só acontece no momento presente. Ao contemplar o precioso nascimento humano, reconhecemos que nunca teremos uma oportunidade melhor do que a que temos agora.

5

O Segundo Pensamento que Transforma a Mente

Impermanência

Durante os meses de verão, minha mãe não gostava do calor do vale de Catmandu, por isso ela e eu íamos para Nubri, onde nasci, para ficar com os pais dela. O vilarejo fica no lado sul da fronteira do Nepal com o Tibete. Um dos templos tibetanos de Nubri tem uma imagem de sepulcrários com pássaros se fartando com os cadáveres de animais e corpos humanos. Quando vi pela primeira vez essa pintura com minha avó, perguntei-lhe: "O que é isso?"

"É a morte," disse ela. "O que acontece na morte?", perguntei.

Ela disse: "Seu corpo é deixado para trás e apenas sua mente segue."

"Para onde a mente vai?"

"Pergunte a seu avô," ela respondeu com certa severidade.

O pai da minha mãe ainda está vivo e é um excelente meditador, altamente realizado. Eu gostava de me sentar na sala de seu santuário enquanto ele meditava, mas era muito tímido para lhe fazer qualquer pergunta sobre a morte.

Logo tive um encontro com a impermanência quando um pastor que morava com meus avós ficou doente. Em Nubri, tínhamos várias dúzias de vacas, iaques e *dzo* (cruzamento de iaque com vaca). Dois ajudantes auxiliavam minha avó a cuidar dos animais e dos campos. Eles também faziam manteiga e queijo do leite restante e os vendíamos aos comerciantes de Catmandu. Um dos pastores era especialmente gentil, tinha tempo para brincar comigo e me levava para as pastagens distantes para procurar nossos animais. Minha família morava na casa do meio de três casas geminadas, e o quarto desse homem ficava no segundo andar de uma casa adjacente. À noite, minha avó fazia o jantar para todos nós, mas esse homem nunca chegava na hora. Quando enfim chegava, minha avó sempre o repreendia. Eles realmente se adoravam, mas estavam sempre discutindo.

13. Mingyur Rinpoche nas costas de sua avó materna na frente de sua casa em Nubri, Nepal, por volta de 1976.

Um dia esse homem ficou doente. Eu tinha cerca de sete anos e ele devia ter cinquenta. Ele não conseguia mais trabalhar nos campos ou cuidar dos animais e começou a passar mais tempo em seu quarto. Durante esse período, minha avó foi muito boa para ele, cozinhava suas refeições favoritas e lhe servia no quarto. Às vezes eu vinha trazer as refeições e o encontrava deitado na cama. Sentava-me ao seu lado e ele dizia coisas como: "Estou melhorando. Mas hoje estou com problemas para caminhar."

Então eu dizia: "Você está realmente melhorando e logo estará bem".

Alguns meses depois, ele morreu. Eu chorei por semanas, não todos os dias, mas de vez em quando. Sentia falta da presença dele, de seu carinho e de seu humor. Ele fazia parte da minha família de Nubri e nunca me ocorreu que sua doença o tiraria de nós, nem tinha a menor ideia de que a vida poderia ser fugaz para todos os seres. Contudo, as pessoas que conhecia continuavam a morrer.

No outono, antes que a neve bloqueasse os caminhos entre Nubri e Catmandu, minha mãe e eu voltamos para o Nagi Gompa. Uma tarde, meu assistente, eu e algumas monjas estávamos conversando casualmente quando uma delas pediu ao meu pai que orasse por alguém que havia morrido. Em suas orações, meu pai usava uma expressão tibetana sobre os vales superiores e inferiores, querendo dizer que uma morte em um vale leva a mensagem ou faz lembrar às pessoas do outro vale que, mais cedo ou mais tarde, todos vamos morrer. Nada dura para sempre no samsara.

De um modo vago, começou a se infiltrar em minha mente que, se eu não entendesse a impermanência, sempre ficaria à espera de os relacionamentos, as situações e até meu próprio corpo e mente proporcionarem algum sentido de estabilidade quando, na verdade, tudo isto está o tempo todo mudando. Comecei a ver que buscar estabilidade onde não existe mantém a mente em constante estado de apreensão e angústia.

Contemplando a impermanência

A contemplação da impermanência leva, naturalmente, a pensamentos de morte. A liturgia do ngondro diz: "O mundo e os seres dentro dele são impermanentes. Logo, eu também morrerei." O medo da morte é muito penetrante e agarrarmo-nos à nossa existência, mesmo quando nosso corpo sucumbe, proporciona abundante material para a prática. Todos podemos nos conectar com esse sentimento. Meditar sobre a morte e o morrer pode erradicar a mais substancial voracidade. Se meditarmos sobre a morte de forma genuína e diligente, isso certamente afetará nossa maneira de viver.

Quando aceitamos nossa própria impermanência, fazemos a aspiração de não perdermos tempo com atividades sem sentido ou comportamentos que criem mais insatisfações. A verdade da impermanência realmente amplifica nosso desejo de sermos livres. Aspiramos a aproveitar nossas raras circunstâncias antes de perdê-las. Não queremos estar diante de nosso leito de morte enfrentando a impermanência pela primeira vez e lamentando que deveríamos ter nos preparado melhor. Quando nossa percepção da impermanência se estabiliza, podemos começar a diminuir a lacuna existente entre como pensamos que as coisas "deveriam" ser e como elas realmente são.

Vamos supor que nossa prática diária inclua uma meditação sobre a morte. Um dia, chegamos ao aeroporto e nosso voo foi cancelado. Se ficarmos chateados, algo em nossa prática não está funcionando bem. Talvez por focarmos nosso corpo de modo muito rígido e estreito, não percebemos nossa predominante resistência à mudança. Deixamos de perceber como a mente se agarra àquilo que deseja a ponto de não poder aceitar o que realmente está acontecendo. Podemos pensar que estamos trabalhando com a morte e com a aceitação da impermanência, mas não conseguimos permanecer estáveis quando nosso carro pifa ou quando as traças comem nosso suéter favorito.

Se meditar sobre a morte não altera sua maneira de se relacionar com as mudanças menores, escolha uma situação menos intensa e tente entrar mais fundo nela. Por exemplo, procure se lembrar dos últimos dias de alguém que já morreu, ou de alguém que está doente hoje, ou de um animal de estimação enfermo ou que já tenha morrido. No início, nem todos conseguem lidar com sua própria morte – ou com a morte de qualquer pessoa – mas está tudo bem.

Na sequência de ngondro, o primeiro pensamento nos assegura que o nascimento humano proporciona a rara e preciosa oportunidade de despertar. A seguir, nossas contemplações sobre a impermanência realmente nos inspiram a abraçar o Dharma, não perder mais tempo e estabelecer uma direção que cultive a satisfação que tanto desejamos.

Como é possível fazer escolhas no âmbito das instruções gerais – por exemplo, escolher o objeto que dê suporte à meditação da impermanência – é sua responsabilidade escolher algo que reflita sua capacidade, algo nem muito fácil nem muito difícil. Se sua própria vida, ou a de alguém que você ama, evoca muita ansiedade, isso não é um problema.

Seja qual for o objeto que escolher, permita que sua mente continue com a aparência de sua solidez e permanência, tentando manter essa imagem à medida que ela se transforma – como lenha queimando ou uma vela derretendo. Você pode até começar com algo que muda para melhor, como alguém que estava doente e agora está saudável; ou imaginar uma flor na primavera tornando-se uma maçã no outono. As flores da primavera podem nos inebriar com sua beleza, mas não ficamos ressentidos quando se transformam em fruto. Transições positivas ou neutras podem ajudar a estabilizar a realidade da mudança, mas o benefício mais profundo desse exercício vem com o reconhecimento de que agarrar-se à ilusão de permanência cria angústia e insatisfação.

Tendemos a associar impermanência com perdas, não ganhos. No entanto, todo o potencial positivo em nossa vida só pode ser realizado por causa da impermanência. No começo, o mais importante é escolher um objeto viável para que você possa se sentir confortável com a realidade da mudança. No entanto, mais uma vez, nossos estudos não tratam apenas de como a realidade funciona. Eles dizem respeito ao fim do sofrimento. A aceitação da impermanência de todos os fenômenos é a espada de sabedoria que corta infinitas camadas de ilusão e distorção.

Nosso mundo moderno mostra evidências de templos e universidades, até mesmo de cidades inteiras que viraram pó há milhares de anos, além de animais que hoje estão extintos. Em cem anos, quase todas as pessoas vivas estarão mortas. Florestas, lagos, casas, sistemas econômicos e políticos, carros, idiomas e ideias – tudo muda. Aceitamos facilmente a impermanência como informação intelectual. Mas conforme o diagnóstico do Buda, a verdade descritiva não é o ponto mais importante. Reconhecer a verdade da impermanência enquanto continuamos funcionando como se as coisas não mudassem, só perpetua a doença do sofrimento. É por isso que a meditação é tão importante. Usar a impermanência como suporte para o reconhecimento da consciência plena realmente mudará a maneira como nos relacionamos com a continuidade da mudança.

A dificuldade é reconhecer a mudança e a insubstancialidade naquilo que percebemos – não como um pensamento racional, mas como uma experiência direta e presente. Às vezes, as pessoas resistem à ideia de que a própria natureza do samsara é sofrimento, dizendo: "Mas eu conheci a felicidade, tive muitos momentos de alegria." No entanto, inevitavelmente, os tempos felizes mudaram, porque dependiam de condições e circunstâncias que, como esperado, se dissolveram ou desapareceram. E o que vem a seguir? Quando mantemos uma ideia fixa de como as coisas devem ser, a mudança é vista com frustração, desespero e anseio. Todavia, pouparemos muito sofrimento a nós mesmos se pudermos perceber a mudança dentro da experiência de felicidade. Essa possibilidade existe com a mente da consciência plena. Com consciência plena, não mais tentamos preservar nossos momentos felizes com a mente da fixação.

O Buda viu que o sofrimento surge na disparidade entre a realidade e a percepção subjetiva. Tentamos impor nossa visão do que queremos sobre o que realmente é, e isso cria muito sofrimento. Não estamos falando de grandes problemas como guerras ou doenças terminais, tsunamis ou terremotos; nem do sofrimento intenso que surge com o fim dos relacionamentos, a perda de um emprego ou quando nossa casa pega fogo. Estamos falando de eventos cotidianos que podem transformar nossa vida diária em uma série de aborrecimentos: nosso computador quebra, o pneu do carro fura, a lavanderia estraga nossa blusa, nosso voo é cancelado. É natural desejar que nossa roupa seja devolvida limpa, não estragada. Esperamos que o computador funcione. Mas, quando nossa mente se torna tão apegada à expectativa de que não é possível acolher nenhum tipo de mudança, a vida se torna um transtorno. Nesse momento, nossa mente apenas vai do aborrecimento para a frustração e para a indignação moral em um longo choramingar de queixas.

Além disso, uma questão insignificante pode deflagrar uma cadeia de eventos que termina em catástrofe. Considere, por exemplo, uma jovem que fica tão chateada por ter tido a blusa estragada que sai da lavanderia cega de raiva. Sai para a rua tão atormentada que não ouve o caminhão que vem por trás e espirra lama nela. Saiu da lavanderia com a mente condicionada pela raiva e, assim, se preparou para mais raiva. Sua distração pode até resultar em um acidente fatal, como ser atingida por um carro. Como resultado, pode deixar para trás filhos pequenos que agora não terão mãe.

É assim que funciona o samsara, um ciclo interminável de sofrimento perpetuado por ignorância e consequências não desejadas. Grandes problemas não começam grandes. A meditação shamatha nos ensina como podemos nos controlar antes de agirmos com nossas pequenas queixas que têm o potencial de virar catástrofes.

Abrindo mão da ganância

Veja se você consegue se conectar com a ganância como sendo a causa da insatisfação. Você se agarra a uma ideia ou a uma fantasia de quem você é ou do que deseja, e isso o impede de se relacionar com as coisas como elas são. O ponto principal do segundo pensamento é aceitar a mudança inevitável da vida para a morte; e também nos inspirar a tirar o máximo proveito de nossa existência humana no tempo limitado que temos. No entanto, como principiantes, precisamos trabalhar com a sensação visceral de ganância, resistência e fixação no que se refere aos aspectos mundanos de nossa vida, antes que possamos ver que essas mesmas tendências condicionam a forma como vivenciamos nossa existência. Quando começamos a abrir mão da ganância, podemos aceitar mais a realidade, até mesmo a realidade de nossa própria impermanência.

Quando agarramos as coisas com muita rigidez, não conseguimos ver toda a situação. Fazemos uma tempestade em um copo d'água e sofremos as consequências, como a moça que teve a blusa estragada. Obviamente, é um inconveniente perder um voo, mas não é uma catástrofe. Quando nos agarramos fortemente às nossas expectativas e planos, perdemos a perspectiva. Tudo se torna um grande problema e essa reação excessiva pode levar a comportamentos destrutivos.

O inverso desse forte apego é ser demasiadamente desligado. Você poderia pensar: "Nada importa, então, por que se preocupar em fazer algo significativo? Há tanto desejos em relacionamentos e amizades que eles acabam desmoronando. Nem vou tentar. Mais cedo ou mais tarde vou morrer, então que diferença faz?" Essa visão reflete a suposição confusa de que nossos anseios e padrões habituais são inatos e imutáveis e, portanto, qualquer esforço para nos libertar deles é impossível. Também reflete a ignorância a respeito de nossa bondade básica e a ignorância do potencial que cada um de nós tem para realizar nossa verdadeira natureza em benefício de todos os seres, inclusive de nós mesmos. Compreender a impermanência não é um convite à depressão e à desesperança; mas é cultivar nossa aspiração de despertar hoje mesmo e viver uma vida autêntica. Ver nossas fixações nos ajuda a lidar com o equilíbrio entre a rigidez da ganância e o desmoronamento.

Podemos nos esforçar tanto para não abrir mão de nossos apegos, que o esforço para manter o que mais desejamos pode nos destruir. Talvez você possa pensar em alguém – pode ser você mesmo – que se agarrou tão intensamente a uma pessoa querida, ao dinheiro ou ao poder a ponto de causar um dano físico, como um ataque cardíaco. Meus alunos me contaram sobre uma famosa música do rock-and-roll dos Rolling Stones: "(I Can't Get No) Satisfaction)" "[em português, (Não consigo ter nenhuma) Satisfação]" Esse é o sentimento predominante da voracidade, nunca estar satisfeito. Hoje em dia, na vida moderna, todo mundo quer cada vez mais e mais e fica cada vez menos satisfeito com o que tem.

Impermanência sutil e evidente

Entendemos a impermanência em termos de manifestações sutis e evidentes. Evidente refere-se às mudanças óbvias e observáveis: a lenha vira cinzas, telhados caem, a geladeira quebra, envelhecemos e morremos.

Sutil refere-se às mudanças, de momento a momento que, normalmente, não percebemos ou não podemos ver, mas que, contudo, são inerentes às formas evidentes. Nossas rugas podem de repente nos surpreender, mas elas vêm se desenvolvendo há anos. A transformação, segundo a segundo, de uma flor em maçã é um exemplo de mudança sutil. Quando a maçã desaparece em minha boca, isso é impermanência evidente.

Digamos que estamos tomando uma xícara de chá e ela cai no chão. Em pedaços! A xícara de repente se transforma em dez pedaços de argila cozida. Chamamos isso de impermanência evidente. Mas, com certeza, a xícara antes de ser quebrada estava mudando a cada nanosegundo. E nós também mudamos a cada nanosegundo. Devido a nosso entendimento convencional de passado, presente e futuro, vivenciamos o começo e o fim dos fenômenos. A quebra da xícara pôs fim à ela enquanto xícara, mesmo tendo criado fragmentos de argila cozida. Nada permanece o mesmo, embora a sutileza da mudança torne isso difícil de detectar. No Ocidente há uma boa expressão para isso: não podemos entrar no mesmo rio duas vezes. Ainda assim, vamos ao mesmo rio todos os dias, supondo que o rio de hoje é o mesmo que o de ontem e será o mesmo de amanhã. O rio, porém, muda todos os dias, a cada segundo e a cada nanosegundo. Nosso entendimento convencional sugere que a impermanência diz respeito ao fim das coisas, à demonstração visível da dissolução. Mas a impermanência existe em todos os aspectos do universo. Assim como não podemos separar a água do gelo, não podemos separar a impermanência dos fenômenos.

Aplicamos o conceito descritivo da morte ao fim dos seres humanos como os conhecemos, bem como dos animais, carros e árvores. A visão convencional usa o último suspiro para definir o fim dos seres sencientes, por isso estamos condicionados a não ver esse momento em termos de mudança ou transformação. Podemos dizer que nosso conversível vermelho morreu, o que quer dizer que ele já não anda na estrada, embora possa voltar a funcionar ou ser vendido como sucata para ser derretido e transformado em outro objeto. Barcos afundam, casas se deterioram, animais de estimação morrem, redes de pesca se desfazem. Todas essas descrições retratam mudanças na forma que sugerem um final. Mas o que chamamos de "final" é simplesmente uma transformação – um fim para o que conhecemos ou gostaríamos de manter, ou podemos identificar. "Fim" aplica-se apenas ao conceito, não ao objeto. O objeto apenas muda. A xícara que caiu morreu como xícara. Mas tornou-se outra coisa. Tudo o que podemos ver e identificar e o que não podemos ver – tudo está mudando. A mudança contínua simplesmente manifesta a natureza da realidade comum.

Meditando sobre a impermanência e a morte

Meu pai tentou explicar que a meditação sobre a morte desenvolvia sabedoria e compaixão e fornecia o melhor antídoto para a raiva, o sofrimento, a ganância e a dor. Para mim isso parecia outra má notícia e não me convencia. Tudo mudou quando eu tinha doze anos e chegou a hora da cerimônia formal que me reconheceria como a reencarnação do Mingyur Rinpoche anterior. Naquela época eu morava em Sherab Ling e centenas de pessoas se reuniram no templo principal para a cerimônia. Vieram de Bir, do governo-em-exílio tibetano em Dharamsala, do Nepal e dos monastérios tibetanos da região. Tai Situ Rinpoche conduziu a cerimônia sentado em um trono de frente para a multidão e eu me sentei ao lado; meu irmão Tsoknyi Rinpoche veio do monastério Tashi Jong e sentou-se em frente a mim. Eu me encontrava havia semanas em estado de ansiedade por causa dessa cerimônia e, durante todo o dia, ele ficou ao meu lado me tranquilizando.

Porém, quando subi ao trono, minha garganta começou a fechar e fui tomado por ondas de tonturas, tal como um avião passando por turbulência. Fiquei suado e nauseado e tive o pior ataque de pânico de minha vida. Meu irmão temia que eu desmaiasse e fazia um gesto constante para que eu bebesse água. Quando a cerimônia chegou ao fim, todos passaram diante de mim para oferecer um kata – uma echarpe branca cerimonial – e eu tive que abençoar cada um. Finalmente, chegou a última pessoa da fila e a cerimônia terminou, mas o pânico continuava. Todos haviam sido convidados para um almoço especial sob uma grande barraca construída ao ar livre, mas eu corri para meu quarto.

Deitei na cama, mas a náusea e a tontura continuaram por vários dias, e eu imaginava até que fosse morrer. Naquele momento, me lembrei das palavras que meu pai havia dito. Pensei na impermanência e nos benefícios de me incluir na realidade da mudança. Como já havia concluído que logo morreria, o simples pensamento dessa possibilidade já não me assustava tanto como no passado. E me perguntei: se eu morrer amanhã, e depois?

14. Cerimônia de entronização de Mingyur Rinpoche no Monastério Sherab Ling, em 1987.

Passaram mais alguns dias e, como o pânico não saía de meu corpo, comecei a realmente imaginar que o dia seguinte seria o meu último. Deitei em minha cama, tal como o ajudante, e imaginei minha morte. E me perguntei: "Se eu morrer amanhã será que terei arrependimentos? Se minhas últimas horas de vida estiverem cheias de arrependimentos, quais serão eles? Sou muito jovem para me arrepender de não ter ganho muito dinheiro ou me saído bem nos negócios," pensei. "Não consigo me arrepender de não ter sido famoso ou de não ter ficado forte. Não sinto que vou me arrepender de ter sido muito arrogante, nervoso ou voraz."

Então me dei conta de que eu poderia me arrepender do fato de que minha vida não se tornou significativa, que eu estava no início de minha prática e que não iria viver tempo suficiente para ajudar as pessoas. A partir daí, percebi minha devoção ao Dharma e também que eu tinha alguma tendência em direção à compaixão.

15. O Mingyur Rinpoche anterior (sexto).

Com essa experiência, comecei a perder parte da minha intensa aversão ao medo de morrer. Antes eu sempre antecipava o medo do medo. O medo de sentir medo me fazia suar de tanta ansiedade. Com essa experiência, comecei a separar o medo da morte do morrer de verdade, o que tornou o medo menos assustador. Depois disso, consegui usar a meditação sobre a morte para investigar a impermanência. E também renovei minha inspiração para praticar o Dharma. Na verdade, comecei a identificar o Dharma como a única fonte verdadeira de felicidade permanente. Com esse entendimento, uma porção de preocupações insignificantes começou a se dissolver.

O afastamento do samsara pode se manifestar nas reações que consideramos normais como, por exemplo, ficar exasperado em uma longa fila, ou ficar chateado com a lavanderia, ou ter um ataque porque nosso computador quebrou ou ficar com raiva se nosso voo foi adiado. Se pudéssemos escolher, quem gostaria de se envolver em um comportamento reativo que manifesta a mente fixada e não é benéfico nem para os outros nem para nós? É claro que nossos hábitos são muito fortes e não mudam da noite para o dia. Mas, assim que nossa orientação mudar, assim que movermos nossa atenção da confusão para a clareza, as sementes do despertar começarão a dar frutos.

Escolha um objeto viável

Para essa contemplação, lembre-se de escolher algo viável. Você tem algum dinheiro no mercado de ações? Se não tem, talvez conheça alguém que perdeu dinheiro em uma crise financeira. Considere usar essa súbita mudança de sorte como objeto de uma meditação. Este seria um exemplo concreto de impermanência evidente! Mas, realmente, tente se conectar com as motivações mais sutis que criaram uma discrepância entre suas expectativas e o que aconteceu. Tente identificar as maneiras pelas quais sua mente criou problemas por meio do desejo e da ganância. Se você imaginar, "Oh, eu iria dar todo esse dinheiro que perdi ao meu centro de Dharma ou ao meu guru", então lembre-se do que o Buda Shakyamuni disse: "Uma pessoa que medita sobre a impermanência por alguns segundos acumulará mais mérito do que aquele que junta todas as joias do universo e as oferece aos meus principais discípulos."

Se você se sentir pronto para pensar sobre sua própria morte, então, imagine-se deitado em casa ou no hospital, pensando: "Este é o meu último dia neste mundo," Veja se pode sentir as experiências de dissolução, tal como o enfraquecimento da audição ou da visão. Talvez você sinta que as expirações se tornam mais longas e as inspirações mais curtas. Você pode se perguntar: "Qual é meu arrependimento?"

Lembre-se, você está começando a voltar sua mente para a liberação. Então, para esse exercício, não traga memórias que evoquem arrependimento e culpa nem lhe façam lembrar seus inimigos. Em vez disso, tente se conectar ao seu coração puro e pense: "Nossa, eu gostaria de ter feito mais pelos outros." A aspiração gera sentimentos de desejar ter sido mais útil, mais generoso, mais compassivo. Essas aspirações podem intensificar seus esforços nos próximos dias. Esse método de meditação sobre a morte está ligado à impermanência evidente.

No final da meditação pense: "Eu ainda estou vivo! Ainda não estou morto e agora posso fazer essas coisas positivas." Desse modo, a prática desenvolve alegria. Talvez você também possa observar o efeito que essa meditação sobre a morte tem sobre sua arrogância. Talvez algumas coisas o façam se sentir superior aos outros ou o tornem orgulhoso, como seu corpo musculoso ou seu conversível vermelho, sua linda casa ou seus prêmios e diplomas. O que acontece com essas identificações de status quando você se imagina deitado em seu leito de morte?

MEDITAÇÃO GUIADA SOBRE A IMPERMANÊNCIA

- ▶ Sente-se em uma postura relaxada com as costas retas.
- ▶ Seus olhos podem estar abertos ou fechados.
- ▶ Por um minuto, repouse na consciência plena aberta.

► Agora escolha um objeto que o convide a contemplar a impermanência. Você pode escolher seu próprio corpo ou de outra pessoa, ou um animal de estimação, uma casa ou uma árvore.

► Ao examinar esse objeto, considere o quanto ele já mudou desde sua criação. Investigue como ele muda de momento para momento.

► Se você escolheu contemplar sua própria impermanência, considere fazer essas perguntas:

Os anos da minha vida não estão passando?
As coisas não estão mudando de momento a momento?
Alguém já viveu para sempre?
Não é provável que a morte venha sem aviso prévio?

► Se você se distrair, faça uma pausa e depois continue.

► De vez em quando, relaxe a contemplação e repouse na consciência plena aberta.

► Experimente fazer isso por cinco a dez minutos.

► Termine repousando na consciência plena aberta.

Ao meditar sobre sua morte, a de seus pais ou a de um ente querido que tenha uma doença terminal, é muito fácil se perder na história. Continue voltando para a consciência plena. Lembre-se, o reconhecimento da consciência plena define a diferença entre consciência plena meditativa e consciência normal. Se você se deixar levar pela história, não tem problema, mas tente trazer sua mente de volta à consciência plena. Se as repetidas tentativas de meditar em sua própria morte ou a morte de um ente querido provocam grande dificuldade emocional, então pare. É muito importante escolher algo viável.

Em outro tipo de meditação na impermanência sutil é possível usar a respiração. Traga sua consciência para a sensação de seu abdômen subindo e descendo, expandindo e contraindo. Quando a consciência plena se estabilizar nesse movimento, considere que a cada subida e descida, você está a uma respiração mais próximo da morte. Com cada respiração, tudo em seu corpo está mudando – seus olhos, ouvidos, músculos e tendões, tudo. Essa é a impermanência sutil.

Quando desenvolver familiaridade com a prática da impermanência sutil de seu corpo, seja por meio do coração ou da respiração, tente trabalhar com a mudança das sensações do calor para o frio, do prazer para a dor ou o desconforto. Fique atento às sensações e sentimentos mudando o tempo todo. Você pode sentir a sensação do ar entrando pelas narinas e como ela difere da sensação da saída do ar.

Se meditar sobre sua própria morte provoca medo ou ansiedade inviáveis, considere usar esse medo e essa ansiedade para investigar o medo de morrer e por que é tão difícil aceitar a morte; talvez você queira pensar sobre outra pessoa morrendo. Geralmente o medo advém da ganância, e o medo da morte é bastante natural. O objetivo é não se livrar do medo, mas usar a sensação para dar suporte à sua prática de consciência plena. Se conseguir estabilizar uma consciência da sensação, então poderá descobrir uma diminuição no próprio medo.

Relembrar uma história ou situação também pode produzir o medo, mas para tornar a prática eficaz, você precisa se separar da história. Se puder dar um passo atrás e se separar da história, a identificação com o medo poderá ser quebrada e a intensidade da sensação diminuirá. Você também pode alternar entre praticar a consciência plena meditativa e "pensar sobre" a impermanência e o medo da morte.

A morte de meu pai

Muitos ocidentais pensam que o medo, inevitavelmente, acompanha a morte. Com a morte de meu pai, vi que o medo nem sempre acompanha a morte.

Durante muitos anos, meu pai sofria de diabetes. Quando estava próximo do fim, Tsoknyi Rinpoche e eu estávamos com ele no Nagi Gompa. Um dia, sem uma mudança visível de sua condição física, ele começou a agradecer a todos os que haviam ajudado a cuidar dele: algumas monjas que também eram enfermeiras treinadas, o médico que o visitava regularmente, o cozinheiro e assim por diante. Meu irmão e eu olhamos um para o outro e encolhemos os ombros como se disséssemos: "O que está acontecendo?" Não fazíamos ideia de por que ele estava agradecendo a todos.

Na manhã seguinte, ele precisou fazer algum esforço para se levantar e urinar. Quando voltou para a cama, sentou-se na postura de meditação. Nós dissemos: "Você está cansado, seria bom deitar para descansar."

"Não," disse ele sorrindo, parecendo muito confortável.

Então, sua respiração começou a diminuir de velocidade. Uma monja achou que ele estava sem oxigênio e administrou medicamentos por meio de um inalador, mas a respiração continuava a diminuir, com exalações mais longas e inalações mais curtas, até que parou. Seu rosto estava muito relaxado, com uma qualidade iridescente, como uma pérola tingida de vermelho. A atmosfera no quarto tornou-se muito pacífica. Seu corpo permaneceu na postura de meditação por três dias e depois, muito lentamente, começou a se inclinar para a direita até cair de lado.

Meu pai costumava dizer: "Para o iogue, a doença é um prazer e a morte é uma boa notícia." A boa notícia é que morrer oferece a melhor oportunidade para a iluminação. Quando o corpo físico perde energia, quando os órgãos se fecham, os fluidos secam e a respiração diminui, nossa natureza búdica se torna mais proeminente. A falência natural do sistema sensorial, sem nenhum esforço, revela consciência plena pura. Fixações, conceitos e dualidades que sustentaram nossas ilusões desaparecem – mesmo para aqueles que nunca meditaram. O que resta é uma forma muito básica de ignorância – a incapacidade de reconhecer a natureza de nossa consciência plena. No entanto, com a dissolução do corpo, a diferença entre a mente da ignorância e a mente da sabedoria torna-se muito, muito estreita. A desintegração natural do corpo intensifica a oportunidade de a mente reconhecer a pureza fundamental de sua verdadeira natureza.

Quando a respiração cessa, a consciência plena pura se manifesta com intensa clareza, porque os aspectos mais grosseiros da consciência – como palavras, conceitos e percepções sensoriais – não estão mais presentes. Mas, muitas vezes, esse lampejo de consciência plena pura não é reconhecido. Esse vislumbre da verdadeira natureza da mente pode durar apenas alguns instantes. A maioria das pessoas perderá essa oportunidade por completo, mas aqueles que já reconheceram a verdadeira natureza da mente podem ter uma experiência muito clara da natureza búdica. Podem até ser capazes de repousar nesse estado de reconhecimento por vários dias, o que permite que o processo de purificação e realização continue. Isso significa que a morte permite a consumação da completa iluminação. Enquanto permanecemos vivos, mesmo as pessoas que atingiram um nível muito alto de realização podem ter algum vestígio de conceitos, um leve vestígio da mente apegada. O processo de dissolução física permite que a mente seja totalmente purificada desses vestígios. Nesse sentido, meu pai tornou-se completamente iluminado depois de sentar-se em meditação na morte durante três dias.

Quando a doença não é um prazer

Vamos supor que, nessa fase de nossa jornada, a doença não estimula o prazer e a morte não é uma ótima notícia. Ainda assim, não precisamos ceder às estratégias convencionais de evasão. Algumas pessoas temem a morte de tal maneira que se tornam deprimidas ou abatidas. Para um praticante do Dharma, o medo da morte pode ser a fonte de energia dinâmica. Podemos realmente usar esse medo para nos tornarmos mais vivos e abertos ao momento presente, definindo nosso rumo em direção à liberação.

Se você achar que o medo prevalece em suas experiências com a meditação sobre a morte, tente outra abordagem. Selecione uma atividade que lhe traga algum medo, de preferência algo que você realmente faz como andar a cavalo ou escalar; ou escolha uma atividade social, como falar em público ou organizar um evento. Escolha qualquer atividade que o torne tenso, que deixe suas mãos úmidas ou sua boca seca. Deixe que a situação dê suporte à sua meditação. Traga sua atenção para as sensações em seu corpo. Você está plenamente consciente das sensações do medo, mas a consciência plena, em si, o liberta de ser controlado pelo medo ou oprimido por ele. Agora, o que você sente? Talvez uma sensação de alegria preencha seu corpo, resultado da prática de usar o medo e trabalhar com ele, sem fugir ou se sentir escravizado por ele.

O benefício fundamental da meditação da impermanência é aceitar a realidade de nosso tempo limitado nesse precioso corpo humano, usando essa aceitação para despertar nossas sinceras aspirações de nos afastarmos do samsara e seguirmos em direção ao despertar. É muito bom podermos investigar a impermanência através da meditação sobre a morte e o morrer. Também é bom começar com fenômenos que são menos assoberbantes do que nossa própria existência. De qualquer forma, nossa meditação deve nos tornar completamente à vontade com a inevitabilidade da mudança, mesmo quando estamos morrendo.

Uma vez visitei Cape Breton no norte da Nova Escócia, onde o clima marítimo é muito variável: sol, chuva, neblina, sol, arco-íris, nuvens, chuva novamente, tudo em um dia. Os locais dizem: "Se você não gostar do tempo aqui, espere alguns minutos." Podemos dizer o mesmo sobre nossa mente ou nosso estado de humor: "Se você não gostar de seu humor, espere um minuto." Ele vai mudar – se deixarmos. Ele não está atracado em seu interior. Se pararmos de nos agarrar a ele, ele passará com um sopro, como uma nuvem passando pelo sol – mas temos que deixá-lo ir. Quanto às mudanças em nosso corpo, não temos escolha. Porém podemos investigar se agarrar-se e fixar-se ao corpo como se ele não mudasse cria angústia.

Quando começamos a aceitar que a mudança expressa a natureza inevitável da realidade relativa, podemos começar a fechar a lacuna entre o que queremos e o que obtemos. Estamos domando a mente que está se debatendo nos ventos do desejo e da ilusão. Quando combinamos a contemplação sobre a impermanência com a meditação, nossa mente pode desenvolver estabilidade e não ficar indo e vindo com cada pequena circunstância. Nesse processo, grande parte da energia que perdemos para a agitação e a insatisfação podem ser aproveitadas para desenvolver sabedoria e compaixão duradouras, tanto para nós quanto para os outros. Estamos nos afastando dos prazeres imediatos das atrações samsáricas e voltando-nos para o caminho de longo alcance da liberação.

Impermanência: a verdade relativa

Por que dizemos que a impermanência é a natureza da realidade "relativa"? Examinamos as maneiras pelas quais as coisas que parecem ser permanentes não o são: árvores, mesas, nosso corpo e coisas assim. Comparada com essa percepção errônea, a impermanência é definitivamente uma visão mais "real." Mas é apenas mais real segundo a realidade relativa, porque a verdade da impermanência não é a verdade suprema.

Como já observamos, a impermanência está ligada a um sentido convencional de passado, presente e futuro. No entanto, o tempo em si é relativo. Se eu disser: "Ontem fui ao zoológico," essa afirmação só existe no presente. Se eu disser: "Amanhã irei ao zoológico," isso também só existe no presente. O passado já se foi. O futuro ainda não chegou. A divisão do tempo em segundos, horas, dias, meses e anos é simplesmente uma questão de convenção.

Quando dizemos: "Esse corpo é impermanente, essa mesa, essa árvore e todo o nosso sistema de mundo são impermanentes," estamos atribuindo a todos esses fenômenos uma existência separada e independente. "Eu vou morrer" pressupõe que "eu" sou uma entidade independente que ganhou vida em uma dada concepção ou tempo de nascimento, e que "minha" existência inerente e substancial terminará quando "eu" deixar de respirar. Confrontar nossa própria impermanência dessa maneira é certamente útil. Sem dúvida pode estimular nosso compromisso com o Dharma, renunciando às seduções do samsara.

Aceitar a impermanência de todos os fenômenos é o melhor antídoto para o sofrimento. Isso, com certeza, está mais alinhado com a natureza autêntica da realidade. Mas a visão permanece influenciada pela percepção convencional, porque atribui a todos os fenômenos uma falsa sensação de existência inerente e independente, que tem um determinado início e fim.

Entretanto, as origens das situações não são tão óbvias. O que faz a água do rio correr? O que faz o rio secar ou uma mulher ter uma reação exagerada diante de um vestido estragado? Qual é a verdadeira origem de minha própria existência? Quais são as causas e condições? Na próxima seção examinaremos o carma, a lei de causa e efeito. O carma também está sujeito a um sentido convencional e relativo de passado, presente e futuro. Quando combinamos impermanência e carma, desmontamos ainda mais nosso tão estimado conceito de um "eu" individualizado. O conceito de "eu" construído em um tempo e lugar específicos, e que sustentará um "eu" inerente e individualizado, pode não fazer tanto sentido como antes.

Além disso, é esse "eu" individualizado e independente que atribui as mesmas qualidades a outros fenômenos. "Eu" com a minha "eudade" inerente experiencio o meu carro como se ele também fosse um carro inerente, uma identidade fixa independente de causas e condições. Mas ele não é. À medida que as fixações da falsa sensação de "eu" se dissolvem, os objetos à nossa volta também começam a perder sua aparente solidez. Por exemplo, uma fotografia de família pode mostrar pessoas sólidas sentadas em cadeiras sólidas com árvores substanciais atrás delas. Se ampliarmos a imagem no computador, obteremos uma versão em pixels dessa foto. Se continuarmos a ampliar a imagem, cada pequeno fragmento da forma fica permeada de espaço, a ponto de as formas familiares se tornarem irreconhecíveis.

Se fizermos essa experiência, poderemos sentir, por nós mesmos, que a transformação da forma se abrindo em espaço, em vacuidade – em abertura propriamente dita – é exatamente como a realidade funciona. Por exemplo, se desmontarmos uma mesa, uma árvore, um computador, um carro ou um corpo humano, a forma perde sua solidez. Se voltarmos a montar as partes, recriamos a forma. O que inicialmente parece ser sólido e estável é, na verdade, apenas uma coleção de átomos colidindo, e esses átomos são, em si mesmos, basicamente espaço. Quanto mais olhamos, menos encontramos. A mutabilidade da forma – independentemente se estamos construindo ou desconstruindo – não poderia existir sem a realidade da vacuidade. A vacuidade permite todas as possibilidades. Não rescinde nem aniquila a forma. Ela não é o nada. Ampliar a imagem no computador não destrói a imagem, mas nos permite vê-la de uma maneira diferente. E, se reduzimos o tamanho, recriamos a escala original.

O *Sutra do Coração* diz: "Forma não é diferente de vacuidade, e vacuidade não é diferente de forma." Não podemos realmente conhecer uma sem a outra. A fim de entender o mundo relativo da forma, devemos entender o mundo absoluto da vacuidade. Por exemplo, em nossa confusão samsárica continuamos a identificar formas que são impermanentes como permanentes, fixas e duradouras. Nós nos apegamos à família, ao lar, à reputação, o tempo todo deixando de ver que se apegar ao que certamente irá se dissolver cria sofrimento. Na prática do ngondro, retornamos repetidas vezes à forma e à vacuidade a fim de investigar as maneiras pelas quais criamos sofrimento. A decadência de nosso corpo, o crescimento da semente em grão, a transição da primavera para o verão, todos confirmam a impermanência. Mas é a vacuidade que permite que toda essa mudança aconteça. Sem a realidade absoluta da vacuidade, as formas permaneceriam estáticas, imutáveis. Mas elas não são.

Quando meditamos sobre a impermanência, podemos ficar tristes ou até deprimidos. Por estar associada ao tempo relativo e ao fim das coisas, a meditação sobre a impermanência pode levar à melancolia. Em um primeiro momento, podemos reagir à verdade de nosso precioso corpo impermanente agarrando-nos a ele com mais força ainda. Quando compreendemos a grande lacuna existente entre o que queremos e como as coisas realmente funcionam, podemos nos sentir resignados a aceitar relutantemente que tudo – incluindo nosso próprio corpo e os nossos entes queridos – muda, se dissolve e morre.

Mas a impermanência não é apenas definida por decadência, decomposição e desintegração. A impermanência nos permite acessar os diamantes e ver mais do que apenas a lama. Nosso sentido neurótico, limitado e confuso de "eu" não está atracado dentro de nós. Nossos padrões de autodepreciação, ganância, raiva e angústia também são impermanentes. Por causa da impermanência, podemos mudar – se quisermos. Mas não temos todo o tempo do mundo. Quando o reconhecimento da impermanência nos faz aceitar a morte certa de nosso corpo, então, realmente, fazemos a aspiração de aproveitar ao máximo a nossa vida. A verdade da impermanência torna-se o vento a nosso favor, estimulando-nos a não desperdiçar a preciosa oportunidade de que dispomos nesse exato momento.

6

O Terceiro Pensamento que Transforma a Mente

Carma

Ouvi meu pai falar sobre carma muitas vezes. Porém, quando comecei meus estudos do ngondro em Sherab Ling, sentia-me bastante ansioso em relação à distância que havia entre o que eu achava que deveria saber sobre carma e o que de fato sabia. Então, antes de nossos estudos chegarem ao terceiro pensamento, fui procurar Saljay Rinpoche. Solenemente sério, disse a ele: "Sabe, eu realmente não entendo o significado de carma." Saljay Rinpoche caiu na gargalhada. Eu tinha apenas treze anos e mesmo os alunos mais velhos tropeçam nesse conceito, embora a lógica básica não seja difícil. Essencialmente, essa é a lei de causa e efeito, ou a lei da interdependência.

Quando parou de rir, Saljay Rinpoche apresentou uma maneira clássica de introduzir os jovens monges ao carma, perguntando: "Você já plantou alguma coisa?"

Lembrei-me de como gostava de caminhar pelos campos de Nubri com minha mãe e minha avó, especialmente quando me davam um copo cheio de sementes. Então, Saljay Rinpoche perguntou quais condições eram necessárias para que as sementes crescessem. "O solo," disse-lhe, "além da luz do sol, de um bom tempo, chuva e capinar as ervas daninhas."

Ele disse: "É assim que a interdependência funciona. Você precisa de tempo, bem como da ausência de obstáculos, como tempestades e secas, e também dos animais que comem sementes, como aves ou veados. Precisa de todas as condições necessárias. Menos sol do que o normal tornará seu grão mirrado. Muita chuva levará embora as sementes. Se as causas ou condições mudarem, o resultado mudará. Mas, com certo conjunto de causas e condições, nada pode mudar o resultado. Se você plantar a semente de um grão, nunca nascerá uma batata ou uma rosa."

Saljay Rinpoche me contou que, quando era um jovem monge, tinha um amigo do Dharma que foi fazer uma peregrinação. No Tibete essas viagens em geral demandavam semanas de caminhada com mochilas pesadas e noites dormidas em cavernas solitárias. Viajando do Tibete oriental até Lhasa, seu amigo atravessava uma montanha bem alta envolta em neve quando parou para preparar a refeição do meio-dia. Colocou a mochila no chão e saiu para procurar três pedras. Trouxe as pedras, fez um pequeno círculo com elas e saiu novamente para catar gravetos. Colocou os gravetos entre as pedras e pegou uma panelinha para derreter a neve e fazer seu chá. Como não conseguiu fazer o fogo com a pederneira, voltou para procurar grama seca nas fendas das rochas. Finalmente, conseguir atear o fogo. Derreteu a neve para fazer o chá e o bebeu com farinha de cevada.

Em seguida, sentou-se encostado em uma pedra para relaxar. Para qualquer direção que olhasse, viu tantas pegadas que a princípio ficou quase alarmado. Daí percebeu que todas eram suas. Ficou um longo tempo observando todas aquelas pegadas e pensou quantas causas e condições eram necessárias para fazer uma xícara de chá. E como cada aspecto era interdependente com o outro – a neve, a panela, a madeira, a grama e as pedras.

Por que é tão importante entender a interdependência? Com o primeiro pensamento, desenvolvemos confiança em nossa capacidade de autoconhecimento ao reconhecermos que já temos tudo o que precisamos. Porém, conforme aprendemos com o segundo pensamento, essa oportunidade é fugaz, e isso nos inspira a usar melhor o tempo que temos. Para que isso aconteça, compreender o carma, a lei de causa e efeito, é fundamental. Assim como nosso nascimento humano proporciona o potencial para despertar, nossas atividades diárias, a cada momento, contêm o mesmo potencial.

A vida diária é uma sequência de atividades de causa e efeito. É assim que o mundo funciona. Para fazer chá, primeiro fervemos a água. Para acender a luz, primeiro apertamos o interruptor. O conceito de carma entra quando adicionamos intenção ética à causa e efeito: a atividade virtuosa gera uma experiência positiva e a atividade não virtuosa gera experiência negativa. Ao estendermos nossas investigações de causa e efeito à intenção, motivação, impulsos, estímulos e assim por diante, podemos então reconhecer que essa mesma interação entre causa e efeito condiciona nossa mente e molda nossa experiência. Se quisermos ser felizes, devemos descobrir quais causas e condições levam ao bem-estar. Da mesma forma, se não temos uma compreensão clara das condições que criam sofrimento, como seria possível nos livrarmos dele?

As consequências do comportamento

Falamos de dez atividades não virtuosas associadas ao corpo, fala e mente. Matar, roubar e ter má conduta sexual são as três atividades não virtuosas do corpo. Os quatro tipos de fala não virtuosos são mentir, semear discórdia, usar palavras ríspidas e fazer fofocas. As três atividades não virtuosas da mente são a incapacidade de se alegrar com a felicidade ou o sucesso dos outros, ou quando a felicidade dos outros se torna a causa de nosso próprio sofrimento; o segundo é o desejo de que aconteça alguma coisa de mal e de sofrimento aos outros; o terceiro é a visão errônea, tal como desconsiderar a lei de causa e efeito ou desprezar outros importantes princípios budistas.

Temos dez atividades virtuosas que são o oposto dessas: usar o corpo para realizar atos de generosidade, incluindo ajudar ou proteger outros; praticar uma fala agradável que promova a equanimidade e a harmonia; adotar pontos de vista que favoreçam o bem-estar dos outros e assim por diante. No entanto, algumas atividades não são preto no branco, razão pela qual Saljay Rinpoche costumava enfatizar a importância da intenção. Digamos que prejudicamos alguém não por raiva, rancor, vingança ou outros motivos pessoais, mas sim para proteger os outros. Um policial pode atirar em uma pessoa para proteger cinquenta reféns. O motivo é proteger vidas; causar dano é o método. Qual é o carma da situação? Não podemos negar a boa intenção. Ao mesmo tempo, a boa intenção não pode apagar o passado e começar do zero em termos do carma negativo.

Relatos da história budista mostram que prejudicar uma pessoa, mesmo para salvar cinquenta vidas, ainda promoverá uma experiência de sofrimento. Mas se uma ação é bem intencionada, o efeito cármico é muito diferente de um ato de agressão motivado pela intenção de prejudicar. Além disso, a mente de alguém que involuntariamente causa danos para ajudar os outros não se condiciona para futuras agressões. A intenção e a motivação devem ser investigadas com muito cuidado.

Além disso, a intenção pode transformar as atividades neutras em positivas. Dormir é um exemplo de atividade neutra. Esperamos ter uma boa noite de descanso e, em geral, não temos nenhuma outra aspiração. Mas poderíamos. Já falamos de *bodhichitta* – a mente da iluminação. Quando vamos para a cama à noite com a mente da *bodhichitta*, fazemos a aspiração de que nosso sono seja a causa de uma maior capacidade de ajudar todos os seres a alcançarem a iluminação. Quando aplicamos *bodhichitta* à causa e efeito, cada momento oferece uma oportunidade para nos afastarmos do samsara e seguirmos em direção ao despertar. Tendo nos comprometido a libertar a nós e aos outros da confusão samsárica, devemos estar atentos às implicações morais de nosso comportamento. A vida comum passa a ser preenchida com opções de escolhas morais e devemos assumir a responsabilidade pelas escolhas que fazemos.

Condições cármicas

Sabemos plantar uma semente e sabemos que as causas e as condições afetarão o resultado. No entanto, não conseguimos explicar uma tempestade de gelo que arruína nossas colheitas, ou por que uma lagosta fica presa na armadilha dos pescadores enquanto outra sai livre. Por que alguns tibetanos conseguiram chegar ao Himalaia e outros não? Nyoshul Khen Rinpoche fugiu do Tibete em 1959 com um grupo de setenta pessoas. Uma noite, enquanto cruzavam as montanhas, soldados chineses abriram fogo atirando para todo lado. Na manhã seguinte, apenas cinco tibetanos estavam vivos. Khen Rinpoche e outros quatro continuaram sua jornada a pé pelos mais elevados desfiladeiros do Himalaia em direção à Índia.

Milhares de histórias humanas nos parecem extraordinárias, precisamente porque não podemos explicá-las. Tenho um amigo em Los Angeles cujo pai veio de uma família judaica em Berlim. Quando os nazistas começaram sua campanha para exterminar os judeus, o pai de meu amigo implorou à sua família que deixassem a Alemanha, mas eles disseram: "Não se preocupe, ficaremos bem." Noite após noite ele discutia com seus pais, irmãos e irmãs, dizendo: "Podemos sair todos juntos, agora." Finalmente, ele partiu sozinho.

Após a guerra, ele soube que seus pais, irmãos e irmãs haviam sido mortos em campos de concentração. Pelo resto da vida tentou entender o que aconteceu. Construiu uma boa vida com sua família e amigos, mas sua filha me disse: "O que mais me lembro de meu pai era de sua perplexidade. Ele não expressava raiva. Mas, durante toda a vida, tentou entender por que estava vivo e seus irmãos não."

Sem entendermos o carma, avaliamos a situação atual somente em termos do que sabemos sobre as ações nessa vida. Mas, tal como mencionamos, todas as causas e condições necessárias para cultivar uma semente, cada resultado – cada momento presente – também tem muitas causas e condições. Se não considerarmos isso, estaremos sempre tentando entender nossa vida a partir da visão mais estreita. Não vemos todas as possibilidades, o que não significa que nos lembramos das nossas vidas passadas, ou que nos lembramos de detalhes que explicam a situação atual. Não funciona assim. No entanto, se investigarmos o carma e a dinâmica de causa e efeito, aceitaremos o fato de que dezenas de causas e condições são responsáveis pelo presente, mesmo que não possamos nomeá-las.

Como geralmente não conseguem relembrar suas vidas passadas, as pessoas acham difícil aplicar o carma ao presente. É por isso que, por enquanto, é bom simplesmente investigar como causa e efeito funcionam.

E, assim, poderemos aplicar isso ao futuro, pois o futuro é a próxima hora ou o próximo dia. Quando nos familiarizamos com o funcionamento de causa e efeito durante essa vida, poderemos considerar como isso se aplica além dessa vida.

Muitas pessoas pensam que suas vidas são como motores que precisam de combustível. Quando o combustível acaba, morremos. No entanto, quando reconhecemos o mecanismo onipresente do carma, entendemos que a morte não é um desaparecimento final e completo. Esse corpo chega ao fim, mas a continuidade da mente seguirá para outra existência. A mente não é uma entidade estática que nunca muda. Na verdade, ela está mudando o tempo todo. Cada momento de consciência atua como a principal condição para o próximo. A continuidade da mente tem um relacionamento íntimo com o corpo, mas não depende inteiramente do corpo e não desaparece por completo quando o corpo morre. Assim como a lei da física afirma que a quantidade de energia em um dado sistema não muda, apenas altera a sua forma, o fluxo da consciência em constante mudança nunca cessa, embora possa habitar diferentes corpos físicos.

16. Mingyur Rinpoche em seus aposentos em Sherab Ling, 2004.

Toda ação tem uma causa e um resultado – sem exceção. Morrer é uma atividade e também tem causas, condições e resultados. Dessa forma, não é diferente de qualquer atividade que possamos examinar, como plantar uma semente. O que contribui para a próxima forma que nossa mente terá? As atividades atuais de nosso corpo, fala e mente direcionam a forma que tomaremos no futuro. Os resultados nunca aparecem sem causas e condições.

A questão importante sobre o carma é compreender as causas e as condições em termos da mente, não apenas em termos das circunstâncias externas. Uma vez que identificamos nossa busca de descoberta da verdadeira natureza da mente, devemos identificar as causas e condições que sustentam essa busca. Que atividades inclinam a mente para o despertar? Que atividades impedem nossa busca? A lei do carma existe quer a entendamos ou não. Com o entendimento, no entanto, podemos cultivar conscientemente as condições que melhor sustentem a nossa determinação de despertar.

Usando a dúvida

O conceito de reencarnação representa um obstáculo para muitas pessoas. Você não precisa aceitar a reencarnação para iniciar essas práticas. Com o tempo, poderá ver as coisas de forma diferente, mas não deve permitir que a dúvida o detenha.

O Buda encorajou seus discípulos a usarem a dúvida para revigorar as investigações de seus ensinamentos. Certa vez, na Índia antiga, o povo Kalama disse ao Buda que tantos professores passavam por lá e apresentavam tantos pontos de vista diferentes que eles não sabiam em quem ou no que acreditar, ou como discernir as verdades das falsidades. O Buda disse a eles: "Faz todo o sentido que vocês estejam perplexos diante de tantos pontos de vista diferentes." Ele não disse: "Eu sou o melhor e vocês devem me seguir." Ao confirmar que a incerteza deles era sensata, disse-lhes para não confiarem em tradições, lendas, relatos ou conjecturas, mas para experimentarem e aprenderem por si mesmos, analisando quais ações eram hábeis e benéficas e quais eram inábeis e prejudiciais. O discernimento virá com a consciência plena.

O Buda disse a seus seguidores que tratassem seus ensinamentos tal como "o sábio avalia o ouro." Não estimamos o valor do ouro sem examiná-lo primeiro. "Assim como vocês avaliam o ouro... queimando, cortando e esfregando em uma pedra-de-toque, vocês também devem aceitar minhas palavras depois de examiná-las e não simplesmente em respeito a mim."

Carma e responsabilidade

A constante conscientização de nossas ações pode não revelar ou explicar a longa história cármica de qualquer evento. Surgem situações que não podemos explicar. No entanto, se nossas investigações confirmam que causa e efeito explicam tantos aspectos da vida diária, faz sentido estender essa mesma dinâmica ao que não podemos ver, examinar e nem explicar. Tudo o que existe é o resultado de causa e efeito, incluindo você e eu.

Entretanto, não podemos tomar causa e efeito tão ao pé da letra. Digamos que todos os dias rezamos para ganhar na loteria, mas nunca compramos um bilhete: um caso simples de causa e não efeito! Brincadeiras à parte, digamos que ganhamos na loteria. Em geral, ganhar é considerado um resultado raro e positivo. Não sabemos a causa desse resultado – ou seja, qual é a causa além da compra do bilhete, já que milhões de pessoas compram bilhetes e alguns poucos ganham. No entanto, aceitamos o efeito (ganhar) sem precisar entender completamente a causa (por que nosso bilhete foi escolhido e não o de outra pessoa). Aqui é onde o conceito de carma se torna difícil: exige que aceitemos a responsabilidade por resultados que não podemos explicar. Não conhecemos a causa, mas ainda assumimos a responsabilidade pelo efeito. Certamente isso é mais fácil de aceitar quando o efeito é positivo.

Imagine que nos envolvemos em uma batida de carro. Uma reação seria a de querer identificar imediatamente quem é o culpado. Talvez o outro motorista não tenha sinalizado adequadamente, ou talvez nosso carro tenha funcionado mal. Talvez possamos processar o fabricante do automóvel. Poderíamos perguntar: "Quem é responsável?" Isso, na verdade, pode querer dizer, "Quem é o culpado? De quem é a falha?"

Na visão budista do carma, mesmo se a polícia rodoviária identificar que não tivemos culpa, ainda aceitamos que essa experiência negativa resulta do carma negativo. O fato de a polícia verificar que não causamos esse acidente não significa que somos participantes neutros. Nunca saberemos por que razão certas coisas acontecem. Mas isso não invalida ou descarta as conexões interdependentes que estão atuando. Se partirmos do princípio que não saber algo significa que, portanto, tal coisa não existe, caímos no niilismo. Por exemplo, vamos dizer que pensamos: "Não sei por que me envolvi nesse acidente de carro, pois isso não tem nada a ver com meu passado ou futuro, e fim da história." Essa maneira de pensar reflete uma visão muito limitada, subjetiva.

Carma não é destino

Carma não é destino. Não é sina. Tornou-se popular constatar que "Esse é meu carma," de modo a sugerir que "Não há nada que eu possa fazer sobre isso." Esse é um completo mal-entendido. Nascemos com impulsos e inclinações, gostos e características. Isso é óbvio. No entanto, nossos impulsos agressivos não levam necessariamente ao assassinato. Nosso instinto de bondade não leva obrigatoriamente a uma compaixão ilimitada. A maturação de qualquer instinto, como a de uma semente, depende de circunstâncias e condições. Contudo, continua sendo nossa responsabilidade aproveitar ao máximo o que temos e aquilo com que nascemos, tomando as rédeas e direcionando nossas atividades.

O carma contribui para as situações cotidianas em que nos encontramos. Contribui para nosso contexto familiar, o tipo de trabalho que fazemos e nossas circunstâncias financeiras. Ele molda nossos anseios e comportamentos. Aumenta e diminui possibilidades. Carma não é uma prisão perpétua, mas é mais uma predileção com a qual podemos trabalhar – e mudar. O carma não é imutável.

Com a prática de shamatha, aprendemos a detectar os impulsos em seus estágios iniciais. Podemos ver um impulso em direção à raiva antes de explodirmos como um vulcão. Se não reconhecemos esse impulso, a repetição de explosões raivosas fortalece a tendência à raiva e cria sua própria energia cármica, sua própria propensão para a recorrência. O reconhecimento nos permite interromper a identificação habitual que temos com esse impulso e, assim, nos separarmos dele. Também podemos aprender a cultivar nosso impulso de bondade para que ele permeie todo o nosso ser tanto para nosso benefício como para o dos outros. Nossa humanidade proporciona a escolha entre positivo e negativo. Nosso carma pode mudar o equilíbrio de uma maneira ou de outra. Mas as escolhas que fazemos são nossa responsabilidade e condicionam nosso futuro.

Não podemos direcionar nem controlar todos os aspectos de nossa vida. Atividades virtuosas não nos protegem, necessariamente, dos obstáculos. Do ponto de vista de causa e efeito, ao longo de muitas vidas, isso é explicado pelos efeitos negativos das ações passadas que, em alguns casos, são muito fortes para se dissiparem em uma vida, não importa o que façamos. E, dentro de uma vida, parece que coisas boas acontecem a pessoas que se envolvem em atos negativos. Isso pode parecer "injusto" se a avaliação se reduzir ao período de uma vida. Mas usar as atividades das quais nos lembramos dessa vida para explicar totalmente o carma de qualquer evento é como tentar fazer uma casa caber dentro de um sapato. Isso não vai acontecer.

Quando examinamos a lei de causa e efeito dentro do que é conhecido, torna-se mais fácil aceitar a dinâmica do carma, quer a vejamos ou não. O fato de que não podemos ver, ouvir ou tocar o carma não prova que a lei foi cancelada e esteja desativada. Não é como o elevador que para de funcionar quando a energia acaba. É mais como o campo elétrico na atmosfera terrestre, que permanece em atividade contínua, independentemente se temos ou não energia.

Ninguém vive sem obstáculos. Mas isso não é uma desculpa para um comportamento descuidado. Por exemplo, vendo que todos vivenciam algum grau de sofrimento, podemos pensar: "Que diferença faz como eu me comporto? Terei problemas, não importa o que eu faça." Mesmo que não entendamos que aspectos dessa vida podem ser influenciados por um passado incompreensível, podemos ter em mente que nossas ações de hoje afetarão nossa vida amanhã. Se olhar para trás trouxer muita resistência, então olhe para frente. Olhe para o futuro. O futuro não é um local de destino, nem um caminho arbitrário que descobrimos por acaso. Criamos o futuro agora. Em vez de tentar compreender as causas passadas por seus efeitos presentes, assuma a responsabilidade pelos efeitos futuros. Dessa forma, nós nos tornamos nossos próprios protetores. Nosso comportamento – nosso modo de nos relacionarmos com o mundo que nos rodeia mesmo em situações muito difíceis – torna-se o meio mais confiável de proteger nossa mente da ansiedade e da insatisfação. Fique com isso. Com mais prática, será possível ver o todo.

Causa e efeito imediato

Tente investigar causa e efeito em termos de coisas que são fáceis de entender. Por exemplo, como nos preparamos para o próximo dia? Talvez tenhamos um compromisso de meditar todas as manhãs por dez minutos ou por uma hora. No entanto, podemos acordar tarde, ou nosso chefe insiste em fazer uma reunião no café da manhã ou o encanador bate na porta. Saímos correndo sem os benefícios da meditação. Além disso, nossa mente fica perturbada porque não cumprimos nosso compromisso de praticar. Isso leva a um aborrecimento, talvez até a uma raivosa autorrecriminação: "Qual é o problema comigo? Eu sou um idiota. É claro que eu poderia ter acordado mais cedo." Agora habitamos em uma nuvem de preocupação e raiva. Com esse estado de espírito, as chances de não ver o bloco de gelo no caminho ou ouvir o caminhão vindo por trás aumentam consideravelmente.

Então, observe esse tipo de causa e efeito. A mente desequilibrada porque o controle remoto está fora de lugar é uma mente ainda mais condicionada à agitação, com maior potencial para criar mais sofrimento para si e para os outros. Imagine uma briga de família na mesa do café da manhã, entre os pais ou entre os pais e os filhos: palavrões e acusações voam pelo ar e todos saem da casa sem nada resolvido. Imagine como essa desarmonia influencia o resto da manhã. E depois imagine todos os possíveis resultados causados por tanta negatividade. O que acontece no caminho do trabalho? O que acontece com o filho na escola? Trabalhe agora com esse tipo de causa e efeito imediato. Traga sua atenção até mesmo para os tipos mais sutis de perturbação e as maneiras pelas quais afetam a próxima atividade.

Um dos benefícios desses exemplos imediatos da vida diária é que eles ajudam a desatrelar a mente de pensar nos efeitos cármicos em termos de "coisas" concretas e quantificáveis. Por exemplo, podemos pensar: "É meu bom carma ter essa linda casa, comprar esse belo carro, ter essa grande soma de dinheiro." Ou o contrário. Há uma tendência de colocar as coisas na balança e tentar pesar os efeitos do bem e do mal.

Mas o aspecto mais importante do carma diz respeito ao nosso estado mental. Em algum momento, a despeito de meditarmos ou não, aprendemos que certas atividades perturbam a mente. Quando utilizamos a consciência de causa e efeito, cultivamos o reconhecimento das mudanças sutis no comportamento mental e ficamos mais atentos para perceber como a agitação mental afeta outras atividades. Se não pagamos nossas contas, podemos ter tanto medo que os cobradores liguem ou batam à nossa porta, que ficamos cada vez mais ansiosos a ponto de termos sérios problemas psicológicos. Do mesmo modo, aproveitar a oportunidade de prestar ajuda, mesmo em pequenos gestos, tais como ajudar uma senhora a levantar o carrinho da criança no ônibus, ceder um assento no metrô e até sorrir mais do que o habitual, podem condicionar a mente a gerar mais boa vontade e infundir toda a atmosfera com algum sentido sutil de generosidade.

Eu estava em um táxi com uma amiga na cidade de Nova York e a questionei sobre o custo e a alta gorjeta. Ela explicou que sempre pensa assim: "Se o motorista não fica satisfeito com a gorjeta, se não ganhou dinheiro suficiente para o dia, ele pode ir para casa sentindo-se frustrado e irritado, e gritar com a esposa. Aí a esposa pode ficar chateada e dar uma bofetada no filho, e o filho pode ficar tão irritado que chuta o cachorro. Talvez uma gorjeta alta possa compensar essa reação em cadeia."

Vamos usar a prática de meditação para ver como causa e efeito funcionam. Começaremos com algo que consideramos negativo.

Meditação guiada sobre o carma

- Sente-se em uma postura relaxada com as costas retas.
- Mantenha os olhos abertos ou fechados.
- Repouse na consciência aberta.
- Em seguida, relembre um momento em que você foi dominado pela raiva. Leve um ou dois minutos para lembrar a experiência e o que sentiu na época.
- Pense em como a raiva influenciou seus pensamentos, sentimentos e ações. O que você disse, pensou ou fez, como você foi dominado pela raiva? O que aconteceu depois? Como a raiva e as ações desencadeadas por ela afetaram sua experiência no futuro? Qual foi o efeito imediato? Gerou algum efeito de longo prazo para si mesmo, seus relacionamentos ou circunstâncias ao seu redor?
- Depois de contemplar esta situação por alguns minutos, faça uma pausa por um minuto ou dois e, simplesmente, repouse a mente na consciência aberta.
- Agora volte à contemplação sobre o carma. Desta vez, pense no carma em termos de um sentimento positivo, como a compaixão.
- Lembre-se de um momento em que você se sentiu cheio de amor ou compaixão. Leve um ou dois minutos para lembrar do sentimento.

▶ Tente se conectar com o sentimento de amor ou compaixão que influenciou seus pensamentos, sentimentos e ações. O que você disse, pensou ou fez como resultado desse sentimento? O que aconteceu depois? Como essa sensação e as ações desencadeadas pelo amor ou pela compaixão afetam sua experiência no futuro? Qual foi o efeito imediato? Gerou algum efeito de longo prazo para si mesmo, seus relacionamentos ou circunstâncias ao seu redor?

▶ Experimente isso por cinco a dez minutos.

▶ Conclua repousando na consciência plena aberta.

Mente como processo

Um dos aspectos mais desafiadores em relação ao carma negativo diz respeito à tendência de confundir fazer uma má ação com ser uma má pessoa. Sentir irritação ou mesmo expressar raiva, não nos define, assim como uma nuvem não representa o céu. É difícil assumir a responsabilidade por uma "má" ação se continuarmos a identificá-la como ser uma péssima pessoa. Mas isso acontece muito.

Para investigar isso, vamos examinar o termo *mente*. Em inglês, *mente* sugere algo sólido e fixo. No tibetano, há muitas palavras para a mente, mas a mais comum é *sem*, o que não sugere um objeto. *Sem* refere-se à atividade mental e ao processo de cognição. A própria palavra sugere fluxo, mudança e flexibilidade. Se mantivermos uma visão fixa, rígida e inflexível do processo da mente, um incidente pode ser identificado erroneamente como ilustrativo de uma condição "permanente." Por exemplo, muitas crianças inteligentes se dão mal nas provas da escola e, por isso, se sentem burras para sempre. Para muitos adolescentes, uma paixão não correspondida torna-se prova de sua falha pessoal. Em cada exemplo, uma pequena peça de um imenso quebra-cabeça foi tomada como a imagem toda.

Uma vez que entendemos a mente como processo, podemos observar nossas atividades negativas anteriores sem nos sentir acuados. E se pudermos trazer esse entendimento para o presente, nossa capacidade de permanecer atentos ao nosso comportamento nos ajuda a mudar padrões que consideramos nocivos ou destrutivos, tanto para os outros como para nós mesmos. Um momento mental pode ter consequências de longo prazo em termos de causa e efeito, mas ainda não define quem somos. A fim de concretizarmos completamente nosso potencial humano, devemos nos conectar com a bondade básica da natureza búdica e permitir que ela permeie nosso ser. Mas, se criarmos o hábito de definir todo nosso ser por meio de atos distintos de comportamento negativo, nossa tarefa se torna bastante difícil.

Recompensa e punição

Vamos supor que alguém tropece em uma calçada desnivelada – uma ocorrência bastante comum. Uma reação pode ser: "O que será que eu fiz para causar isso?" Isso não quer dizer que temos de avaliar o quanto as calçadas eram irregulares em nosso passado. O passo em falso pode revelar uma falta de atenção ou distração. Outra pessoa poderia pensar: "Que departamento da cidade é responsável? Vou processá-los." Uma pessoa aceita a responsabilidade pelo que aconteceu, mesmo que não haja nenhuma resposta óbvia. A reação da outra é culpar alguém, se sentir vitimada por forças externas e querer se vingar.

Qual atitude cria mais sofrimento? No primeiro caso, aceitamos a responsabilidade. Isso não é o mesmo que autorrecriminação: "Oh, eu sou tão desajeitado. Que idiota eu sou!" Não é assim. Seja nos responsabilizando ou culpando os outros, de qualquer maneira o "eu" solidifica sua própria importância. Se pensarmos: "Vou encontrar a pessoa responsável por me fazer tropeçar," isso implica que alguém fez algo intencionalmente para nos prejudicar. Essa atitude depende de um sentido fixo de "eu". Mas, com uma aceitação do carma, assumir a responsabilidade torna-se uma ferramenta de aprendizagem, não uma escala para medir recompensa e punição.

No sentido budista de carma, nenhum código culturalmente condicionado define um comportamento correto e errado. Não há nenhuma regra a ser quebrada ou mantida. A lei do carma reconhece que todos os fenômenos são naturalmente interdependentes; todas as atividades têm efeitos positivos, negativos ou neutros. Se a mente do garçom está ocupada com seu falatório interno – várias expressões da fixação ao ego – ele não pode dar toda a atenção aos clientes. Se a mente do meditador estiver perturbada por memórias ou projeções que mantêm a mente agitada, então não pode voltar toda a atenção para a consciência plena. Se a consciência plena se torna nossa maneira de experienciar a verdade, então precisamos da maior clareza possível.

Envolver-se em atividades não virtuosas, obviamente, tem resultados indesejáveis diretos; além disso, as atividades que causam problemas mantêm a mente confusa e embaçam a lente da percepção. A maneira tradicional de descrever um comportamento não virtuoso é o comportamento que causa um resultado indesejável. Parte desse resultado indesejável é como ele afeta as vidas daqueles que podem ser objeto desses comportamentos indesejáveis, e a outra parte é a mente perturbada de quem realizou a ação. Isso, por sua vez, configura as condições para um comportamento futuro não virtuoso e dificulta ainda mais as possibilidades para uma atividade virtuosa.

A questão principal aqui é entender o carma não só em termos de efeitos externos, mas também reconhecer os efeitos sobre a própria mente. A mente é a fonte de nossa liberação. Portanto, não queremos apenas sentir remorso pela nossa má ação, ou pelo que fizemos ou dissemos que machucou o outro. Queremos reconhecer se nosso comportamento, minuto a minuto, está alimentando a mente de clareza ou contribuindo para a ignorância e para a confusão.

Responsabilidade e controle

As pessoas que não possuem um entendimento do carma, muitas vezes, confundem responsabilidade com controle. Por exemplo, tendo um diagnóstico de câncer, podem imaginar que causaram essa doença e são responsáveis por tê-la. Essa ideia pode levá-las a repensar episódios do passado que poderiam explicar a doença; ela tende a vir acompanhada de um pressuposto de que redimir certos incidentes pode levar à cura. Mas, na verdade, nem sempre podemos saber o grande número de causas que podem explicar um efeito, como uma doença que ameaça a vida.

Assumir responsabilidade não significa assumir o controle da situação ou ditar o resultado. Quando tentamos fazer isso, em vez de assumirmos a responsabilidade no sentido da aceitação – mesmo quando as causas permanecem desconhecidas ou incompreensíveis – é como se brincássemos de ser um deus onipotente: "Eu fiz isso acontecer e posso desfazer. Sou responsável por esse câncer, por essa dor nas costas, por este acidente. Eu, eu, eu – o 'eu' deste corpo nesta vida – posso fazer qualquer coisa." Isso confunde responsabilidade com controle e apropriação. Quanto mais nos relacionamos com as coisas, incluindo nosso próprio corpo, em termos de um "eu" que pode manipular e controlar todas as circunstâncias, mais limitada e tensa a mente se torna. Quando não reconhecemos que qualquer atividade ou evento é o resultado de toda uma série de causas e condições, o "eu" pode desenvolver uma elaborada ilusão de si mesmo: "Tudo o que faço depende de minha própria decisão, de minhas visões e conjecturas." Isso nega a inter-relação de todos os fenômenos e individualiza falsamente o "eu".

Quando aplicamos nossas investigações de causa e efeito a todas as atividades, podemos ver rapidamente que cada resultado é devido a tantas causas e condições que "independência" nunca pode ser aplicada com exatidão a nada. A forte identificação com um "eu" limitado, independente e separado, dissolve-se mediante a compreensão das inúmeras causas e condições de nossa existência.

Confundir responsabilidade com apropriação e tentar controlar o resultado deifica o ego, gerando mais sofrimento, porque quando algo dá errado – e é claro que vai dar, porque a vida funciona assim – sentimos vergonha e arrependimento, e pensamos que por causa de nosso julgamento equivocado e de nossas decisões medíocres a culpa é nossa. Agora, certamente, pensamos que somos más pessoas.

Sem entender o carma, tendemos a ver nossa vida em termos de decisões e atividades que podemos identificar e que reforçam o egocentrismo. Os ensinamentos sobre o carma propõem que façamos nosso melhor a cada momento e confiemos nos resultados positivos das ações positivas – resultados que talvez nunca vejamos ou conheçamos. Não nos concentramos no resultado, nem buscamos recompensas externas por nosso bom comportamento. Em vez disso, aproveitamos nossa existência humana para cultivar a mente que aproveita todas as oportunidades para se voltar cada vez mais para a felicidade e para a liberação, tanto a nossa quanto a dos outros. Se pudermos ter uma ideia de como isso funciona hora a hora, dia a dia, então podemos confiar nos benefícios no decorrer de longos períodos de tempo.

Temos oportunidades incríveis na vida diária para definir nossa direção. Inicialmente, é bom investigar o carma dentro dos limites do que sabemos ou podemos conceber, tal como plantar uma semente. Mas, depois, podemos ampliar nossas investigações para questões que não podemos responder. Uma vez que nos tornamos confortáveis em nos vermos dentro de um cenário cada vez maior de causa e efeito, então, em algum momento, podemos perguntar: Como cheguei aqui? Por que estou aqui? Quais foram as causas e condições que resultaram em meu nascimento neste corpo, nesta família, nesta sociedade?

Bom ou mau carma?

Os tibetanos contam uma história sobre a inutilidade de tentar descobrir o valor cármico de qualquer atividade. Um homem, uma mulher e seu filho vivem em uma pequena fazenda no planalto ocidental. Trabalham duro para produzir comida suficiente para viver e têm apenas um único bem precioso: um lindo garanhão preto. Usam o cavalo para transportar sal ou peles caso tenham o bastante para comercializar. Para lavrar a terra dura, amarram o cavalo ao arado. Eles adoram esse cavalo e o alimentam melhor do que a si mesmos.

Porém, um dia, o cavalo foge. O homem, a mulher e o filho saem procurando o adorado cavalo em diferentes direções, mas não conseguem encontrá-lo. Ressentidos e com muita pena de si mesmos, oram para as deidades locais implorando perdão por qualquer coisa que tenha causado a sua má sorte. Com a chegada da neve no inverno, os acessos ao platô ficam bloqueados. Após muitos meses frios, os dias antes curtos e sombrios vão ficando mais longos. A neve aos poucos derrete e eles começam a se preocupar sobre como vão fertilizar o solo sem o cavalo.

Numa manhã de primavera, seu belo cavalo retorna acompanhado por uma égua forte e jovem. A família fica tão feliz que abraça e beija o cavalo. A égua é tímida e um pouco selvagem, mas o filho se oferece para domesticá-la. A família se maravilha com a sorte de possuir dois bons cavalos. O filho pega um cabresto e uma corda longa e começa a fazer a égua andar em círculos. Logo ela está trotando e deixando que o garoto toque em seus flancos e em suas patas. A seguir, ela o deixa subir em seu lombo. As coisas prosseguem muito bem, até que um dia o filho, montando na égua, passa bem perto de alguns iaques que pastavam por ali. A égua se assusta e derruba o menino que volta para casa com uma perna quebrada. Os pais se desesperam porque dependem de seu único filho para ajudar com a fazenda. A queda deixa o garoto severamente manco. Ele se cansa com facilidade e não consegue trabalhar um dia inteiro. O que acontecerá com eles agora?

Um dia eles ouvem o ruído de cascos vindo em direção à fazenda. Um grupo de recrutamento do exército chega para alistar o filho. Porém, quando os oficiais veem o quanto ele era manco, partem sem ele. Os pais ficam tão aliviados que trazem cerveja de cevada para comemorar.

Essa história pertence a todos. Todo mundo tem carma misto. A vida de todos combina experiências positivas e infortúnios. As coisas que criam sofrimento começam como causas de alegria e o inverso é igualmente verdadeiro. A vida é assim mesmo.

Tenho muitos alunos que são extremamente gratos por suas vidas no Dharma. No entanto, como sua conexão com o Dharma surgiu? Em muitos casos, devido a alguma tragédia pessoal. Tenho muitos alunos que perderam filhos jovens em acidentes de carro. Os ensinamentos budistas oferecem maneiras de trabalhar com esses extremos emocionais, maneiras de tirar o máximo de proveito de nossa situação, seja ela boa, ruim ou neutra.

Com a combinação de bom carma e más circunstâncias, podemos nascer humanos, mas em uma família em que a pobreza, a fome ou a falta de opções educacionais prejudicam as chances de felicidade. Com boas circunstâncias e mau carma, podemos nascer como um cachorro, mas em uma família rica que nos mima e protege. Todos os seres têm carma misto. Todos, sem exceção.

A prática do carma modifica o modo de entender nosso comportamento cotidiano com amigos e parentes, em casa e no local de trabalho. As possibilidades do que já fizemos e do que podemos fazer se tornam infinitas. Todo mundo tem sofrimento. Mas o grau de sofrimento e de condições e circunstâncias negativas futuras resultam do presente. É por isso que, na sequência dos quatro pensamentos, o carma vem antes da verdade do sofrimento, porque o modo como conduzimos nossa vida no presente molda nossa vida no futuro. Continuamos sujeitos a causas e condições, mas a vantagem imensurável de nossa existência humana é que elas não nos definem. Tudo é possível. E uma vez que reconhecemos a natureza fluida do carma, fica mais fácil ampliar essa possibilidade de nos tornarmos um Buda, ou seja, reconhecermos que já somos Budas.

7

O Quarto Pensamento que Transforma a Mente

Sofrimento

Até agora nossas preocupações centraram-se nas circunstâncias que inspiram o despertar: despertar confiança em nossas capacidades inerentes, a certeza da impermanência e como o comportamento cotidiano pode condicionar nossa mente para a libertação. Essas contemplações nos levam a romper os padrões habituais que nos mantêm girando no samsara. Com o quarto pensamento que transforma a mente, o sofrimento torna-se objeto de nossa consciência plena. A grande revelação do Buda foi que o samsara, em si, contém as condições que levam ao sofrimento e que, para nos libertar, devemos trabalhar com o sofrimento de maneira muito direta. Essa é a Primeira Nobre Verdade do Buda: a verdade do sofrimento, ou *dukkha*.

Quando ouvem o primeiro ensinamento do Buda, as pessoas podem pensar: "Não me aproximei do Dharma para ouvir sobre as dores de cabeça da vida. Já as conheço!" Com certeza todos vivenciam sofrimento, insatisfação e angústia. Mas, na verdade, as pessoas não investigam as causas subjacentes a esses sentimentos ou o que os perpetua e, o mais importante, não investigam como pôr fim a eles. Colocam muito esforço tentando evitar a infelicidade – sem enfrentar, sem transformar, mas apenas tentando fazê-la desaparecer. Exemplos óbvios incluem drogas e álcool, jogos de computador, compulsão por compras ou comer excessivamente. Existem milhares de maneiras de evitar *dukkha*.

Sim, realmente todos conhecem a insatisfação, mas muitas pessoas não admitem que suas estratégias para se sentir bem não funcionam. Essas táticas de fuga são como tomar remédios sem conhecer a causa da doença. Correr em círculos atrás de dinheiro, sexo e poder como meio de encontrar a felicidade é como tentar curar o câncer com um Band-Aid. Para nos curarmos, em primeiro lugar, precisamos examinar a causa de nossa doença.

Sofrimento como porta de entrada para a liberação

Dukkha é o eixo com o qual viramos as costas para o samsara. É como entrar nas grandes portas giratórias dos aeroportos que nos fazem dar uma volta: devemos nos voltar para nosso sofrimento antes que possamos ser liberados para o outro lado. O ponto principal do ensinamento do Buda é que devemos aceitar nosso sofrimento para nos libertarmos dele. Quando resistimos a chegar a um acordo com *dukkha*, só nos resta anseio, ganância e fixação; e quando percebemos que as nossas táticas de fuga não funcionam, é porque esses hábitos tornaram-se tão viciantes que são difíceis de quebrar. No entanto, as boas notícias do Buda proclamam que romper com nossos hábitos e padrões é definitivamente possível.

Usar o sofrimento como porta de entrada para a libertação foi um ensinamento difícil para mim. Eu tendia a prestar mais atenção ao sofrimento do que à parte da libertação. Então ocorreu um incidente engraçado que me deu um vislumbre de como isso poderia funcionar. Eu tinha doze anos e continuava indo e vindo entre os estudos com meu pai no Nepal e em Sherab Ling. Nessa ocasião, eu estava participando de um ritual anual de fim de ano em Sherab Ling que se estendia por muitas manhãs seguidas. Cerca de cem monges sentavam-se em longas filas de frente um para o outro, com um corredor central que levava ao altar principal. Meu lugar ficava na primeira fila e, sendo um tulku, sentei-me em uma almofada elevada.

Naquela manhã, em particular, estava extremamente frio. Sherab Ling fica no lado sul do Himalaia com majestosos picos de neve que se elevam acima das florestas de pinheiros. Durante os meses de inverno, os dias são geralmente quentes e ensolarados, mas à noite faz frio. Às quatro horas da manhã, todos cantavam com entusiasmo extra para permanecerem aquecidos. Em uma das mãos eu segurava um sino e na outra um *damaru*, pequeno tambor de duas faces. De repente, um distúrbio chamou a atenção dos monges. Eles começaram a se mexer e a virar a cabeça, então eu também olhei; mas, com a luz elétrica fraca, levei um tempo para perceber um ocidental caminhando nas pontas dos pés em direção à frente do corredor ao longo da parede em frente ao meu assento. Toda vez que passava por uma das *thangkas*, pinturas de meditação que pendiam acima de nossas cabeças, ele juntava as palmas das mãos na altura da garganta e, mantendo as palmas planas, projetava-as em direção à pintura e se curvava a partir da cintura. Ele estava vestindo uma jaqueta de esqui, mas sem chapéu para cobrir sua cabeça totalmente calva.

Quando chegou à frente da sala, o homem entrou no corredor e parou diante do meu assento. Ajoelhado, curvou-se diante de mim, abaixando a cabeça. Todos os monges tinham seus olhos em mim, mas eu não sabia o que fazer. Então coloquei a palma e os dedos da minha mão em cima da cabeça dele, um gesto tibetano de bênção. E ele simplesmente ficou enlouquecido, pulando descontroladamente como se tivesse levado um choque elétrico. Isso me assustou e meu corpo involuntariamente se afastou dele. Os monges começaram a rir e, aos poucos, também percebi que o homem não esperava ser tocado. Ele não sabia que eu tinha feito o gesto de bênção e, em sua cabeça calva, minha mão foi sentida como um cubo de gelo.

Mesmo tendo envolvido um pequeno mal-entendido – que mais tarde naquele dia foi esclarecido para o visitante –, esse incidente mostra como nossas projeções e expectativas moldam o momento. Se o homem soubesse antecipadamente que o gesto representava algo positivo, ele poderia ter respondido de forma positiva. O gesto em si é vazio de significado inerente. O valor do gesto – bom, mau ou neutro – é atribuído por nossa própria mente. Não importa se o valor se desenvolve mediante a experiência pessoal ou condicionamento cultural; ainda assim depende da percepção subjetiva. Além disso, podemos transformar qualquer sofrimento em uma bênção porque o sofrimento também é apenas uma percepção, vazio de significado inerente. E as bênçãos também são vazias de significado inerente.

Sofrimento natural e autocriado

Falamos de sofrimento natural e autocriado. A morte é o exemplo mais evidente de sofrimento natural. No entanto, pessoas em todo o mundo concordam que o medo da morte é pior do que a própria morte. Um cientista que analisou mudanças no cérebro durante a meditação me disse que, quando aprendemos a antecipar um estímulo doloroso em uma determinada situação, algumas regiões do cérebro se ativam antes do estímulo ocorrer. Em antecipação à dor, sofremos sem sentir estímulos dolorosos. Isso exemplifica o sofrimento autocriado. No meu caso, cheguei a entender que meu medo de pânico – o próprio medo – poderia desencadear um ataque de pânico.

O Buda chamou o nascimento, a doença, a velhice e a morte de os quatro rios do sofrimento natural, previsível e certeiro. Mas o medo da morte ou o medo da dor é um sofrimento autocriado. Realmente fazemos isso conosco. Se examinarmos a natureza dessa experiência arbitrária e desnecessária de sofrimento, e se reconhecermos realmente quão insubstancial ela é, poderemos começar a soltá-la.

Além das quatro transições da vida, o sofrimento natural inclui desastres relacionados aos quatro elementos, como terremotos, tsunami, incêndios e furacões. De um ponto de vista convencional, angústia intensa é uma reação normal aos desastres extremos. Do ponto de vista do Buda, no entanto, o sofrimento que surge em resposta aos desastres naturais não é inevitável. Como todos os fenômenos são manifestações do vazio, a percepção de todos os fenômenos pode ser sentida como positiva, negativa ou neutra. Tudo tem a capacidade inata de ser vivenciado como uma bênção. Se o homem que se aproximou de mim em Sherab Ling conhecesse o gesto da bênção e tivesse antecipado uma conexão positiva, ele não teria se assustado.

Nossas reações dependem de nossas projeções, que são subjetivas e baseadas em uma compreensão muito incompleta da realidade. Como reagimos ao envelhecimento e à morte, terremotos ou inundações, depende de nossa aceitação das coisas que não podemos mudar ou controlar. Todo ser consciente enfrenta obstáculos. Mas a negatividade vem das atitudes, dos preconceitos e da resistência, e não dos próprios obstáculos.

Digamos que somos agricultores e estamos enfrentando uma seca. Todos rezam pedindo chuva. Aí a chuva vem e todos ficam felizes. O chão fica encharcado, porém a chuva não para. Logo, todos rezam para que a chuva pare. Mas ela continua. As pessoas começam a amaldiçoar a chuva. Elas não conseguem proteger suas casas nem seus campos da inundação e tomam uma posição contra a chuva. Ficam lutando contra a chuva. Agora a lógica de guerra se instala. Quando suas casas são inundadas e as plantações destruídas, as pessoas podem se sentir pessoalmente derrotadas. A chuva ganhou. O agricultor perdeu.

Isso demonstra como o sofrimento se torna autocriado em meio a um desastre ambiental. Claro que é um grande problema reconstruir casas e refazer o plantio. Essas dificuldades genuínas não podem ser descartadas. No entanto, nossa reação à catástrofe não está mais alojada dentro de nós do que nossa exasperação quando ocorrem atrasos no aeroporto. O objetivo é conectarmo-nos com a reatividade emocional através da consciência plena– para não sermos dominados pelas emoções – para que possamos ver como criamos sofrimento para nós mesmos.

Quando nos afastamos do samsara, deixamos de culpar as situações externas pelo estado de nossa mente e começamos a usar os ensinamentos do Buda para assumir a responsabilidade por nosso próprio bem-estar. Reorientamos a mente para longe das causas e condições que criam sofrimento. Isso não significa que nos afastamos do sofrimento que os seres humanos criam, tal como guerras, pobreza, preconceitos, carnificina ou destruição ambiental. Não nos afastamos nem nos tornamos espectadores passivos e imparciais. No entanto, precisamos avaliar nossas estratégias de engajamento. Muitas pessoas bem-intencionadas supõem que paixões inflamadas, especialmente a raiva, são uma reação justificável, necessária e até benéfica à injustiça.

Muitas vezes as pessoas pensam que a raiva é uma resposta automática e inerente à injustiça, da mesma forma que a exasperação é uma resposta inerente à espera no aeroporto. Mas não é. A raiva não nos permite ver com clareza, de modo que as boas intenções das pessoas empenhadas em tentar ajudar os outros podem realmente ser prejudicadas por sua própria negatividade. A raiva não nos permite agir com compaixão verdadeira porque a mente da raiva nos mantém presos dentro de nós. Afastar-se do samsara significa descobrir como funcionar com uma mente aberta e clara, não uma mente fechada e incapacitada pelas emoções destrutivas.

Conheço uma mulher que ajudou uma organização ambiental a protestar contra o assassinato de filhotes de foca no Canadá. Uma campanha de relações públicas exibia imagens horríveis de homens em barcos dando pancadas nos filhotes de foca indefesos em meio a um mar de sangue. Funcionou; a prática foi proibida. A mulher sentiu-se muito satisfeita com o resultado e, anos depois, foi visitar uma aldeia onde o abate havia sido banido. Ela esperava encontrar sinais positivos de seus esforços, como se todas as pessoas estivessem felizes e mais em paz consigo mesmas por terem removido essa linha de trabalho de sua comunidade. Em vez disso, encontrou uma comunidade em desespero. O alcoolismo era generalizado, as pessoas estavam se mudando e as lojas haviam sido fechadas com tábuas. Por quê? Não havia trabalho. As pessoas não tinham como se sustentar ou cuidar de seus filhos.

Só então a mulher percebeu que a missão da organização se concentrou em salvar as focas, mas não considerou as pessoas. Os caçadores de focas haviam sido demonizados como assassinos desumanos. A organização promoveu compaixão pelos filhotes, mas não conseguiu ver o cenário completo. As pessoas eram bem intencionadas, mas funcionavam sem sabedoria. Somente quando o calor de nossas próprias paixões negativas se arrefece, nossa resposta a situações difíceis pode ser informada pela clareza, compaixão e equanimidade.

Causas versus a natureza do sofrimento

Quando ainda vivia no Nagi Gompa, ouvia meu pai dizer que o sofrimento cria as condições para a felicidade. Embora meus medos e ansiedades me dessem muito material para trabalhar, não conseguia entender o propósito daquilo que meu pai dizia. Um dia, ele falou: "Imagine que está anoitecendo. Não está escuro, mas quase e, pela janela aberta, alguém joga uma corda trançada multicolorida em seu quarto. Você dá um grito e se esconde debaixo da mesa. Por quê? Porque percebe a corda como uma cobra. Você começa a tremer o corpo inteiro e assiste horrorizado enquanto a serpente vai chegando mais perto. O suor escorre pelo seu rosto, seu coração está aos pulos. Como seu bom amigo ouviu você gritar, ele vem correndo para seu quarto. Você sussurra: "Shhhhhh, não se mexa, tem uma cobra aos seus pés." E seu amigo olha para baixo e diz: "O que você está pensando? Isso é uma corda."

Então meu pai disse: "Naquele momento, você se sente muito feliz. O pânico que criou para si mesmo chegou ao fim. Como você o criou, também pode eliminá-lo."

As maneiras com que destruímos nossa equanimidade diariamente são tão "normais" que, muitas vezes, passam despercebidas. Sorrimos para alguém e se a pessoa não sorri de volta levamos isso para o lado pessoal. Nem sequer consideramos que a pessoa pode ter acabado de saber que um ente querido morreu, ou que não passou na prova na escola ou que talvez tenha simplesmente perdido seu emprego. Nossa absorção em nós mesmos bloqueia essa possibilidade. Ou nos organizamos para encontrar alguém em um restaurante e, depois de vinte minutos, estamos prontos para sair porque ficamos muito irritados por essa pessoa ter nos feito esperar. Poderíamos rezar para que o carro dela não tenha batido nem derrapado no gelo, mas já nos identificamos com a projeção de que nos trataram desrespeitosamente. Racionalmente, sabemos por experiências anteriores que o atraso de nosso amigo provavelmente não tem nada a ver conosco, mas o hábito de levar as coisas para o lado pessoal é difícil de quebrar.

Para nos beneficiarmos desse caminho, nada é mais importante do que reconhecermos que, muitas vezes, criamos nossos próprios problemas.

Três tipos de sofrimento

Podemos abordar a verdade do sofrimento por meio de três categorias: (1) o sofrimento da mudança, (2) o sofrimento do sofrimento e (3) o sofrimento difuso.

O sofrimento da mudança

O sofrimento da mudança começa como uma experiência agradável. O Buda comparou essa experiência a tirar uma soneca deitado na grama sem saber que há carvões em brasa escondidos debaixo dela. Ao deitarmos, sentimos a grama quente e macia. No entanto, o apego a essa sensação maravilhosa nos deixa alheios ao fato de que, aos pouquinhos, vamos nos queimar.

O apego ao prazer torna-se a causa da dor, tal como comer um doce envenenado. Ou como fumar cigarros. Certamente, todos nós temos lembranças de momentos felizes: banquetes, casamentos, nadar no mar, caminhadas nas montanhas, mas esses momentos são muito semelhantes a comer doces envenenados, porque as condições para gerar *dukkha* acompanham cada movimento, criando o sofrimento da mudança. A menos que as próprias condições sejam erradicadas, a insatisfação retornará novamente para a situação.

Essa é a própria natureza do samsara. Compramos algo que desejamos loucamente: um carro esportivo, um vestido especial, um novo computador. No começo, ficamos muito satisfeitos com nossa aquisição. Porém, nossa mente inquieta pula de uma coisa para outra, pressionada pelo persistente hábito de ficar entediada com a repetição de qualquer atividade. Logo perdemos o interesse, assim como uma criança perde o interesse pelo brinquedo novo. Versões mais intensas do sofrimento da mudança incluem mudar de parceiro apenas para acabar sentindo pelo novo o mesmo que sentíamos pelo último, ou passar pelo mesmo ciclo com um novo emprego, outra casa ou um guru diferente.

O sofrimento do sofrimento

O sofrimento do sofrimento inclui as catástrofes naturais dos elementos, bem como as dificuldades como perder o emprego, ter a nossa casa incendiada ou o diagnóstico de uma doença potencialmente fatal – situações caracterizadas por desafios excepcionais à nossa equanimidade. Mas, mesmo com as circunstâncias mais severas, podemos optar por não reagir automaticamente como se estivéssemos sofrendo um ataque pessoal. No entanto, para desenvolver a equanimidade diante das adversidades da vida, precisamos acessar níveis de realidade que vão além das convenções culturais.

Sofrimento difuso

A sensação do sofrimento difuso é quase neutra, mas não totalmente. Nem prazer nem dor predominam, porém, uma insatisfação subjacente fica no ar como o barulho da geladeira no plano de fundo. Essa é a mente que não consegue repousar, não consegue encontrar tranquilidade, como um cachorro sempre coçando suas pulgas. Essa mente nunca consegue se acalmar.

Trabalhando com a mente do sofrimento

O quarto pensamento trabalha diretamente com a mente. Voltamo-nos para dentro. Nossa atenção fica voltada para como as percepções surgem e dão consistência à nossa realidade, e como elas criam problemas.

Ainda usamos a meditação shamatha com suporte, mas agora o objeto de suporte é nossa própria mente. Posteriormente, podemos trabalhar com a visão de que todo sofrimento é autocriado. Por enquanto, é conveniente fazer uma distinção entre sofrimento natural e autocriado, então vamos começar com dificuldades que são fáceis de entender.

Tal como acontece com as meditações anteriores, pode surgir uma intensa compaixão. Não precisamos afastar a compaixão, mas sim trazer nossa atenção de volta para os sentimentos de ansiedade e desconforto, tentando observar como a insatisfação surge na mente. Ao trabalhar isso como um exercício de meditação, sugiro começar com alguém conhecido que está tendo dificuldades com as quais podemos nos relacionar. Estamos trocando de lugar com os outros com o propósito de nos conectarmos com as percepções subjetivas que afligem a mente. Criamos essa troca com imagens, palavras, emoções e sensações físicas.

Trabalhando com o sofrimento autocriado

Talvez você tenha tido experiências semelhantes de confundir uma corda com uma cobra, ou confundir um homem íntegro com um gângster. Uma vez eu fiz isso. Estava no aeroporto em Denver, Colorado. Tinha passado por todos os controles de segurança, colocado meus sapatos e meu celular em uma bandeja e meu computador em outra, e estava aguardando na área de embarque. Em frente àquela seção havia outro controle de segurança onde um guarda ficava olhando para mim. Ele não sorria. Eu continuava virando os olhos para ver se ele ainda estava olhando para mim. Ele era um homem grande com bigode escuro e cabelos finos. Estava tentando descobrir o que eu poderia ter feito para atrair sua atenção. Quanto mais ele me encarava, mais eu pensava que ele parecia um homem mau, talvez como um personagem mafioso dos filmes. Então ele tirou o celular e eu pensei: "Ah, pronto. Alguém virá atrás de mim."

De fato, outro agente de segurança chegou até o primeiro e o homem de bigode apontou para mim. Então, o que acabara de chegar ficou para trás e o de bigode começou a caminhar em minha direção. Quando se aproximou, ele perguntou: "Você é o senhor Rompouchee?" Eu não tinha certeza do que ele queria dizer e não respondi nada. Então ele perguntou: "Você é o Senhor Yongey?"

Suspirei com resignação. "Sim, sou eu", confessei.

Ele disse: "Eu só queria lhe dizer o quanto amei seu livro e o quanto ele me ajudou. Obrigado!"

De repente, ambos estávamos sorrindo, fazendo reverências e apertando as mãos como melhores amigos. Mas aqui está a parte muito engraçada: quando ele voltou ao seu posto de segurança, olhei para ele e pensei: "É um homem muito simpático, uma pessoa gentil, um cara muito agradável e legal." Sem manter um olhar vigilante sobre minha mente, descuidadamente, deixei que ela se juntasse à paranoia geral da atmosfera do aeroporto e criasse seu próprio sofrimento por meio da percepção errônea.

Quando contemplar o sofrimento autocriado, tente escolher uma situação conhecida, com a qual você se sente familiarizado. Se não conseguir se lembrar de uma situação de sua experiência pessoal, relacione o exercício com alguém que conhece, ou mesmo com um filme a que assistiu ou um livro que leu. O objetivo é escolher uma situação problemática e depois tentar identificar as visualizações que a construíram – e que podem desconstruí-la.

Meditação sobre o sofrimento autocriado

▶ Sente-se em uma postura relaxada com as costas retas.
▶ Seus olhos podem estar abertos ou fechados.
▶ Use um ou dois minutos para repousar na consciência plena aberta.
▶ Agora tente trazer à mente um evento específico que, devido à sua percepção, crença ou atitude errôneas, criou angústia ou insatisfação.
▶ Tente se conectar com o tom emocional da experiência, se isso o deixou irritado ou com inveja.

▶ Agora, lembre-se do alívio sentido após ter entendido a realidade da situação.

▶ Em seguida, considere fazer essas perguntas: De onde surgiu o erro de percepção? Para onde ele foi? Como foi substituído?

▶ Continue assim por cinco a dez minutos.

▶ Termine sua prática repousando na consciência plena aberta.

Relacionando com dukkha nos seis reinos

O quarto pensamento reorienta nossa relação com *dukkha*. Não mais fugimos como se corrêssemos de um inimigo, nem negamos ou reprimimos *dukkha*. Em vez disso, ficamos com todo desconforto e ansiedade que possam surgir e respiramos, sabendo que isso não vai nos destruir ou nos definir. Nosso sentido de "eu", até mesmo nossa própria felicidade, pode se expandir tão além dos limites habituais que consegue acolher nosso sofrimento, alterando, assim, a forma como nos relacionamos com o sofrimento. *Dukkha* ainda existe, mas não como um elemento dominante de nossa identidade. Os padrões ineficazes que tentam evitar o sofrimento começam a afrouxar seu controle sobre nós. Em vez de cedermos imediatamente à convenção de culpar as circunstâncias por nossa insatisfação, tentamos reconhecer nossa própria participação.

Para nos convencermos da natureza inevitável do sofrimento autocriado, voltemos aos domínios da existência samsárica. No primeiro pensamento, introduzi os seis reinos que manifestam os estados aflitivos: raiva, ganância, ignorância, desejo, inveja e orgulho. Nessa fase, meditamos sobre uma vaca como uma forma de apreciar as qualidades inerentes aos humanos que estão ausentes nos animais, e nos relacionamos com a ignorância, emoção específica que permeia o reino dos animais. Para a meditação seguinte, movemos nossa consciência plena de um reino para outro, com a intenção de nos conectarmos com o sofrimento específico que caracteriza cada um.

Vamos retornar à vaca. Essa vaca não tem como saber se alguém vai lhe trazer comida ou água. Se uma sirene dispara, a vaca não consegue discernir se isso indica perigo. Se seu dono a leva embora, a vaca não pode dizer se está indo para um banho ou para o matadouro. Fique com a ansiedade e a angústia que vem da ignorância. Sinta a raiva do reino do inferno. Sinta o sofrimento que vem do fogo ardente da fúria. Veja como a raiva nos reduz a bestas ignorantes que não conseguem encontrar a saída de uma situação.

Imagine sua mente dominada pela ganância, sempre com medo de não ter o suficiente, sempre querendo mais, sempre acumulando suprimentos para si mesmo, nunca satisfeito com o que tem. Ou o estado mental arrebatado pelo ciúme, sempre invejando o que os outros têm. Ou o sofrimento que vem com o orgulho, sempre se afastando dos outros porque você se acha melhor do que eles, muito orgulhoso para aceitar suas próprias falhas. Ou imagine o reino humano do desejo. Sinta o desejo como se fosse uma dor lancinante no corpo, tão intensa que você pensa que seria capaz de morrer para que esse desejo fosse realizado – talvez o desejo de ter uma fortuna, reputação, comida ou sexo; desejo de ter uma expectativa satisfeita, ou recuperar e reproduzir as glórias do passado.

Vamos tentar fazer isso na meditação. Eu os conduzirei pelos estados mentais aflitivos associados a cada reino, mas depois você poderá criar seus próprios exemplos para tornar a experiência tão vívida quanto possível.

Meditação guiada sobre o sofrimento dos seis reinos

Essa meditação inclui a raiva do reino dos infernos, a ganância do reino dos fantasmas famintos, a ignorância do reino dos animais, o desejo do reino humano, a inveja do reino dos semideuses e o orgulho do reino dos deuses.

▶ Sente-se em uma postura relaxada com as costas retas. Seus olhos podem estar abertos ou fechados.
▶ Por um ou dois minutos repouse na consciência plena aberta.

▶ Agora, imagine-se no reino dos infernos. Lembre-se de que vamos trabalhar com os estados mentais aflitivos associados a cada reino. Aqui você quer se conectar com sentimentos de raiva intensa e inflamada. A qualidade "infernal" que permeia esse reino vem da qualidade de raiva que tudo consome, incendeia e tortura os seres que ficam presos nesse inferno.

▶ Tente se conectar com essa raiva trazendo à mente um incidente pessoal que possa envolver vingança ou hostilidade paranoica.

▶ Veja se consegue produzir essa emoção, depois abrir mão da história e ficar com a sensação. Traga sua atenção para a própria sensação. Apenas sinta sem julgamento ou interpretação. Mantenha este sentimento por alguns minutos.

▶ Agora, imagine-se no reino dos fantasmas famintos. Você já se percebeu sentindo que, apesar de tudo o que tem, sempre quer mais? Mesmo fazendo uma lista de todas as vantagens existentes em sua vida para se convencer de que ela é boa, você ainda se sente assolado por uma insatisfação perpétua e por sensações de que nunca consegue obter o que deseja. Você pode recorrer a uma história para se conectar com a emoção, mas tente não ficar preso a ela. Faça isso por alguns minutos.

▶ Para o reino dos animais, você pode retornar à meditação anterior da vaca e pensar: "Por causa de minha ignorância, não entendo minha situação. Quem são meus amigos e quem são meus inimigos? De onde vem minha próxima refeição? Não sei como melhorar minha situação ou criar vantagens para mim." Fique com isso por alguns minutos.

▶ Para se conectar com a aflição do reino humano, imagine algo que realmente deseja e que acha que vai fazer você feliz. Alguma vez você já pensou que: "Se tivesse só um pouco mais (de fama, amor, respeito, sexo, segurança), eu poderia voltar minha mente para as atividades espirituais?" Tente se conectar a essa sensação aflitiva de desconforto, de insatisfação com o modo como as coisas são – mesmo quando elas podem ser realmente muito boas.

▶ Permaneça com o desconforto da emoção, do desejo, do anseio de sentir que o que você tem nunca é suficiente. Traga sua consciência para isso. Mantenha-se assim por alguns minutos.

▶ Imagine-se no reino dos semideuses. Você já se viu desejando a desgraça de alguém? Ou se alegrando com as más notícias sobre a reputação ou a situação financeira de um adversário? É como subir na escada social ou financeira, mas empurrar para baixo a pessoa atrás de você. Você não quer compartilhar os privilégios de seu reino de deus, mas tenta arrebanhá-los para si. O sucesso de outra pessoa é um remédio amargo de engolir. Como você se sente?

▶ Tente se conectar às maneiras pelas quais essa emoção o separa das outras pessoas, e quão isolado e desconfiado você se sente. Traga sua consciência para essa sensação e fique com ela por alguns minutos.

▶ Imagine-se no reino dos deuses. Talvez você pense: "Construí uma vida tão maravilhosa para mim. Que carma excelente eu devo ter! Não faz sentido nenhum meditar já que estou contente com minha vida." Não há urgência em fazer nada de significativo. Tudo existe em uma espécie de torpor complacente. A mente fica embotada, envolvida em letargia, como se estivesse super farta de alimentos pesados.

▶ Fique com os sentimentos que surgem e traga sua consciência para sua arrogância e orgulho. Mantenha-se com esses sentimentos por alguns minutos.

▶ Termine repousando na consciência plena aberta.

A ordem dos reinos não é importante. O objetivo é reconhecer como nossas ilusões e percepções equivocadas criam sofrimento para nós e para os outros, e aceitar que o sofrimento permeia o samsara para onde quer que nos voltemos, da raiva sufocante do inferno à indulgência complacente dos reinos dos deuses. No entanto, como sabemos que temos a chave da jaula autoconstruída do samsara, esse reconhecimento em si nos torna menos temerosos de ver como bloqueamos nosso caminho para a liberação. A negação se transforma em coragem.

A meditação sobre os seis reinos transforma nosso modo de nos relacionar com os outros seres. Vemos que todos estão aprisionados ao samsara, assim como nós; todos querem ser livres, assim como nós. Quando nos conectamos com a angústia não diluída das aflições mentais, a aspiração de nos libertarmos facilmente se expande para os outros. No entanto, não tenha muitas expectativas no início. A força do hábito requer que examinemos isso repetidas vezes. Podemos nos sentir um pouco mais felizes de vez em quando, e isso é maravilhoso. Mas podem ocorrer situações que nos levam de volta ao sofrimento e à autocomiseração. Isso é normal e não há motivo para desespero. Mesmo um vislumbre da natureza autoconstruída de *dukkha* ajudará a nos voltarmos em direção à liberdade.

Sofrimento e as sementes da renúncia

O sofrimento do samsara encerra os quatro pensamentos. Primeiramente, reconhecemos a preciosidade da vida humana. Em segundo lugar, concentramo-nos no que mais o intensifica, a impermanência. Em terceiro, analisamos o carma e como as implicações éticas de nossas ações na vida diária condicionam nosso futuro, mesmo depois de morrermos. A morte não é como uma lamparina que fica sem combustível. Mesmo nesta vida, o carma cria as condições para o samsara. O que é o samsara? Samsara é esse quarto ponto: sofrimento.

Reconhecer totalmente o sofrimento do samsara planta as sementes da renúncia. "Quero me livrar de todo esse sofrimento e me libertar do samsara. Desejo desenvolver a renúncia para que eu possa me livrar de minhas aflições e dessa prisão autocriada. Quero renunciar aos hábitos destrutivos da mente para que eu possa me libertar e beneficiar todos os seres." Estamos prontos para assumir o compromisso de nos afastarmos de *dukkha* e nos voltarmos para a liberação, em benefício de todos os seres sencientes, incluindo a nós mesmos. "Desejo fazer isso; faço um voto; comprometo-me; tenho a aspiração de fazer isso; quero que isso aconteça." Mas, será que isso é realmente possível?

A Terceira Nobre Verdade do Buda: A verdade da cessação

A Terceira Nobre Verdade do Buda proclama que a cessação do sofrimento é possível. Essa é a melhor notícia dada pelo Buda, seguida da Quarta Nobre Verdade que descreve o caminho de práticas, o Dharma, os métodos e os meios pelos quais realizamos a cessação do sofrimento. Na minha tradição, esse caminho começa com o ngondro e, nesse estágio, depois de usar os quatro pensamentos para transformar a nossa mente samsárica, chegamos à porta do refúgio, que é a primeira prática extraordinária do ngondro.

Contudo, primeiro precisamos perguntar: Por que o Buda proclamou a verdade da cessação antes de introduzir o caminho? Ele fez isso porque não podemos avançar no caminho sem sentir o gosto da verdade da cessação, e isso requer alguma compreensão de vacuidade. Sim, o fim do sofrimento é possível, mas sem o reconhecimento da vacuidade, o caminho do Dharma não pode levar ao fim do sofrimento.

Vacuidade e cessação do sofrimento

Com a história de meu pai sobre confundir uma corda trançada por uma cobra, eu pude entender como as percepções subjetivas distorcem a realidade para o pior. Essa foi uma boa história para um menino que tinha ataques de pânico e outros medos autocriados. No entanto, como costumava imaginar possibilidades assustadoras, não consegui deixar a história terminar com seu final feliz.

Eu disse ao meu pai: "Digamos que você veja a corda como tal e não como cobra. Mas, no meio da noite, seu inimigo venha com uma corda e a amarre com força em volta de seu pescoço. Nesse caso, seria bom ter pensado que se tratava de uma cobra ou não?"

Meu pai riu e disse que eu era um garoto inteligente. Isso me agradou, mas continuei pensando em uma corda em volta de meu pescoço. Então, perguntei novamente: "Se eu reconhecer a corda como corda, isso me ajudará?"

"Não", disse meu pai. "Nesse caso, não há nenhum benefício em saber que a corda é uma corda. Quando imaginou que a corda era uma cobra, você causou um problema para si mesmo. Se tivesse reconhecido que a corda era uma corda, teria eliminado a cobra autocriada. Mas agora continua existindo um problema. Se alguém o estrangular com uma corda e você não puder fazer nada a respeito, nesse caso você deve aceitar a impermanência e a morte. Para que isso aconteça, sem sofrimento, você precisa aprender a reconhecer a realidade suprema, que vai além da maneira convencional de olhar para a corda. Na visão suprema, a corda é uma manifestação da vacuidade, você é uma manifestação da vacuidade e a morte é uma manifestação da vacuidade."

Então, perguntei: "Os seres iluminados, que entendem a vacuidade, podem ser estrangulados?"

"Para o observador comum, alguém sendo estrangulado por uma corda com certeza morrerá. Até mesmo Milarepa daria a impressão de estar morrendo," disse meu pai. "Mas se isso acontecesse com Milarepa – em sua própria visão e em sua experiência – ele não morreria. Não no sentido convencional da morte definitiva. Ele vivenciaria mudança e transformação, mas sua percepção de sua própria manifestação de vacuidade não levaria a um final definitivo."

"Se Milarepa estivesse sendo estrangulado", perguntei, "e ele não vivesse isso como uma morte definitiva, você poderia mudar a maneira como as pessoas comuns, como eu, veem o mesmo fato?"

"Posso mudar minha percepção," explicou meu pai. "Mas não posso mudar a sua. Quando morremos, nossa percepção individual – que está associada ao nosso corpo atual – não mais existe e as pessoas ao nosso redor verão um cadáver."

Após essa conversa, participei de muitos ensinamentos dados às monjas em que meu pai falava sobre vacuidade. Mas ainda confundia vacuidade com "nada". No entanto, meu pai sempre enfatizava que a realização da vacuidade levava a tudo o que era maravilhoso, ao estado búdico, à iluminação e à compaixão ilimitada. Uau, podemos ser livres! Por isso, vacuidade não podia ser nada. Por fim, uma manhã fiquei por ali na salinha do meu pai até que estivéssemos a sós. "Você disse muitas coisas sobre a vacuidade," disse-lhe, "mas não entendi."

Ele me disse: "Para entender a vacuidade, você precisa conhecer apenas duas palavras: vazio e dade, ou vazio e possibilidade. Vazio e dade significam que a qualidade essencialmente vazia dos fenômenos permite todas as possibilidades. Pegue qualquer coisa que você identifique como sólida: uma mesa, um carro, um sapato, uma rocha, até seu próprio corpo. Seja qual for o objeto, podemos quebrá-lo em partes. E cada parte pode ser dividida em pedaços, fragmentos, átomos, partículas, moléculas. Reste o que restar, podemos dividir mais ainda. Dessa forma, todos os aspectos de nossa experiência são vazios de qualquer existência verdadeira, real ou inerente.

"No entanto, é precisamente essa natureza infundada da realidade que permite tudo, todo tipo de objeto e experiência. Vacuidade não é apenas um nada vazio. É um campo de infinitas possibilidades. Por causa da vacuidade, tudo existe. A vacuidade comunica a insubstancialidade de nosso mundo ao mesmo tempo em que tudo permite. Portanto, vacuidade é também plenitude, pois contém o potencial para todas as coisas."

Então meu pai pôs a mão na mesa e disse: "Essa mesa não tem existência inerente mesmo que pareça real. Por exemplo, digamos que, em seu sonho, você toque uma mesa. Em sua mente onírica ela parece real: você pode tocá-la, pode vê-la. Parece real, mas não é. Ver a mesa quando você está acordado e quando está dormindo é a mesma coisa."

Por causa da qualidade vazia de todos os fenômenos, qualquer coisa é possível. Por isso é tão importante unir estas palavras: vazio e dade, ou vazio e possibilidade. Eu entendo que pode ser estranho sempre falar em "vacuidade" ao invés de "vazio." Contudo, muitos ocidentais têm a mesma confusão que eu sobre vacuidade e vazio. Se nos esquecemos de adicionar a dimensão de "possibilidade," é fácil confundir vacuidade com nada.

Apontando para a lamparina de manteiga que mantinha acesa em seu quarto o tempo todo, meu pai disse: "Vazio e dade são como a chama e o calor. São naturalmente um e não podem ser separados." O Sutra do

Coração diz: "Vacuidade é forma, forma é vacuidade. Forma não é diferente de vacuidade; vacuidade não é diferente de forma." É assim. Você não pode ter um sem o outro. O nada não teria forma. A vacuidade é cheia de forma. É por isso que dizemos: "Vacuidade equivale a plenitude."

As coisas são – e não são – o que elas parecem ser. Objetos de grande densidade e peso, como pedras, portas ou aviões, demonstram acumulações de muitas partes ou partículas muito pequenas que, em si mesmas, são cheias de espaço. Atribuímos valor e identidade a tudo o que experienciamos, pensando que nossa percepção limitada é uma representação acurada do mundo, mas essas percepções são apenas construtos mentais vazios de valor intrínseco.

Hábitos de percepção

As diferenças de percepção levam os seres a ver o mesmo objeto de maneiras diferentes: uma pessoa pode perceber uma cúpula de abajur, enquanto outra pode ver um chapéu. Uma pessoa pode ver uma forma de madeira como uma mesa, enquanto outra pode ver o mesmo objeto como um baú, um trono ou uma mesa. Não é possível encontrar nenhuma "mesidade" essencial e, portanto, nenhuma identificação invalida essas outras descrições. Além disso, sabemos que a madeira não mantém sua forma para sempre, que mesmo quando olhamos para uma mesa ela está mudando de forma, dissolvendo, desintegrando, transformando e morrendo – seja como for que descrevamos isso. A mesa também é composta de milhões de átomos, e sabemos que cada átomo é 99% vazio, e o 1% restante é 99% vazio.

Quando meu pai estava tentando me ensinar sobre a vacuidade, tive a mesma reação teimosa que tive antes em relação à meditação do pensamento: se pensasse em coisas ou usasse os pensamentos como suporte para a meditação, eu ainda estava preso a meus pensamentos estúpidos, então que diferença isso fazia? Se a mesa é vacuidade ou não, ainda estamos olhando para a mesma mesa, e ainda não consigo atravessar minha mão por ela. Então, qual era a diferença? Eu ainda estava procurando mudanças nos objetos, não em minha própria percepção.

Então, perguntei ao meu pai: "Se essa mesa e a mesa do sonho forem iguais, por que quando bato minha mão nesta mesa ela dói?"

Meu pai disse: "Hábito. O hábito de sua mente impede que você veja a vacuidade da mesa e, até que possa vê-la, a percepção subjetiva de solidez bloqueará a sua mão."

Claro que é mais fácil aceitar a ideia da vacuidade quando usamos uma mesa como exemplo e não o nosso próprio corpo. Mas as mudanças em nosso corpo e mente – da infância até a velhice, da fome à sensação de saciedade, de ter cabelo à calvície, da doença à saúde, da raiva à calma, do orgulho à vergonha – são objeto de nossas intermináveis preocupações, momento a momento. Ficamos fixados em nossas mudanças emocionais e físicas, insistindo em nossa própria "eudade" essencial. Que paradoxo!

Budismo e ciência concordam com a natureza impermanente e fluida de todos os fenômenos. Porém, o Dharma explica os benefícios de quebrar nossos hábitos para que toda a realidade possa ser revelada, a fim de acabar com o sofrimento. A tradição científica tem o propósito de conhecer a verdade. O budismo também, mas a verdade da realidade que buscamos não é um fim em si mesmo. Buscamos conhecer a realidade em sua totalidade, pois entender que o mundo e todas as coisas dentro dele, incluindo nós mesmos, não são exatamente como parecem ser, abre os portões para a liberação. Toda a tradição budista é dedicada a criar práticas pelas quais esse objetivo possa ser alcançado. Somente com essa compreensão experiencial da realidade suprema o sofrimento pode ser erradicado.

Com a explicação de meu pai sobre eu não poder atravessar minha mão na mesa, a lição chegou ao fim. Nas semanas seguintes eu tinha vislumbres de clareza, mas esses desapareceram rapidamente, deixando minha mente mais confusa do que antes. Somado à minha confusão, os sonhos agora pareciam mais desse mesmo nada. Então pedi a meu pai para explicar a realidade dos sonhos novamente. Desta vez ele escolheu um objeto que tinha sido um ponto muito dolorido.

Dois anos antes, eu tinha ido do Nagi Gompa até os mercados de Catmandu com minha mãe. Ela ia viajar no dia seguinte para sua visita anual à aldeia de seus pais em Nubri e queria levar novos utensílios de cozinha. Eu tinha começado a estudar com meu pai, então não podia mais ir com ela para Nubri. Naquele tempo, os mercados não eram tão grandes e a maioria das lojas ficava uma ao lado da outra. Enquanto minha mãe e eu caminhávamos, vi uma bicicleta de criança à venda. Meus olhos grudaram naquela bicicleta novinha e reluzente e a desejei muito. Perguntei à minha mãe se ela a compraria para mim. Ela hesitou e eu comecei a chorar dizendo: "Eu realmente quero muito essa bicicleta!" Por fim ela concordou, mas quando abriu sua bolsa viu que não tinha dinheiro suficiente. Então chorei um pouco mais. Ela disse que talvez pudéssemos voltar e comprá-la outro dia e acrescentou: "De qualquer forma, você está ficando para trás com os ensinamentos a receber de seu pai e terá muito trabalho a fazer, então talvez você não precise de um brinquedo desses."

17. Tsoknyi Rinpoche (esquerda) e Mingyur Rinpoche com sua mãe, por volta de 1980.

No dia seguinte minha mãe partiu para Nubri, mas a bicicleta ficou para trás – em minha mente. Então tive uma ideia genial. Fui até meu pai e perguntei se ele poderia comprar aquela bicicleta para mim. Ele disse: "Claro, não há problema," e enviou alguém para Catmandu. Mas a bicicleta já havia sido vendida. Eu fiquei desolado durante dias.

Quando pedi ao meu pai que explicasse novamente a realidade dos sonhos, ele disse: "Imagine que em seu sonho alguém lhe dá uma bicicleta. Isso o faz muito feliz. Você anda com ela por todos os lugares e a mostra para seus amigos, limpa a poeira e a mantém lustrosa. Então a roda dianteira cai. Quando tenta levá-la para a oficina, por conta do desequilíbrio, a roda traseira sai do alinhamento e, quando você tenta ajustar o guidão, ele também quebra. A coisa toda acaba caindo aos pedaços e você fica muito chateado."

Eu disse a meu pai: "Sim, posso até chorar no sonho."

Meu pai disse: "Primeiro, o brinquedo faz você muito feliz, depois ele quebra. Não existe mais. Para começo de conversa, essa bicicleta do sonho não era real. No sonho ela fez você muito feliz e o sonho era real. Mas, ao mesmo tempo, não era real. *Vazio* significa que a bicicleta não é real. *Dade* significa que é real em seu sonho."

Então disse ao meu pai: "Sim, concordo." E, de certa forma, concordava. Conseguia entender mais ou menos com a minha mente mas, de alguma maneira, não entendia. Ainda não conseguia ver ou sentir isso. No ano seguinte, cheguei a Sherab Ling com essa mesma confusão. Meu pai conhecia Saljay Rinpoche e disse que ele era um grande mestre e que eu deveria pedir ensinamentos a ele. Instruiu também meu atendente para me ajudar a pedir ensinamentos a Saljay Rinpoche, em especial sobre a prece do Mahamudra do Terceiro Karmapa. A essência dessa prece é a aspiração a perceber a vacuidade e a natureza da mente.

Saljay Rinpoche concordou com isso. Todas as tardes, cinco de nós, todos jovens monges, íamos à sua sala para receber seus ensinamentos. Primeiramente, ele se preparou para a leitura desse texto especial fazendo muitas preces de aspiração. Isso levou horas. A seguir, transmitiu os ensinamentos muito, muito devagar. No primeiro dia, falou muito sobre vacuidade. No segundo dia, falou muito sobre vacuidade. No terceiro dia... Mais uma vez, pensei: "Qual é o benefício da vacuidade? Estou ouvindo muitas coisas incríveis sobre a vacuidade e que, se a reconhecermos, estaremos livres do samsara e teremos sabedoria ilimitada e compaixão infinita." Mas eu, simplesmente, não conseguia juntar tudo isso.

Então, fui até Saljay Rinpoche e disse: "Você nos diz que todos os fenômenos vêm da mente, que a mesa é vacuidade, que a xícara é vacuidade. Qual é o benefício disso? A vacuidade da xícara é o problema da xícara. A vacuidade da mesa é o problema da mesa. Sim, eu sei que a vacuidade contribui para todos os tipos de qualidades maravilhosas do Buda, mas você pode me dizer algo que eu possa entender?"

Saljay Rinpoche me perguntou: "Você sonha?"

Eu disse: "Claro." E logo pensei, "Lá vamos nós de novo."

Ele disse: "Imagine que você está tendo um sonho ruim. Um tigre está perseguindo você no sonho, mas você cai a toda hora e o tigre vai se aproximando. Qual é a melhor maneira de se libertar do problema do seu sonho sem acordar?"

Eu pensei muito a respeito, porque realmente queria dar a resposta certa. Enfim, certo de que a tinha, eu disse: "Rogo ao Buda, Dharma e Sangha!"

"Nesse caso," disse ele, "isso não vai ajudar; o tigre continuará a se aproximar."

"Vou correr mais rápido."

"O tigre consegue correr mais rápido do que você."

Para cada resposta que eu dava, ele dizia: "Não, isso não vai funcionar."

Por fim, sem muita confiança, eu disse: "Talvez reconhecer que o sonho é um sonho?"

"Sim, é isso," disse ele. "Se reconhecer que é um sonho, você pode continuar a sonhar e apreciar seus sonhos e pode continuar a dormir. Pode pular na boca do tigre, andar nas costas do tigre, fazer amizade com o tigre, qualquer coisa. Se não reconhecer que o sonho é um sonho, isso é o que chamamos de ignorância – perceber os fenômenos como "reais" quando eles não são. Quando você pratica a vacuidade repetidas vezes, lentamente, pouco a pouco, começará a mudar o hábito de perceber tudo como real e será capaz de perceber os níveis relativos e absolutos da realidade. Tornar-se um Buda significa que você pode perceber todos os aspectos da realidade."

"Está bem, a mesa está aqui e sei que essa mesa é vacuidade," eu disse. "Mas se eu bater minha mão na mesa, ela vai doer. No sonho, se eu me jogar do prédio, não vou morrer, mas aqui minha mão dói. Por quê?"

Adivinhe qual foi a resposta de Saljay Rinpoche? "Hábito. O hábito da mente não permitirá que você veja que sua mão e a mesa são vacuidade. Como sua mão parece sólida e real, você não a vê como uma mera projeção da mente e o mesmo acontece com a mesa. Uma vez que percebe que suas suposições sobre como as coisas realmente são, na verdade, não têm nenhuma base de realidade, então as possibilidades para o que pode acontecer se tornam ilimitadas. Mas isso vem devagar, com a prática."

"Se conseguir atravessar sua mão pela mesa," perguntei a Saljay Rinpoche, "poderei ver isso?"

Saljay Rinpoche disse: "Não. Seu hábito não permitirá que você veja. Em essência minha mão é vazia. A mesa também é vazia. Mas, se minha mão vazia passar pela mesa vazia, sua mente só verá um objeto sólido – minha mão – entrando em contato com outro objeto – a mesa."

Acreditar ou não nisso não é importante. E, por favor, não pratique o Dharma com a ideia de realizar milagres. O importante é usar uma história como essa de forma criativa, usá-la para inspirar suas investigações da realidade. E tenha em mente o fim do sofrimento, que é o objetivo de seu caminho.

Agora podemos perguntar: "Como uma história como essa ajuda a acabar com o sofrimento? Por que um tutor da mais profunda sabedoria fala sobre atravessar a mão por uma mesa para um jovem monge? O que ele realmente estava tentando me ensinar?" Saljay Rinpoche estava tentando me mostrar que todos os ensinamentos do Buda têm a intenção de nos ajudar a reconhecer a experiência plena da realidade e, além disso, entender como esse reconhecimento leva ao fim do sofrimento. Mas não podemos fazer isso sem conhecer a natureza da vacuidade, e, para isso, a meditação é a nossa melhor ferramenta.

Os três estágios da meditação da vacuidade

Trabalhamos com três estágios da meditação da vacuidade. Isso não significa que nossas próprias experiências seguirão necessariamente essa sequência linear ordenada; ao contrário, esse é um instrumento de ensino que pode ser uma orientação valiosa.

O primeiro estágio da meditação da vacuidade

O primeiro estágio baseia-se na dedução intelectual. Conjugamos conhecimento com dados científicos modernos ou com textos budistas que analisam processos mentais. Usamos qualquer coisa que ajude a demonstrar a realidade da vacuidade. O convencimento intelectual não alterará nossa visão, mas pode esclarecer nosso objetivo.

Existe uma abundância de exemplos de vacuidade acessíveis a nós, mas não estamos acostumados a identificá-los como exemplos. Uma berinjela roxa parece sólida o bastante para ser uma arma letal. Mas coloque-a no forno e ela vira meia xícara de papa. Nosso próprio corpo parece substancial e firme, embora cerca de 70% de nossa massa corporal seja feita de água. Encontre um galho caído na floresta e analise como as fibras criam a aparência de densidade, quando, na verdade, eles são mais como dez mil palitos de dente grudados. Quando caminhamos na praia, podemos dedicar um momento para perceber que os mesmos minúsculos grãos de areia sob nossos pés formam pedras, rochas e pedregulhos. Estamos cercados de exemplos comuns de formas compostas, temporárias e condicionadas. Veja com que rapidez o World Trade Center desapareceu.

Podemos decompor qualquer objeto ou qualquer forma, não importa quão grande ou pequena. Podemos pegar uma partícula da nova forma e dividi-la novamente. Podemos decompor as coisas ainda mais, sem encontrar nenhum elemento essencial que defina a forma em seu estado atual ou anterior. Esse é o objetivo: ver, por nós mesmos, que toda forma – percebida convencionalmente ou decomposta em pedaços – não tem identidade essencial. Toda forma é vazia de significado inerente. O valor e o significado da forma vêm de nossa percepção e não são inerentes à própria forma. É por isso que dizemos: "Forma é vacuidade." E porque a vacuidade permite todas as possibilidades, dizemos: "Vacuidade é forma."

Para usar essa informação em nosso caminho, devemos soltar nossa abordagem habitual em relação à forma e permitir que o reconhecimento da vacuidade entre na equação. Então, nossa tarefa passa a ser como estabilizar esse reconhecimento para nosso próprio benefício e dos outros. Isso vem com a meditação.

O segundo estágio da meditação da vacuidade

O segundo estágio da meditação da vacuidade relaciona insight com a meditação shamatha. Aqui, vacuidade torna-se o objeto de nossa consciência plena. Digamos que temos uma mesa diante de nós. Em vez de usarmos a "forma" para dar suporte à nossa consciência plena, juntamos a consciência plena com a impermanência e começamos a incluir os elementos insubstanciais da mesa. Podemos imaginar átomos que nossos olhos não conseguem detectar, ou podemos imaginar a desintegração da mesa porque a madeira está apodrecendo ou queimando como lenha em uma fogueira. Então, o que estamos vendo? O que aparece quando a forma se dissolve, muda, desaparece? Podemos colocar uma flor sobre a mesa e imaginar que olhamos para ela por meio de um vídeo em *time-lapse* onde, digamos, a vida de três semanas de uma tulipa se desenrola em três minutos. O objetivo é, mais uma vez, entender que nossas percepções são condicionadas pela convenção e pela realidade relativa. Precisamos nos convencer de que nossa percepção comum é muito limitada. As investigações a respeito de mudança e impermanência podem ser formas acessíveis de desafiar nossas percepções habituais.

No entanto, mudança e impermanência constituem apenas parte da história. Digo isso porque, quando examinamos os objetos, à medida que modificam sutilmente a forma, podemos ter a ideia de que, de momento a momento, algo realmente existe. Mas essas coisas que surgem tão vividamente no momento presente são manifestações de vacuidade.

No estágio dois, começamos a sentir o gosto das qualidades mutáveis e fluidas dos fenômenos. Se olharmos casualmente para uma árvore, em um dia sem vento, ela pode parecer imóvel. Se estabilizarmos nosso olhar, podemos notar alguns movimentos muito pequenos, tal como as folhas se mexendo como as asas de um pardal. Rapidamente podemos sentir a árvore como dinâmica, vibrante e com movimento. Ou podemos usar um edifício como nosso suporte para shamatha e imaginá-lo se desintegrando como um celeiro abandonado. Tente se conectar à atividade da mudança de maneira que as formas perdem sua solidez.

Com consciência normal, olhar para uma casa ou uma mesa tende a estreitar a visão. Passa a ser como uma visão em túnel, que nos permite ver apenas uma pequena parte da imagem inteira. Quando meditamos sobre a vacuidade, não caímos em um vazio e experimentamos o nada; o que diminui é nosso apego e fixação, além das crenças rígidas que temos sobre nós e o mundo que nos rodeia. Em outras palavras, começamos a ver as coisas como elas são, não como pensamos que sejam. Abandonamos os preconceitos, ideias e valores imbuídos, e apenas vemos. Os tibetanos dizem: "É como se tirássemos nosso chapéu." Removemos as camadas de preconceitos e ideias fixas e experimentamos a realidade sem essas restrições.

Quando nos familiarizamos com a ilusão de solidez – como em uma mesa – então a forma tende a diminuir em importância, o que, por sua vez, ajuda a quebrar as amarras do apego e da fixação. Normalmente, uma mesa evoca uma resposta carregada de valor – mesa boa ou ruim, bonita ou feia, cara ou barata. Nossa atenção se distancia do corpo-mente e vai para o objeto. Quando nossa atenção habita o objeto, a percepção subjetiva torna-se o chefe da mente. Foi o que Saljay Rinpoche chamou de projetor. O projetor é o chefe e somos apenas escravos das projeções, avançando em direção ao que definimos como atraente e nos afastando do que achamos pouco atraente. Mas, quando usamos o vazio como suporte para a consciência plena, tornamo-nos o chefe de nossas percepções. Já não reagimos às formas que nos cercam de uma maneira ditada por hábitos e convenções de percepção.

Reconhecendo a vacuidade da mesa, da casa, do animal de estimação ou do conversível vermelho, penetramos diretamente na cola que normalmente adere nossa mente ao objeto. Com esse reconhecimento, o objeto perde seu valor atribuído, fabricado. Não somos mais pressionados pela percepção. Agora, com serenidade mental, somos livres para desfrutar as qualidades do objeto. Podemos desfrutar de sua cor, forma ou cheiro sem sermos desequilibrados pelo desejo, julgamento ou inveja. A meditação da vacuidade é como olhar no espelho. O que vemos é muito claro. Mas não é real. É impermanente, sem substância ou independência.

Quando Saljay Rinpoche estava ensinando sobre os diferentes reinos, fiquei preso à noção de que os reinos do inferno e os reinos dos Budas eram construtos mentais, enquanto o reino humano realmente existia. Um dia perguntei-lhe: "Se a terra pura búdica for apenas um estado mental, então terra pura é apenas uma ideia. E se for apenas uma ideia, então por que a tornamos algo real, com imagens, cores e preces especiais? Por que a tornamos mais sólida? E o que é ainda mais confuso para mim, por que às vezes falamos sobre isso como algo real e outras vezes como construto mental?"

Saljay Rinpoche me perguntou, "O que você acha da minha roda de oração? Ela é real ou não?"

"É claro que é real," disse-lhe.

"O reino búdico é como essa roda de oração", disse Saljay Rinpoche.

"Então isso significa que o reino búdico realmente existe lá fora?", perguntei.

"Não", disse ele.

"Você está dizendo duas coisas opostas ao mesmo tempo", disse-lhe.

Saljay Rinpoche respondeu: "Sim ou não é normal. Preto ou o branco são normais. Na verdade, essa roda de oração é uma construção mental e existe".

"Mas posso tocar nessa roda de oração", eu disse. "Quando você a gira, ela faz um barulho. Como pode ser um estado mental?"

Saljay Rinpoche disse: "É o mesmo que uma roda de oração em um sonho. Se tiver uma roda de oração em seu sonho, ela realmente não existe, mas você ainda pode usá-la no sonho. Mesmo esse mundo é uma construção mental. Até mesmo Saljay Rinpoche é uma construção mental."

Uma roda de oração, como um corpo – como o de Saljay Rinpoche – é uma construção composta de muitas partes. Independentemente das muitas partes que vemos, devemos ir mais longe. Não paramos em apenas algumas partes: um braço, uma perna ou um órgão. Continuamos até compreender a vacuidade de todos os fenômenos. Por causa dessa vacuidade absoluta, a realidade da forma de Saljay Rinpoche, assim como a roda de oração e todos os outros fenômenos, pode aparecer. Mas agora sabemos que suas formas "reais" são caracterizadas pela vacuidade e pela interdependência. Mudamos nossa visão e a alinhamos com a realidade como ela realmente é, para além das versões convencionais ou fabricadas.

O terceiro estágio da meditação da vacuidade

A realização direta define o terceiro estágio da meditação da vacuidade. Agora, os sentidos estão completamente infundidos com a sabedoria da percepção pura: não fabricada, nua, além de todos os preconceitos. Essa experiência direta é gerada pela prática da meditação do insight.

De um modo geral, existem duas formas de meditação do insight. Em uma delas, analisamos logicamente um determinado tópico, como a crença de que o "eu" realmente existe. Analisamos o conceito para ver se ele realmente faz sentido. Muitas vezes, constatamos que nossas ideias realmente não se sustentam sob escrutínio. Mesmo do ponto de vista de sua própria lógica, nossas ideias geralmente se desfazem. Uma vez que eliminamos as visões distorcidas que se aglomeram na mente, ocorre uma experiência direta da realidade que não é filtrada pela lente distorcida de nossas crenças e pressupostos.

Uma segunda forma de meditação do insight, amplamente praticada nas linhagens Mahamudra e Dzogchen do Budismo Tibetano, ou o que chamamos de Vajrayana tibetano, envolve um exame direto da experiência. Nesse tipo de meditação, uma pergunta simples – tal como "Existe alguma coisa na minha experiência que é estável e imutável?" – leva a uma investigação interna. Não encontramos nossa resposta por meio de pensamento lógico, mas observando diretamente nossa experiência no momento presente.

Por fim, esse exame nos leva a ver coisas sobre nós às quais estivemos cegos antes e, finalmente, a ver a natureza vazia de todos os fenômenos. Nesse momento, os olhos veem continuamente a união de manifestação e vacuidade, os ouvidos ouvem continuamente a união de som e vacuidade, o tato sente continuamente a união de forma e vacuidade e assim por diante. Experienciar diretamente a vacuidade em tudo o que percebemos elimina a dualidade entre realidade relativa e absoluta. Samsara e nirvana tornam-se uma realidade indivisível.

A boa notícia da cessação

O fato de que estou sofrendo hoje não significa que devo sofrer para sempre. A fonte dessa possibilidade é a própria vacuidade. A natureza essencialmente vazia de todos os fenômenos é o que explica a possibilidade da mudança. Se um edifício tivesse uma qualidade perene essencial, ele nunca cairia, mas acaba caindo. Nós sabemos isso. O mesmo é válido para nós: crescemos, envelhecemos, morremos. Essa capacidade de mudança nos permite transformar nossas percepções de ignorância em sabedoria e transformar nossas experiências de sofrimento em felicidade.

Antes de entrarmos no caminho, devemos reconhecer que podemos acabar com o sofrimento, caso contrário, não saberemos por que estamos fazendo o que estamos fazendo. A vacuidade é como o combustível para nosso veículo. Se entrarmos na estrada sem gasolina, nosso veículo não pode nos levar a lugar algum. Se continuarmos a nos agarrar firmemente à confusão perpetuada pela fixação do ego, conceitos e ilusões sobre forma e permanência, não podemos genuinamente entrar em nosso caminho. A vacuidade de todos os fenômenos nos permite mudar, abrir mão e voltar para uma realidade de maior verdade e clareza. Agora, podemos começar o processo de descobrir quem somos e como o mundo realmente funciona.

A visão convencional de como acabar com o sofrimento geralmente depende da manipulação de circunstâncias externas. Se alguém – um membro da família, um chefe, um vizinho – nos irrita, então evitamos essa pessoa; podemos nos divorciar, arrumar um novo emprego ou mudar. Se um funcionário ameaça nossa posição, podemos despedir essa pessoa. Se não gostamos de nossa casa, compramos uma nova. No entanto, as circunstâncias "lá fora" não são o problema. Muitas circunstâncias difíceis continuam além de nosso controle, como acidentes de avião, incêndios e terremotos.

Mas a infelicidade não está intrinsecamente vinculada a essas circunstâncias. O Buda completou sua missão com a percepção de que a insatisfação, o sofrimento autocriado e mesmo o sofrimento natural surgem na mente. Descobriu que podemos expandir nossas visões limitadas para além de nossas emoções, pensamentos e memórias para a consciência plena pura que está subjacente a tudo o que vivenciamos. Uma vez que isso acontece, confusão e sofrimento podem se transformar em sabedoria e compaixão. Essa é uma alternativa tão radical aos pontos de vista convencionais que leva um tempo para ser digerida.

Há um velho conto budista sobre um homem que viaja pelo mundo sem sapatos. Para proteger seus pés, que se tornaram sangrentos e esfarrapados, ele coleta peles de animais para cobrir seu caminho, um pedaço de cada vez. Então, um dia, ele cobre os próprios pés e toda a superfície do mundo se torna suave. Perceber a verdade da vacuidade elimina todas as nossas projeções confusas ao mesmo tempo, desmantelando as bases do sofrimento e transformando samsara em nirvana. Não entender a vacuidade nos resigna à tarefa impossível de ir atrás de conforto tentando cobrir o mundo todo, pedaço por pedaço.

O ngondro nos ajuda a integrar a realização da vacuidade com tudo o que se manifesta em nossa experiência do momento presente. No entanto, na maioria das vezes, quando cultivamos bondade amorosa, compaixão e devoção nas práticas do ngondro, ainda operamos dentro dos limites relativos e dualistas do "eu." Por exemplo, "eu" tomo refúgio para ajudar "outros." Mas, passo a passo, nos aproximamos de uma visão absoluta.

Nos capítulos seguintes, investigaremos como o refúgio nos conecta com a iluminação, ao mesmo tempo em que a *bodhichitta* nos ajuda a afrouxar as fixações em nossas próprias necessidades e desejos; examinaremos também como a prática de Vajrasattva ajuda a purificar a negatividade, até que possamos perceber a pureza da vacuidade; investigaremos como a prática da mandala nos permite doar todas as coisas e ganhar mais ao vermos a riqueza infinita de nossa verdadeira natureza; e, com o guru yoga, finalmente veremos nós e o mundo através da lente da percepção pura. O ngondro nos leva a uma jornada que nos traz de volta a nós mesmos, mas chegamos em casa com uma nova noção a nosso respeito. Aprofundar o reconhecimento da vacuidade e reconhecer nossa natureza búdica juntam-se em um único processo.

Parte Três

As quatro práticas fundamentais extraordinárias

18. Campo de refúgio, comumente chamado de árvore de refúgio, representando todas as deidades principais do Monastério Palpung da região oriental do Tibete, sede dos Tai Situ Rinpoches.

A primeira prática extraordinária

Tomar refúgio

Parte Um
Tomar refúgio no Buda, Dharma e Sangha

Quando pequenos, meu irmão, Tsoknyi Rinpoche, e eu fazíamos de conta que éramos altos lamas, imitando nosso pai e outros. Essa era a nossa brincadeira, sentar em tronos de faz de conta, realizando rituais fictícios com sinos e tambores imaginários, cantando sílabas sem sentido. O Budismo parecia uma atividade social cotidiana, mas só depois de tomar refúgio com Saljay Rinpoche, no início de meu primeiro retiro longo, tive a sensação de voltar para casa, um sentido apurado de pertencimento ao Dharma.

Naquela época eu estava longe de todos que amava e que me amavam e tinha saudades de casa. Saljay Rinpoche me disse: "Todos sentem saudades de casa porque nossa verdadeira casa está dentro de nós e, até que reconheçamos isso, ansiamos por conforto fora de nós mesmos. A questão é se tomamos o caminho correto ou errado para casa. O refúgio nos conecta ao caminho correto."

Tomar refúgio é a primeira das quatro práticas fundamentais extraordinárias, também chamadas ngondro "interior." Os quatro pensamentos – ou ngondro "exterior" – investigam os hábitos que nos deixam girando em ilusão e insatisfação. Entendemos que, seja qual for a situação em que estivermos, do inferno da raiva aos resorts cinco estrelas, para realmente acabarmos com o sofrimento devemos aceitar que depender de fenômenos externos não funciona. Devemos renunciar aos nossos padrões habituais confusos de relacionamento com o mundo dos fenômenos. Agora desenvolvemos a convicção, a motivação e a intenção de pôr fim ao sofrimento, mas ainda não temos os meios para tal. Já conseguimos identificar a nossa natureza inerente como sendo a fonte da felicidade duradoura, mas até estabilizarmos a experiência de nossa própria bondade básica, isso continua sendo um conceito intelectual sem muito benefício.

O ngondro interior fornece meios e métodos para reconhecermos – ou pelo menos vislumbrarmos – nosso próprio estado búdico. Estamos removendo a lama do diamante.

O significado de refúgio

Todos se refugiam em algo, então, mais uma vez, trabalhamos com a transformação das tendências comuns em meios hábeis para o desenvolvimento espiritual. Todas as pessoas reconhecem relacionamentos, locais ou atividades que oferecem ao corpo ou à mente uma sensação de segurança e proteção. Mesmo os hábitos neuróticos ou não saudáveis – como comer muito chocolate ou dar risadas compulsivas – podem funcionar como um escudo protetor para evitar sentimentos de ansiedade ou vulnerabilidade.

Às vezes, o sentido de refúgio só se torna evidente quando não existe mais ou está ameaçado. Por exemplo, uma amiga americana me disse que na manhã de 11 de setembro viu pela televisão o primeiro avião atingir o World Trade Center. E depois o segundo. Os noticiários anunciaram que era um ataque terrorista. Ainda assim ela assistia a tudo com calma até anunciarem que o Pentágono havia sido atacado. Só então ela ficou assustada e começou a chorar. E me disse: "Há anos que, todas as manhãs, eu tomo refúgio no Buda, no Dharma e na Sangha. Mas descobri que também me refugio no Pentágono, no poder militar dos Estados Unidos e em sua capacidade de me proteger. Até o 11 de setembro nunca soube que confiava na proteção do Pentágono."

A maioria de nós guarda no coração e na mente relacionamentos ou lugares que identificamos como refúgios seguros. Embora esses refúgios externos tendam a nos decepcionar mais cedo ou mais tarde, reconhecemos nossas necessidades convencionais de segurança pois elas determinam o lugar onde começamos nossa prática de refúgio. Conectamo-nos aos sentimentos já conhecidos, mas mudamos o foco. Com a prática do Dharma, tomamos refúgio em nós próprios, em nossa capacidade intrínseca de ser feliz, de despertar e de ter consideração pelos outros. Tomamos refúgio na mente estável e confiável da consciência plena.

Quando tomamos refúgio no Buda, Dharma e Sangha, usamos imagens, conceitos e símbolos externos para nos conectarmos com nossas qualidades internas iluminadas. Tomamos refúgio em nossa própria bondade, em nossa disposição de abandonar a fixação ao ego e ser de mais ajuda para os outros. Quanto mais confiamos na legitimidade dos recursos internos para alimentar a felicidade duradoura, mais diminuímos nossa dependência dos fenômenos não confiáveis. Por fim, dissolvemos a dualidade conceitual entre exterior e interior, relativo e absoluto, o Buda exterior e o Buda interior. No entanto, começamos reconhecendo nossos refúgios convencionais.

Refúgios convencionais

Vamos começar perguntando: "Onde buscar a felicidade? Onde devo buscar segurança e conforto?" No amor, no status social ou no mercado de ações? Nosso carro pode quebrar, nossa empresa pode declarar falência ou nosso parceiro pode ir embora. Com certeza nossa saúde perfeita vai degenerar e um ente querido vai morrer. O mercado de ações sobe e desce; reputações aumentam e diminuem; saúde, riqueza e relacionamentos – todos esses refúgios samsáricos prosperam e decrescem. Quando depositamos nossa confiança neles, nossa mente se agita e tremula como bandeiras ao vento.

Um francês me contou que seu professor tibetano havia desestimulado seus alunos a se ordenarem. Isso realmente me surpreendeu. Ele explicou que o professor dizia: "A maioria dos ocidentais que vestem túnicas budistas se refugiam em suas vestes, não no Buda, Dharma e Sangha." Garanti a ele que isso não se limitava ao Ocidente.

Vivemos com uma sensação de falta que desejamos preencher. A mente-do-macaco habitualmente tenta se fundir com algo – principalmente com outra pessoa – para aliviar nossa profunda sensação de insuficiência. No entanto, os refúgios samsáricos são inerentemente impermanentes e, se confiarmos na permanência quando ela sequer existe, sentimentos de traição e raiva intensificam a perda.

Vamos abordar esse conceito de refúgios não confiáveis por meio da meditação.

Meditação em refúgios não confiáveis

- ▶ Sente-se em uma postura relaxada com as costas retas.
- ▶ Seus olhos podem estar abertos ou fechados.
- ▶ Por alguns instantes, sente-se com a consciência plena aberta.
- ▶ Agora traga à mente um objeto comum no qual você confia e que faz parte de sua rotina diária, talvez uma geladeira ou um carro. Torne esse objeto o suporte da meditação shamatha.
- ▶ Agora imagine que você vai à geladeira de manhã pegar seu suco de laranja orgânico ou, no final do dia, vai pegar uma cerveja gelada. Ou perceba-se entrando em seu carro para ir até o trabalho ou levar seu filho para a escola. Procure manter a consciência plena. Tente não ser engolido pela história. Mas, se isso acontecer, apenas volte para a consciência plena.
- ▶ Veja se você consegue se conectar com a suposição de que o objeto estará lá e que não foi quebrado ou roubado. Veja se consegue identificar as maneiras pelas quais passou a confiar nesse objeto e como o tem como certo. Veja se pode se conectar ao conforto oferecido pela familiaridade com esse objeto.
- ▶ Agora, imagine-se indo em direção ao objeto e descobrindo que ele não está lá. Investigue como você se sente. Se ficar envolvido com a história – por exemplo, dez minutos depois você ainda se pega fantasiando

que está preenchendo o boletim de ocorrência de roubo – tente apenas voltar às sensações e permitir que sua consciência plena se atenha à reação emocional, seja de raiva intensa, aborrecimento, confusão, desespero ou ansiedade.

▶ Conclua repousando na consciência plena aberta.

Qual foi a sensação? Você conseguiu perceber sua reação inicial por não ter suas expectativas atendidas? As emoções também podem se tornar refúgios habituais. Reagir com raiva e arrogância, procurando alguma coisa para culpar, pode se tornar um esconderijo habitual. Se a raiva reafirma sua identidade, é provável que você volte a esse estado em busca de abrigo, assim como alguém volta para casa. Talvez seu hábito seja se sentir arrasado pela confusão e pedir aos outros que venham em seu socorro. A impotência crônica pode ser um refúgio, uma maneira de se retirar do mundo e de suas responsabilidades. Antes de iniciarmos essa prática, seria muito útil conhecer os refúgios dos quais dependemos porque essa investigação pode realmente nos inspirar a seguir em outra direção.

Tomar refúgio não nos protege dos problemas do mundo. Não nos protege da guerra, da fome, da doença, dos acidentes e de outras dificuldades. Ao contrário, fornece-nos ferramentas para transformar obstáculos em oportunidades. Aprendemos a nos relacionar com as dificuldades de uma nova maneira e isso nos protege da confusão e do desespero. Os engarrafamentos não desaparecem, mas é provável que não mais reajamos amparados por nossa buzina ou pelos palavrões.

As doenças podem nos afligir, mas ainda podemos saudar o dia com uma alegre apreciação por estarmos vivos. Afinal, confiamos nas melhores partes de nosso ser para nos proteger contra essas tendências neuróticas que criam insatisfação. Isso nos permite viver no mundo com maior desenvoltura, sem precisar passar por situações pouco confiáveis a fim de nos sentirmos protegidos.

Considerando a realização como caminho

Até o fim do ngondro, bem como nas práticas subsequentes ao ngondro, nosso caminho é uma confirmação de que o despertar está ao nosso alcance. Nesse sentido, a realização passa a ser considerada como o caminho. A iluminação é a realização de nosso caminho. Nosso objetivo é reconhecer quem já somos. Iluminação é outra maneira de falar sobre estado búdico, realização, despertar, liberação – todas são variações verbais que descrevem nosso objetivo final. Desejamos despertar para beneficiar todos os seres sencientes para que eles também possam realizar sua própria natureza desperta – e isso nos inclui.

De agora em diante, em nossa prática do ngondro entramos em um contexto de seres iluminados, gurus vivos e fontes confiáveis de bênçãos. Mais importante ainda é que entramos nesse contexto com o reconhecimento de que, em essência, corporificamos as mesmas qualidades que os Budas possuem. Já não escolhemos fenômenos mundanos ou comuns como objetos de consciência plena. Por exemplo, antes apreciamos nossas qualidades humanas quando nos comparamos com outros seres, como as vacas. Embora também possuam a natureza búdica, as vacas não sabem disso, não podem reconhecê-la, nem podem funcionar nessa perspectiva de realização. Por essas razões, as vacas não podem oferecer os mesmos benefícios e bênçãos que os seres iluminados. Portanto, usar os poderes da imaginação para criar uma vaca ou criar um Buda não gera um contexto igualmente benéfico para a nossa prática. É por isso que usamos nossa capacidade humana comum para intensificar nossa atenção aos seres extraordinários e imaginamos uma árvore de refúgio repleta de seres que manifestam extraordinária sabedoria.

O termo *iluminação* não possui expressões visuais e verbais inerentes, todavia, palavras e formas inspiram a nossa compreensão. Na prática de tomar refúgio, deparamo-nos com o Buda Vajradhara – de cor azul celeste. O céu é espaçoso, vasto, sem restrições, ilimitado. Representa o absoluto, que é o mesmo que a vacuidade e o mesmo que a iluminação.

Cada detalhe da imagem de Vajradhara – ornamentos, objetos rituais, posição das pernas e braços – é simbólico.

Tudo aponta para conceitos que não podem ser incorporados por palavras ou imagens, tais como sabedoria, compaixão ou clareza. Por isso, usamos símbolos, rituais, cores e assim por diante, colocando-os em ação para expandir os limites autoimpostos de nosso universo. No Vajrayana, usamos essas imagens para acessar qualidades inerentes que foram enterradas sob conceitos e linguagem, convenções e hábitos. Consideramos o estado desperto como o método de nosso caminho. Não praticamos a fim de nos iluminar; praticamos para reconhecer que já somos iluminados. A prática expressa esse ser desperto. Independentemente de quão fantásticas e extraordinárias as imagens tibetanas possam parecer, de qualquer maneira elas manifestam aspectos ocultos, não reconhecidos ou não realizados de nós mesmos. Tudo "lá fora" está "aqui." Todo o caminho é uma mudança de percepção.

Refúgio exterior e refúgio interior

Trabalhamos com dois tipos de refúgio: exterior e interior. Com o refúgio exterior ou relativo, Buda, Dharma e Sangha são vistos como estando fora de nós. Com certeza, essa dualidade oferece mais confiabilidade do que os refúgios convencionais, mas com benefícios limitados. Enquanto o Buda estiver em algum outro lugar que não em nosso coração e mente, não veremos o verdadeiro Buda – a clareza vazia de nossa própria consciência plena pura. O refúgio interior nos oferece a oportunidade de tornar o Buda exterior nosso Buda interior.

Com o refúgio interior ou absoluto, a dualidade entre externo e interno se dissolve. Em última análise, confiamos em nós mesmos, em nossa natureza búdica e em nossas próprias qualidades despertas. A purificação é o processo de tornar essas qualidades mais acessíveis para que possamos integrá-las ao nosso cotidiano. Com a prática, reconhecemos em nós mesmos o Buda perfeito em quem tomamos refúgio. Essa é a essência da prática.

Querer tomar refúgio é, por si só, uma indicação da natureza búdica. Tomamos refúgio para sermos mais felizes, livres de sofrimento e nos sentirmos mais seguros e estáveis. Por que dizemos que esse desejo, em si, reflete a natureza búdica? Porque nunca aceitamos o sofrimento como condição humana normal ou natural. Seja qual for o grau de nossa infelicidade, aparece esse anseio de nos livrarmos dela. De onde vem esse anseio? Como podemos explicar o conhecimento intuitivo de que é possível nos libertarmos de *dukkha*? Isso vem da nossa própria sabedoria intrínseca. Nada mais explica por que sabemos intuitivamente que a nossa infelicidade é desequilíbrio, que esse não é nosso verdadeiro "eu" e que o desequilíbrio pode ser atenuado. Nossa natureza búdica faz isso. É como uma bússola interna que mantém nossa direção voltada para o contentamento, não importa quanta angústia ou dor suportemos.

Todo ser tem essa inteligência intuitiva. Se tocarmos em uma minhoca, ela se enrola toda. Essa é uma sabedoria das minhocas. Todo ser vivo, até certo ponto, tem a sabedoria da fuga. A autoproteção é uma forma de compaixão. Todos os seres querem a felicidade; não querem sofrer e não querem morrer. Essas são as sementes da bondade amorosa e da compaixão. Quando cultivamos compaixão por todos os seres sencientes, nós nos incluímos; desejamos que todos os seres sencientes possam ser protegidos contra danos. Se a natureza búdica não existisse, então o que identificamos como sofrimento não existiria. O sofrimento expressa nosso distanciamento da natureza búdica e, até eliminarmos essa separação, o sofrimento de um "eu" separado e incompleto permanecerá.

Algumas pessoas interpretam "natureza búdica" como sendo uma espécie de objeto, adquirindo uma qualidade quase que material e nossas metáforas podem contribuir para esse mal-entendido. Quando falamos de natureza búdica semelhante a um diamante ou a uma bússola interior, isso pode soar como um órgão físico, como o coração ou os pulmões. Não é assim. É mais como óleo de mostarda que infunde completamente todas as partes de uma semente de mostarda, mas que só se torna evidente quando a semente é prensada e as partículas grossas são removidas. No entanto, o óleo nunca esteve separado da semente, nem ocupou um local específico dentro da semente. Obtemos o óleo mediante o refinamento ou, podemos dizer, por meio da purificação, porém, o que obtemos sempre esteve lá.

Eu tomo refúgio no Buda, no Dharma e na Sangha

Tomar refúgio nas três joias expressa a conexão mais básica e fundamental com o Budismo. Tendo confrontado as limitações do samsara, estamos prontos para uma mudança. Não podemos renunciar às tentações do samsara de uma só vez, mas esse voto ajuda a estabilizar nossas intenções. Ele nos faz lembrar o que é verdadeiro, o que é real, tanto no mundo como em nós mesmos.

Tomar refúgio no Buda

O significado exterior de tomar refúgio no Buda se refere ao Buda Shakyamuni, o Buda histórico, que viveu na Índia há cerca de 2600 anos. Nós o chamamos de O Desperto, aquele que foi além de todas as dualidades e conceitos, além de todas as formas de confusão e sofrimento. Sua iluminação e seus ensinamentos continuam a embasar todas as escolas e práticas budistas. Contudo, em quem o próprio Buda tomou refúgio? Sabemos que o pai do Buda, o rei Suddhodana, buscou proteção no poder político e na posição social. Sabemos que as tentativas do rei de manter seu filho ligado à vida de um chefe de família pelas seduções sensoriais não funcionaram. Fugindo dos guardas do palácio, Siddhartha (seu nome de família) saiu de casa para iniciar uma vida de busca espiritual, refugiando-se em florestas e cavernas e com professores que tinham domínio das práticas do ascetismo. Mas, depois de seis anos, ele rejeitou as austeridades, como havia rejeitado o caminho proposto pelo pai, bem como os rituais do sacerdócio brâmane dominante. Quando se sentou debaixo da árvore bodhi, Siddharta tomou refúgio em si mesmo. Baseando-se em seu próprio conhecimento, bem como em anos de treinamento e experiência, ele abandonou qualquer ortodoxia, determinado a libertar sua mente das verdadeiras raízes do sofrimento.

É importante usar esse modelo de autossuficiência – e é importante não fazer um uso indevido dele. Não podemos dispensar os ensinamentos do Buda em nome da autonomia criativa, como também não podemos seguir o Buda como um filhote de pato segue a sua mãe. Não descartamos a fé genuína nem nos entregamos à fé cega. Mas baseamo-nos no hábito humano de confiar em fontes excepcionais e usamos o Buda – seus ensinamentos e exemplos – como inspiração.

Quando ouvimos os conselhos de alguém tido em alta estima, como um grande estudioso, um famoso escritor ou uma estrela de cinema, essas palavras têm um impacto dramático, enquanto que as mesmas palavras faladas cem vezes por nossos colegas ou pais podem não ter nenhum efeito. O poder da sugestão funciona assim. Quando alguém identificado como especial diz alguma coisa, escutamos com a maior atenção e confiança. Essas tendências naturais inicialmente direcionam nossa prática de refúgio. Usamos as imagens, as palavras e as atividades dos seres para intensificar nossa devoção e receptividade. Com os seres iluminados diante de nós, curvamo-nos e cantamos com mais entusiasmo do que se imaginássemos seres comuns. Tomamos refúgio nas orientações e nas palavras do Buda, que corporifica todos os seres iluminados. Usamos o Buda exterior para nos refugiar em nosso Buda interior. Mas como identificar as qualidades iluminadas?

As três qualidades ilimitadas: Sabedoria, amor e compaixão e atividade iluminada

As qualidades iluminadas manifestadas por um Buda são sabedoria ilimitada, amor e compaixão ilimitados e atividade iluminada ilimitada. Quando veneramos os Budas, reconhecemos e valorizamos sua manifestação de iluminação. As sementes dessas qualidades existem dentro de nós, mas as cultivamos por meio da veneração e da devoção.

Sabedoria ilimitada

A sabedoria ilimitada tem dois aspectos: relativo e absoluto. A sabedoria absoluta significa a realização direta da natureza vazia e ilusória de todos os fenômenos. A sabedoria relativa nos lembra que o Buda não está "viajando" no nirvana e pensando: "Tudo é maravilhoso, ninguém sofre, não há trabalho algum para eu fazer." A sabedoria relativa significa que o Buda conhece nossa realidade relativa; ele conhece nosso sofrimento, nossas neuroses e ilusões, confusões, conceitos e percepções impuras. *Ilimitada* aqui significa que não há nada além da percepção de um Buda.

Amor e compaixão ilimitados

Amor e compaixão são como o amor incomensurável que uma mãe tem para com seu único filho. Ela ama a criança mais do que a si mesma. Um amor sem limites. É como se fôssemos o filho do Buda. Amor e compaixão podem ser limitados por conceitos, mas incomensuráveis; amor ilimitado só existe além de conceitos.

Atividade iluminada ilimitada

Isso descreve as formas ilimitadas com que o Buda nos ajuda. Ainda assim, todos os dias milhões de pessoas sofrem de desastres naturais, crises financeiras, problemas românticos, problemas da mente-do-macaco e parece que o Buda se recusa a ajudar. O próprio Buda disse que um Buda poderia fornecer as condições perfeitas para a extinção de *dukkha*, iluminando o caminho do Dharma. Mas é nossa responsabilidade fornecer as causas para que isso aconteça. É por isso que praticamos. Os Budas estão sempre disponíveis, mas nem sempre estamos disponíveis para o que eles oferecem. Eles podem abrir a porta e refletir a luz, mas se não passarmos por ela, permaneceremos na escuridão.

Tomar refúgio no Dharma

Quando era criança, ouvi meu pai falar muitas vezes sobre as incríveis qualidades do Buda. Um dia perguntei: "Se o Buda é tão incrível, tão maravilhoso e perfeito, por que ele não consegue curar os doentes? Por que ele não pega os mendigos de Catmandu e os conduz à terra pura?"

Meu pai respondeu: "Carma. Todo mundo tem seu próprio carma para trabalhar. Ninguém, nem mesmo o Buda, pode mudar nosso carma."

Continuei a pressionar meu pai, perguntando: "Se o Buda não pode ajudar as pessoas que estão sofrendo, então por que todas elas se prostram, cantam mantras e fazem oferendas?"

"Elas estão mudando seu próprio carma," explicou ele. "Só você pode mudar seu carma e construir seu carma. O Buda não pode fazer isso por você, mas a prática do Dharma pode. Embora o Buda não possa mudar nosso carma, fazemos preces a ele, e a prece, em si, muda nosso carma. Ao ver as qualidades iluminadas dos Budas chegamos cada vez mais perto de ver essas qualidades em nós mesmos. Dessa forma, a prática do Dharma assume um papel ativo na mudança de nosso próprio carma. Nossa noção de quem somos começa a mudar."

Para eliminar o sofrimento, precisamos do protetor supremo, que é o Dharma. É o Dharma que realmente pode nos salvar do samsara. Só seguindo o caminho do Dharma – ou seja, praticando – podemos desenvolver a autorrealização.

Tomar refúgio na nobre Sangha

Existem dois tipos de Sangha: a nobre e a comum. A nobre Sangha se refere aos bodisatvas, arhats e outros sábios que alcançaram a realização direta e detêm a linhagem de ensinamentos de sabedoria. A Sangha comum refere-se aos membros da nossa comunidade de prática. Os dois tipos desempenham um papel fundamental em nosso desenvolvimento; porém, tomamos refúgio apenas na nobre Sangha.

Enquanto ainda estamos no samsara, é importante tomar refúgio naquilo que vai além do samsara, além do comum. O ngondro é um processo de visualizar uma maneira radicalmente nova de viver no mundo. Por esse motivo, mantemos nossa orientação voltada àquilo que aspiramos desenvolver. Precisamos ampliar nossas perspectivas.

Em geral, as pessoas tendem a minimizar a importância da Sangha comum: o Buda é importante, o Dharma é importante e a Sangha é algo para se aturar. Mas é dentro da Sangha comum, monástica ou leiga, que as arestas mais difíceis de nossa arrogância e orgulho podem ser um pouco suavizadas. Os americanos – com suas obsessões por carros – têm uma boa expressão para isso: "Quando a coisa é *pra* valer." Digamos que há um carro novinho exposto em um salão. Ele parece ser perfeito. Mas ainda precisamos dirigir o carro para testá-lo. Um carro que nunca sai da loja é como um praticante que recita palavras bonitas sobre compaixão e altruísmo, mas evita a oportunidade de fazer um *test drive* de suas intenções e aspirações. Como manter os ideais do bodisatva quando interagimos com os outros? É inevitável surgirem problemas dentro da Sangha porque estamos falando de pessoas não iluminadas tentando se relacionar bem umas com as outras. Inveja, competição e raiva inevitavelmente irrompem. Embora cada praticante tenha uma mente não iluminada, cometa atividades não iluminadas e se enrede em um entendimento ignorante, a Sangha comum ainda oferece a melhor oportunidade de pôr o Dharma em prática. Compartilhamos ideais e metas e podemos recorrer à linhagem de professores e textos em busca de orientação. Deveríamos ser capazes de oferecer um espelho uns para os outros, de uma forma que os outros não conseguem.

As amizades samsáricas geralmente são baseadas em interesse. Se as outras pessoas puderem nos beneficiar, então tentamos fazer amizade com elas. Mas, se elas se tornarem inúteis, tentamos nos distanciar. Não estamos tentando ver as verdadeiras qualidades dos outros, mas só de que modo podemos tirar proveito deles. Nós os vemos em relação ao que nos beneficia. Dentro da Sangha, confiamos que os valores do Dharma prevalecerão. Isso não é diferente de ter fé no Dharma.

Tomar refúgio nas três raízes: Guru, Yidams e Protetores do Dharma

Na prática do Vajrayana, além das três joias – Buda, Dharma e Sangha – tomamos refúgio no que chamamos as três raízes: o guru, o *yidam* (ou deidade de meditação) e os protetores do Dharma. O guru é a raiz das bênçãos, o yidam é a raiz da realização e os protetores são a raiz da atividade.

Tomar refúgio no guru

O guru ou professor é de extrema importância devido à interdependência entre o professor e o discípulo. O Buda, que viveu milhares de anos atrás, não pode nos guiar para o nosso estado búdico de modo tão eficaz e conveniente quanto o guru. O professor vivo incorpora a sabedoria da linhagem de prática e funciona como uma tocha acesa que possui o poder energético de despertar a mente do aluno. Se fizer uma conexão com o guru, você também será despertado. Isso é o que chamamos de transmissão.

Transmissão ou bênção não acontece apenas por meio de rituais e cerimônias formais ou de palavras. Se um professor repousa sua mente na realização e ensina a partir desse lugar, essa qualidade mental pode ser expressada e comunicada, podendo ser transmitida para um aluno que estiver pronto para recebê-la. Pelos gestos das mãos do professor, expressões faciais, tom de voz e assim por diante, o aluno pode receber e começar a incorporar a visão que o guru está transmitindo. A linhagem viva nasce por meio do professor, não do Buda histórico. Para o aluno, o professor é mais generoso do que o Buda porque ele ou ela é a principal causa da maturação espiritual. As bênçãos vêm não só do guru, mas por meio do guru, que é percebido como um Buda vivo, bem como o principal veículo para os ensinamentos do Dharma e da nobre Sangha.

Reconhecer e usar os benefícios das bênçãos do guru depende da nossa devoção. Porém não somos receptores passivos como grama recebendo chuva. A devoção nos torna receptivos a tudo o que o guru oferece. Sem devoção, somos como xícaras viradas de boca para baixo, incapazes de receber qualquer coisa. Para nossa prática de refúgio, o guru é visto como nosso professor ou guia pessoal. Guru também pode se referir ao professor que nos deu a transmissão de uma determinada prática. A noção convencional de guru como outro – o professor lá que ensina e o aluno aqui – é de extrema importância, porque sem esse professor, ou o que chamamos de guru exterior, talvez nunca fosse possível ouvir as palavras do Dharma. De modo mais profundo, o guru exterior nos coloca em contato com o guru interior, a sabedoria natural de nossa mente original que, em última instância, é onde tomamos refúgio. Ela é a fonte de tudo o que normalmente sentimos que nos falta: paz e tranquilidade, insight e sabedoria, compaixão e empatia. Tudo o que desejamos, já possuímos. O guru exterior é como a chave mas, quando abrimos a porta, descobrimos que nosso verdadeiro guru somos nós mesmos.

Tomar refúgio nos Yidams

As deidades de meditação, ou yidams, são a raiz da realização. Quando entramos em um relacionamento com eles, suas qualidades iluminadas elucidam as nossas, ajudando-nos na consecução da nossa realização.

Cada yidam significa um aspecto específico da mente iluminada. Por exemplo, na segunda prática fundamental extraordinária, focamos a deidade de meditação Vajrasattva para purificar nossas negatividades. Se nosso foco for compaixão, podemos invocar Chenrezik, também chamado de Avalokiteshvara. Basicamente, usamos uma projeção arquetípica de uma qualidade iluminada a fim de nos vermos refletidos nesse espelho. Tendo criado uma estrutura dualista como um meio hábil, transformamo-nos, então, em nossa projeção iluminada.

Na última prática do ngondro, o guru yoga, bem como nas práticas subsequentes ao ngondro, eliminamos a dualidade e nos fundimos com a deidade de meditação a fim de aprofundar e elucidar nossas qualidades internas e nos reconhecermos como despertos no momento presente. Nessa fase de nossa prática, começamos trabalhando com os yidams em um sentido dualista, imaginando-os "lá" como parte do campo dos seres iluminados. Em última instância, vemos que a deidade e a mente do aluno nunca estiveram separadas.

Referimo-nos aos yidams como formas simbólicas do estado búdico pois a imaginação simboliza e revela concepções que usamos em nosso caminho. Por exemplo, os seis braços de um determinado yidam podem representar as *paramitas*, as seis "perfeições" ou comportamentos virtuosos que precisamos para fazer a travessia do samsara para o nirvana: generosidade, disciplina, paciência, diligência, meditação e sabedoria. Quatro pernas podem representar as Quatro Nobres Verdades: a verdade do sofrimento, a verdade da causa do sofrimento, a verdade da cessação do sofrimento e a verdade do caminho da prática. Uma face representa o *dharmakaya* – a unidade de todos os fenômenos, sem sujeito, sem objeto, sem dualidade, sem samsara, nem nirvana. Dois braços representam sabedoria e compaixão. Duas pernas representam a realidade relativa e a realidade absoluta. Quando as pernas estão cruzadas, isso representa a união do relativo e do absoluto.

O ponto importante é que não importa quão bizarras sejam as imagens com muitas cabeças, braços ou pernas – especialmente se você não está familiarizado com imagens tibetanas – essas formas têm significado. Além disso, o significado reflete diretamente as qualidades que você já incorporou. São formas simbólicas de espelhar a sua mente realizada. Lembre-se, você está se afastando dos refúgios do samsara e se voltando para a mais verdadeira fonte de proteção. O que poderia ser mais confiável que a sua própria natureza búdica? Os yidams nos ajudam a atingir nossos objetivos assumindo diferentes formas categorizadas como pacíficas, impulsionantes, magnetizantes e iradas. Essa diversidade reflete as diferentes necessidades dos praticantes. São como pais que usam maneiras diferentes de amar e disciplinar seus filhos. Se um comportamento bondoso e pacífico não funciona, um pai pode precisar demonstrar raiva. Se uma criança corre para a rua, a mãe pode levantar a voz por amor e preocupação, ou usar uma punição. Por esse motivo, temos yidams que estão associados a atividades pacíficas e iradas.

Os yidams também realizam atividades impulsionantes. Vamos dizer que uma criança é recompensada por sua realização acadêmica e essa recompensa impulsiona o desenvolvimento de sua confiança e capacidades; ou uma criança é especialmente prestativa com o trabalho doméstico e esse comportamento é reforçado com elogios ou presentes. A seguir, temos a atividade de poder, ou o que chamamos de atividade magnetizante. Essa é a atividade da inspiração. No Tibete, os pais costumavam levar as crianças pequenas para verem os lamas na esperança de acenderem suas mentes com a chama da inspiração. Os pais costumam contar ou ler histórias para seus filhos sobre heróis culturais ou grandes figuras religiosas, pensando que as crianças podem ser "magnetizadas" por comportamentos ou conquistas benevolentes. Movidas por compaixão ilimitada, essas deidades se manifestam sob qualquer forma necessária a fim de orientar os seres de maneira apropriada às suas necessidades individuais.

Tomar refúgio nos protetores do Dharma

Os protetores de Dharma são a raiz da atividade. Não são Budas plenamente realizados, são mais como os bodisatvas da Nobre Sangha que realmente aspiram ajudar os seres a reconhecer sua própria iluminação. São como assistentes, auxiliares ou ajudantes. Os protetores – ou *dharmapalas* – compreendem uma ampla gama de seres iluminados, como *dakas*, *dakinis* e *mahakalas*. Eles se transformaram em guardiões do Dharma, ou guardiões dos ensinamentos budistas. Os protetores mundanos são deidades locais ou deuses populares para os quais as pessoas oram para que possam ajudá-las em suas plantações ou que seu ambiente imediato seja protegido de inundações e tempestades. Não são seres iluminados e não devem ser confundidos com os protetores de sabedoria do Dharma, que são bodisatvas.

Tradicionalmente, chamamos os protetores do Dharma de "atendentes", mas as pessoas modernas associam os termos "atendente" e "comitiva" com normas de comportamento da realeza que parecem ultrapassadas e talvez até ridículas. Embora tudo o que falamos aqui represente uma emanação mental, não precisamos de imagens ou palavras que criem mais obstáculos, portanto, devemos usar uma linguagem que nos auxilie ao invés de nos atrapalhar.

Talvez desejemos falar com o rei ou o presidente de nosso país para resolver problemas como a reforma do sistema de saúde ou a tributação das terras agrícolas. Não recorremos ao chefe de estado quando nosso carro quebra ou nosso computador falha. Para esse tipo de problema, pedimos aos ajudantes – funcionários, auxiliares e membros de nossa comitiva, como irmãos, primos e vizinhos – para vir nos socorrer. Do mesmo modo, voltamo-nos para os protetores do Dharma pedindo ajuda para remover os obstáculos à nossa saúde e riqueza, sabedoria e compaixão.

Quatro pontos importantes da prática do refúgio

Para a prática de refúgio, precisamos ter em mente quatro pontos importantes. O primeiro é a bodhichitta, que estabelece nossa motivação. Toda vez que começamos uma sessão de prática, reafirmamos nossas intenções e motivações e nos lembramos por que estamos praticando. O segundo é que devemos conhecer as fontes de refúgio. Sem isso, estamos apenas repetindo palavras e fazendo movimentos e sons sem nenhum benefício. O terceiro ponto é que devemos saber como praticar. Embora grande parte desse material seja sucinto, ele nos oferece uma amostragem de como a prática se desenrola. O quarto ponto importante é praticar livre de esperança e medo. Levará um tempo para chegarmos aos três primeiros pontos mas, quando o fizermos, o significado de "praticar livre de esperança e medo" será óbvio.

O primeiro ponto importante: Motivação da bodhichitta

Em nossa prece de refúgio, dizemos: "Que o mérito da minha generosidade e de outras ações virtuosas me conduza ao estado búdico para o bem de todos os seres." Por que tomamos refúgio? Não apenas para nós mesmos, mas para todos os seres sencientes. A intenção de ajudar todos os seres a alcançar o estado búdico expressa a bodhichitta, a mente da iluminação. O reconhecimento de que o sofrimento surge de falsos refúgios nos motiva a tomar refúgio para todos os seres sencientes, inclusive para nós. Desejamos apresentar todos os seres à sua verdadeira árvore de refúgio, que pode acabar com o sofrimento. Haverá uma seção especial sobre bodhichitta onde abordaremos esse aspecto de trabalhar com os símbolos e significados da árvore de refúgio, pois esse tema é de fundamental importância. Por enquanto, quero dizer algumas palavras sobre o significado de incorporar essa aspiração na prática de tomar refúgio. No início de cada sessão de prática, em primeiro lugar, verificamos nossa motivação. Não estamos praticando para aliviar nosso próprio sofrimento ou para alcançar nossa iluminação. Não pensamos que o refúgio beneficiará apenas a nós, mas beneficiará a todos os seres sencientes. Isso estabelece nossa motivação. Bodhichitta não é uma compaixão comum. Refere-se especificamente ao comprometimento – à intenção – de ajudar todos os seres a alcançarem a iluminação. Não apenas "desejamos" passivamente a iluminação de todos; trabalhamos de modo ativo, intencional e energético em prol desse objetivo último. Isso reflete a compaixão suprema ou pura porque aspira à liberação suprema, que nada mais é que a iluminação. Quando recitamos o voto "de beneficiar a todos os seres sencientes," também nos comprometemos a transformar essas palavras em atividade.

Imaginemo-nos trabalhando em prol da educação de prisioneiros, para que, após a libertação, os detentos possuam habilidades que os ajudem a prevenir seu retorno à prisão. Identificamos nosso trabalho como uma ação compassiva e desejamos ver os prisioneiros prosperarem em suas vidas pós-prisão. Mas qual seria o benefício? Para que sejam soltos e retornem ao sofrimento comum da confusão e da ignorância? Claro que não. Podemos continuar o mesmo trabalho, mas mudar a intenção: "Quero ajudar esses prisioneiros para que possam encontrar condições propícias ao alimento espiritual que os levará à libertação definitiva."

Aqui, como em muitos estudos do Dharma, temos uma situação positiva para ambas as partes: quanto mais aspiramos a ajudar os outros a se iluminarem, mais desenvolvemos nossa própria bodhichitta que, por sua vez, desmantela as condições que nos mantêm presos ao samsara. É como um poço de desejo sem fundo: quanto mais queremos ajudar os outros, mais cresce a nossa aspiração e mais energia temos para as atividades necessárias. Quanto mais nos livramos da prisão da fixação ao ego, mais podemos realmente ajudar os outros. Qualquer coisa que ajude a soltar a fixação ao ego é o maior presente, já que o ego constitui a própria raiz do sofrimento.

Como não somos iluminados, não podemos ter 100% de bodhichitta. Mas 50% é bom. 10% é bom. Na verdade, zero por cento é bom. Só ter a intenção de responder aos seres sencientes com o coração puro da bodhichitta é maravilhoso. Mas zero por cento é a intenção. O percentual zero é melhor do que apenas um pouco, vamos dizer 1% ou 2%, porque zero é isento de esperança e medo.

Quando era jovem, eu pensava: "Ok, posso aprender sobre a vacuidade. Posso aprender sobre a impermanência. Mas bodhichitta? Esqueça, bodhicitta é uma responsabilidade tão grande! É tão vasta e tão intensa essa aspiração de ser um Buda para beneficiar todos os seres sencientes!" Essa era uma ideia inconcebível para mim. Um compromisso muito grande. Vacuidade e impermanência não são exatamente ideias pequenas, mas não exigiam o tipo de responsabilidade associado à bodhichitta. Não me sentia grande o suficiente para assumir essa imensa responsabilidade.

Naquela época, eu não entendia que ajudar os seres sencientes a vivenciarem o fim do sofrimento era de fato a principal motivação dos nossos esforços para fazer a passagem da confusão para a clareza. E não conseguia me relacionar com isso até aceitar que esse era outro processo gradual. Então, o processo se tornou viável e menos avassalador. Comecei a entender que, embora minhas capacidades fossem limitadas, minha intenção poderia se tornar ilimitada.

O segundo ponto importante: Conhecer as qualidades das fontes de refúgio

Já falamos sobre isso em nossa discussão sobre Buda, Dharma e Sangha, e sobre guru, yidams e protetores do Dharma. As qualidades fundamentais que devemos ter em mente são sabedoria, amor e compaixão ilimitados e atividades iluminadas ilimitadas.

O terceiro ponto importante: Como fazer a prática

Comece na posição sentada em uma postura confortável e estável. Sente-se com os olhos abertos ou fechados e repouse por alguns minutos na consciência plena aberta. Quando sua mente e seu corpo se estabilizarem, comece a imaginar os objetos de refúgio. Vou descrevê-los, mas também é conveniente colocar a imagem de uma árvore de refúgio em seu altar. Atualmente, muitos alunos têm essas imagens em seus computadores.

Imaginando a árvore de refúgio

Imagine uma bela paisagem, uma terra maravilhosa e prístina. Ela poderia estar no topo do mundo ou entre vales verdejantes ou em uma ilha romântica como o Taiti. Em seguida, traga esse cenário de paraíso perfeito para a visão da sua árvore de refúgio. Dentro desse cenário, imagine um lago puro, límpido e azul, suave e cristalino como um espelho. Do meio desse lago nasce a árvore realizadora de desejos de cinco ramos.

Pássaros belíssimos e coloridos encantam seus olhos. Com os ouvidos da imaginação, você se deleita com seus cantos. O seu sentido do olfato se delicia com o aroma das flores que desabrocham. O toque de uma brisa acaricia sua pele. Use a imaginação para intensificar os prazeres dos sentidos e, em seguida, estabilize sua consciência plena neles. Isso é meditação shamatha com um objeto mental.

Agora traga sua consciência plena para o lago e a árvore realizadora de desejos. Seu tronco vigoroso (que é considerado um dos cinco ramos) se ergue até o topo, tendo os quatro ramos principais se abrindo nas quatro direções. Cada ramo está repleto de folhas, frutos e pedras preciosas; juntos eles preenchem todo o céu. As folhas inferiores formam um dossel exuberante. Muitos seres iluminados – suas fontes de refúgio – repousam em cada ramo.

Imaginando as seis fontes de refúgio: as Três Joias e as Três Raízes

Comece a construir as fontes de refúgio com o guru raiz, a quem você imagina como sendo Vajradhara, com base no entendimento de que ele corporifica todos os seres iluminados. Vajradhara, a figura principal, senta-se no centro da árvore de refúgio. Abaixo dele e em menor escala, está a segunda fonte de refúgio, os yidams. A seguir, gire à direita de Vajrahara e imagine a terceira fonte de refúgio, Buda Shakyamuni. No ramo atrás de Vajradhara estão pilhas de livros, simbolizando o Dharma, a quarta fonte. Para a quinta fonte, a nobre Sangha, imagine a assembleia de arhats e bodisatvas ao longo da história e, para a última fonte, imagine os protetores do Dharma sob o dossel dos galhos inferiores.

A primeira fonte de refúgio: Guru Vajradhara

No meio da árvore de refúgio, inserido no próprio tronco, Vajradhara senta-se em um trono real sustentado por oito leões das neves. Sobre o trono há um assento formado por um disco plano da lua cheia, simbolizando compaixão. Abaixo dele há um disco do sol que simboliza sabedoria. Uma flor de lótus circunda esses discos, com as pontas de cada pétala voltadas para cima. A flor de lótus aparece com frequência nas imagens tibetanas para representar as atividades iluminadas do Buda: as raízes permanecem na lama, mas a flor se ergue acima da água, pura e imaculada, do mesmo modo que os Budas aparecem no samsara para beneficiar os seres, sem serem maculados pelo samsara.

O Guru Vajradhara – ou Buda Vajradhara – corporifica nossa própria linhagem de professores assim como nosso guru raiz, ou guru principal. (Dentre as diferentes tradições tibetanas, essa figura central pode mudar, e até nas representações de Vajradhara pode haver pequenas variações mas, em geral, a prática de refúgio permanece a mesma.) Uma pessoa pode ter um guru raiz ou vários professores. Todos esses professores são idênticos em essência e, portanto, se manifestam na forma única de Vajradhara.

Vajradhara tem a cor azul profundo. Essa cor representa a qualidade da vacuidade da mente semelhante ao céu, que chamamos de dharmakaya – ou realidade suprema, a vacuidade. O céu representa a qualidade absoluta de todos os fenômenos, livre de conceitos, livre de sujeito e objeto, sem limites, indivisível, não fabricado, tal como o espaço. Seus braços estão cruzados sobre o peito, o direito sobre o esquerdo, significando a união de sabedoria e compaixão. Na mão direita ele segura um vajra de ouro, símbolo dos meios hábeis ou ação compassiva e, na mão esquerda, um sino de prata, símbolo de sabedoria e vacuidade. Quem reconhece a vacuidade? A sabedoria. E a compaixão surge da clareza.

Primeiramente podemos pensar que vacuidade e sabedoria são duas qualidades não relacionadas. No entanto, uma vez que reconhecemos a vacuidade, esse reconhecimento, em si, é sabedoria; assim, a dualidade se dissolve. A união de sabedoria e compaixão é representada pelos braços cruzados. A face única de Vajradhara significa que não há separação entre samsara e nirvana, nem diferença entre eu e outro. Sua cabeça se inclina ligeiramente para a esquerda. Com um olhar tranquilo e um leve sorriso,

Vajradhara está sentado com as pernas cruzadas na postura de lótus completo. Suas pernas representam a realidade absoluta e a realidade relativa. Estarem cruzadas significa a inseparabilidade suprema do relativo e do absoluto, ou do samsara e do nirvana. Seis ornamentos adornam Vajradhara: dois brincos, uma pulseira, dois colares e uma braçadeira. Esses representam as paramitas, práticas usadas por bodisatvas para cruzar do samsara para o nirvana.

19. Vajradhara, o Buda primordial na linhagem Kagyu.

Cada aspecto da árvore de refúgio tem um significado simbólico. Aprender o significado dos símbolos sem dúvida pode enriquecer a prática. No entanto, no começo é quase impossível imaginar todos os detalhes da árvore de refúgio. Se tentar criar a imagem perfeita, sua mente pode ficar tão tensa que seus esforços o deixarão exausto e frustrado.

Conheça o significado geral; saiba que os seres iluminados espelham a manifestação pura de nós mesmos. Permita que os aspectos pictóricos essenciais componham as diferentes formas, mas não seja rígido quanto aos detalhes. Várias vezes, meu pai e Saljay Rinpoche reafirmaram a importância de permitir a presença dos seres iluminados inspirando a prática sem ficarmos ansiosos com os detalhes.

Os mestres da linhagem aparecem em três versões diferentes. Na versão mais condensada, Vajradhara está sentado sozinho, mas incorpora a união de todas as coisas, incluindo todos os mestres atuais e antigos da linhagem. Sua forma corporifica a vacuidade; portanto, como o céu, ele corporifica todos os fenômenos. Sobretudo, Vajradhara corporifica a união com seus próprios gurus. Eles são um e o mesmo.

Na versão mediana, todos os mestres da linhagem aparecem um acima do outro, em uma espécie de coluna acima da cabeça de Vajradhara; ou esse mesmo agrupamento de mestres é imaginado como uma assembleia de seres, mais na forma de uma árvore do que de uma coluna. Em uma segunda imagem, Vajradhara está sentado no topo dessa coluna ou agrupamento e é identificado como a origem da linhagem Mahamudra, o Buda Vajradhara primordial. Entre esses dois Vajradharas pode haver cerca de até quarenta mestres, representados mais ou menos em suas formas humanas. Mas é bom lembrar que todas essas formas são como reflexos em um espelho, pura aparição sem nenhuma solidez, como o reflexo da lua em um lago.

Na versão mais elaborada da árvore de refúgio, a coluna dos nossos mestres da linhagem está rodeada pelos principais mestres e gurus de todas as outras linhagens tibetanas.

Lembre-se de que não importa quantos guias vivos você tenha, Vajradhara corporifica todos eles e você não precisa de um guru pessoal para praticar o Vajrayana. É possível receber várias transmissões de práticas específicas de diferentes professores autênticos. E isso caracteriza um estilo de prática perfeitamente válido.

Outro estilo de prática é escolher um guru individual a quem você se volta para buscar orientação e transmissões. Você também pode ter mais de um guru raiz. No meu caso, tenho quatro gurus raízes.

Um terceiro método de conexão com um guru é o que chamamos de estilo automático. Quando seus diamantes estão cobertos de lama, você precisa de alguém para lhe mostrar que eles, de fato, são diamantes. Seja qual for o professor que lhe dê as instruções para introduzi-lo à natureza da sua própria mente – o que envolve seu reconhecimento da natureza de sua mente – então, ele ou ela se torna automaticamente seu professor, ou um entre seus professores mais reverenciados.

Seja qual for o estilo que escolher ou onde quer que você esteja no processo de conexão com os professores vivos, o Buda Vajradhara ocupa o centro das atenções, pois corporifica as qualidades búdicas da linhagem e dos gurus vivos.

Se você não tem 100% de devoção ou fé perfeita em seu professor, ou percepção pura de seu professor, nesse caso é melhor não imaginar a forma comum dele pois não é nela que você toma refúgio. A mente de sabedoria do professor é o seu professor; os ensinamentos do professor são o seu professor. Esses não são aspectos comuns e imaginar uma forma comum trará confusão. Ao ver as qualidades iluminadas do professor, estamos mais aptos para ver nossas próprias qualidades iluminadas. Por isso, imaginamos que Vajradhara corporifica a essência do nosso professor. A ideia é reforçar o verdadeiro significado daquilo em que você se refugia. O Buda disse que o professor é como uma flor, o aluno é como uma abelha e o Dharma é o néctar. Extraia o néctar, mas não se apegue à flor. Assim que receber os ensinamentos, eles se tornam o professor.

A segunda fonte: as deidades Yidam

Quando estiver olhando para uma imagem da árvore da linhagem, as deidades yidam estão logo abaixo de Vajradhara. Já descrevemos as várias formas assumidas pelas deidades yidam. Em muitas das imagens das árvores de refúgio da minha linhagem Kagyu, os yidams estão em união ou o que chamamos de *yab-yum*. A representação da união sexual simboliza a inseparabilidade intrínseca entre forma e vacuidade. Contrariamente à visão comum, a imagem *yab-yum* não representa duas deidades que se unem, mas sim uma deidade que se manifesta como duas. A deidade única representa a realidade absoluta; a separação em duas figuras representa a realidade relativa.

Dharmakaya - Yidams são as manifestações iluminadas do dharmakaya, que é a vastidão não fabricada, ilimitada, semelhante ao céu, representada por Vadjradhara. O dharmakaya não tem forma, lugar, cor nem início. É incriado e, portanto, não tem fim, nem margens, nem limites. Manifesta o aspecto vacuidade-sabedoria, vasto e inconcebível.

Kaya significa "corpo", porém, nenhum fenômeno é tão sem corpo quanto o céu, ou o dharmakaya. Portanto, não queremos dizer "corpo" no sentido de um recipiente, como uma bolsa ou um vaso, mas sim um "corpo de pensamento," um agrupamento ou reunião de qualidades correlatas. Embora tenha a forma de uma deidade humana, Vajradhara representa ausência de forma. Do dharmakaya-Vajradhara surgem todas as outras formas iluminadas dos yidams, que chamamos de sambhogakaya. Este termo significa o "corpo de prazer perfeito.".

Sambhogakaya - Esse aspecto de radiante clareza do estado búdico do sambhogakaya se manifesta na imaginação tibetana em forma de arco-íris. Essas deidades não são de carne e osso, mas manifestações transparentes de luz e cor, semelhantes à holografia. O sambhogakaya difere do dharmakaya na medida em que é uma forma sutil de corporificação, que se manifesta para ajudar os seres sencientes. Os seres do sambhogakaya se tornam parte do universo daqueles que purificaram suas negatividades e alcançaram um alto nível de realização, assim como você e eu somos parte do universo um do outro.

Nirmanakaya - Os seres do nirmanakaya são a próxima fonte de refúgio. O termo sânscrito *nirmana* refere-se à forma e é exemplificado pelo Buda Shakyamuni. A qualidade especial dos seres do nirmanakaya é que sua forma pode ser facilmente reconhecida por seres comuns como nós. Eles manifestam o estado búdico em uma forma relativa ou convencional.

Os três *kayas* nunca estão realmente separados um do outro. O aspecto da vacuidade é o dharmakaya, o aspecto da clareza é o sambhogakaya e a união de vacuidade e clareza é o nirmanakaya. A expressão das diferenças existe para o nosso benefício. Por enquanto, é conveniente falar de "três" corpos, mas isso muda com a prática.

Outra maneira de entender os três kayas é considerá-los como etapas do caminho. Primeiramente, nós nos conectamos ao nirmanakaya; quando obtemos mais realizações, vemos o sambhogakaya; e, no final, realizamos o dharmakaya – realizamos nossa própria mente de sabedoria. Em última análise, reconhecemos a inseparabilidade completa de todos os três.

A terceira fonte: o Buda Shakyamuni

No ramo à direita do Buda Vajradhara está o Buda Shakyamuni, cercado por mil Budas que representam os infinitos Budas das dez direções e dos três tempos. Às vezes, o Buda Shakyamuni fica no centro dos nove Budas, que juntos significam as dez direções. Esses Budas apresentam corpos emanados das manifestações humanas do estado búdico, ou nirmanakaya – seres iluminados que aparecem no mundo para ajudar os seres sencientes.

A quarta fonte: o Dharma

Por trás da assembleia de Budas, no ramo mais distante de nós quando imaginamos a árvore de refúgio, está o Dharma, representado por uma pilha de textos. Essas escrituras sagradas foram escritas com a melhor tinta de ouro e enroladas em tecidos finos bordados. As bordas quadradas desses livros retangulares estão voltadas para o observador. Cada livro possui uma aba feita de tecido. Em cada uma delas há uma letra bordada em sânscrito, que representa um determinado som. Tanto as letras como os sons são considerados emanações sagradas do Dharma. Uma vez que você aceitou a imaginação como caminho, imagine que é possível ouvir a vibração dos ensinamentos da coleção inteira de textos sendo entoados e disseminados por toda a extensão do espaço, como bandeiras de oração enviando bênçãos com o vento.

A quinta fonte: a nobre Sangha

À esquerda de Vajradhara está a nobre Sangha, representada pelos principais discípulos do Buda Shakyamuni, incluindo Shariputra e Maudgalyayana, bem como Ananda, primo e atendente pessoal do Buda, juntamente com os grandes bodisatvas do Mahayana, como Chenrezik, bodisatva da compaixão. Lembre-se de que você está buscando refúgio na comunidade de seres realizados.

A sexta fonte: os protetores do Dharma

Imaginamos os protetores do Dharma como corporificações ou expressões da consciência plena iluminada. Sob o dossel de galhos, abaixo do trono, numerosas deidades protetoras – masculinas e femininas, pacíficas e iradas – atravessam todo o espaço em camadas de nuvens, vento e fogo. São representados de pé sobre discos de sol rodeados por flores de lótus, muitas vezes com o pé direito erguido e o esquerdo pisando no corpo de um cadáver, significando o triunfo da compaixão e da sabedoria sobre o ego e a ignorância.

Imaginando o campo de todos os seres sencientes

Comece a prática do refúgio na postura dos sete pontos, ou tão próxima dela quanto possível. A seguir, imagine a árvore de refúgio com o lago, a árvore, os cinco ramos e as seis fontes de refúgio. Mais importante é usar sua imaginação para invocar a presença dos seres iluminados. Sua aspiração é fazer essa prática na presença dos Budas.

Agora comece a ler a liturgia do ngondro. Existem muitas versões de diferentes tamanhos e complexidade, e o seu guia do ngondro pode ajudá-lo a fazer uma seleção.

Quando tiver estabilizado a imagem da árvore de refúgio, prepare-se para fazer prostrações completas em direção a ela. Fique de pé, ereto e com os pés juntos, junte as palmas das mãos no centro do peito.

Além da árvore de refúgio à sua frente, imagine a vasta assembleia de todos os seres sencientes e todos fazem juntos cada prostração; os mais importantes são seu pai, posicionado à sua direita, e sua mãe, à esquerda. Se um dos seus pais já faleceu, ainda assim é possível imaginá-los. Os órfãos imaginam alguém o mais próximo possível de uma figura parental.

Imediatamente à sua frente, também de frente para a árvore de refúgio, estão seus inimigos: pessoas com as quais você se desentendeu ou pelas quais se sentiu traído, ou aqueles que feriram você ou seus familiares, seja de forma física ou emocional.

Atrás de você estão amigos íntimos, irmãos, membros da Sangha, primos, colegas de trabalho e assim por diante. Atrás de seus amigos estão todos os seres sencientes.

Isso é muita coisa para imaginar! Talvez seja bom pensar esse vasto campo de seres como se fosse uma gigantesca orquestra. Você concebe todo esse quadro mental com grande clareza, mas não vê nenhum indivíduo distintamente. Você é o maestro que conduz todos os seres juntos para reverenciar as fontes de refúgio por meio do corpo, da fala e da mente. Quando você se prostra, todos se prostram – pais, amigos, inimigos e todos os seres sencientes.

O vasto campo de todos os seres samsáricos fornece um poderoso catalisador para sua motivação. Se você não reverenciar as fontes de refúgio, ninguém o fará. Faça isso para os outros, não importa quão preguiçoso ou resistente possa se sentir. Esse campo também funciona para lembrá-lo de que os refúgios samsáricos não são confiáveis. Mesmo seus pais, sua fonte mais confiável por muitos anos, estão aqui em deferência às verdadeiras fontes de refúgio. O mesmo é verdadeiro para seus amigos, parentes e outros a quem você se voltou em busca de proteção física ou emocional. Nenhuma dessas fontes não confiáveis pode protegê-lo contra seus inimigos. Sua única proteção verdadeira vem de uma mudança interior de percepção, e isso vem da prática.

Assim que tiver estabilizado até certo ponto a imagem da árvore de refúgio e os campos circundantes, comece suas prostrações.

Nesse momento você está tentando imaginar: um reino perfeito com um lago imaculado e uma árvore de refúgio; todas as seis fontes de refúgio; seus pais, seus inimigos, seus amigos e todos os seres sencientes! Antes de decidir que isso é simplesmente impossível, talvez ajude dizer algumas palavras sobre a prática da imaginação porque, na verdade, esse é um obstáculo bastante comum no ngondro.

A prática da imaginação

Da mesma forma que o refúgio se baseia na necessidade humana de se unir a algo fora de nós em busca de proteção, o Vajrayana baseia-se na capacidade humana de recorrer à imaginação. Visualização é o termo mais comumente usado e, em geral, está associado a práticas esotéricas. No entanto, estamos simplesmente falando do hábito humano de imaginar, ao qual recorremos para nos auxiliar a intermediar todas as nossas atividades. A diferença entre o uso secular e o religioso não está no processo da imaginação, mas apenas na sua aplicação. No Vajrayana, usamos a imaginação a serviço de nosso desenvolvimento espiritual.

Ao planejar as férias, podemos imaginar catedrais douradas em capitais europeias ou praias de areia branca na Tailândia. Uma série de fotografias pode passar pela nossa mente como se estivéssemos mudando os canais de televisão, ajudando-nos a selecionar um destino. Podemos pensar que existe algo "real" lá fora – os lugares que desejamos visitar –, mas sabemos que as imagens na nossa mente não são reais. Os detalhes do refúgio – os ramos, os frutos, as joias, os mestres da linhagem, o lago – também não são reais. Esses detalhes não têm a qualidade de densidade ou substância, mas permanecem transparentes e fluidos. A mente da imaginação permanece muito relaxada, sem rigidez nem tensão.

Como a imaginação ajuda a cultivar nossa consciência plena? O que podemos aprender sobre a natureza búdica ao trabalhar com a imaginação, em vez de ficarmos sentados no sofá devaneando? Nesse caso, produzimos deliberadamente determinadas imagens. Os detalhes ajudam a atrelar nossa mente à consciência de que estamos criando essa visão. As imagens não estão apenas flutuando dentro e fora da nossa mente como listas de compras ou conversas que tivemos ou estamos planejando ter. Criar a imagem e estabilizá-la requer esforço mental. Isso realmente é um grande obstáculo para os alunos abordarem as práticas de imaginação: eles fazem muito esforço. Deixe-me explicar isso com um exercício.

Imaginação: Um exercício de três partes

1. Sente-se confortavelmente e procure se lembrar do quarto em que viveu a maior parte do tempo em sua infância. Escolha um lugar do qual você se lembra com carinho. Por ora, apenas relembre dos detalhes desse quarto. Imagine os móveis, as paredes, as cores, talvez um tapete e as janelas. Imagine o espaço entre os móveis. Leve um ou dois minutos para trazer à mente o máximo de detalhes possível. A seguir, pare de pensar em seu quarto.

2. Agora gostaria de lhe pedir para adotar uma postura de meditação.

   ▶ Sente-se em uma postura relaxada com as costas retas.
   ▶ Seus olhos podem estar abertos ou fechados.
   ▶ Leve dois ou três minutos para repousar na consciência plena aberta.
   ▶ Agora relembre novamente o seu quarto da infância. Use os detalhes do quarto como suporte para a meditação shamatha. Medite nas

qualidades do quarto: a cama, a cor da colcha, a cor das paredes, de quaisquer fotos ou pôsteres nas paredes, o tipo de janela, talvez das cortinas ou persianas, e use essas memórias para estabilizar sua consciência plena por um ou dois minutos.

▶ Permita que a atenção consciente se mova dos objetos para a própria consciência plena.

▶ Conclua repousando na consciência plena aberta por um minuto.

3. Agora, a terceira parte: esta é uma meditação muito especial, muito importante.

▶ Mantenha a coluna reta e relaxada.

▶ Apenas pense no seu quarto da infância, nada mais. Nenhum outro pensamento. Não pense em pizza ou em parceiros. Não mova sua mente do quarto para a cozinha ou para a sala de estar. Mesmo dentro do quarto, não mova a mente da cama para o armário, ou do chão para o teto. Não se atente aos detalhes. Seja o que for que imaginar primeiro, fique lá e estabilize sua consciência plena por um minuto. Mantenha sua consciência plena estável.

▶ Conclua repousando na consciência plena aberta.

Desses três exercícios, qual é o mais fácil: (1) lembrar do seu quarto da infância, (2) usar essas memórias para estabilizar sua meditação da consciência plena ou (3) a meditação especial? Quando faço essa pergunta aos alunos, quase todos dizem que o primeiro é o mais fácil, o segundo é um pouco mais difícil e o último é o mais difícil. Por quê? Porque, a cada etapa, a mente fica mais tensa. No começo você pensa: posso me lembrar do meu quarto, não há problema, é fácil. Mas quando lhe dizem que a meditação é especial e muito importante e que sua mente não pode vaguear, então o esforço torna-se muito consciente e extenuante.

Quando imaginar a árvore de refúgio, use o primeiro estilo de lembrar seu quarto. Relaxe. Se a imagem for bem clara, é bom; se não for muito clara, também é bom. Não importa. Apenas invoque a presença viva das deidades. Traga a memória de uma árvore de refúgio para a mente e coloque as deidades em seu local correto na árvore. Depois disso, não se preocupe com os detalhes. Pouco a pouco, os detalhes ficarão cada vez mais claros ao fazer a prática; por isso, não se preocupe.

A imagem geral que você cria ajuda sua mente a não se desviar, auxiliando-o a prestar atenção ao processo de criar um universo. No final, você dissolve esse universo. Você o cria; você o solta. Projetou a união de forma e vacuidade na tela do filme da sua mente e permite que a forma se dissolva novamente em vacuidade, assim como fez com o exercício do quarto de infância. Se entender a projeção como a união de forma e vacuidade, então terá introduzido o elemento da sabedoria na sua meditação. Chamamos essa meditação de vipassana.

Vipassana

Vipassana entra em ação aplicando uma mente relaxada a uma imagem insubstancial e usando essa experiência para reconhecer a vacuidade da forma que criamos. Utilizamos estruturas formais como sentar, visualização e assim por diante para estimular nossa consciência plena desse processo. Mas, na verdade, é uma descrição de como a realidade funciona, e quanto mais alinhamos nossa experiência com essa realidade, mais funcionamos a partir de um lugar de realização.

Usando símbolos

Muitas vezes as pessoas perguntam se todos esses detalhes e símbolos são necessários para o nosso desenvolvimento espiritual ou se são apenas uma peculiaridade cultural característica dos tibetanos.

O significado do Dharma se resume à natureza búdica. Tudo se resume à natureza búdica. A natureza búdica está além de forma e conceitos, além de detalhes e símbolos culturais. Mas precisamos de uma maneira de abordar a natureza búdica e explicar o que não pode ser explicado.

Praticamente falando, precisamos de um caminho, um contexto e uma orientação. Quando praticamos o ngondro, não adianta dizer: "Como a natureza búdica está além de palavras e conceitos, eu vou fazer o que eu quiser". No Vajrayana, usamos as imagens simbólicas como caminho e, portanto, embora a natureza búdica transcenda todos os detalhes, os detalhes não são arbitrários.

Os símbolos já moldam nossa realidade cotidiana. Anteriormente, mencionei como esse caminho transforma as tendências convencionais em portas de entrada para a liberação como, por exemplo, a necessidade habitual de proteção ou confissão. O mesmo se aplica aos símbolos. Considere a bandeira nacional dos Estados Unidos, França, Brasil ou de qualquer país. O que realmente temos aqui? Um pedaço de pano pendurado em um mastro ou em ganchos, exposto dentro de um prédio do governo ou colocado em cima de uma montanha, ou reproduzido como uma imagem em um livro. Quando usado como uma bandeira de triunfo ou em homenagem a um herói morto, ou em um momento de crise nacional, esse símbolo se torna um poderoso estímulo para a expressão emocional de milhões de pessoas. Sua mera presença tem o poder de fazer as pessoas chorarem, seja de alegria ou de tristeza. Funciona da mesma forma com os símbolos do Dharma. Para os principiantes no Budismo Tibetano, certos símbolos podem parecer exóticos ou até estranhos. No entanto, embora os símbolos possam não ser familiares, a confiança depositada neles é relativamente simples.

Fazer prostrações

Como eu disse antes, com o refúgio, assim como com muitas outras práticas do Vajrayana, você usa seu corpo, fala e mente, apesar de a atividade das prostrações completas colocarem a ênfase no corpo. Você está agora em pé diante de sua árvore de refúgio, dentro de um campo com todos os seres sencientes. Junte as palmas das mãos em conchas na altura do seu coração como uma flor de lótus prestes a abrir, sem achatá-las uma contra a outra. Os polegares podem estar fora das mãos ou voltados para dentro.

Quando começar a oração de refúgio, em tibetano ou em seu próprio idioma, erga as mãos em cima da cabeça, gesto que representa o corpo. Isso confunde os ocidentais porque eles sempre apontam para a cabeça ao indicar a "mente". Mas os tibetanos identificam a cabeça com o corpo, porque ela contém os sistemas sensoriais.

A palavra tibetana para prostração significa "purificar" (*chak*) e "receber" (*tsal*). Com cada prostração, em cada uma das três portas – cabeça, garganta e coração – as negatividades são substituídas por bênçãos. Com as mãos no topo da cabeça, imagine que você está purificando qualquer doença do corpo que obstrua ou impeça seu caminho espiritual ou interfira com sua felicidade em um nível físico. As causas cármicas e as condições para esses problemas estão sendo dissolvidas e substituídas por bênçãos que pertencem à forma ou ao corpo iluminado dos Budas.

Em seguida, traga suas mãos em conchas na altura da garganta a fim de purificar a fala negativa, intrigas, calúnias, palavras ríspidas, críticas – qualquer fala que cause obstáculos ou sofrimentos que interfiram com seu desenvolvimento espiritual. Tudo isso está sendo removido ao mesmo tempo em que você recebe bênçãos associadas à fala iluminada dos seres iluminados.

Agora, traga suas mãos ao centro do coração e pense que, com esse gesto, você purifica as negatividades da mente que obstruem seu caminho espiritual e recebe as bênçãos e as qualidades da mente iluminada de todos os Budas. Na concepção dos tibetanos, o coração e a mente são um, não dois. O pensamento e o sentimento são unificados. Os processos mentais fornecem a camada superficial de entendimento, enquanto que abaixo deles estão os sentimentos, o discernimento e a informação emocional associada à sabedoria do coração.

Em seguida, dobre seus joelhos, traga suas mãos para o chão de cada lado do corpo, deslizando-as à frente até não poderem seguir adiante e toque a testa no chão. Os cinco pontos que tocam o chão – a cabeça, as mãos e os joelhos – representam a ignorância, a raiva, o orgulho, o desejo e a inveja. Imagine que esses venenos se dissolvem para que seus elementos opostos, os cinco aspectos da sabedoria do Buda ou consciência plena, possam começar a se desenvolver.

Na posição prostrada, volte a juntar as mãos em prece, erguendo-as sobre a sua cabeça; a seguir, traga as mãos para os lados do corpo, puxando-as para trás enquanto levanta as pernas para retornar à posição em pé. Por último, traga as mãos em conchas para o seu coração. Isso completa uma prostração, que deve coincidir com uma recitação da prece de refúgio. O número de prostrações a ser feito em qualquer sessão depende de muitos fatores que podem ser discutidos com seu guia do ngondro. Comecei a prática quando ainda vivia no Nagi Gompa. De início, fazia cerca de trezentas prostrações por hora. No começo, me sentia inspirado a completar as 111 mil prostrações tradicionais, mas meus músculos ficaram doloridos e perdi a motivação. Disse a meu pai que queria fazer a prática de Vajrasattva. Ele disse: "Ok, não tem problema." Assim que ele me deu permissão para parar com as prostrações, eu as continuei fazendo. A fim de facilitar para seu corpo, você pode enrolar um cobertor ou um tapete e usá-lo de suporte em baixo dos joelhos, ou pode embrulhar suas mãos em um pano, meias ou usar luvas para evitar que criem bolhas.

20. Tulku Urgyen Rinpoche, no Nagi Gompa, Nepal, por volta de 1990.

Hoje em dia, em vez de usar um mala para contar o número de repetições, muitas pessoas preferem pequenos contadores manuais, que cabem na mão e não interferem nos movimentos. O número total de prostrações, ou quantas consegue fazer durante uma sessão, depende de muitos fatores, e seu guia do ngondro pode orientá-lo a esse respeito.

Às vezes, devido à idade avançada ou a uma doença, não é possível prostrar-se. Se você está fazendo o ngondro pela primeira vez e não consegue fazer prostrações de corpo inteiro, faça as recitações sentado em uma cadeira ou almofada de meditação.

Em minha linhagem, as instruções tradicionais para o ngondro exigem 111 mil repetições das prostrações e do voto. Dependendo do professor ou da linhagem, esse número pode variar. Alguns professores solicitam um ngondro curto de 10 mil repetições antes de prosseguir com as práticas subsequentes, incluindo o ngondro longo, e alguns professores contemporâneos estão experimentando usar requisitos de tempo e não o número tradicional de recitações.

Se o aluno se preocupar com a contagem, será difícil realizar o benefício de tantas repetições. No entanto, a primeira prostração que você faz não é igual à segunda, e não é igual à quinquagésima milésima. Feita com motivação genuína, cada uma delas condiciona a mente para que a próxima seja de maior benefício. A prostração funciona com a interdependência do corpo, da fala e da mente. Trazemos esses três aspectos juntos para purificar a mente. Pode demorar um pouco para integrar completamente esses aspectos de modo que o próprio processo gere um benefício maior. Mas sem motivação genuína, sem bodhichitta, podemos fazer um milhão de prostrações sem muito benefício.

Nenhuma forma física corporifica mais plenamente a qualidade da entrega do que a prostração do corpo inteiro, o que sugere uma aparente contradição: você cria fontes verdadeiras e confiáveis de segurança e proteção, repetindo um gesto físico de extrema vulnerabilidade. No entanto, a quem você está se prostrando? Se pensar que os Budas e as deidades existem fora de você, então, prostrar-se pode parecer uma deferência a uma hierarquia, como cumprimentar um oficial militar. Mas, do ponto de vista da visão suprema, não nos entregamos aos outros, mas sim aos melhores aspectos de nós mesmos.

Encerrando a sessão de prática

Depois de cada sessão de prática de refúgio – sejam dez, cem ou mil prostrações – é muito importante terminar com a dissolução dos objetos de refúgio. A maioria dos textos descreverá algo parecido com: "Fundindo-se em luz, os objetos de refúgio e suas bênçãos se dissolvem em mim." Isso pode levar um minuto ou dois. Conectamo-nos com a sensação que sentimos sem precisar nos ater aos detalhes.

Cada uma das práticas do ngondro termina com a fusão entre o praticante e os Budas e as deidades. Não se trata de uma mera reflexão posterior; ela é de extrema importância segundo a visão do Vajrayana. Sem essa fusão, você continua se curvando, orando e fazendo prostrações para seres iluminados fora de você; você está no chão, o mais baixo possível, e eles estão lá em cima nas nuvens acima do Himalaia. No entanto, a força motriz do Vajrayana trabalha para eliminar essa divisão e não para solidificá-la. Imaginar essa fusão ajuda a estabilizar nosso entendimento de que somos inerentemente, essencialmente, não separados dos Budas e que a veneração, a entrega e a reverência ativam atitudes para o nosso benefício, não para o benefício dos Budas.

Esse encerramento também oferece lições importantes a respeito de como a mente funciona. Primeiro, comprometemo-nos deliberadamente a criar uma realidade elaborada com muitas deidades, nuvens, joias, um lago e coisas do gênero. Depois dissolvemos tudo o que criamos. Criamos tudo e deixamos ir. Com a consciência plena, começamos a ver que isso é exatamente o que fazemos na vida cotidiana.

É realmente importante lembrarmo-nos de encerrar a sessão de prática de modo adequado. Se esquecermos de fazer isso com frequência, perdemos uma das maneiras mais eficazes de realizar nosso próprio estado búdico.

O quarto ponto importante:
Praticar livre de esperança e medo

Agora que cobrimos os primeiros pontos fundamentais relacionados a tomar refúgio – motivação, as fontes de refúgio e o modo de fazer a prática – podemos voltar nossa atenção para o quarto e último ponto, que diz respeito à atitude que trazemos para a prática.

Tomar refúgio é a nossa primeira experiência com um campo visual bastante elaborado e exige um trabalho físico extenuante, que tende a criar expectativas muito elevadas. Geramos grandes esperanças quanto aos resultados da nossa prática e tememos não ser possível alcançá-las. Além disso, as expectativas nos voltam para o futuro, o que é uma grande distração do momento presente.

As fontes samsáricas de refúgio sempre vêm acompanhadas de forte anseio e apego. Esperamos que as coisas impermanentes durem para sempre. Tememos a mudança, a inevitável constante da vida. Colocamos nosso investimento emocional, físico e financeiro em situações tão insubstanciais quanto castelos de areia.

Quando começa a praticar, você pode ter alguma esperança acerca do quanto o Dharma pode ajudá-lo: talvez a doença desapareça, o casamento possa ser salvo, sua devoção o faça ganhar na loteria ou você se ilumine logo. O ponto principal aqui é relaxar. Se receber benefícios, ótimo. Se não receber benefícios, ótimo. "Estou fazendo tudo certo, ou estou fazendo errado?" Apenas relaxe sua mente. Não existe uma maneira perfeita, então não se preocupe com isso. Quando você inicia a prática de refúgio, é quase impossível manter em mente todos os detalhes da árvore de refúgio; portanto, faça o melhor que puder e lembre-se de que nada é mais importante do que a motivação.

Alternando as técnicas de meditação

Ao longo do ngondro, a maioria de nós sente torpor ou agitação. Isso é bastante normal. Todas as vezes que desenvolvia resistência a uma determinada prática ou ficava aborrecido ou inquieto, meu pai e Saljay Rinpoche sempre me encorajavam a mudar as técnicas de meditação. Ensinavam todos os seus alunos dessa maneira, então não se trata de tornar o Dharma mais fácil para as pessoas do mundo moderno.

Vamos abordar várias maneiras diferentes de fazer isso. Se sua sessão de prática durar cerca de duas horas, talvez você queira alternar técnicas dentro da sessão quando sentir que sua energia diminui. Ou pode escolher uma técnica e ficar com ela em uma determinada parte da prática, ou se comprometer com um período de tempo específico. O importante é continuar praticando, mas não usar essas alternativas para pular aqui e ali como um macaco.

Contemplando a prática

Enquanto estiver sentado diante de seu altar, e também quando começar a fazer prostrações e a recitar a prece do refúgio, contemple o que está fazendo e por que está fazendo isso. Esse não é um diálogo lógico e coerente que temos conosco, mas sim um tipo mais suave de análise – mais como pensar com o coração. Mantemos a imagem da árvore de refúgio em nossa mente mas, mesmo quando recitamos a prece, refletimos sobre a nossa atividade com uma fala mais pessoal, tal como: "Vou tomar refúgio e aceitar o Buda como meu professor, o Dharma como meu caminho e a Sangha como meus companheiros espirituais para que, de agora em diante, eu possa despertar para ajudar todos os seres a despertarem." Ou você pode se dirigir ao seu guru na forma de Vajradhara.

Também invocamos o compromisso da bodhichitta, estabelecendo a nossa intenção. Não estamos fazendo apenas para nós mesmos. Sentimos a presença do campo dos seres ao nosso redor, sabendo que todos se prostram quando o fazemos. Mas nosso foco permanece à nossa frente na árvore de refúgio e principalmente no Buda, Dharma e Sangha, ou simplesmente em Vajradhara como corporificação de todos os seres e fontes iluminadas.

Essa é a orientação básica da prática de refúgio. Começamos cada sessão dessa maneira. Porém, se o torpor ou a agitação surgirem em sua mente, introduza uma das técnicas que discutimos: shamatha com objeto, shamatha sem objeto, bondade amorosa, compaixão, bodhichitta ou vipassana. Retornarei a esses temas novamente, dessa vez no contexto de refúgio e bodhichitta.

Shamatha com suporte

Começaremos discutindo shamatha com objeto – ou com suporte. A árvore de refúgio pode dar suporte ao nosso reconhecimento da consciência plena, ou podemos usar uma figura ou um determinado grupo dentro da árvore de refúgio. O som da recitação ou as sensações do movimento do corpo também podem servir de suporte à nossa consciência plena. Ou podemos usar como suporte os movimentos das mãos nas três portas (cabeça, garganta e coração). Se seu corpo começa a doer, use a dor como suporte para a sua meditação. Todas essas opções são shamatha com objeto – usando um objeto para dar suporte ao repouso da mente na consciência plena. Mover sua atenção para o objeto, seja ele qual for, torna o objeto o suporte para a prática da consciência plena.

Shamatha sem objeto, ou consciência plena aberta

Mesmo sem manter a imagem com muita força, imaginar a árvore de refúgio ainda pode se tornar cansativo ou enfadonho. Não fique preso na visualização ou apegado à ideia de que você deve fazer isso e ficar aborrecido, ou agitado e irritado, e pensar: "Hoje preciso imaginar essa árvore de refúgio, amanhã devo imaginar essa árvore de refúgio e no próximo dia devo imaginar essa árvore de refúgio."

Quando havia esse tipo de problema, tanto meu pai quanto Saljay Rinpoche sempre incentivavam os alunos a continuarem as prostrações e as recitações, mas a abandonarem visualização. Muitos praticantes do ngondro partem do princípio de que a imagem da árvore de refúgio deve ser mantida continuamente. Mas você pode praticar shamatha sem objeto – repousando na consciência plena aberta – enquanto faz as prostrações e repete o voto. Isso também é bom. Para fazê-lo, apenas repouse sua mente naturalmente sem se concentrar em nada específico, mas sem se distrair. Permaneça presente de forma aberta e espaçosa. Você nem precisa meditar. Apenas relaxe sua mente sem se perder em pensamentos e memórias.

Se você recebeu instruções de introdução à natureza da mente, então, ao repousar na consciência plena aberta, estará naturalmente ligado às tradições de práticas do Mahamudra e do Dzogchen que revelam diretamente a natureza da consciência plena. Essa abordagem é a mesma. A única diferença é que sua meditação terá o sabor da consciência plena pura enquanto você repousa naturalmente ao fazer a prática.

Prostrações feitas com consciência plena aberta são especialmente boas para praticar meditação na vida diária. É difícil aplicar a meditação shamatha no dia a dia porque, normalmente, quando caminhamos pela rua, deixamos a nossa mente-do-macaco andar conosco, como um cãozinho de estimação. Com a prática da prostração, podemos adquirir alguma habilidade em manter a estabilidade mental enquanto realizamos as atividades físicas.

Bondade amorosa, compaixão e bodhichitta

Outra opção é soltar a imagem da árvore de refúgio e repetir as recitações e as prostrações enquanto introduz as aspirações de bondade amorosa, compaixão e bodhichitta. Com a bondade amorosa, desejamos que todos os seres sejam felizes; com a compaixão, desejamos que todos os seres sejam livres do sofrimento; e com bodhichitta, desejamos ajudar todos os seres a reconhecerem seu estado búdico. Mantemos nossa atenção no despertar da bondade amorosa, compaixão e bodhichitta. Sem criar imagens específicas, direcionamos nossas aspirações aos Budas, pedindo-lhes que ajudem todos os seres scientes a se iluminarem. Esta é a nossa aspiração silenciosa, enquanto nossa fala recita simultaneamente a prece de refúgio. Não há nada melhor que possamos pedir para nós mesmos ou para os outros do que a liberação.

Mesmo se parar de imaginar as deidades, você ainda pode manter uma noção do campo ao seu redor, com seus inimigos na frente, seus pais ao lado, seus amigos e parentes atrás, cercados por todos os seres scientes. Essa assembleia abrangente gera a compaixão imparcial. Você não está escolhendo ou selecionando determinados indivíduos para serem o objeto da sua bondade, como fazemos na vida comum. Com cada prostração, você imagina que a compaixão ilimitada, não diluída por preferências pessoais, emerge do seu coração e se irradia sobre todo o campo, sem se preocupar onde ela vai incidir, tal como o sol emite seus raios. Amigos, parentes e inimigos são todos recipientes do seu amor, igualmente dignos da sua bondade.

Com essa técnica, abandonamos a visualização e continuamos fazendo as prostrações e as recitações. Ao mesmo tempo, nos perguntamos: "Quem se refugia em quem? Buda é vacuidade, eu sou vacuidade, a árvore de refúgio é vacuidade. Não há ninguém se refugiando. Não há refúgio. Não há objeto de refúgio." Então, simplesmente, relaxamos e repousamos na experiência ilusória de tomar refúgio. Essa é a forma suprema de refúgio, na qual nos refugiamos em nossa forma suprema, nossa verdadeira natureza, que nada mais é que vacuidade.

A melhor maneira de nos refugiarmos em nossa natureza búdica é perceber que todo o conceito de tomar refúgio em algo não é a verdade final nem a descrição definitiva do que está ocorrendo. Nenhuma dessas coisas tem natureza inerente. A pessoa que toma refúgio, o objeto de refúgio e o ato de refúgio não existem em si mesmos. Ver isso de uma perspectiva absoluta oferece a melhor maneira de tomar refúgio. Essa experiência se torna como um sonho. Tudo parece real mas, na verdade, é vazio. Essa é a vacuidade de tomar refúgio na realidade suprema, que é a vacuidade. Isso vai muito além da perspectiva comum de alguém confiando em algo. Portanto, poderíamos dizer que o melhor tipo de confiança é a confiança em que ninguém confia em nada.

Imagens elaboradas combinadas com demonstrações de reverência e venerações podem ter o efeito de seduzir o praticante a acreditar que esses fenômenos são "reais," que realmente têm substância e não são apenas emanações mentais. Podemos facilmente esquecer que essas práticas e rituais são construídos como meios hábeis para nos ajudar. É por isso que retornar à vacuidade é tão importante. Mas não podemos eliminar a forma. Devemos começar de onde estamos e com o que conhecemos: forma, imagem, som, movimento. Assim, em primeiro lugar, usamos essas manifestações convencionais da realidade relativa e, a seguir, podemos praticar com a vacuidade.

Depois de alguns dias ou semanas, ou mesmo em uma sessão, você pode mudar sua abordagem se ficar realmente entediado ou agitado, ou se a prática começar a ficar árida e sem vida. Você não precisa seguir nenhuma sequência específica. Pode ir de shamatha sem objeto para a bondade amorosa e para a meditação vipassana. Com cada mudança, você pode se sentir renovado. Pode pensar: "Eu realmente gosto muito mais dessa técnica do que daquela." Mas logo o torpor e a agitação começam de novo. Está tudo bem. Não tente descobrir qual técnica funciona melhor porque o ciclo de se sentir inicialmente renovado seguido do tédio se repete a cada vez. No entanto, todas as técnicas se apoiam mutuamente. Isso é mesmo importante porque muitos praticantes pensam que a visualização – e não a meditação – é o ingrediente fundamental da prática do ngondro. O que é importante é manter a mente estável, não dispersa. Não há problema se o foco mudar.

De modo geral, a instrução aqui é mudar os estilos quando o tédio toma conta da situação. Mas, mesmo no início, um estilo deve ser mantido por pelo menos cinco minutos. Então, à medida que prosseguir, tente prolongar o tempo para manter seja qual for o estilo escolhido.

Encontrando dificuldades

Todas as práticas do Dharma apresentam dificuldades. Transformar a nossa mente de confusão em clareza não é um processo fácil e, embora possamos exaltar os benefícios do Dharma, ainda podemos fazer a prática com resistência ou expectativas irrealistas. Ou podemos incorrer em decepções. Em um contexto monástico, é bastante óbvio que todos enfrentam essas experiências, mas se você pratica em casa ou não vive em uma comunidade de Dharma, pode acabar pensando que só você tem problemas com a prática. Por esse motivo, é bom saber que existem dificuldades muito comuns que a maioria dos alunos encontra.

Não se concentre com muita força

Ter uma noção mais completa dos vários estilos de prática ajuda a compensar a tendência de se concentrar com muita força. Os tibetanos têm uma expressão de como a mente se estreita com a concentração: "Quando pensamos na cabeça, perdemos os pés; quando vemos os pés, perdemos a cabeça." A ideia é manter uma imagem geral e até mesmo permitir fluidez e movimento. Toda a cena pode se tornar desfocada ou oscilante. Não pense, "Ah!, isso é incorreto, devo me concentrar com mais força." Não há problema com essas distorções. Na verdade, elas são um bom sinal porque indicam uma consciência plena ativa.

Muitas vezes, quando no início tentamos imaginar a árvore de refúgio, nossa mente fica em branco. Completamente em branco. Nada. Foi o que aconteceu comigo quando pratiquei pela primeira vez. Não conseguia imaginar nada. Quanto mais tentava, mais me sentia como se estivesse sentado no banco do motorista e pisando no acelerador e no freio ao mesmo tempo: grrrrrrrrrrrrrgh. Quando expliquei isso ao meu pai, ele me disse: "Não tem problema. Isso é normal. O mais importante é sentir que os Budas estão aqui. Se você não consegue imaginar todas as formas e cores, não tem importância."

Budas feios e budas realmente horríveis

Depois que decidi dar uma nova chance às prostrações, pensei que poderia ser útil colocar uma imagem à minha frente no meu quarto. Meu pai tinha várias imagens de árvores de refúgio, porém elas não podiam ser removidas dos altares do Nagi Gompa. Um dia fui visitar um velho monge que morava em um local de retiro próximo e colecionava imagens. Ele pegou muitas fotos de Budas e deidades até encontrar uma da árvore de refúgio. Estava amassada e vincada, mas a levei para o meu quarto e a posicionava à minha frente quando praticava. No entanto, tudo o que via eram esses Budas amassados e deidades distorcidas. Mostrei a foto ao meu pai e disse: "Primeiro não consigo ter conexão com a visualização e minha mente fica em branco, e agora ganhei essa foto ruim e vejo esses Budas feios! O que devo fazer?"

"Não tem problema nenhum. Apenas imagine Budas feios," disse meu pai.

Sua resposta realmente me surpreendeu. Tinha imaginado que um Buda feio precisava ser transformado em algo bonito – e o mais rápido possível. Então imaginei um Buda feio. Não tentei me livrar dele nem mudá-lo. Logo meu Buda ficou muito bonito.

Isso durou várias semanas, então eu disse ao meu pai: "Agora eu consigo imaginar a árvore de refúgio."

Ele disse: "Não fique orgulhoso. Um dia pode ser que não consiga de novo. Não se apegue."

Assenti com a cabeça como se soubesse exatamente o que ele queria dizer mas, na verdade, eu acreditava que detinha o segredo dessa prática e não encontraria mais problemas.

Sem dúvida, todas as imagens logo ficaram confusas e tortuosas. Após mais algumas semanas, as imagens mudaram de novo. Dessa vez não ficaram feias, mas grotescas: Budas deformados com rostos distorcidos e bizarros, narizes torcidos e bocas deformadas. Realmente horríveis. Novamente perguntei ao meu pai o que fazer.

Ele me disse para imaginar uma estátua feia de Buda, realmente feia, com aranhas e insetos entrando pelo seu nariz e saindo pelos olhos e ouvidos, com pombos na cabeça e suas fezes escorrendo pelo rosto do Buda. Fiquei chocado ao ouvir isso. Fiquei ali parado olhando meu pai com os olhos bem abertos, tentando descobrir se ele estava brincando ou não. Mas ele não riu e parou de falar. Então saí, achando que era melhor seguir o seu conselho. Depois de alguns dias, o Buda na minha mente tornou-se muito bonito de novo.

Descobri que, em uma expressão de avidez, eu tinha me agarrado a uma imagem perfeita, clara e bonita. Meu pai estava tentando romper esse apego à avidez e ao perfeccionismo. Estava tentando me ensinar que o que eu queria só seria acessível quando eu deixasse de querer tanto, e me mostrando os benefícios de abrir mão da avidez. Também aprendi que quando não conseguia construir a imagem mental, ao simplesmente praticar shamatha sem um objeto, às vezes a imagem aparecia sem esforço.

O medo de não terminar

Muitos dos meus alunos reclamam dessa prática. A reclamação principal surge com a preocupação de quando vão terminar as prostrações porque elas podem levar muito tempo. Mesmo um aluno leigo dedicado pode levar vários anos para conseguir terminá-las. Meu conselho é: se você tem aversão às prostrações, use a aversão para dar suporte à sua consciência plena. Se estiver preocupado com quando vai conseguir terminar, use a ansiedade para dar suporte à sua consciência plena. Lembre-se de que aplicamos consciência plena a todas as práticas e, finalmente, a todas as atividades. E o maior benefício é trabalhar com nossa mente, seja qual for o estado não iluminado em que estivermos – o que significa trabalhar com aversão e ansiedade, dor e frustração, esperança e medo. Se você se comprometeu com essa prática e agora descobriu que não gosta dela, trabalhe com isso. Não tem problema.

Compre um e ganhe cinco grátis

Com a prática de refúgio, cultivamos a proteção nas fontes confiáveis das três joias e das três raízes. É com isso que nos comprometemos. Mas recebemos muitos outros benefícios: shamatha, bondade amorosa, compaixão e bodhichitta, vipassana, purificação e mérito.

Não se esqueça de que estamos envolvidos com a prática da meditação. O ponto principal de toda a prática é reconhecer nossa própria consciência plena e alimentá-la. A imaginação é um suporte maravilhoso para isso. No contexto do refúgio, podemos repousar nossa consciência plena na árvore de refúgio ou, como expliquei anteriormente, podemos usar as sensações físicas, o som da prece ou mesmo a própria consciência plena como suporte.

Uma vez que estabelecemos a bodhichitta como nossa motivação, acumulamos mérito e virtude com a nossa aspiração de ajudar todos os seres a se tornarem iluminados. Não há aspiração maior do que essa. Mas não apenas "aspiramos." Nossas próprias intenções são limitadas por nossas ilusões; se estivermos seriamente comprometidos em ajudar os outros, devemos praticar para que nossas capacidades, habilidades e qualidades iluminadas possam ter o mais benéfico efeito.

A árvore de refúgio foi criada pela nossa mente. Ela se coloca no espaço sem solidez, sem substância – a união de forma e vacuidade. Por mais elaborada e colorida, mesmo sendo cheia de significado, a forma permanece translúcida e insubstancial. Quando usamos a meditação vipassana para essa prática, mantemos a consciência plena da natureza ilusória da experiência, do fato de que todos os fenômenos que aparecem em nossa mente não têm nenhuma realidade verdadeira e sólida. Isso cultiva a sabedoria – que é o insight sobre a natureza absoluta da vacuidade, e é a nossa verdadeira natureza.

Reunimos corpo, fala e mente para a purificação das negatividades e dos obscurecimentos, e o fazemos por meio do ato físico das prostrações.

As prostrações trabalham para dissolver o mau carma que criamos por meio das atividades de corpo, fala e mente.

Acumulamos mérito com a nossa intenção de ajudar todos os seres até o fim absoluto do sofrimento. Também geramos mérito venerando os seres iluminados, o que ajuda a dissolver negatividades e obscurecimentos tanto para nós quanto para os outros seres.

Conclusão do refúgio

No final das práticas fundamentais comuns, nossa aspiração era a de nos libertamos do sofrimento, mas não tínhamos uma noção clara do nosso destino. Uma vez que estabelecemos uma conexão com as fontes confiáveis de proteção, nosso destino se revela. Começamos a descobrir a peça que faltava em nossa busca de felicidade, que havia nos escapado porque os refúgios samsáricos não perduram.

Essa conexão com o Buda, o Dharma e a Sangha não é como uma ponte rígida e concreta que liga um lado do rio ao outro, projetada para durar mil anos. É mais como uma corda encantada que, de modo lento, porém inevitável, aproxima as duas margens um da outra até se fundirem, até que percebamos que o samsara é o nirvana e que o Buda exterior e interior são os mesmos.

8 | Parte dois

Tomar refúgio para o benefício de todos os seres

BODHICHITTA

O voto de tomar refúgio no Buda, no Dharma e na Sangha até alcançar a iluminação para si mesmo inclui o voto de ajudar todos os seres a alcançarem a iluminação. "Que o mérito da minha generosidade e de outras ações virtuosas me conduza ao estado búdico para o benefício de todos os seres". Aliar nossas aspirações pessoais ao campo de todos os seres é uma expressão de bodhichitta. Em sânscrito, chitta significa "mente," e bodhi significa "iluminação". O significado geral é equivalente a "mente iluminada" ou "mente desperta".

Talvez pensemos em beneficiar todos os seres fazendo doações de caridade, aliviando a fome no mundo ou a falta de moradia, eliminando a AIDS ou a cegueira dos rios. Esses esforços são respeitáveis e expressam genuína preocupação com os outros seres, mas o fim definitivo do sofrimento ainda continua inacessível porque os benefícios dependem de circunstâncias e condições. E dado que as circunstâncias e as condições são inerentemente impermanentes, elas não podem oferecer uma liberação permanente. O verdadeiro fim do sofrimento só vem com o estado búdico, que existe independentemente de circunstâncias.

A bodhichitta inclui automaticamente todas as formas de amor e compaixão, mas nem todas as formas de amor e compaixão incluem bodhichitta. Escuto meus alunos usarem os termos bodhichitta e compaixão de modo intercambiável. Eles não são iguais e é importante esclarecer a diferença. Para isso gostaria de apresentar "os quatro incomensuráveis." Esses constituem a base da bodhichitta e esclarecem essa diferença.

Os quatro incomensuráveis

Que todos os seres tenham felicidade e as causas da felicidade.

Que todos os seres sejam livres do sofrimento e das causas do sofrimento.

Que todos os seres nunca se separem da sublime alegria que é livre do sofrimento.

Que todos os seres repousem em equanimidade, livres do apego e da aversão aos que estão próximos e distantes.

O desejo de que todos os seres tenham felicidade e as causas da felicidade expressa bondade amorosa. O desejo de que todos os seres sejam livres do sofrimento e das causas do sofrimento expressa compaixão. A sublime alegria refere-se ao desejo de que todos os seres cultivem a capacidade de se alegrar com o bem-estar e o sucesso dos outros. O quarto incomensurável refere-se à equanimidade, o desejo de que os seres não sejam controlados por suas aversões e atrações. A equanimidade permite que as aspirações de bondade amorosa, compaixão e alegria solidária incomensuráveis amadureçam em uma expressão absolutamente imparcial e abrangente.

Essas aspirações são bastante diretas. No entanto, o conceito de "incomensurável" pode gerar confusão. Incomensurável refere-se a todos os seres: todos os seres humanos, insetos, pássaros, peixes, animais. Os números são ilimitados, portanto, a motivação deve ser ilimitada. Como isso é possível?

Veja Sua Santidade o Dalai Lama. Os problemas com a China são imensos; suas responsabilidades com as comunidades tibetanas na Índia e em todo o mundo são imensas; seus compromissos como líder mundial, defensor da paz, mentor espiritual e detentor da linhagem são imensos. Dada sua situação, ele se pergunta: "Por que sou tão feliz?" Sua resposta é: "Por causa da bondade e da compaixão. Isso é o que me dá energia e me mantém ativo e sem medo. Isso aumenta minha capacidade e me permite fazer mais."

Quanto mais fazemos, mais somos capazes de fazer. Se sentarmos em uma cadeira e pensarmos sobre esse conceito, isso é inviável. Mas, uma vez que nos comprometemos sinceramente com o bem-estar dos outros, o conceito desaparece e a energia do amor e da compaixão nos ampara.

Como cultivamos um amor vasto, ilimitado e incomensurável? Por meio da prática e da investigação, começando com nós mesmos. Não podemos pular diretamente para uma autêntica imensurabilidade. Impossível. Começamos com nossa compreensão convencional e experiência pessoal. Em primeiro lugar, aplicamos cada aspiração a nós mesmos e, depois, às pessoas que conhecemos. A seguir, trabalhamos com aspirações incomensuráveis e isso nos leva à bodhichitta.

O primeiro passo é reconhecer que as sementes de amor e compaixão estão conosco o tempo todo. Todos os seres – inclusive nós – procuram constantemente a felicidade e tentam evitar o sofrimento. Esse desejo de felicidade emerge pela raiz do amor; o desejo de ser livre de sofrimento constitui a base para a compaixão. Mesmo em nossos momentos mais sombrios, esses impulsos saudáveis são subjacentes ao nosso comportamento.

Considere um exemplo improvável: o ódio contra si mesmo. O ódio contra si mesmo pode ser um estado mental muito doloroso. Mas se investigarmos a situação, podemos ver que essa angústia é muitas vezes alimentada pela comparação com os outros, que são identificados como melhores, mais inteligentes ou mais atraentes. Todavia, enterrados sob essas comparações destrutivas estão o desejo de felicidade e o desejo de ser livre da prisão desse sentimento torturante. O amor e a compaixão estão sempre presentes. Uma vez que os reconhecemos, podemos assumir a responsabilidade de trazer conforto a nós mesmos.

Infelizmente, o noticiário está cheio de histórias sobre pessoas que tentam encontrar a felicidade de maneiras que trazem sofrimento para si e para os outros. É possível que um homem mate sua esposa, convencido de que ficaria mais feliz sem ela. Uma mulher desvia dinheiro da empresa, imaginando que o dinheiro roubado irá melhorar sua situação. Essas pessoas continuam ignorantes a respeito da lei de causa e efeito. É por isso que não só desejamos que todos os seres tenham felicidade, mas também as causas da felicidade, o desejo de que a felicidade não seja buscada causando danos.

Práticas de preparação para os quatro incomensuráveis

Preparamo-nos para o aspecto ilimitado que define os incomensuráveis aplicando as mesmas aspirações a nós e aos seres que conhecemos.

1. Que eu possa ter felicidade e as causas da felicidade.
2. Que alguém (seja específico) que eu amo tenha felicidade e as causas da felicidade.
3. Que alguém por quem me sinto neutro tenha felicidade e as causas da felicidade.
4. Que alguém de quem eu não goste tenha felicidade e as causas da felicidade.

Em seguida, aplicamos o desejo de ser livre de sofrimento para as mesmas quatro categorias (a si mesmo, a alguém que amamos, a alguém com quem nos sentimos neutros e a alguém de quem não gostamos). Esse desejo reflete e cultiva a compaixão. Que eu possa ser livre do sofrimento e das causas do sofrimento.

Para os próximos quatro exercícios, continuamos com alegria solidária: *Que eu nunca me separe da sublime alegria que é livre do sofrimento.*

Nos últimos quatro exercícios, trabalhamos com a equanimidade: *Que eu possa repousar em equanimidade sem aversão e apego aos que estão próximos e distantes.*

Em cada caso, começamos com nós mesmos com o objetivo de confirmar a verdade desse sentimento em nossa própria experiência. Então expandimos essa aspiração a alguém que amamos, depois a uma pessoa por quem nos sentimos indiferentes e, finalmente, por alguém de quem não gostamos.

Vamos começar tentando reconhecer o quanto queremos ser felizes. Talvez pensemos que a meditação em si nos fará feliz. "Por que estou fazendo isso? Por que estou interessado em meditação ou no Dharma?"

Nossa resposta pode ser: "A meditação me tornará uma pessoa mais agradável, ficarei menos irritado, serei mais paciente; quero aprender a relaxar, a ser menos tenso com meu trabalho ou a ter mais amigos."

Nossas ideias de felicidade variam infinitamente. Algumas pessoas carregam suas mochilas e escalam montanhas para se divertir. Outras carregam peso no trabalho o dia todo e a ideia de caminhar com uma mochila pesada para se divertir pode parecer maluca. O objetivo é reconhecer o quanto nossas atividades cotidianas são movidas na direção dos nossos pré-conceitos de conforto físico e emocional e se afastam do desconforto, da aversão e da insatisfação. O que buscamos quando trocamos uma cadeira de madeira por um sofá macio? Ou quando planejamos nossas atividades do final de semana, investimos nosso dinheiro ou apoiamos um candidato político?

Uma vez que reconhecemos o quanto nossas atividades são provenientes, seja de modo sutil ou evidente, da busca pela felicidade, então trazemos nossa mente para a primeira aspiração e aplicamos a nós mesmos: Que eu possa ter felicidade e as causas da felicidade. Não tente combinar essa aspiração com a compaixão. É muito difícil fazer isso agora. Separe a bondade amorosa – o desejo de felicidade – do sentimento da compaixão por você e pelos outros seres que sofrem. Pratique cada uma dessas aspirações separadamente, mesmo que sejam dois lados da mesma moeda. É como se houvesse duas percepções de uma chama: uma focaliza o calor e a outra a iluminação. No início, aprendemos mais se examinarmos cada uma delas em separado.

As sementes da bondade amorosa que nos orientam em direção à felicidade já existem dentro de nós, portanto, não estamos trazendo esse sentimento de fora. No entanto, talvez não tenhamos reconhecido o quanto nosso comportamento é ditado pelo impulso de gravitar em direção à felicidade. Com esse novo reconhecimento, o desejo de felicidade se torna uma ferramenta mais valiosa. Começamos a conhecer as qualidades desse desejo e a sentir suas formas sutis, disfarçadas ou distorcidas. Por exemplo, drogas e álcool podem ser entendidos como automedicação e, provavelmente, podem causar danos, mas o impulso de medicar ou equilibrar distúrbio vem de um instinto saudável. Não importa quão destrutivos alguns hábitos possam ser, descobrir as intenções positivas existentes dentro do comportamento pode nos ajudar a desenvolver estratégias mais eficazes.

Essa prática nos coloca em contato com as sementes puras de bondade amorosa e compaixão que se manifestam o tempo todo, mesmo em comportamentos e emoções destrutivas. Normalmente não vemos essa parte. Mas, se a bondade básica puder ser reconhecida dentro dos comportamentos extremados, isso nos ajuda a identificar como buscamos a felicidade nas atividades diárias normais. Uma vez reconhido o nosso próprio anseio pela felicidade, podemos expandir a aspiração aos outros.

Começamos a expansão escolhendo uma pessoa para quem os sentimentos de bondade amorosa surgem facilmente, como um dos pais ou um filho. Que alguém que eu amo tenha felicidade e as causas da felicidade. Também é bom escolher um parceiro, um animal de estimação ou um professor, mas é melhor começar com um ser que evoca amor incondicional.

21. A mãe de Mingyur Rinpoche, Sonam Chödrön, e seu pai, Tashi Dorje, em Bodh Gaya, Índia, janeiro de 2011.

Agora imagine que o objeto de sua meditação deseja ter felicidade tanto quanto você. Seja específico. Selecione alguém que você conheça. Imagine suas circunstâncias, desejos, necessidades e obstáculos. E repita: "Que (nome da pessoa) possa ter felicidade e as causas da felicidade."

Em seguida, vem o nosso objeto neutro: *Que essa pessoa por quem tenho sentimentos neutros possa ter felicidade e as causas da felicidade.* Não temos sentimentos especiais em relação a essa pessoa, nem atração nem aversão. Quem quer que seja – o dono de uma loja de conveniência local, o pai do colega do seu filho – imagine essa pessoa com clareza. A seguir, estendemos a ela o mesmo desejo de felicidade que temos em relação à nossa própria felicidade.

Finalmente, estenda seu desejo a alguém de quem você não gosta. Que alguém de quem eu realmente não gosto tenha felicidade e as causas da felicidade. Então você pode pensar: "Essa pessoa tem pais, tal como eu; essa pessoa tem neuroses e necessidades específicas, assim como eu; essa pessoa tem dificuldades com dinheiro e saúde, assim como eu; e essa pessoa tem problemas com poder, amor e perdas, assim como eu. Essa pessoa também quer felicidade e não quer sofrer." Tente criar um sentimento de identificação, de pontos comuns. Deixe que as coisas que você compartilha com ela venham para o primeiro plano de sua mente.

Ao trabalhar com alguém de quem você realmente não gosta, se sua escolha estimular fortes sentimentos de hostilidade ou se a raiva superar sua capacidade de meditar, então pare e escolha uma situação viável. Traga à mente alguém que considera simplesmente irritante, ou escolha uma pessoa do seu passado, por quem a negatividade intensa foi atenuada com o tempo. Você pode voltar a trabalhar com as escolhas difíceis mais tarde.

Os quatro exercícios para a felicidade destinam-se a desenvolver uma compreensão melhor das qualidades essenciais que compartilhamos com todos os seres e a confirmação dessa semelhança supera as diferenças entre nós.

Você não deveria ficar desanimado se continuar a não gostar da pessoa que escolheu para a última meditação da felicidade. Talvez tenha sido capaz de cultivar alguma bondade amorosa sincera durante a meditação mas, no próximo dia ou semana, você pode acordar no meio da noite enfurecido com essa pessoa. Isso é normal. Porém, ao longo do tempo, você pode estabilizar uma modificação em seu modo de se relacionar com os outros. Pode aceitar que já conhece bem cada pessoa desconhecida que encontra porque sabe que ela também deseja ser feliz – tal como você.

Trabalhando com a compaixão

Que eu possa ser livre do sofrimento e das causas do sofrimento.

Quando trabalhamos com a compaixão e o desejo de aliviar o sofrimento, começamos investigando como nossas atividades – a cada momento – gravitam em torno de sentimentos de desconforto, sofrimento, dor e outras formas pequenas e grandes de sofrimento.

Como já disse, bondade amorosa e compaixão são dois lados da mesma moeda, mas com uma ligeira mudança de ênfase. "Vou sair essa noite porque me sinto muito só para ficar em casa sozinho." Nesse caso, a ênfase não está em buscar a felicidade saindo de casa, mas no sofrimento da solidão, na sensação de abandono, de não ser amado, amável ou popular, o que estimula a compaixão.

A próxima é: Que alguém que amo seja livre do sofrimento e das causas do sofrimento. Não se esqueça da segunda parte – "e das causas do sofrimento." Um problema comum é que nem sempre sabemos o que queremos. Uma aluna cresceu sonhando em ter uma casa perto do mar. Guardou todo seu dinheiro até que o desejo se tornou realidade. Foi maravilhoso. Por seis meses. Em essência, ela identificou erroneamente sua fonte de felicidade. Projetou seu refúgio em um fenômeno externo, mas a neurose dos hábitos de sua mente permaneceu a mesma.

Todo mundo faz isso. Essa é a natureza do samsara. Até penetrarmos nas ilusões que obscurecem a verdadeira natureza da felicidade, tentaremos sempre criar uma vida perfeita dentro do samsara. Há uma contradição nisso: no samsara, não existe situação perfeita. Com essa aspiração, é importante identificar as causas do sofrimento: a incapacidade de reconhecer nossa verdadeira natureza, a ignorância a respeito de como ir além do samsara e a falta de entendimento de como trabalhar com nosso carma.

Para esses exercícios, não é necessário invocar o maior sofrimento imaginável, como pensar em alguém querido que tem câncer ou vive uma situação catastrófica. Uma dor de cabeça é suficiente, ou uma alergia, até mesmo uma farpa no dedo. Não há nada de errado em pensar em um amigo com câncer. Se nós próprios estivermos sofrendo de uma doença terrível, podemos dizer: "Que eu possa ser livre dessa doença e suas causas e todos os seres possam ser livres dessa doença e suas causas." É sempre apropriado – até mesmo vantajoso – usar nossas próprias situações. No entanto, exemplos extremados tendem a escamotear pequenos incidentes de insatisfação. Muitas vezes, porém, insultos menores, pequenos ciúmes ou o desejo intenso de ter uma peça de mobília causam grandes problemas. Julgar o conteúdo como insignificante pode obscurecer a significativa perturbação gerada em nossa equanimidade.

Uma vez fundamentada a prática nos sentimentos de compaixão, você pode prosseguir aspirando a que as pessoas das quais não gosta nem desgosta vivenciem o fim do sofrimento; a seguir, aplique o mesmo para aqueles de quem você não gosta.

Trabalhando com a sublime alegria

Que eu nunca me separe da sublime alegria que é livre do sofrimento.

Que (alguém que amo, alguém por quem me sinto neutro, alguém de quem não gosto) nunca se separe da sublime alegria que é livre do sofrimento.

Com a terceira aspiração, repetimos a mesma sequência que fizemos com as duas primeiras. Começando conosco, reconhecemos nossa própria bondade, apreciamos e desejamos desenvolver gratidão pelas coisas positivas que temos. Reconhecemos todas as boas circunstâncias e relacionamentos que vivenciamos ao longo de nossa vida, tal como nossa família e amigos. Agradecemos a orientação e o apoio que recebemos dos outros e agradecemos por termos encontrado um caminho que nos ajudará a descobrir a felicidade permanente. Alegramo-nos com esse fato.

Para se alegrar, não faça disso algo grandioso e incrível, como "Sou maravilhoso porque sou um arquiteto famoso, escalei o Monte Everest e tenho um BMW." Não estamos falando de conquistas e medalhas de ouro. Seja simples. "Hoje me sentei ao calor do sol e tomei uma xícara de chá. Que adorável." Alegre-se com isso. "Agora, estou sentado em uma cadeira e lendo um livro. Que bom!" Talvez você deseje reconhecer que realmente quer ser uma boa pessoa a fim de ajudar os outros e aprender a ser mais gentil e confiável. Talvez se lembre de socorrer um cachorro perdido. Nossas virtudes não precisam ser grandiosas, mas é importante reconhecê-las e apreciá-las. É incrível como essa prática pode ser difícil para as pessoas: portanto, se tiver problemas com ela, você não está sozinho. Se não conseguir se alegrar com suas boas qualidades, tudo bem. Apenas reconheça isso e tente de novo em outro momento.

Cultivar a alegria solidária em relação a uma pessoa neutra ou a alguém de quem não gostamos geralmente requer um encontro desconfortável com a inveja. A inveja é um pouco complicada porque ela gosta de se esconder. Desejamos sentir alegria solidária quando um colega ganha uma recompensa por seu projeto, mas nossa inveja amortece qualquer entusiasmo real; queríamos ter ganhado o prêmio e pensávamos ser os merecedores. Se surgirem sentimentos como esse, fique com eles. Após alguns minutos, talvez surja gratidão por essa inveja, porque ela lhe permite olhar para essa parte de si mesmo. Assim você pode ver como ela afeta a maneira como você se relaciona com os outros.

Trabalhando com a equanimidade

Que eu possa repousar em equanimidade livre de aversão e apego aos que estão próximos e distantes.

Para cultivar uma noção do papel significativo que a atração e a aversão desempenham em sua vida, tente lembrar os exemplos mais simples e comuns de ir em direção a ou de se afastar de pessoas, alimentos, cheiros, roupas, programas de TV – qualquer coisa. Considere o que desencadeia seus movimentos. Tente se conectar com a sensação de se mover em direção a algo que o atrai, como se fosse puxado por uma atração magnética. Da mesma forma, conecte-se ao sentimento de se afastar ou sentir repulsa por um odor, uma cor, uma visão de violência ou pelo medo.

Podemos identificar um grupo de jovens na rua como bandidos e mudar de direção. Ou aparece uma estrela de cinema e queremos ir em direção a essa pessoa. O que nos faz parar em um restaurante e passar por outro? Alguma vez gravitamos em torno de pessoas que pensamos ter mais dinheiro do que nós e evitamos as que pensamos não ser da mesma classe social que a nossa? Somos atraídos por fama e renome? Ou rejeitamos as pessoas que identificamos como marginais, fracassados ou miseráveis?

Tente ver quanta atração e aversão direcionam seu comportamento e depois faça uma experiência com seus hábitos. Por exemplo, entre no metrô e comprometa-se a pegar o primeiro lugar disponível, independentemente da pessoa sentada ao seu lado estar desmazelada ou bem vestida. Uma aluna ocidental tentou fazer isso com banheiros públicos na Índia – usar o que estivesse disponível, em vez de sempre procurar condições mais limpas. Não funcionou muito bem, mas pelo menos ela tentou. O monge que sai com uma tigela de pedinte não escolhe o que comer. O que permanece constante em relação às várias oferendas é a apreciação por tudo o que é oferecido.

Para entender a futilidade do apego e da aversão, vamos começar pensando em alguém que já foi um amigo e agora é inimigo. Pense em um ex-parceiro, ou um ex-colega de quarto que roubou o coração de uma amiga querida, ou um parceiro de negócios de longa data que desviou fundos da empresa. Imagine descobrir que seu melhor amigo disse coisas ruins a seu respeito. Ou pense em um inimigo que virou um amigo. O objetivo é ver que, embora possamos dar demasiada importância a nossos apegos e aversões de uma maneira que destrói nossa equanimidade, os objetos dessas fortes emoções mudam constantemente.

Meus alunos em Vancouver estavam fazendo essa prática e um deles me contou sobre seu vizinho. O vizinho não era um homem horrível, mas fez uma coisa péssima: construiu uma casa que obstruía parcialmente a vista que meu aluno tinha para o mar. Meu amigo e sua esposa tentaram ter uma "conversa razoável" com o novo vizinho, explicando como poderia construir sua casa sem acabar com a vista deles. Mas o vizinho também queria ter a vista perfeita e não tinha a intenção de mudar seus planos. Eles souberam que o vizinho era um médico especialista em coração. Ao contar essa história, meu aluno confessou que ele e sua esposa haviam feito piadas horríveis de como seria bom se o cardiologista tivesse um ataque cardíaco. E davam risadas – haha!

No entanto, foi meu amigo que acordou no meio da noite com uma dor lancinante no peito. Sua esposa chamou o resgate, depois pegou o telefone de novo e ligou para o vizinho, que correu de pijamas com sua maleta de medicamentos e imediatamente administrou um remédio nele. Meu amigo teve que fazer uma cirurgia de ponte de safena e os médicos lhe disseram que, sem o vizinho, ele nunca teria chegado ao hospital vivo. O final não é surpreendente: eles se tornaram grandes amigos e viveram felizes para sempre.

O obstáculo principal para a equanimidade é o apego. Não há nada de errado em ter preferências. Café *versus* chá. Sol *versus* chuva. Problemas surgem quando ficamos presos ao que não podemos ter; quando nosso coração está tão intensamente fixado em sorvete de chocolate que temos uma pequena crise quando só há o de baunilha. Ou ficamos chateados se um evento ao ar livre for cancelado por causa do mau tempo. Ou se chegamos a um centro de meditação querendo um quarto individual quando apenas os duplos estão disponíveis. Por enquanto, basta ver como o impulso de nos movermos ou nos afastarmos de uma pessoa, uma situação, um alimento, uma cor, um clima, etc., é baseado na compulsão interminável de buscarmos felicidade naquilo que nos atrai e nos afastarmos da aversão.

Isso completa a sequência de aplicação das quatro aspirações nessas quatro categorias específicas. Agora estamos prontos para praticar os quatro incomensuráveis.

O primeiro incomensurável

Que todos os seres tenham felicidade e as causas da felicidade.

Aqui deixamos de lado os quatro objetos separados da bondade amorosa e incluímos todos os seres sencientes. É importante entender "todos" de modo literal. Quando você trabalha com as aspirações ilimitadas, não há exceções – nem o cão que matou seu gato, nem o motorista bêbado que matou seu filho, nem o ditador que ordenou assassinatos em massa. Nem mesmo os torturadores, os molestadores de menores ou estupradores. Não há exceções nem brechas, nenhum tipo de escolha. Isso pode parecer irreal ou mesmo indesejável. No entanto, a inclusão absoluta torna o exercício viável. Uma vez que a mente deixa de tentar procurar ou justificar as exceções, ela pode relaxar nas qualidades de bondade amorosa e compaixão.

Talvez nesse instante sua mente esteja lutando contra desenvolver bondade amorosa com todos os seres, argumentando contra a perceptível injustiça desse conceito, ou tentando se convencer de que isso simplesmente não é possível. Isso é comum. No entanto, pense no Dalai Lama, em Aung San Suu Kyi, Martin Luther King Jr. ou Mahatma Gandhi. Suas vidas foram dedicadas ao compromisso com a mudança política, sem fomentar o ódio. O ódio é o caminho fácil. O que ouvimos desses grandes líderes não é um apelo à raiva ou à vingança, nem nos pedem para abraçar uma filosofia de passividade. Ouvimos a essência da ação compassiva, que reconhece o sofrimento de ambos, opressor e vítima. Vingar-se do inimigo tornando-se como ele transforma todos nós em vítimas. Mahatma Gandhi disse: "O olho por olho torna todo mundo cego."

Dividir os seres humanos em bons e maus, imaginando que alguns são dignos de nossa bondade e compaixão enquanto outros não, é uma concepção equivocada. Uma vez que reconhecemos o carma, vemos claramente que o sofrimento surge para aqueles que causam sofrimento. Seja qual for a forma assumida pelo sofrimento – como o assassino ou o assassinado, o assaltante ou o assaltado – esse é o sofrimento ao qual teremos de responder. A imparcialidade não negligencia, não nega e nem desconsidera a atividade negativa do agressor. Isso confundiria compaixão com aprovação. Não se trata de aprovação. Apenas desejamos que aqueles que infligem danos se libertem de seus padrões destrutivos; desejamos que encontrem a felicidade ajudando, não prejudicando os outros.

Para o exercício, não imagine uma situação muito detalhada para não ficar preso ao enredo da história. Estamos tentando cultivar e expandir nosso coração para desenvolvermos o desejo genuíno e concreto de que todos os seres sejam felizes e livres de sofrimento.

Meditação da bondade amorosa
para todos os seres sencientes

- ▶ Sente-se em uma postura relaxada com as costas retas.
- ▶ Seus olhos podem estar abertos ou fechados.
- ▶ Nos próximos minutos, repouse na consciência plena aberta.
- ▶ Agora, reflita sobre o fato de que existem infinitos seres sencientes em inúmeros universos e que cada um deles deseja ser feliz.
- ▶ Agora repita: "Que todos os seres sencientes tenham felicidade e as causas da felicidade."
- ▶ Permita uma sensação expansiva de abertura, de desabrochar, e dissolva os limites entre você e os outros.
- ▶ Sinta a qualidade de amor ilimitado que uma mãe teria por seu filho recém-nascido.
- ▶ No final, repouse na consciência plena aberta.

Durante esse exercício, a consciência plena meditativa se estende a todos os seres. Mas você também pode alternar com a consciência das sensações pois as sensações físicas podem se tornar bastante fortes. No início, não se preocupe em manter sentimentos amorosos. Mesmo que tenhamos só uma pequena amostra do quão expansivo, imparcial e imensurável nosso amor possa ser, isso é maravilhoso.

O segundo incomensurável

Que todos os seres sencientes sejam livres do sofrimento e das causas do sofrimento.

Para esse exercício, tente pensar nas formas convencionais e evidentes de sofrimento existentes para milhões de seres no mundo: fome, inundações, terremotos e todo o sofrimento criado pelos quatro elementos. Ou talvez possa desejar que as pessoas sejam livres do que o Buda chamou dos quatro rios do sofrimento: nascimento, velhice, doença e morte.

Nesse estágio, você pode usar como preparação as causas naturais ou calamidades, mas depois traga a sua mente para os aspectos mais sutis do sofrimento autocriado: ganância, desejo, fixação ao ego, ignorância ou a incapacidade de reconhecer sua própria natureza búdica. Com os exercícios que fizemos para os quatro pensamentos, você já deverá ter alguma noção das causas subjacentes ao sofrimento, mesmo em face das catástrofes naturais ou problemas físicos.

O terceiro incomensurável

Que todos os seres nunca se separem da sublime felicidade que é livre do sofrimento.

Esse pode ser um exercício bastante difícil. Se formos realmente honestos conosco, podemos ver como é difícil alegrarmo-nos verdadeiramente com a felicidade dos outros, especialmente quando esse sentimento não está ligado a alguém que amamos. Estender esse sentimento para todo um campo de seres – como imaginamos na prática do refúgio – pode exigir algum trabalho.

O sentimento de alegria aqui é um pouco mais vigoroso, mais efusivo do que a bondade amorosa ou a compaixão. Muitas vezes, os alunos se queixam de não conseguir gerar esse sentimento. Se não souber o que fazer, volte para si mesmo ou para as pessoas que ama. Então, quando se conectar com um sentimento de efusiva alegria, tente novamente estendê-lo a todos os seres.

O quarto incomensurável

Que todos os seres repousem em equanimidade, sem aversão e apego aos que estão próximos e distantes.

Essa aspiração, quando aplicada a você e aos outros, deve proporcionar uma compreensão de sua importância e de como podemos cair facilmente nos padrões constritivos dominados pela atração e aversão ainda não investigadas. Então, oramos para que todos os seres sejam livres de viver como folhas sopradas ao vento aqui e ali, sem direção, sem estabilidade mental, sem equanimidade.

Os quatro incomensuráveis e bodhichitta

Os quatro incomensuráveis são ilimitados, todo-abrangentes e não discriminantes; podem cultivar um coração aberto, criar um bom carma, remover obstáculos e purificar a negatividade. Apesar desses benefícios descomunais, a bodhichitta nos leva a dar um passo além. Ao mesmo tempo, sem examinar os quatro incomensuráveis é difícil apreciar o quanto a bodhichitta nos leva mais além. Existem dois tipos de bodhichitta: relativa e absoluta. Primeiro examinaremos a bodhichitta relativa.

Bodhichitta relativa

Existem dois tipos de bodhichitta relativa: bodhichitta da aspiração e bodhichitta da aplicação. Começamos com a bodhichitta da aspiração, uma vez que é uma extensão natural dos quatro incomensuráveis, onde nossa motivação se expandiu para acolher o número imensurável de seres. Mas ainda não temos o objetivo de pôr fim absoluto ao sofrimento, que é a iluminação. Apenas com os quatro incomensuráveis, o quadro conceitual é inerentemente limitado. Sem a iluminação completa, permaneceremos – em graus variados – emaranhados no ego, nas obscuridades e nas ilusões enganadoras e vivenciaremos alguma medida de sofrimento.

A bodhichitta da aspiração associa a aspiração de que todos os seres alcancem a iluminação com a liberação suprema: nossa aspiração é que todos os seres tenham felicidade e as causas da felicidade e se tornem plenamente iluminados; e também aspiramos a que todos os seres sejam livres do sofrimento e das causas do sofrimento e se tornem perfeitamente iluminados. Com a bodhichitta, trabalhamos com essa aspiração suprema.

É muito importante associar a bodhichitta da aspiração relativa à bodhichitta da aplicação relativa. Digamos que desejo viajar do norte da Índia para a Índia Central. Saio de Sherab Ling, em Himachal Pradesh, e vou para Bodh Gaya, que fica no estado de Bihar. Minha motivação é visitar o Templo Mahabodhi, local sagrado da iluminação do Buda Shakyamuni, bem como o meu Monastério Tergar da região a fim de ensinar os mongezinhos. Essa é a minha aspiração, meu objetivo. Em seguida, devo planejar minha viagem – nunca é uma tarefa fácil na Índia. Vejo os horários de ônibus e trem, prevejo nevoeiros e outros atrasos, faço minha reserva e assim por diante. Então, começo a viagem.

Aplicamos nossos esforços nas atividades que vão efetivar nossa aspiração. A bodhichitta da aplicação enfatiza que nossa aspiração de alcançar a iluminação para ajudar todos os seres a se iluminarem é mais forte do que um "desejo." Apenas desejar algo pode ser bastante passivo; ao contrário, a bodhichitta da aplicação é vibrante, vigorosa e engajada. Não apenas desejamos; ativamos nossas intenções.

Concentrar-se na realização é a bodhichitta da aspiração: quero ir para Bodh Gaya. Desejo alcançar a iluminação para o benefício dos seres vivos. A bodhichitta da aspiração começa com o reconhecimento do sentimento fundamental básico de ser feliz e livre de sofrimento que existe dentro de cada ser senciente. Uma vez que o reconhecimento se estabiliza, expandimos a aspiração. Não se preocupe com os detalhes. Deixamos nosso coração se abrir ao desejo incomensurável que se expande para o número imensurável de seres. Isso nos inclui. Não esqueça essa parte.

Bodhichitta da aplicação e as seis paramitas

Enquanto a bodhichitta da aspiração está voltada para o final do caminho – a iluminação completa de todos os seres – a bodhichitta da aplicação trabalha com as causas e condições para gerar esse resultado. Os meios práticos para ajudar todos os seres a descobrirem sua verdadeira natureza são as seis paramitas. *Paramita* significa "perfeição," incluindo seis comportamentos que vão além do samsara, transcendendo-o; aspirantes a bodisatvas, como nós, podem aplicá-los na vida diária para aperfeiçoar suas qualidades iluminadas inatas e fazer a travessia da confusão para a clareza: generosidade, disciplina, paciência, diligência, meditação e sabedoria. Assim que encontramos as paramitas, o ngondro se torna uma prática de bodhichitta relativa. Vamos ver como isso funciona.

A primeira paramita, generosidade, pode instigar pensamentos sobre doações de caridade, ou voluntariado para distribuir sopas aos mendigos, ou um programa de cuidados paliativos. Esse tipo de generosidade não pode ser desconsiderado. Mas também existem formas mais sutis de generosidade. Proteger o comércio de animais vivos – como cabras, lagostas, tartarugas – é outra forma de generosidade. Os animais podem ser comprados e, a seguir, libertados em seu habitat natural, ou cuidados até sua morte. Proteção pode ser pegar insetos dentro de casa e soltá-los fora.

Também podemos direcionar nossos esforços generosos para qualquer coisa que ajude os outros a se conectarem com sua verdadeira natureza. Isso é chamado de a generosidade de oferecer o Dharma.

Podemos também oferecer nossa própria presença – simplesmente demonstrando o máximo de estabilidade mental possível. Claro que isso requer prática. Podemos entender nossa prática do ngondro como um ato de generosidade. Quando abrimos mão de nossos hábitos centrados no ego, fornecemos a nós e aos outros a possibilidade de não ter esperança e medo e viver sem ansiedade e julgamentos. Quando aplicamos bodhichitta, nossa aspiração de ajudar todos os seres se torna um ato de generosidade, e a prática da meditação também pode ser um ato de generosidade.

A segunda paramita, disciplina, assume muitas formas. A maneira mais simples de entender a disciplina é dividi-la em três categorias: evitar atividades que criem sofrimento, fazer coisas que promovam a felicidade e o bem-estar, e ajudar os outros. Cada passo do ngondro gera todos os três aspectos da disciplina.

Quando mal-entendida, a disciplina se confunde com uma espécie de devoção rígida, mas o que estamos falando aqui não é uma restrição moral sem alegria. A disciplina deve ser mantida de forma leve e com humor, e ser usada como outra lente através da qual nos conectamos a uma maior consciência plena de nosso comportamento.

Paciência, a terceira paramita, pode ser examinada em termos de como ela se relaciona diretamente com a prática do Dharma. Por exemplo, é comum nos queixarmos de dor no joelho quando meditamos, ou ficarmos frustrados com a nossa falta de realização, entediados com nossa prática ou desesperadamente inquietos. Podemos até reconhecer intelectualmente essas dificuldades como elementos naturais do caminho espiritual. Mas, para reduzir a reatividade negativa habitual, precisamos de paciência. Requer paciência sair de nossa reatividade habitual e não nos envolver com essa tendência. Com a prática da paciência, nossas opções se multiplicam. É preciso paciência para manter uma prática que pode demandar cem mil repetições.

A quarta paramita, diligência, nos dá a energia para continuar nossa jornada para o despertar. Nos textos tradicionais, a diligência é definida como apreciar a virtude, isto é, o oposto da preguiça. A preguiça pode assumir a forma de procrastinação, mas também se refere à sensação de falta de motivação e desânimo. A diligência oferece a melhor proteção contra esse estado mental. Assim como uma cobertura à prova d'água nos protege da chuva, a diligência nos protege de todas as circunstâncias e condições que nos induzem a desistir de nós mesmos. Para completar o ngondro, a diligência é necessária não só para ir além dos desconfortos físicos, mas para trabalhar com o medo e a resistência que aparecem quando nos desprendemos das fixações ao ego.

A quinta paramita é a meditação que, quando aperfeiçoada, significa que nossa mente não se distancia da consciência plena, independentemente do que estivermos fazendo ou de onde estivermos. Quer usemos a consciência plena com suporte ou consciência plena sem suporte, bodhichitta, vipassana – seja qual for o método empregado – o ngondro oferece ampla oportunidade de cultivar a consciência plena meditativa.

A sexta paramita – sabedoria – é a mais importante, porque sem sabedoria, as outras cinco atividades não podem ser realizadas. A sabedoria faz a generosidade, disciplina, paciência, diligência e meditação transcenderem as formas comuns de comportamento bom ou ético.

A sabedoria assume muitas formas, tal como a sabedoria proveniente de ouvir e estudar o Dharma, a sabedoria oriunda da reflexão e contemplação do que aprendemos, a sabedoria vinda da experiência direta que adquirimos com a meditação, e a sabedoria que reconhece a natureza vazia de todos os fenômenos. No que diz respeito às paramitas, a sabedoria é o elemento que trabalha para o bem-estar dos outros sem se prender nas crenças e expectativas, de modo que quando realizamos um ato de generosidade, por exemplo, fazemos isso sem perder de vista a nossa natureza básica – a clareza vazia da consciência plena pura. Isso permite que a generosidade seja aplicada sem a preocupação egocêntrica com recompensas e resultados.

O ngondro estimula a prática de todo o conjunto das seis paramitas e manifesta a prática da bodhichitta da aplicação relativa. Por que nos prostramos, por que cantamos, por que imaginamos o refúgio e as fontes de refúgio? Porque essas são as causas – a aplicação – de nossa aspiração de alcançar a iluminação para o benefício de todos os seres sencientes. Impossível ter uma motivação maior do que essa.

Bodhichitta absoluta

Ora, por que descrevemos essa aspiração ilimitada, infinita e inesgotável e sua aplicação como "relativa"? Porque mesmo que seja a motivação mais benéfica e altruísta possível, ela ainda funciona dentro do domínio dos conceitos. Não importa o quanto tenhamos dissolvido a fixação ao ego, um sentido residual de "eu" se curva, se prostra e ora para que "eu" possa me iluminar a fim de ajudar os "outros" a se iluminarem. "Eu" e "outro" são aspectos da realidade relativa, dualista e não iluminada.

Quando falamos de bodhichitta absoluta, apontamos para a mente plenamente desperta que ultrapassou todos os conceitos, para além de todas as dualidades, além do samsara e do nirvana. Usada no sentido absoluto, a bodhichitta se torna outra maneira de se referir ao estado búdico, ao despertar, à iluminação, ao reconhecimento da vacuidade e à realização da realidade ilimitada e indivisível, que é semelhante ao céu.

Quando estudava o ngondro, fiquei confuso a respeito de como a bodhichitta absoluta poderia ser útil aos seres sencientes. Em meu primeiro retiro de três anos, estava praticando bondade amorosa e compaixão e pensava nas pessoas pobres de Nubri, minha cidade natal. Podia ver os rostos conhecidos, o interior de seus casebres rústicos e podia sentir seus corpos tremendo no inverno. Eu sabia que às vezes eles iam dormir com fome e frio. Estava em meu quarto em Sherab Ling e fiquei muito triste. Achei a prática realmente deprimente. À beira das lágrimas, não conseguia entender como essa tristeza poderia ajudar alguém. Nesse estado lastimável, estava muito mais longe de poder ajudar alguém do que quando comecei.

Depois de um tempo, eu não quis mais ficar sozinho, então fui ver Saljay Rinpoche. Disse a ele que estava meditando em bondade amorosa e compaixão, mas tinha encontrado um grande problema: estava tão infeliz quanto todas as outras pessoas que desejavam ser livres do sofrimento. Disse a ele: "Agora, todos sofremos juntos. O que há de tão bom nisso? Se a compaixão do Buda é imensurável, então o Buda deve estar sofrendo mais do que qualquer ser no mundo inteiro, e isso é realmente muito triste."

"Não," disse Saljay Rinpoche, com uma aspereza incomum. "A compaixão do Buda não está repleta de tristeza porque o Buda conhece a vacuidade. A sabedoria da vacuidade permite uma compaixão ilimitada além do sofrimento."

Não entendi e Saljay Rinpoche continuou: "É por causa da vacuidade que a compaixão pode ser incomensurável. Nossos conceitos sobre compaixão limitam nossas capacidades. Nossas atividades podem ser inspiradas por ideias de bondade, amor e compaixão, mas também são restringidas por elas. Todos os conceitos são rígidos e restritos. À medida que estivermos ligados a conceitos de compaixão, nossas atividades serão mensuradas e, portanto, limitadas. Compaixão incomensurável só pode surgir na ausência de conceitos e com a sabedoria da vacuidade."

Então ele me disse: "Pare de se concentrar em bondade amorosa e compaixão. Medite sobre a vacuidade. Depois, pouco a pouco, você chegará à união de vacuidade e compaixão."

Segundo a visão suprema – ou visão da vacuidade – sofrimento, confusão e todo o samsara são conceitos relativos. No entanto, bilhões de seres no mundo percebem sofrimento, confusão e samsara; acreditam em sua inevitabilidade e estão convictos de sua realidade. Não percebem as maneiras pelas quais criam sofrimento para si próprios.

Com a união de vacuidade e compaixão, não somos mais enredados pela realidade relativa do sofrimento e também não a analisamos. Não estamos usando nosso intelecto limitado e conceitual para encontrar uma solução para ela. O coração inteligente responde com compaixão e, ao mesmo tempo, a sabedoria reconhece a verdadeira vacuidade da situação. Não precisamos nos envolver no enredo da história que as pessoas usam para explicar sua infelicidade. Podemos analisar como elas criam o próprio sofrimento; podemos perceber as ilusões que fazem sua confusão parecer fixa e imutável. Reconhecemos a natureza insubstancial da situação, mas ainda vemos pessoas aprisionadas a hábitos destrutivos e respondemos, assim, à incapacidade das pessoas de se afastarem de sua própria confusão.

O reconhecimento da vacuidade acaba com a separação entre "eu" e "outro" e manifesta a união de vacuidade e compaixão. Isso explica por que os seres iluminados são capazes de realizar atividades ilimitadas enquanto o ativista social comum fica exaurido. Se trouxermos nossas ideias conceituais, quantificáveis e ligadas ao ego para nossas boas ações, o trabalho rapidamente se torna avassalador: "Tem tanto trabalho que preciso fazer." O desafio parece insuperável, exigindo esforços além de nossa capacidade. Podemos nos desesperar ou responder com obstinação, decididos a provar que o tamanho de nosso comprometimento ou de nossa dedicação é compatível com uma tarefa descomunal.

No entanto, cada conceito sobre o quão significativo e vital é nosso trabalho, e se conseguimos ou não realizá-lo, é restringido pelas limitações do pensamento conceitual. É como se nossas aspirações chegassem a um beco sem saída – e esse beco é composto de ideias, ilusões e pré-conceitos sobre quem somos e o que estamos fazendo, ou o que podemos ou devemos fazer, levando-nos à exaustão. Tanto o trabalho como o trabalhador se tornam objetificados e quantificados. Isso não oferece nenhuma imensurabilidade e, na verdade, aumenta a fadiga.

A imensurabilidade só é possível com a vacuidade. Assim que deixamos a vacuidade entrar em cena, toda a situação se relaxa. Experiências que antes pareciam reais e substanciais agora podem se tornar como um sonho. Quando vemos alguém sofrendo no sonho, podemos espontaneamente fazer algo para ajudar a aliviar o sofrimento – mas sem nos envolvermos no seu drama, sem levar a sério demais nossas ações ou nós mesmos. Podemos trabalhar de todo o coração pelo bem-estar dos outros ao mesmo tempo em que reconhecemos que toda a situação emerge da mente.

Certa vez um aluno perguntou a um mestre budista: "Quando chega à iluminação, você ainda sofre?"

"Sim," disse o mestre. "Quando minha esposa morreu, chorei, chorei. Mas minhas lágrimas não tinham raízes."

Lágrimas sem raízes. Uma vez que a vacuidade é reconhecida, o sofrimento não pode se instalar. O sofrimento não mais resulta de hábitos ou neuroses e não perpetua o apego ao sofrimento ou padrões de autopiedade.

Se perdermos de vista a vacuidade, o compromisso do bodisatva não é apenas inconcebível, mas também impraticável. Para que a ação do bodisatva realmente ocorra, precisamos ter algum reconhecimento da vacuidade, mesmo que isso requeira um ato de fé. Sem nenhuma experiência, a vacuidade também se torna apenas outro conceito – o qual, por ser um conceito, nos mantém aprisionados ao samsara.

Assim que entendemos a bodhichitta, então todas as práticas se tornam incomensuráveis e uma expressão das paramitas, de ir além do samsara. Se não gerarmos bodhichitta, mesmo que pratiquemos a generosidade, ela não é incomensurável e não ativa a motivação fundamental de ajudar todos os seres a se voltarem para a liberação suprema, para a iluminação.

Dedicando o mérito

Antes de seguirmos em frente, quero apresentar um elemento muito importante relacionado à bodhichitta. No final de cada sessão de prática "dedicamos o mérito." As palavras que devem ser ditas variam de acordo com as diferentes liturgias, mas é algo como: "Dedico agora qualquer mérito ou virtude que eu tenha reunido para o bem-estar de todos os seres sencientes e que possam se libertar dos sofrimentos do samsara".

De agora em diante, podemos dedicar o mérito depois de praticar os quatro pensamentos ou sentar com a consciência plena aberta. A dedicação de mérito é introduzida aqui por causa de sua relação com a bodhichitta, mas é fundamental para a nossa prática que terminemos todas as sessões dessa maneira, não importa o tipo de prática nem quanto tempo praticamos. Ao praticar muitas sessões em um dia, terminamos cada sessão com a dedicação do mérito. Essa é a maneira mais sucinta de reafirmar nossa intenção de deixar de lado a fixação ao ego e praticar para o benefício dos outros. Se não doarmos nosso mérito, ele poderá crescer em nossa mente como cracas que grudam no casco de um barco, até sermos tragados pelo peso do orgulho egoico. Ao doar o mérito, garantimos que não estamos fazendo um uso indevido de nossa prática do Dharma, colocando outro chapéu em nossa cabeça.

Dedicar o mérito também é uma forma de "selar" os benefícios da prática. Sem isso, qualquer ação meritória realizada terá um efeito de muito curto prazo e poderá ser perdido com muita facilidade. A dedicação propaga nossas aspirações para que os benefícios de nossa prática se multipliquem para os outros e também para nós.

Dedicar o mérito é um dos aspectos mais profundos de nossa prática, mas não se limita às sessões de prática formal. Podemos dedicar o mérito após qualquer experiência positiva, quer se trate de uma ação social, como trabalhar com os sem-teto, ser voluntário em um hospital ou doar dinheiro para uma boa causa. Também pode ser depois de tocar música ou apresentar uma peça de teatro para as pessoas, escrever um poema ou nadar em um lago na montanha. O objetivo é não guardar o mérito ou os efeitos das experiências positivas só para nós, e não deixar que nossa própria satisfação ou orgulho intensifiquem nossos obscurecimentos. Se nos agarrarmos ao mérito, estaremos dando um passo à frente e outro para trás. Dedicar o mérito, dentro e fora da almofada, nos mantém seguindo em frente.

Por favor, não se esqueçam de terminar cada sessão de prática dessa maneira, lembrando que dedicar o mérito para o benefício de todos os seres também nos inclui.

9

A SEGUNDA PRÁTICA EXTRAORDINÁRIA

Purificação

Até esse momento, usamos os quatro pensamentos a fim de nos orientarmos para a liberdade. Imagens externas de Buda, Dharma e Sangha nos colocam em contato com nosso verdadeiro refúgio, ou seja, nossa própria natureza búdica. Tendo identificado as causas e características do sofrimento, expandimos nossa aspiração de alcançar a liberação para incluir todos os seres sencientes. Com essa motivação abrangente, desejamos dissolver tudo o que nos impede de reconhecer nossa pureza inata, limpar cada partícula de sujeira que ainda obscurece o diamante.

De acordo com a visão suprema, se somos puros, prístinos e perfeitos, então o que estamos purificando? Devemos purificar nossa ignorância a respeito do fato de que somos inerentemente puros. Neste momento somos tão puros quanto sempre seremos, mas como não aceitamos isso, precisamos purificar a confusão da mente até reconhecermos a nossa pureza original. É por isso que praticamos e, para realizar nosso caminho, suplicamos a Vajrasattva, um Buda especializado na remoção de obscurecimentos.

Na minha linhagem, todos os Budas se fundem em Vajrasattva, um Buda muito respeitado entre os tibetanos. Antes de se tornar uma deidade iluminada, Vajrasattva era um ser senciente como nós, vivendo em confusão no samsara. Mas desenvolveu bodhichitta e prometeu se iluminar em benefício de todos os seres. E fez essa aspiração especial: "Quando me tornar um Buda realizado, que todos os seres sencientes possam ser purificados de seus obscurecimentos, ignorância, negatividade e violação de votos ao verem minha forma com os olhos, ouvirem meu nome com os ouvidos ou recitarem o mantra de Vajrasattva. E se todos os seres sencientes não forem liberados com essa prática, então que eu não alcance a iluminação."

Meu pai costumava me dizer: "Um fósforo pode queimar uma montanha inteira de grama seca e a prática de Vajrasattva tem esse tipo de poder, essa efetividade." Pode queimar uma montanha de mau carma e eliminar éons de negatividade e obscurecimentos. Quando consideramos com sinceridade o propósito dessas práticas, não existe nada em nossa vida passada ou presente – nada, não importa o quão horrível – que não possa ser purificado. Isso foi verdade até mesmo para Angulimala, um *serial killer* que viveu na época do Buda histórico. Angulimala matou 999 pessoas, mas mesmo essa ação tão devastadora não teve poderes para determinar sua condição. Ele se tornou um seguidor do Buda Shakyamuni e transformou sua fúria assassina na mente desperta de um Buda.

As possibilidades oferecidas por esta prática são tão empolgantes, não acha? Quando criança, eu era muito preguiçoso para fazer prostrações, mas adorava a prática de Vajrasattva. (Dizemos "prática de purificação" ou "prática de Vajrasattva." Como esse estágio do ngondro introduz a recitação do mantra, às vezes ele é chamado de "prática do mantra.")

Purificação na sequência do ngondro

No ngondro, o refúgio utiliza métodos do Vajrayana, tal como a imaginação. Contudo, tomar refúgio, assim como a contemplação dos quatro pensamentos, é comum a todas as escolas budistas. Com a bodhichitta, entramos no mundo do Mahayana ou Grande Veículo. De agora em diante, a aspiração de alcançar a iluminação para que possamos ajudar todos os seres sencientes continua a se aprofundar e permanece ativa, não importa o que estejamos fazendo: praticando formalmente, caminhando pela rua, aguardando o voo no aeroporto, dormindo, comendo – qualquer coisa.

Com a prática de Vajrasattva, envolvemo-nos em uma das duas práticas principais do Mahayana: purificação, que é o foco da nossa prática de Vajrasattva; e acumulação de mérito e sabedoria, que é o foco da prática da mandala, o próximo passo do ngondro. Essa é sequência que usamos na tradição Mahayana do Budismo Tibetano. No caso da prática de Vajrasattva, usamos os métodos especiais do Vajrayana para visualizar Vajrasattva e recitar o mantra de cem sílabas para auxiliar nesse processo de purificação.

Embora a força do hábito possa deixar nosso comportamento cheio de falhas, estamos lentamente estabilizando nossas intenções e motivações e, passo a passo, o Dharma poderá fazer real diferença em nossas vidas. No entanto, podemos nos sentir travados em nosso caminho, como se um pé estivesse cravado no chão. Talvez tenhamos nos tornado mais conscientes e receptíveis às nossas neuroses e fixações egoicas. Mas, mesmo com entusiasmada determinação, não conseguimos contornar os distúrbios mentais causados pelas ações negativas.

Uma dica: não se deixe enganar pensando que se suas más ações são inexpressivas comparadas às de um assassino como Angulimala e que você não tem nada para purificar. Estamos trabalhando com a nossa mente. Gritar com nossos parceiros ou filhos, ter má conduta sexual, matar animais – incluindo matar involuntariamente bichos ou insetos quando estamos dirigindo – e até pensamentos maldosos afetam nossa equanimidade. Atividades mentais e físicas que perturbam nossa mente funcionam como águas turbulentas que deformam a superfície tranquila de um lago. Turvam a percepção clara e mantêm o condicionamento mental que interfere em nosso caminho para a liberdade. Não purificar esse carma negativo nos deixa como aves canoras tentando voar com pesos nas asas. Nossos árduos esforços não conseguem extinguir as cargas emocionais que carregamos. Eventos passados podem se enrijecer em fardos de medo e trauma, culpa e remorso, que ficam presos dentro de nós. E não adianta dizer: "Oh, mas em última instância eles são inerentemente vazios." Vacuidade não é uma ideia, mas uma experiência vivida, e esses nós de tensão que permanecem em nosso corpo e mente bloqueiam nosso despertar.

Aspectos convencionais e absolutos

Tal como o voto de refúgio, a prática de Vajrasattva abrange um aspecto convencional/relativo e um aspecto supremo/absoluto. O aspecto relativo trata de ações não virtuosas que surgem da ignorância e perpetuam a ignorância. Angulimala representa um exemplo extremado. Também é um símbolo de como trabalhar com a negatividade em vez de livrar-se dela. É como compostagem: juntamos lixo fedorento mas, em vez de jogá-lo na lixeira, reconhecemos que ele contém atributos positivos que podem fertilizar a nossa mente. Grande parte do Vajrayana usa o que temos – até nosso mau carma – como uma fonte inestimável de transformação. Uma vez que realmente compreendemos que nada em nossa vida precisa ser descartado ou varrido para debaixo do tapete, ou arrancado como algum tipo de cirurgia espiritual, então o caminho torna-se bastante alegre.

Do ponto de vista absoluto, o praticante não tem uma identidade inerente e independente – nem o objeto de suas súplicas, nem sua ação. Em última análise, todos nós e todas as nossas atividades são vacuidade. Vajrasattva é vacuidade e nossas súplicas e preces são vacuidade. Essencialmente, não existe passado nem futuro. A melhor purificação é compreender a vacuidade essencial da forma. No entanto, enquanto vivermos no mundo relativo e nos relacionarmos com a nossa vida a partir da perspectiva relativa, nos beneficiaremos da prática relativa. Ainda assim, é importante ter alguma ideia, mesmo que vaga, da visão absoluta, pois para alcançar a iluminação é necessário purificar nosso entendimento de que não somos, em essência, vazios e puros.

Durante a sessão de prática, Vajrasattva senta-se bem acima da nossa cabeça. Podemos começar com um sentido dualista de que "faço súplicas a ele." No entanto, isso se dissolve em uma união absoluta e não-dual entre nós e Vajrasattva. Na prática, imaginamos que nos tornamos a deidade à qual suplicamos. Essa não é uma união temporária que ocorre durante a prática. Essa união manifesta a verdadeira e contínua inseparabilidade entre a forma impura do nosso eu relativo com a pureza imaculada do nosso eu absoluto.

Fé na vacuidade

Conversando com meus alunos, encontrei resistência quanto à mera possibilidade de neutralizar o carma negativo, que dirá transformá-lo em algo positivo. As pessoas podem se sentir tão culpadas por uma ação, que se desprender dela parece indevido. Caso culpa e vergonha surjam como respostas adequadas às atividades negativas, então, seguindo essa ótica, as pessoas se sentem monstruosas se não continuarem sentindo culpa e vergonha. No entanto, isso mantém a mente girando sem nenhum benefício. Não aprendemos nada dando voltas e voltas, repetindo nossas histórias para nós mesmos e para os outros. Para a maioria das pessoas, os distúrbios remanescentes se fundem por completo com o eu fabricado, sendo extremamente difícil separá-los. Mas, se tirarmos proveito da nossa condição humana, poderemos reconhecer como aglutinamos essa fabricação e como podemos desfazê-la; com esse entendimento, todo o projeto torna-se viável. Se abordarmos a purificação com um sentido sólido, estreito e permanente de eu, será difícil avançarmos muito. Mas nossas investigações sobre a impermanência nos prepararam para reconhecer que qualquer ação pode ser purificada, pois o obscurecimento é o resíduo de um evento temporário. Nossa natureza búdica é como água pura: mesmo misturada a sedimentos pode ser purificada, pois a natureza da água continua sendo pura. Não importa quanta lama cubra o diamante, a sua verdadeira natureza permanece.

A prática do mantra

No processo dessa prática, suplicamos à deidade usando o mantra de Vajrasattva, introduzindo pela primeira vez o mantra na prática do ngondro. Em sânscrito, *man* significa "mente" e *tra* significa "proteção." A recitação de mantras protege a mente da identificação com o macaco e a tagarelice habitual que geralmente mantém nosso ego no centro de tudo. O mantra é outro suporte para a calma permanência, pois absorve a tendência da mente de falar sobre si e consigo mesma, e reúne a energia mental dispersa. Dizer "blá, blá, blá" também pode absorver a tagarelice da mente-do-macaco e dar um descanso ao nosso ego, como ir ao cinema e não pensar sobre nós durante uma ou duas horas. No entanto, não há nenhum valor de transformação no bloqueio ou na supressão do ego. Mas o mantra nos auxilia pois as palavras do mantra não são comuns.

As sílabas dos mantras agregam as qualidades iluminadas, as bênçãos, a sabedoria e a compaixão dos Budas. Como milhares de mestres despertos recitaram mantras específicos ao longo de milhares de anos, consideramos que o mantra foi abençoado por eles e chegou até nós por meio deles. Essas bênçãos manifestam o poder da interação positiva. Budas, seres iluminados, mestres da linhagem e gurus repetiram esses sons milhões de vezes antes de os ouvirmos. Falar essas palavras, ouvi-las e repeti-las tem seu próprio carma interdependente que conecta os seres iluminados, os detentores da linhagem, os gurus e os discípulos. O som, em si, é sagrado, não apenas o seu significado. É por isso que dizemos: "Mesmo que você não saiba o significado, o som pode ajudar". Trata-se de uma manifestação do carma da linguagem ou do carma do som. Do ponto de vista absoluto, as palavras comuns são vacuidade, as palavras sublimes são vacuidade e todos os sons e bênçãos são vacuidade. Mas, de novo, isso não quer dizer que os valores relativos não tenham benefício. A água é vacuidade, mas ainda satisfaz a nossa sede.

Criamos carma negativo com nosso corpo, fala e mente. Devido à recitação do mantra, a purificação da prática de Vajrasattva concentra-se na fala, embora também trabalhemos com o corpo e a mente. Trabalhamos com o corpo por meio da postura e com a mente por meio da consciência plena e da imaginação. No entanto, uma vez que a atividade principal da prática é o mantra de cem sílabas de Vajrasattva, a prática é principalmente identificada com a purificação dos aspectos negativos da fala: mentira, tagarelice inútil, calúnia e assim por diante.

Juntamente com a fala, essa prática pode ser usada para purificar qualquer coisa, não apenas a fala. Pode purificar traumas, más lembranças e pesadelos recorrentes. Pode purificar as causas das ações negativas como raiva, inveja, ganância e outros impulsos destrutivos. Quando dizemos que "a prática" pode fazer todas essas coisas maravilhosas, estamos falando dos nossos próprios esforços, intenções e aspirações. O poder da transformação é interior e depende da confiança em nossas próprias capacidades.

Recitamos mantras em voz alta, embora o som possa surgir como um sussurro. Quando estamos muito sonolentos, elevamos a nossa voz para nos animar. Quando viajamos de carro com outras pessoas ou em um avião, repetimos o mantra silenciosamente. Hoje em dia, o mundo inteiro está conectado por meio da fala. Temos rádio, televisão, internet, e-mail e mensagens de texto. Quando consideramos a interdependência de todos os fenômenos e a aplicamos ao carma das palavras, vemos que estamos nos envolvendo com uma força poderosa.

Os quatro poderes

Com a prática de Vajrasattva, reconhecemos as atividades passadas que criaram sofrimento para nós e para os outros. Geralmente não conseguimos nos confrontar de maneira que alivie eficazmente os sentimentos negativos. Precisamos de ajuda, e essa prática contém quatro abordagens para a purificação: o poder do suporte, o poder do arrependimento, o poder do antídoto e o poder da resolução. Seguimos essa ordem de acordo com a lógica da sequência.

O Poder do Suporte

O poder do suporte tem dois aspectos. O primeiro é a bodhichitta da aspiração relativa: "Por que estou fazendo essa prática? Para quem eu estou praticando? Quero fazer essa prática de purificação para me iluminar e ajudar todos os seres a se iluminarem." Isso estabelece nossa motivação imensurável e fortalece nosso comprometimento. Esse suporte vem da nossa parte. O segundo suporte vem da parte de Vajrasattva. Nós o imaginamos sentado logo acima da nossa cabeça. Vajrasattva torna-se o objeto das nossas confissões – uma testemunha estável, sem julgamento e compassiva, que dá suporte aos nossos esforços para reparar qualquer dano físico ou emocional que causamos intencional ou inocentemente, seja nessa vida ou nas anteriores. Voltamo-nos para Vajrasattva, que reflete de volta para nós a coragem de testemunhar nossas atividades negativas com compaixão, sabedoria e equanimidade, ajudando-nos a nos conectar com nossa própria clareza.

Imaginando Vajrasattva

Vajrasattva senta-se acima de nós, de frente, olhando para a mesma direção que olhamos, corporificando a união de vacuidade e clareza. Imaginamos que ele tem uma cor branca translúcida, deslumbrante, mas sem substância, como um arco-íris ou holografia, aparecendo de modo vívido, porém vazio. Sua cabeça inclina-se para a esquerda, seu rosto é pacífico, com um leve sorriso. Lembre-se de não tornar a visualização muito rígida. Traga uma sensação vibrante da presença de Vajrasattva sem se fixar a cada pequeno detalhe. Nossa certeza de sua presença estabelece o elemento fundamental para tornar esse um exercício efetivo e transformador. Acima da nossa cabeça, talvez cinco ou dez centímetros, há uma flor de lótus branca com um disco de lua. Mais uma vez, o lótus representa a permanência no samsara sem apego a ele, transmitindo as atividades iluminadas dos Budas. Nesse trono, Vajrasattva está sentado com as pernas suavemente cruzadas e o pé direito levemente estendido à frente. Sua mão direita segura um vajra no centro do coração. A mão esquerda repousa em seu quadril, segurando um sino de prata virado para cima. O vajra representa compaixão e clareza; o sino representa vacuidade e sabedoria. A imagem é a união de vacuidade e manifestação. Vajrasattva aparece como uma única deidade, mas raios de luz emanam do centro do seu coração, convidando a assembleia das deidades de sabedoria que depois se fundem a ele para que ele se torne a essência de todos os Budas.

22. Vajrasattva, o Buda que corporifica a pureza essencial.

Vajrasattva de cabeça para baixo

Comecei essa prática com meu pai quando ainda vivia no Nagi Gompa. No começo, não conseguia imaginar Vajrasattva com muita clareza. Houve dias em que me esforçava tanto que dava um branco em minha mente. Reclamei com meu pai que não conseguia fazer essa prática e ele me disse: "Relaxe sua mente. Você está fazendo muito esforço."

Segui suas instruções e, dentro de algumas semanas, minha imagem de Vajrasattva tornou-se muito clara. Perfeito. Fantástico. Fui até ele e lhe disse que tinha me tornado muito bom em imaginar Vajrasattva acima da minha cabeça. Conseguia imaginar os discos de lótus e as cores, o sino e o vajra, tudo.

Ele me disse: "Isso é ótimo, muito bom. Agora imagine Vajrasattva de cabeça para baixo."

Saí me sentindo desanimado, sem esperança. Depois de alguns dias, eu disse a ele: "Tentei de verdade, mas não consegui imaginar Vajrasattva de cabeça para baixo."

"A imaginação não é real," explicou meu pai. "É como o reflexo da lua no lago; pode se movimentar, ficar ondulado, pode mudar. Essa é a sua natureza. Você não precisa manter a imagem de forma tão fixa e rígida. Obter a imagem perfeita não é o ponto. É mais importante sentir a presença dos Budas."

Sempre tente sentir a presença viva dos Budas. Isso é mais importante do que ter uma imagem perfeita.

O poder do arrependimento

O Buda histórico tinha quatro discípulos cujas histórias pessoais evoluíram nos quatro poderes usados nessa prática. Desses quatro discípulos, a história de Angulimala é a mais conhecida e a mais dramática. Angulimala, sob a orientação equivocada de seu professor da célebre universidade de Taxila – grande centro de aprendizado budista que existiu onde hoje é o Paquistão – decidiu matar mil pessoas. Ainda faltava uma vítima para completar sua missão quando viu um monge caminhando pela estrada à sua frente. Já tinha 999 dedos ao redor de seu pescoço – o nome *Angulimala* significa "guirlanda de dedos". Mas, por mais rápido que corresse em direção ao monge, não conseguia alcançá-lo, mesmo que o monge mantivesse o mesmo ritmo de passos.

Finalmente, Angulimala gritou: "Ei você, espere aí!" O monge continuou andando. Ele gritou novamente: "Por que você não para?"

Sem se virar, o monge disse: "Eu parei, Angulimala. Você também deveria parar."

"Isso é estranho", pensou Angulimala. "Ele diz que parou, mas ainda está andando. Será que esse é um monge mentiroso?"

Angulimala continuou a correr bem rápido e o monge continuou a caminhar lentamente. Então, de longe, Angulimala clamou ao monge: "O que você quis dizer com 'parei' se continua a andar?"

O monge respondeu: "Parei de criar sofrimento para mim e para os outros. Mas você, Angulimala, está ocupado correndo aqui e acolá com muito medo e angústia em sua mente."

Então, Angulimala pensou: "Nossa, ele conhece minha situação, compreende minha mente." O monge desacelerou o passo e quando Angulimala o alcançou, viu que ele era o Buda Shakyamuni, sorrindo para o homem com 999 dedos em torno do pescoço. Ninguém tinha olhado para Angulimala com tanta bondade havia muito tempo e todas as suas intenções assassinas se dissolveram.

O Buda disse: "Você precisa parar de matar. Está causando danos incalculáveis para si e para os outros." Foi então que Angulimala entendeu que seu professor o enganara, ficando desesperado e horrorizado com seu comportamento.

Naquele momento, foi impossível para Angulimala imaginar uma fração sequer de algo que valesse a pena em seu comportamento destrutivo. Também podemos supor que não há nenhuma sabedoria nas ações de Angulimala. Normalmente, não nos damos ao trabalho de procurar bondade nas ações negativas, seja em nós ou nos outros. Isso é um erro, porque sempre há uma qualidade excelente – mesmo em um assassino como Angulimala: cada ato negativo traz dentro de si a semente da purificação. Não existe algo como negatividade absoluta. Não existe um mau carma absoluto. Impossível.

Não tratamos aqui de uma terapia espiritual inspiradora e otimista. Essa é a verdade do Dharma. Se não acreditamos na possibilidade de purificação para os atos mais terríveis, não podemos aceitar a verdade relativa da impermanência, que depende da verdade absoluta da vacuidade. Nada permanece o mesmo e isso inclui o carma negativo. Se a semente da purificação vai amadurecer ou não, depende de como lidamos com nossas negatividades. Mas devemos saber, com convicção, que trazemos dentro de nós a capacidade de purificação, assim como a semente da liberação. O Buda viu que Angulimala reconheceu com clareza sua própria situação, assumiu a responsabilidade por suas ações e havia sinceridade em seu desejo de se redimir.

Pouco depois de seu encontro inicial com o Buda, Angulimala raspou a cabeça e tornou-se um monge. Embora tivesse prometido nunca matar no futuro, sua mente continuava atormentada pelo passado. O Buda explicou a ele a verdade da vacuidade, a natureza impermanente de todos os fenômenos e a capacidade de purificação, mas não podia lavar o mau carma de Angulimala em um passe de mágica e restabelecer sua sanidade. Angulimala tinha um trabalho a fazer: transformar a culpa e o arrependimento em qualidades positivas. Esse foi seu desafio especial e, como havia matado tantas pessoas, podemos imaginar o desafio gigantesco que tinha pela frente. Por fim, Angulimala usou o arrependimento para transformar a culpa e a vergonha em sabedoria e compaixão, e sua transformação constitui a base para a abordagem da purificação que, no ngondro, chamamos de poder do arrependimento.

Quando cometemos atos que violam nosso sentido de certo e errado, então, como Angulimala, sentimos culpa e vergonha. Mas esses sentimentos não nos impedem de repetir o mesmo comportamento, nem geram o comprometimento de purificar nosso carma negativo. Porém, com o sentimento do arrependimento surge a possibilidade da mudança. Reconhecemos o sofrimento que causamos. Desejamos não tê-lo causado. Suplicamos sinceramente para não repetir esse comportamento no futuro, fazendo a aspiração de purificar o carma que criamos.

Não conseguimos nos lembrar de cada detalhe dessa vida, de cada pequena mentira branca ou de todos os insetos que matamos e, certamente, não conseguimos lembrar o que fizemos em nossas vidas passadas. Então não se prenda aos detalhes. Podemos ter a aspiração de purificar qualquer mau carma que criamos nesta vida – e nas vidas passadas – para o benefício de levar todos os seres sencientes à iluminação.

Arrependimento *versus* culpa

Vamos tentar fazer uma distinção entre arrependimento e culpa. A situação de Angulimala era bastante extremada, então pense em algo aceitável – um episódio que continua a assombrá-lo, ou que talvez envolva matar animais, roubar, mentir ou ter má conduta sexual. Traga uma situação específica à mente e considere como você se relaciona normalmente com essa ação. Muitas vezes, tentamos evitá-la. O evento vem à mente, mas a mente recua. Sabe quando sua mão se ergue para proteger o rosto da poeira levantada por um caminhão ao passar? É um movimento automático de esquiva. Muitas vezes é assim que a mente responde à culpa. A velha imagem ou filme mental da nossa ação, desencadeia muita aversão para sermos capazes de reconhecê-la mas, ainda assim, nos sentimos perturbados. Nossa mente fica tomada por essa sensação, sem conseguir se soltar.

Outra reação a uma ação que perturba nossa equanimidade é reprisá-la muitas e muitas vezes. No primeiro caso, não conseguimos olhar para ela. Aqui não conseguimos parar de pensar nela. Associações emocionais negativas podem irromper repetidamente mas, no final, é apenas outro filme no qual estrelamos como o personagem principal. Assistimos a nós mesmos várias vezes sem conseguir sair desse circuito, persistindo em autorrecriminação.

Como podemos usar o arrependimento para aliviar o sofrimento, em vez de deixar que ele nos prenda à culpa? Fazemos isso por meio da sabedoria da consciência plena. Precisamos separar a culpa do arrependimento. A culpa mantém o foco na nossa resposta emocional pessoal. Isso pode acontecer de tal forma que a emoção assume uma vida própria, sem deixar espaço para nenhum estímulo de correção.

Tente olhar diretamente para uma atividade problemática, sem julgamento. Não tente entender, julgar ou mudá-la. Apenas a repasse. Com a mente tranquila de shamatha, observamos a atividade como se estivéssemos assistindo a um desfile, ou na margem de um rio sem sermos levados pela correnteza. A história pode ter muita força emocional, contudo, aplicamos a mesma meditação usada para a consciência plena com objeto.

Lembre-se de que, a todo instante, Vajrasattva está acima da nossa cabeça, pronto para dar suporte a todos os nossos esforços. Está testemunhando, não julgando. Sua bondade e compaixão não estabelecem distinções entre "vítima" e "agressor." Ao ver nossa pureza inata, sua aspiração é a de que vejamos a nossa pureza inata; sua aspiração de que todos os seres alcancem a iluminação se irradia sem discriminação.

Usando esse excelente suporte, tente manter o ato de testemunhar. A prática de shamatha facilita reconhecer quando a nossa mente se move do testemunhar e é pega pela história, ou cai na aversão e desiste de só observar. Veja se é possível criar algum espaço entre a ação e o drama emocional que alimentou a história. Veja se é possível quebrar o padrão de empoderar a ação com a energia emocional.

Dessa forma, o arrependimento cria o contexto que dá origem ao reconhecimento daquilo que fizemos e o que podemos fazer a esse respeito. O arrependimento que reconhece nosso comportamento negativo agora se torna nosso aliado, e Vajrasattva se torna o veículo pelo qual redirecionamos nosso comportamento da ação não virtuosa para a ação virtuosa. O arrependimento – não as garras emocionais da vergonha e da culpa – permite a purificação e, portanto, nos ajuda a avançar.

Carma do inseto

Muitos alunos usam Vajrasattva para purificar sua responsabilidade nas inúmeras mortes de insetos, mariposas, camundongos ou formigas. Ouvi tantas estratégias diferentes de como se livrar de insetos e roedores que poderia até me tornar um consultor de dedetização! Uma vez uma aluna veio a Bodh Gaya fazer um curso de um mês sobre *O Caminho do Bodisatva* de Shantideva. Certa noite, ela estava estudando o texto em seu quarto e ficou tão enfurecida com um mosquito que, quando ele pousou próximo ao teto, ela atirou o livro de Shantideva nele. Logo se formou uma pequena mancha vermelha, mas ficava muito alta para que ela conseguisse limpá-la. Durante o resto da sua estadia, ela teve que suportar a lembrança diária do seu ato e da sua impulsiva escolha da arma – o que a fazia se sentir particularmente horrível.

Algumas pessoas criam gatos para matar ratos, o que lhes permite manter seu próprio carma intacto. Outras pessoas criam seus gatos dentro de casa para poupar suas presas – e o carma dos gatos. Uma dica de como trabalhar com insetos ou pequenos roedores: não se sinta sufocado pelos detalhes. Em geral isso é válido para qualquer assunto, especialmente nesse caso. Se tentar se lembrar de cada ocasião em que matou um inseto, isso pode levar o resto de sua vida. Seja simples. Por exemplo: "Sinto muito por ter tirado tantas vidas."

A ladra de joias

Muitas vezes as pessoas chegam ao Dharma depois que suas vidas foram arruinadas. Um dos exemplos mais extremos que conheço é sobre uma cleptomaníaca – uma ladra compulsiva. Essa mulher ia a lojas de departamento e roubava joias que custavam milhares de dólares: brincos, anéis e pulseiras. Era a diretora financeira de uma empresa, portanto seu comportamento não tinha nada a ver com falta de dinheiro. Ela sabia que isso era uma doença, um vício, mas não conseguia controlá-lo. Era uma mulher muito alta, tinha cabelo preto puxado para trás em um coque e uma postura majestosa como a de uma rainha, segura de si e confiante. Atribuía sua longa série de assaltos bem-sucedidos à sua aparência pois não se encaixava no estereótipo de uma ladra e os vendedores não ficavam de olho nela. Mas, um dia, uma câmera oculta de vigilância a fotografou surrupiando um colar bem caro para dentro da bolsa. Seu marido há mais de vinte anos não tinha ideia de que a esposa tivesse esse problema. Seus filhos adolescentes ficaram horrorizados pois sua prisão foi reportada no noticiário. Ela não roubou mais depois disso, mas a sua vida inteira desmoronou.

Como Angulimala, essa mulher teve que aprender a repassar sua história como uma série de imagens estáticas de um antigo rolo de filme – uma imagem de cada vez – até que conseguisse separar sua reatividade emocional das ações propriamente ditas. Ao permitirmos que a nossa mente permaneça com a consciência plena do testemunhar, sem sucumbirmos à aversão ou ao apego, podemos acessar a sabedoria do arrependimento. Se ficarmos muito assustados com o que fizemos ou muito constrangidos pelo poder da culpa e da vergonha, não conseguiremos realmente avaliar nossas ações. Mas, agora, podemos investigar e reconhecer calmamente seus efeitos negativos. Com isso, o arrependimento se torna o catalisador da mudança. Mais uma vez, Vajrasattva está lá para nos apoiar. O arrependimento nos permite compreender e aceitar os danos que causamos sem que sejamos levados pelo calor emocional da história.

O poder do arrependimento também contrapõe o ato de nos sentirmos bem por cometermos ações negativas. Vencer um concorrente por meio de trapaças pode gerar complacência ou orgulho. No entanto, se nos felicitarmos por sermos o mágico das tramoias, não abandonaremos o hábito de fazer o mal. Se nos saudarmos como heróis depois de contribuirmos para a queda de um inimigo, intensificamos as forças emocionais negativas que são os nossos verdadeiros inimigos.

Dicas para a prática

Embora o poder do arrependimento possa ser muito efetivo, ele não é suficiente para purificar éons de mau carma. Precisamos também do poder do antídoto, que virá a seguir. Mas, primeiro, quero examinar alguns pontos objetivos sobre a prática.

Quando praticamos Vajrasattva, em primeiro lugar invocamos a motivação da bodhichitta. Esclarecemos por que estamos fazendo essa prática, para quem e qual é a nossa aspiração. Essa é a primeira parte do poder do suporte.

Na segunda parte, o poder do arrependimento, imaginamos Vajrasattva acima da nossa cabeça. Podemos passar um ou dois minutos lembrando de uma determinada ação que gerou culpa ou vergonha. Se tivermos tempo, podemos passar cinco ou dez minutos revendo a ação sem sermos tomados por ela. Se estivermos trabalhando com uma situação especialmente difícil, reservamos mais tempo. Se tivermos uma situação como a de Angulimala, reservamos muito tempo! Não existe uma recomendação fixa.

Antes de passar para a terceira parte, o poder do antídoto, pode ser muito útil identificar alguma atividade, emoção ou doença específica que desejamos purificar. Podemos prosseguir com uma aspiração generalizada, pensando: "Qualquer que seja o dano que causei ou possa ter causado a qualquer ser senciente em todo o meu passado, seja qual for o carma negativo que acumulei, rogo que agora possa ser purificado para o benefício de todos os seres sencientes". Isso é ótimo. É provável que mude. Algumas pessoas começam desse modo antes de se conectarem a determinado evento que pode estar profundamente escondido. Porém, quando certas questões aparecem na superfície da nossa memória, sugiro que trabalhemos com elas. Agora estamos prontos para a verdadeira purificação. O arrependimento cria a urgência e a determinação de purificar.

O poder do antídoto

Usamos o termo *antídoto* querendo dizer o oposto da negatividade, assim como a água é o antídoto do fogo ou a luz extingue a escuridão. Aqui, usamos a imaginação e o mantra como antídotos da negatividade. Vajrasattva aparece de modo muito real, mas tal como um reflexo no espelho, não tem sangue nem ossos, nem substância. Então, colocamos um disco de lua no centro do coração de Vajrasattva. Sobre esse disco está a letra HUNG que tem a mesma cor branca translúcida do corpo de Vajrasattva.

23. A sílaba sânscrita HUNG escrita em tibetano.

As letras do mantra de cem sílabas de Vajrasattva se enrolam como uma serpente em torno da sílaba HUNG, no sentido anti-horário. O mantra representa a união de sabedoria, compaixão e essência de todos os Budas, bem como dos seres iluminados e dos nossos gurus e professores. Enquanto recitamos o mantra de cem sílabas, a força da nossa devoção e sinceridade ativa o mantra no centro do coração de Vajrasattva.

O mantra de cem sílabas de Vajrasattva começa: OM VAJRASATTVA SAMAYAM ANUPALAYA/ VAJRASATTVA. . . Usamos o alfabeto latino para soletrar sons do sânscrito, o que significa que existem várias transliterações desse mantra, bem como várias traduções. Considera-se que os sons geram, manifestam e estimulam bênçãos e, como as traduções não conseguem reproduzir o aspecto transcendente das bênçãos, muitas pessoas recitam mantras sem conhecer o seu significado. No entanto, sem ser muito literal, penso ser inspirador ter uma ideia geral do que estamos falando. Basicamente, esse mantra faz uma súplica sincera pedindo que Vajrasattva nos ajude a reconhecer, testemunhar e abrir mão de tudo que impede o reconhecimento da nossa própria pureza e tem uma qualidade muito pessoal: "Vajrasattva, eu lhe peço. . . Fique comigo, permaneça junto a mim, me equilibre diante desse desafio difícil de enfrentar minhas próprias falhas." O mantra pede a Vajrasattva que não nos abandone neste momento – o que é uma maneira de pedir que não abandonemos a nós mesmos, que não desistamos de nós mesmos.

Com a recitação, as sílabas do mantra começam a girar em sentido anti-horário em torno da letra HUNG. Com essa rotação, a sabedoria coletiva dos seres iluminados se desprende das letras sob a forma de puro néctar. A recitação pode ser feita em qualquer ponto da prática.

Esse néctar não é bem como água, mas mais como energia luminosa líquida, brilhante, cintilante e transparente. O néctar também é a essência de todos os Budas e da sabedoria e compaixão de todos os seres iluminados. É claro que a sabedoria não tem forma e cor; a compaixão não tem forma e cor. Mas, quando tomamos a imaginação como o caminho, somos livres para imbuir a forma com sabedoria e compaixão a fim de inspirar nossa prática.

O néctar vai preenchendo Vajrasattva lentamente, dos dedos dos pés até o topo da cabeça. Dentro do fluxo desse néctar fluem a sabedoria, a compaixão e o poder da mente búdica de Vajrasattva, preenchendo seu corpo translúcido. Mesmo a sílaba HUNG e o mantra de cem sílabas se inundam de néctar à medida que ele atinge a área do coração. O nível do néctar aumenta cada vez mais, até não caber mais nem uma gota. Então, o néctar desce de cima do corpo de Vajrasattva para baixo, sai pelo dedão do seu pé direito e entra no topo da nossa cabeça.

A descida do néctar

Imaginamos que esse néctar penetra em cada célula e tecido de nosso corpo. Ele preenche a área detrás dos nossos olhos e se infiltra pelos nossos ouvidos, pela passagem nasal, garganta, pelas raízes dos dentes e a matéria cinzenta do nosso cérebro. Encontra seu espaço entre nossos músculos. Nossas veias e artérias fluem com ele. O néctar satura nossos ossos e medula. Imaginamos isso com grande clareza enquanto recitamos o mantra.

Ao mesmo tempo, imaginamos que todas as ações que fizemos e foram prejudiciais a nós e aos outros, toda a nossa culpa, os sentimentos ruins, as enfermidades da mente e do corpo estão sendo depurados, saindo por todos os poros e orifícios sob a forma de partículas de fuligem ou lama, como tinta misturada com cinzas. A lama escorre pelo lado de fora e de dentro do nosso corpo até os dedos dos pés e continua a descer até as entranhas da terra, onde é neutralizada.

A descida do néctar tem a função de purificar e transformar. Com a ajuda e as bênçãos de todos os Budas manifestados como Vajrasattva, inspirados pelo nosso arrependimento, pedimos – em nosso nome e das deidades – que a purificação seja concedida. O esforço, a intenção e a motivação devem vir da nossa parte.

Se tiver uma doença física, como uma infecção pulmonar, um tumor, uma dor de dente ou um problema nas costas, traga sua atenção para a região doente ou de desconforto à medida que o néctar desce. Mantenha a recitação, mas permita que sua atenção permaneça com a doença. Então imagine o néctar lavando essa região e a doença, deixando seu corpo sob a forma de partículas de fuligem. Essa prática pode ser muito benéfica para as doenças físicas, mas entenda que elas não substituem as orientações ou prescrições médicas. A eficácia da purificação depende das nossas intenções e motivações, mas também das nossas capacidades. Embora o potencial para aquilo que podemos realizar não tenha limites, nesse momento nossas capacidades podem ser limitadas.

Paramitas

Quero acrescentar que qualquer atividade realizada com a intenção de ajudar os outros irá contrapor o carma negativo. Assim como a luz extingue a escuridão, ou a generosidade dissipa a mesquinhez, o comportamento virtuoso dissipa o comportamento não virtuoso. Todas as paramitas – generosidade, disciplina, paciência, diligência, meditação e sabedoria – eliminam negatividades. O mesmo é válido para as dez virtudes: abster-se de matar, roubar, mentir e assim por diante. Qualquer uma das virtudes que acumulam bom carma simultaneamente contrapõem ou dissolvem o carma negativo. Assim, embora no Vajrayana trabalhemos com o néctar na prática de imaginação do ngondro, ele não é o único antídoto para nossas negatividades.

Compre um e leve quatro

Mobilizamos Vajrasattva para trazer os benefícios da purificação, mas existem múltiplos resultados positivos dessa prática.

Shamatha

A imaginação da deidade ajuda a cultivar nossa prática de shamatha. Podemos usar uma imagem geral da deidade ou selecionar qualquer aspecto específico da imagem como suporte para nossa consciência plena. Ou podemos usar a sensação do néctar descendo em nosso corpo, ou a sensação da fuligem saindo pelos nossos poros, ou podemos usar o som do mantra. Também podemos permitir que a mente se afaste de um objeto específico e repouse na consciência plena sem objeto.

Em geral, todas essas práticas se referem ao cultivo da consciência plena pois, em nossa vida diária, é a consciência plena que traz a mudança que pode reorientar nossa vida, afastando-a da confusão e movendo-a em direção à clareza. Não podemos nos envolver nesse processo sem consciência plena meditativa; portanto, não há nada mais benéfico do que essa prática.

Bodhichitta

Porque nossa intenção está fundamentada na bodhichitta, cultivamos o bom carma que surge com a aspiração de ajudar todos os seres a alcançarem a iluminação. Isso, por si só, cria virtude e é um antídoto às nossas negatividades.

Vipassana

Cultivamos a prática de vipassana no processo de imaginar Vajrasattva. Usar nossos poderes imaginativos para invocar e dissolver a imagem de Vajrasattva nos oferece o que precisamos saber a respeito de como nossa mente funciona na vida cotidiana. Construímos e dissolvemos realidades continuamente. No entanto, na vida comum, não somos estimulados a examinar isso. Precisamos de um tipo de laboratório mental em que possamos fazer experiências de forma criativa; a prática da imaginação fornece esse laboratório e nos ajuda a reconhecer que forma nunca está separada de vacuidade. Isso é a união de vacuidade e clareza e o reconhecimento dessa união vem da sabedoria. A sabedoria reconhece a vacuidade, bem como a união de forma (clareza) e vacuidade.

O reconhecimento de que as formas físicas surgem da vacuidade e o reconhecimento da união entre vacuidade e clareza requer sabedoria. A sabedoria que é produzida por meio desse reconhecimento cultiva ainda mais sabedoria, aprofunda e estabiliza a sabedoria. A consciência plena que acessamos por meio de shamatha dá suporte a esse reconhecimento.

Mérito

Acumulamos mérito e virtude por meio da aspiração de purificar a nós mesmos para beneficiar os outros. Isso tende a se relacionar com ações específicas. Quando agregamos a aspiração da bodhichitta, expandimos nossa própria motivação de nos purificarmos a fim de reconhecer nossa verdadeira natureza e acabar com o sofrimento, tanto o nosso como o de todos os seres sencientes.

A pronúncia do mantra

Quando começamos a prática do mantra, é importante pronunciar as palavras do mantra, mesmo que isso nos faça ir mais devagar. Fazemos isso no tempo necessário para absorver os sons, as palavras e os sentimentos. No início, um mala – 108 recitações – pode levar uma hora. Isso é bom. Não é preciso correr. Depois que pegarmos o jeito, poderemos recitar o mantra bem rápido. As palavras devem ser bem pronunciadas, mesmo que soem indistintas. Como aprendemos com Atisha, as bênçãos do mantra não dependem de uma pronúncia perfeita.

Certa vez em que esteve no Tibete, Atisha teve abscessos no pescoço. Os abscessos cresceram em um tamanho desconfortável, e o grande mestre indiano buscou alívio em um grande monastério, pedindo aos monges que fizessem uma cerimônia específica de purificação para ele. A cerimônia incluía um mantra muito longo e as sílabas do mantra estavam escritas apenas em sânscrito. Os monges sabiam que Atisha era um experiente estudioso de sânscrito; contudo, começaram a ler palavras do sânscrito que haviam sido transliteradas em tibetano. Seria como ocidentais lendo preces tibetanas no alfabeto do seu idioma, e sei o quanto isso pode soar engraçado.

Quando Atisha ouviu os monges tibetanos repetindo as sílabas em sânscrito, riu tanto que seus abscessos explodiram e ele ficou completamente curado. "A pronúncia do mantra não estava correta," deduziu Atisha, "mas os sons contêm as perfeitas bênçãos".

24. Atisha (980-1054), mestre indiano sábio e estudioso.

Recitação

Uma volta completa do mala cantando o mantra de Vajrasattva – 108 recitações – não precisa necessariamente coincidir com a descida do néctar. Imaginar o fluxo de néctar do topo da cabeça até os pés pode coincidir com várias rodadas do mala, como trezentas ou quatrocentas repetições. Ou uma rodada do mala pode se estender por várias visualizações do néctar descendo. Experimente e veja o que funciona. Essa correlação pode mudar naturalmente. No entanto, as 10 mil ou 111 mil acumulações definidas pelo seu guia do ngondro referem-se apenas às repetições do mantra, não aos ciclos do néctar descendo.

Expandindo a prática para os outros

Para expandir a prática para os outros, imaginamos o campo dos seres sencientes que estão conosco no voto de refúgio, mas agora imaginamos que Vajrasattva está acima da cabeça de cada um deles. Ou você pode se imaginar como o representante de todos os seres sencientes. Quaisquer que sejam as súplicas feitas, todos os seres as fazem; quaisquer realizações alcançadas, todos os seres as alcançam; quaisquer bênçãos recebidas, todos as recebem.

Também podemos direcionar essa prática para uma pessoa em especial. Se tivermos conexão com alguém que esteja doente ou sofrendo emocionalmente, podemos imaginar Vajrasattva acima da cabeça dessa pessoa. À medida que fazemos a recitação, o néctar desce para o corpo dessa pessoa e purifica seus obscurecimentos. Isso é bom para aqueles cujo sofrimento mental ou físico tenha sido causado pelo nosso comportamento do passado.

Tornando-se Vajrasattva

À medida que as negatividades se esvaem do nosso corpo, essa limpeza nos transforma em um corpo de sabedoria semelhante a um arco-íris, dissolvendo qualquer diferenciação entre o néctar e nós, entre Vajrasattva e nós. É uma espécie de processo alquímico que se infiltra no coração, braços, unhas, dedos, tudo. Já não sentimos nosso corpo como sangue e ossos, mas como luz e energia. E quando terminamos o poder do antídoto, sentimos que "somos Vajrasattva!"

Não nos purificamos durante o processo de descida do néctar. Dissolver as impurezas permite que nos conectemos conscientemente com nossa pureza original. Esse é um ponto especialmente importante. Em qualquer prática da deidade, tornar-se um com a deidade tem esse efeito de purificação, mas é especialmente vital aqui porque estamos tratando de ações específicas que, em muitos casos, acabaram gerando a identificação de sermos "maus." Pensamos: "Sou uma má pessoa, meus pais me disseram que eu era mau. O mal está no meu DNA, ele é fixo." E daí, o que acontece? "Nunca poderei mudar. Não posso superar esse mal. Ele ficará comigo até eu morrer. Esse é o meu mau carma." Ficar apegado a esse tipo de identificação nociva cria enormes obstáculos.

Com a descida do néctar, sentimos o gosto da renovação. Temos novas possibilidades. Combinando esses métodos com a fé e a aspiração, desenvolvemos confiança para que possamos realizar aquilo que orientamos nossa mente a fazer. Começamos a acreditar que podemos derrotar o poder da desesperança. Com essa nova possibilidade adicional, juntamo-nos ao quarto poder, o poder da resolução.

O poder da resolução

Uma vez terminadas nossas recitações da sessão de prática, avaliamos o poder da resolução. Nesse momento, usamos o suporte de Vajrasattva para investigar as ações nocivas. O poder do arrependimento nos permitiu reconhecer qualquer sofrimento que causamos, e o poder do antídoto foi deliberadamente invocado para limpar nosso corpo, fala e mente das negatividades acumuladas. Agora, com as bênçãos dos Budas e a determinação de desbloquear o caminho para a nossa própria liberação, envolvemo-nos com o poder da resolução.

Aqui estamos trabalhando para estabilizar nossa orientação dos padrões negativos para positivos. Nesse momento, nos sentimos puros, cheios de otimismo e coragem e não queremos voltar atrás ou permitir que essa virtude seja drenada. Talvez você possa dizer a Vajrasattva: "Por favor, me perdoe pelas minhas ações passadas. Tentarei, de fato, nunca repetir essas coisas. Eu prometo. Por favor, abençoe-me para que nunca mais eu cometa esses erros." Seja sincero. Torne esse o seu encontro íntimo com Vajrasattva – que não é outro senão você mesmo. Você está fazendo uma promessa à sua própria perfeição de fazer o melhor que puder. Não podemos simplesmente pensar: "Ai que maravilha! Agora que confessei, me arrependi e removi os erros do passado, posso reiniciar meu comportamento danoso e descuidado novamente." Ou, "Agora que estou purificado, é natural que eu não queira mais cometer esses atos."

Na verdade, podemos cometer uma ação negativa novamente. Na nossa condição samsárica, não iluminada, é provável que sim. Mas fazemos a aspiração de não cometer ações negativas e apelamos ao poder da resolução que continue firme. Oramos com sinceridade para que esse recomeçar nos guie a uma nova direção e podemos imaginar que Vajrasattva responde: "Você está agora totalmente purificado de toda a sua negatividade." Não tenha receio de conversar com uma deidade. Torne essa conversa pessoal e significativa. Em *O Caminho do Bodisatva*, no final do capítulo sobre confissão, Shantideva diz:

> Rogo a vocês, guias e guardiões do mundo
> Que me acolham como sou, um pecador,
> E todos esses atos, danosos que são,
> Prometo nunca mais cometer. [2-65]

25. Shantideva, mestre sábio do séc. VIII, autor de *O Caminho do Bodisatva*.

Amor firme

Digamos que você se concentrou em um de seus maus hábitos atuais, como fumar cigarros, o que prejudica seus pulmões, reduz sua vida e sua capacidade de ajudar os seres sencientes. Ou talvez você tenha um padrão de se autoengrandecer. Em vez de contar que fez uma caminhada de 5 km, você diz: "Fiz uma caminhada de 15 km"; ou se estiver parado na pista dentro do avião por quarenta minutos, isso vira um atraso dramático de quatro horas. Sem comida. "Estava muito quente, sem ar." E, mais tarde, alguns bebês podem ter começado a chorar. Toda vez que a história é recontada, a situação se torna pior e a fixação ao ego se torna mais sólida.

Em cada caso, você pode investigar as inseguranças que o fazem buscar garantias externas, como acender um cigarro ou colocar mais chapéus à sua cabeça com suas lorotas. A questão é que, ao escolher um hábito destrutivo atual, o poder da resolução pode assumir a qualidade de "amor firme." Não queremos nos maltratar; de um ponto de vista pragmático, repreender a si mesmo não funciona. Ainda assim, queremos quebrar esse padrão e, cheios de compaixão por nós e por aqueles que prejudicamos, aplicamos uma disciplina enérgica aos nossos esforços. Será que isso acontecerá da noite para o dia? Provavelmente não. Mas a prática de Vajrasattva e a meditação da consciência plena podem criar um entrave que pouco a pouco colocará o hábito em quarentena, até que uma interrupção permanente se torne possível.

Se o hábito parece ter sido isolado, sem apresentar ameaça de repetição, às vezes o poder da resolução pode perder o sentido. No entanto, precisamos examinar não apenas as circunstâncias específicas, mas também o comportamento de corpo, fala e mente que faz com que ele reapareça em outras formas. Vamos imaginar que sofremos um acidente de carro. As chances de isso acontecer novamente são pequenas. Mas se o acidente foi influenciado por uma mente distraída, as condições dessa mente podem ressurgir e se tornar a causa de outras atividades que causam prejuízos. Hoje em dia as pessoas dirigem carros, trens e aviões enquanto conversam e enviam mensagens, veem seus iPods e iPads e ouvem música. Estão completamente distraídas do estado de vigilância e consciência plena que as manteria fora de perigo.

Alternando técnicas de meditação

É melhor começar qualquer prática com uma contemplação sincera do que estamos fazendo, e mantê-la até que nossa mente e corpo tenham se estabilizado no sentimento da prática. Depois disso, pode parecer bastante normal prosseguir gentilmente para a prática de shamatha. No entanto, em vários pontos da prática, é sempre benéfico voltar a contemplar o que estamos fazendo e por quê. Essa contemplação pode ser combinada com shamatha.

Por exemplo, quando imaginamos o néctar descendente, nossa consciência plena permanece com a imagem de Vajrasattva acima da nossa cabeça e o néctar se infiltrando em nosso corpo e assim por diante. Ao mesmo tempo, podemos refletir sobre nossas motivações, intenções e aspirações. Mais uma vez, esse não é um processo intelectual, mas a contemplação surge do nosso coração para invocar a presença da deidade. Mantemos as recitações e podemos usar a imagem como objeto da consciência plena, mas também podemos permitir uma compreensão contemplativa da prática.

Shamatha com objeto

Podemos passar de uma investigação contemplativa para shamatha com objeto. Geramos a imagem de Vajrasattva e a usamos para dar suporte ao nosso reconhecimento da consciência plena. Ou podemos usar o próprio néctar. Devido ao aumento da sensação física do néctar penetrando em todas as células de nosso corpo, usamos a sensação para dar suporte ao nosso reconhecimento da consciência plena. Se a consciência plena com objeto se tornar cansativa ou entediante e nossa mente vaguear continuamente, então podemos trocar para a consciência plena aberta – shamatha sem objeto.

Consciência plena aberta ou shamatha sem objeto

Com a consciência plena aberta, mantemos as recitações e continuamos a contá-las, mas não repousamos nossa mente nos suportes. Repousamos nossa mente no reconhecimento da própria consciência plena. Às vezes, a passagem da consciência plena com objeto para a consciência plena sem objeto acontece sem esforço. Isso é ótimo.

Bodhichitta

Com a prática da bodhichitta, podemos relaxar a visualização e apenas manter a aspiração de ajudar os outros. Pensamos assim: "Posso purificar minhas negatividades e obscurecimentos com a intenção de ajudar as outras pessoas a purificarem suas negatividades e obscurecimentos para que se iluminem". Ou "Reconheço todo o meu comportamento não virtuoso e espero que todos os seres possam fazer o mesmo", e assim por diante. A ênfase continua sendo a de ajudar os outros.

Vacuidade

Você também pode optar por trabalhar com a vacuidade, seja com a prática de vipassana ou a prática da natureza da mente, onde contemplamos a clareza, a qualidade essencial da união de forma e vacuidade. Usamos nossa imaginação para gerar Vajrasattva e observar o néctar descendente. Usamos essa atividade mental para examinar a união de forma e vacuidade em todos os fenômenos enquanto mantemos as recitações. Você pode perguntar: "Quem está sendo purificado do quê? Eu sou vacuidade, minhas ações são vacuidade e os objetos das minhas súplicas são vacuidade". Se repousar em vacuidade nesse momento, então a prática se torna absoluta.

Quer faça isso ou não dentro das sessões, sugiro que você pratique a meditação da vacuidade no final da sessão. Se já recebeu instruções sobre a natureza da mente, você pode simplesmente entrar nesse reconhecimento e repousar naturalmente na consciência plena pura.

Alterne entre esses estilos de meditação sempre que quiser. Não precisa fazê-los em uma ordem específica e pode fazer mais um do que outro. Como meus professores enfatizaram: o importante de usar estilos alternados é manter a prática viva e vibrante, e não apenas passar por ela de forma mecânica ou rotineira. Seja qual for o estilo que você escolher, sempre mantenha a contagem das recitações.

Finalizando a sessão

No final da sessão de prática, depois de confirmar nossa pureza e intenções sinceras, Vajrasattva se dissolve em luminosidade e se funde ao néctar luminoso do nosso próprio corpo. Reconhecemos que nos tornamos um com Vajrasattva. Com essa unidade, podemos ver a prática de Vajrasattva em termos de vacuidade. Agora percebemos que essa unidade reflete tanto a nossa própria vacuidade essencial quanto a de Vajrasattva, pois a união dessas duas formas só pode surgir da vacuidade. Percebemos que nossas ações destrutivas, bem como nossas confissões também espelham a vacuidade, e podemos contemplar a ausência de qualquer identidade inerente e fixa.

Nesse momento, vivenciamos todo o processo – do relativo ao absoluto, da forma à vacuidade – como insubstancial, ilusório, como um sonho. Não precisamos fazer nenhum tipo de meditação. Apenas fundir nossa mente com Vajrasattva e relaxar. Deixamos nossa mente repousar nesse reconhecimento e sentamos por pelo menos alguns minutos nesse estado.

Digamos que reservamos uma hora para a prática de Vajrasattva. Sugiro que você complete a prática formal em cerca de cinquenta minutos e deixe os últimos cinco ou dez minutos para sentar em silêncio sem nenhuma visualização ou mantra. Ao sair da prática da vacuidade, regozije-se com o sentimento de purificação. Pense: "Hoje fiz um bom trabalho".

Quando tivermos realizado o nível absoluto, o sentido relativo ou convencional de purificação não será mais necessário. Mas é muito importante não querer apressar as coisas. Embora reconheçamos a visão absoluta e incorporemos as perspectivas absoluta e relativa em nossa sessão de prática, até realmente estabilizarmos a visão absoluta não podemos desconsiderar a prática relativa.

As experiências de ter removido o sofrimento das doenças, aflições e mau carma e ter aliviado o estresse ou dissolvido o trauma nos faz sentir como um arco-íris, cheios de luz, purificados, vibrantes, vívidos, sem o peso da materialidade. Manter a culpa ou trauma em nosso corpo pode ser tão pesado quanto um peso físico. Agora nos sentimos jovens, dinâmicos, saudáveis, fortes e livres do medo da morte. A resolução é sentida como totalmente viável para nós nesse estado, confiantes em que podemos nos voltar para as atividades que criam um bom carma.

Ao praticar Vajrasattva, algumas pessoas continuam a sentir os efeitos em seus sonhos. Por exemplo, os sonhos de tomar banho ou nadar em um rio prolongam o processo de purificação em nossas horas de sono, assim como os sonhos de voar, que expressam uma contínua leveza de ser. Usar roupas novas pode expressar regeneração. Às vezes sonhamos que caímos na lama também! De qualquer modo, não devemos nos apegar aos nossos sonhos.

Mesmo se repetirmos algum mau hábito, mesmo se criarmos algum novo problema para os outros ou para nós mesmos, o efeito positivo do nosso esforço nunca é perdido. Definimos nossa direção e, não importa quantas vezes tropecemos, no final das contas concluiremos nossa viagem. Talvez não estejamos 100% purificados, mas ainda chegamos à prática da mandala com uma sensação recém-descoberta de que as negatividades mais densas foram filtradas do nosso fluxo mental. É como se tivéssemos vertido nossa mente em um filtro de consciência plena que nos permitiu eliminar os mais tóxicos obscurecimentos. Sentindo-nos purificados da nossa negatividade – ou, pelo menos, mais leves por termos iniciado esse processo – poderemos chegar revitalizados à porta da prática da mandala, tal como um veículo desocupado, pronto para ser reabastecido por duas acumulações positivas: mérito e sabedoria.

10

A TERCEIRA PRÁTICA EXTRAORDINÁRIA

Mandala: Acumulação de sabedoria e mérito

Meu pai costumava dizer que oferecer lixo com a mente da renúncia expressa mais generosidade do que doar ouro com a expectativa de receber agradecimentos. Para explicitar seu ponto de vista, ele me contou sobre o 10º Karmapa, Choying Dorje, que havia sido convidado pelo imperador para ir à China.

No antigo Tibete, sempre que tinham motivos para viajar, os grandes lamas muitas vezes paravam para dar ensinamentos quando passavam pelas aldeias e cidades. Nesse caso, o convite do imperador chegou em cima da hora, não deixando oportunidades para ensinamentos, mas as pessoas ainda queriam fazer oferendas ao Karmapa. Um grupo de camponeses de uma aldeia se reuniu para planejar suas oferendas, mas depois de terem listado seus pertences coletivos e calculado quais alimentos, animais e cobertores precisavam para se manterem vivos durante o inverno, concluíram que não tinham nada para dar. Ficaram muito desanimados. Então, um aldeão pensou em algo de que poderiam se desfazer: sobras de comida! Assim, quando o Karmapa e sua comitiva passaram pela aldeia, eles misturaram terra e cascalho com restos de comida e, alegremente, atiraram suas oferendas para ele.

Como nossas kleshas e nosso carma advêm do corpo, da fala, da mente e são causados por eles, as práticas do ngondro purificam o corpo, a fala e a mente, mas com diferenças de ênfase. Nas prostrações, a ênfase é na purificação do corpo, enquanto na recitação do mantra a ênfase é na fala. Com a prática de mandala, a ênfase está em purificar a mente das identidades fixas, limitadas e fabricadas e o agente principal que nos ajuda a alcançar esse objetivo é a atividade da imaginação. Usamos a imaginação para pôr em prática uma generosidade incomensurável, tão infinita e ilimitada que reestrutura nossa realidade. Imaginamos sistemas de mundo tão vastos e complexos que, diante deles, não conseguimos sustentar nossa noção do mundo comum ou de nós mesmos. Cultivar a mente que abre mão purifica a mente que tenta avidamente agarrar alguma coisa.

Acumulação de mérito e sabedoria

A avidez e a fixação surgem da mente e, portanto, não podem ser eliminadas somente pelo corpo e pela fala. A mente que abre mão tem a capacidade de cortar a raiz do apego ao ego; a atividade de abrir mão acumula mérito. E, ao abrir mão, ganhamos acesso à nossa imensa riqueza interior, que jamais se esgota. Começamos a vislumbrar nossos próprios tesouros e isso dá início à acumulação de sabedoria.

A fim de transformar o simples ato de dar em renunciar aos nossos hábitos egocêntricos, criamos universos inteiros e os doamos. Doamos as estrelas, o sol, os oceanos, florestas e montanhas feitas de joias. Geramos a mente que abre mão, doando aquilo que, para começo de conversa, sequer imaginamos possuir. Deixamos a imaginação se transportar para tão longe das ideias convencionais de generosidade a ponto de romper nossas associações com os conceitos socialmente aprovados de comportamento virtuoso. Com boa intenção, motivação e bodhichitta, oferecemos nosso próprio corpo, sangue e ossos. Oferecemos nossas emanações mentais e nossas transgressões, como nossa raiva e cobiça.

Não há nada que seja muito ruim ou muito bom para ser oferecido pois coisa alguma, pensamento ou objeto algum, tem valor intrínseco. Tudo o que nos enreda na armadilha do anseio – uma emoção, um carro esporte, um inimigo ou a pessoa amada – é uma oferenda satisfatória. Cultivamos o coração da generosidade e a mente que abre mão para nós e para todos os seres sencientes. A bodhichitta motiva essa prática, como acontece em todas as práticas. O processo de purificação da mente inclui todas as mentes. A generosidade do coração inclui todos os corações para o benefício de todos os seres, o nosso inclusive, para que alcancemos a felicidade suprema.

Muitas pessoas pensam que mérito é como uma espécie de método de medalhas de ouro: ganhamos uma medalha de ouro por uma boa ação, e mais uma por outra ação, até que o nosso quadro de medalhas garanta nossa liberação. Contudo, uma "boa ação" é geralmente definida por valores culturais e reforça o ego, solidificando a visão dualista de que "eu" estou fazendo essa boa ação para "o outro". Todas as atividades dependem do condicionamento cultural e do apego ao ego. Embora brinquemos com essa abordagem das medalhas de ouro, desfazê-la requer um esforço enorme. As pessoas que vêm praticando durante anos ainda são seduzidas por comportamentos que "parecem" virtuosos para si e para os outros. A ação em si pode ser benéfica, mas a atitude dificulta o processo de eliminar a dualidade ou transformar a mente.

Para ampliar nosso entendimento, vamos analisar o mérito em termos de causas e condições. As atividades de corpo, fala e mente afetam o corpo, a fala e a mente. Essa é a lei do carma. Podemos também dizer que nossas atividades condicionam o corpo, a fala e a mente. Digamos que queiramos melhorar o nosso condicionamento físico levantando pesos. Pouco a pouco conseguimos fazer algo que não conseguíamos antes e isso aumenta nossa capacidade e confiança. O mérito funciona assim, porém estamos condicionando a mente, criando o hábito de empreender atividades benéficas. Quanto mais treinamos com o agente condicionante do mérito, mais natural e abundante se torna a nossa capacidade de beneficiar os outros. O que colocamos em nossa mente afeta a capacidade da mente. Todas as nossas atividades nos condicionam para o que está por vir.

Isso pode soar como um processo linear, mas o condicionamento funciona de forma circular. Por exemplo, já discutimos a confusão causada por não reconhecermos a impermanência. No entanto, o despertar para esse reconhecimento não surge da total ignorância; pelo contrário, ocorre por causa do mérito. Nossas práticas e investigações inteligentes condicionam nossa mente para que possamos reconhecer a impermanência. Criar as circunstâncias cármicas para esse reconhecimento também pode ocorrer graças ao mérito, aumentando ainda mais as possibilidades de mérito. Em alguma ocasião, poderemos reconhecer que nossos momentos fugazes de felicidade estão sujeitos à mudança, e esse insight pode nos poupar muita angústia; isso também ocorre por causa do mérito. Se simplesmente acharmos que somos responsáveis por chegar a essas ideias excelentes a partir do nada, por nós mesmos, em primeiro lugar estaremos negando a verdade do carma e a lei da interdependência e, em segundo, estaremos equivocadamente creditando nossas ideias ao nosso ego isolado.

O objetivo é não desviar a atenção da prática das boas ações, mas introduzir o mérito como uma qualidade mental viva e fluente. Queremos quebrar o hábito de associar mérito a uma ação específica fixada em um tempo e espaço relativos. E reconhecer que, embora a prática da mandala acumule mérito, o fato de que estamos fazendo essa prática manifesta o mérito que já acumulamos.

Quando criança, eu pensava que a aprovação do meu pai era a melhor indicação de que eu estava acumulando mérito, então sempre tentava descobrir como agradá-lo. Muitas vezes ia ao quarto dele à tarde e, se não tivesse visitas, eu o encontrava sentado em seu baú de frente para a janela, olhando para o céu. Muito relaxado. Eu subia, sentava ao seu lado e tentava meditar. Queria que ele percebesse minha postura perfeita e minha mente relaxada. Honestamente, minha postura era tão rígida quanto uma estaca e minha mente era bem tensa.

Uma tarde estávamos sentados juntos, meu pai completamente relaxado e eu ao seu lado, reto como uma vara. Com uma voz muito tranquila, ele disse: "Sabe, Ahme, a melhor forma de acumular mérito é compreender a vacuidade."

Eu quase desmoronei, vencido. Sentia-me realmente confuso, me perguntando como não fazer nada poderia ajudar os outros. "Poderíamos simplesmente sentar e meditar sobre a vacuidade e não fazer nada," perguntei a ele, "e não orar pelos outros, não cuidar dos doentes? Nesse caso, ninguém conseguiria arranjar comida e quem se beneficiaria?"

"As causas do mau carma são a ignorância," meu pai disse. "Ignorância é não compreender a verdadeira natureza da realidade; não compreender o não-eu, a vacuidade ou a natureza da mente. Se a ignorância segue existindo, então a dualidade persiste, os conceitos persistem e a negatividade se instala. Esse é o samsara, as maneiras pelas quais nos apegamos às falsas noções da realidade; e quando funcionamos a partir das nossas percepções equivocadas e nos apegamos a elas, continuamos a criar sofrimento para nós e para os outros."

Meu pai tentou me explicar que, sem entender a vacuidade, atribuímos ignorantemente à nossa mente e ao nosso corpo um sentido substancial de um "eu" individual, separado e distinto. Esse "eu" sempre está tentando satisfazer as necessidades e os desejos do ego insaciável, mas só nos mantém girando em ciclos de insatisfação e isolados do "outro."

"A vacuidade é como a luz", continuou meu pai. "Como o sol. Embora você esteja pensando, 'nada, nada, nada', na verdade, nada é tudo. Se entender que nada é vacuidade, então a sabedoria florescerá. A sabedoria acumula mérito porque dissipa a escuridão da ignorância. O que acontece," perguntou, "quando você acende uma vela em seu quarto à noite?"

"A escuridão desaparece," disse a ele.

"Isso é o mesmo que sabedoria," disse ele.

Repetindo um ponto muitíssimo importante: na realidade suprema, que é o mesmo que a nossa natureza búdica e o mesmo que o absoluto, não há obscurecimentos, nenhum mau carma, ninguém por quem suplicar, ninguém a quem suplicar, nada a ser purificado e nada a ser acumulado. Tudo é perfeito exatamente como é. Fantástico!

A pergunta óbvia para o aluno é: "Por que praticar? Por que fazer oferendas de mandala para purificar a mente, se a mente já é pura e perfeita?" Fazemos isso porque não reconhecemos a realidade suprema. Não temos a sabedoria para reconhecer que somos perfeitos. Esse é o obscurecimento e é por isso que praticamos.

Como parte da prática formal da mandala, acumulamos mérito e sabedoria ao fazermos oferendas relativas e absolutas. Acumulamos mérito pela generosidade de oferecer coisas como planetas, estrelas, ouro, casas, nosso próprio corpo e nossos entes queridos, e acumulamos sabedoria oferecendo a vacuidade de todas essas formas. Quando abrimos mão da avidez e da fixação ao ego, acumulamos mérito e sabedoria. Abrindo mão e acumulando; abrindo mão e acumulando. Purificação e acumulação ocorrem ao mesmo tempo, inseparavelmente.

Os vários significados de mandala

A palavra *mandala* tem diversas aplicações. A "prática da mandala" pode se referir a esse aspecto da prática do ngondro. Há também uma categoria de representação pictórica chamada mandala, usada como suporte visual para práticas específicas de meditação. Depois, há o objeto ritual – uma placa circular – chamado mandala, que oferece a base para a prática homônima. Em todos os casos, *mandala* sugere um universo abrangente ou um círculo sagrado – um espaço de infinita plenitude, um reino sem fronteiras, sem começo, sem fim, sem dentro nem fora. Essa ausência de imutabilidade expressa o absoluto. A imagem da mandala representa um universo perfeito que reflete a sabedoria iluminada dos Budas – ou o que chamamos de percepção pura.

Sejam quais forem os sentidos convencionais, a mandala que estamos prestes a criar representa um universo de esplendor e pureza inconcebível e insuperável. Com nossa própria imaginação, criamos a esfera fantástica e mágica da mandala. Aplicando o antídoto para o "eu", usamos conceitos para ir além dos conceitos. Usamos a imaginação – a ferramenta relativa da nossa mente relativa – para vislumbrar o absoluto. A imaginação torna-se o meio supremo para explorar as estratégias sutis de percepção.

Os universos da mandala contrastam com as visões convencionais de um mundo construído por meio de projeções limitadas. Considere um mapa bidimensional do mundo: ele não tem nenhuma relação com a experiência direta. Ninguém jamais viu esse mundo, embora milhões de pessoas, pelo hábito de um carma cultural coletivo, afirmarão que se trata de uma representação "real". No caso das mandalas, imagens estilizadas e simbólicas substituem nossa representação convencional do mundo, indicando visualmente que o universo da mandala é tudo, menos comum. Para abrir mão do apego profundamente enraizado que temos por nós mesmos e pelos padrões habituais que usamos para navegar no mundo que nos rodeia, precisamos de um extraordinário chacoalhão: com o suporte de um mundo novo, experimentamos uma nova maneira de ser.

A mente que abre mão

Doar um grão ou um milhão de dólares pode igualmente refletir a mente que abre mão ou a mente de contenção, avidez e apego. Talvez façamos doações para aumentar nossa boa reputação e fama. Com bastante dinheiro, podemos ter hospitais e bibliotecas com o nosso nome. Doações para pesquisas médicas ou instalações educacionais podem produzir bons resultados, mas a caridade pode se tornar uma forma de obter publicidade, elogios e valorização social, o que solidifica o orgulho e a ganância – aflições que nos mantêm presos ao samsara. Cedemos nosso lugar no trem para uma pessoa idosa, pensando: "Oh, sou um bodisatva tão bondoso". Ou doamos para provocar inveja nos outros; doamos dez mil dólares para um centro de Dharma e pensamos: "Sou tão devoto". Ou fazemos doações para impressionar ou ser admirado, tal como oferecer um jantar.

Pense nas últimas vezes em que você deu algo ou realizou uma ação que sugeria generosidade. Em seguida, analise a situação e veja se consegue identificar honestamente os vários objetivos que levaram a essa atividade. Abrir mão não tem nada a ver com valor financeiro nem necessariamente com dar coisas. Podemos doar muitas coisas, mas raramente com a intenção ou propósito de abrir mão.

Um punhado de terra

Geshe Bem, mestre do século XII, lendário por sua rigorosa honestidade e histórias cômicas sobre seu modo de praticar, morava em uma cabana na montanha construída sobre uma rocha. Por uma abertura na parede ele podia olhar para todo o vale. Um dia notou um homem subindo pelo caminho ao longe. Pouco depois retornou à janela e reconheceu o homem como sendo seu patrono. Imediatamente se pôs a limpar seu quarto. Tirou o pó do altar, sacudiu o forro que o cobria e limpou as tigelas de oferenda de água.

De repente, parou e pensou: "O que estou fazendo! Estou limpando apenas para impressionar meu patrono. Isso não passa de uma demonstração de ego." Foi lá fora, pegou um punhado de terra nas mãos, entrou e jogou em cima do altar. Depois se sentou do lado de fora e esperou.

Logo seu patrono chegou, trazendo oferendas de doces deliciosos. Geshe Ben cumprimentou-o com muito respeito e convidou-o para tomar chá. Quando se sentaram do lado de dentro, o patrono olhou em volta e, com certo alarme, perguntou: "Por que esse lugar está tão sujo? O que aconteceu com seu altar?"

Geshe Ben explicou que se percebeu limpando o altar por motivos puramente egocêntricos. Tudo o que ele queria era passar uma boa impressão de si mesmo, então jogou terra em toda a sala para limpar o mau cheiro da sua falsa santidade. Isso realmente impressionou o patrono, que repetiu essa história para muitos amigos e logo a palavra do caráter irrepreensível de Geshe Ben circulou por toda a região. Ao ouvir essa história, um respeitado lama disse: "Esse punhado de terra foi a melhor oferenda jamais feita no Tibete!"

A lembrança desse gesto de Geshe Ben talvez possa expandir nossa forma de pensar em como fazer oferendas e nos ajudar a entender que quanto mais específico e íntimo pudermos ser com nós mesmos, mais eficaz será a nossa prática.

Os sete pontos da oferenda de mandala

As práticas da mandala variam de simples a bem elaboradas. Examinaremos uma versão básica e um tanto abreviada chamada os sete pontos da oferenda de mandala.

Começamos na posição sentada em frente ao nosso altar. Usamos duas placas de mandala, geralmente feitas de bronze, cobre ou prata. É melhor escolher o material de acordo com nossas finanças. Não há necessidade de ser excepcional, porém não deve ser insignificante. Tibetanos sem recursos usam bases de madeira ou pedras planas, e isso também é bom.

Coloque no altar a placa da mandala da realização, mantendo a mandala da oferenda em sua mão. Comece limpando a mandala da realização que seguramos na mão esquerda. Em seguida, pegue um pequeno punhado de grãos – geralmente arroz – entre o polegar, o indicador e dedo médio da mão direita. Ou você pode usar apenas o polegar e o indicador. Segurando os grãos, use a base da mão para limpar a placa no sentido horário e, ao mesmo tempo, pense que todas as negatividades e obscuridades que foram acumuladas pelo apego ao ego estão sendo purificadas em nós e em todos os seres sencientes para que possamos alcançar a liberação. No momento em que começar a movimentar a mão direita circularmente ao redor da mandala, comece a recitar o mantra de cem sílabas de Vajrasattva. Nossa motivação é que nossa mente e as mentes de todos os seres sejam purificadas e depuradas, assim como a base da mandala está sendo purificada e limpa.

Depois disso, respingue uma colher de chá de água na superfície. Em cima, coloque cinco montes de oferendas, geralmente de grãos. Você também pode usar um *torma* mais elaborado, oferenda tibetana feita de cevada assada e manteiga. Um monte de grãos ou um *torma* é colocado no meio da placa, e os outros são colocados nas extremidades, em cada um dos quatro pontos cardeais.

Essa mandala da realização é colocada em seu altar, simbolizando a imensurável mansão chamada palácio da mandala. Cada uma de suas quatro paredes tem dimensões iguais e um portão no centro. A literatura tradicional descreve muitos detalhes com os quais você não precisa se preocupar muito, desde que tenha a sensação de estar diante de um palácio colossal – uma gigantesca combinação do Taj Mahal e Versalhes, encoberta por uma grande cúpula, mas sem banheiros, quartos ou cozinhas. Novamente, imagine que ele é como o reflexo da lua no lago ou como um arco-íris, sem nada substancial, sem densidade.

Dentro desse palácio feito de arco-íris – como se o céu estivesse dentro do próprio palácio – estão as mesmas deidades que aparecem na árvore de refúgio, agrupadas nas mesmas configurações. Não existe nem árvore nem lago, mas imaginamos Vajradhara no centro, simbolizado pelo monte central. Os outros quatro montes simbolizam o Buda Shakyamuni à direita de Vajradhara, a nobre Sangha à esquerda de Vajradhara, o Dharma atrás dele, com os yidams na frente. Não há um monte para os protetores do Dharma pois assim como não estão na árvore de refúgio, não estão presentes na placa da mandala, mas ficam de guarda nos quatro portões.

Fazemos nossas oferendas para esses seres iluminados. Mais uma vez, é mais importante invocar a presença vívida das deidades do que imaginar uma imagem perfeita. Por que fazemos tantas oferendas aos Budas e às deidades? De um ponto de vista relativo, esses seres extraordinários e sublimes são os objetos merecedores da nossa devoção e nossas súplicas. Sua sabedoria inspira nossas oferendas. Ver o Buda exterior nos ajuda a nos conectar com nosso próprio Buda interior, pois cada vez que praticamos a oferenda de mandala, acabamos unindo nossa mente com os Budas aos quais estamos fazendo oferendas. Nessa etapa da nossa prática, os seres comuns não nos inspiram da mesma maneira. Em algum momento, podemos ver a igualdade essencial de todos os seres, como meu pai fez com o mendigo e o ministro do rei. Por enquanto, nosso ponto de partida é onde estamos.

Fazer oferendas aos Budas também nos põe em relacionamento com os Budas. Mais uma vez, estamos fazendo uma conexão com os Budas e pedindo sua ajuda e bênçãos, de modo que o ciclo das nossas súplicas e de suas bênçãos gere infinita generosidade que beneficia todos os seres. Não esqueça que estamos fazendo isso para ajudar todos os seres a alcançarem a iluminação. Fazemos isso conforme a visão relativa.

Como entendemos nossas oferendas aos Budas do ponto de vista absoluto? Podemos perguntar: "Quem está oferecendo o que a quem?" Fazer essa pergunta enquanto fazemos oferendas propicia vislumbres da vacuidade; conforme a visão suprema, essa sabedoria é a maior benção de todas. Analisaremos esses aspectos com os estágios da atividade da prática.

Além da mandala da realização, também colocamos no altar sete oferendas, como biscoitos, doces, incenso, lamparinas ou velas, flores, conchas, frutas ou grãos. Essa demonstração de abundância ou fecundidade dá suporte e estimula a nossa própria generosidade. Além da mandala da realização, essas oferendas representam a realização dos nossos esforços. Usamos a "realização" para incrementar nossos esforços e nos ajudar a sair da confusão para a clareza. Temos algo bem diante dos nossos olhos nos lembrando que nossos esforços são alcançáveis. Consideramos a realização como caminho, usando nosso objetivo como ferramenta.

Essas oferendas também devem estar de acordo com suas finanças. Não seja mesquinho, mas não vá à falência comprando iguarias extravagantes. Lembre-se, estamos trabalhando com a nossa mente. Se tiver dinheiro para comprar arroz novo todos os dias, ótimo; se não, adicione alguns grãos de arroz novo ao arroz utilizado anteriormente. Nyoshul Khen Rinpoche era uma criança tão pobre que, quando fazia a prática da mandala, não tinha condições de comprar nem um grão de arroz.

Em seguida, limpe a placa da mandala da oferenda assim como limpou a que foi colocada no altar. Em geral, usamos arroz para fazer essa oferenda. Mas não jogue água no arroz para que ele não grude, tal como fizemos com os montinhos. Às vezes, mergulhamos o arroz em água com açafrão e, depois de seco, misturamos sementes de especiarias preciosas; ou podemos misturar grãos com ervas medicinais ou pequenas lascas de joias ou pedras coloridas, tal como turquesa ou coral. Segure o arroz na sua mão direita para colocá-lo na mandala da oferenda. As placas da mandala são arredondadas no topo e o arroz é colocado nessa superfície curva, o que significa que ele rola para fora. Para apanhar os grãos, amarre um pedaço de pano.

26. Oferenda de mandala com os montes de arroz.

Na mão esquerda, além da placa da mandala, segure um mala para manter a contagem das repetições do mantra. Hoje em dia, algumas pessoas acham mais conveniente usar um pequeno contador manual mecânico, e tudo bem.

Para limpar a placa da mandala, segure-a na mão esquerda e, com a direita, pegue um punhado de grãos. Com os grãos na mão, limpe o disco fazendo uma rotação no sentido horário com a base da mão e, ao mesmo tempo, repita o mantra de cem sílabas de Vajrasattva: OM VARJASATTVA / SAMAYAM... Tente coordenar o movimento do pulso circulando três vezes na placa junto com uma recitação do mantra. Durante esse período, fazemos a aspiração de nos iluminarmos para que possamos levar todos os seres à iluminação, purificando nossa mente e as mentes de todos os seres da confusão e da percepção dualista. No final da recitação e da limpeza da placa três vezes no sentido horário, deixamos o arroz cair no centro da placa.

Imaginando o Monte Meru

No momento em que deixamos o arroz cair na placa da mandala, a placa se transforma em um terreno espaçoso, plano e dourado, cercado por um oceano rodeado de montanhas de ferro. Da superfície dourada do oceano emerge o Monte Meru de quatro lados, no centro de um cosmo inconcebivelmente vasto. Na sua base estão quatro plataformas quadradas que se tornam sucessivamente menores à medida que ascendem. As laterais da quarta plataforma aumentam à medida que o Monte Meru se ergue, fazendo com que seu topo quadrado e plano seja muito maior do que a base. A face oriental é feita de cristal puro, a face sul de safiras, a face ocidental de rubis e a face norte de esmeraldas. As luzes coloridas brilhantes de cada face ornada de joias irradiam-se nas direções cardeais. Criamos tudo isso com nossa imaginação, então não tente inventar nenhum sentido lógico de como construir um sistema de mundo a partir de um monte de arroz.

Além do monte de arroz central que se transforma no Monte Meru, colocamos mais quatro montes nas extremidades, que se transformam nos quatro continentes do oceano que circunda o Monte Meru. Comparando esses locais com um relógio, os continentes são colocados às doze, três, seis e nove horas. Entre nove e doze e entre três e seis, colocamos mais dois montes, um para o sol e outro para a lua. Agora temos sete montes de oferenda. Imaginamos que cada continente adquire a cor da luz irradiada de cada lado do monte Meru para o qual estão voltados.

Todo o universo da mandala é preenchido com símbolos auspiciosos tradicionais que representam a atividade dos Budas. Estes incluem o parasol, simbolizando proteção; a concha, simbolizando a ressonância do som dos ensinamentos do Dharma; a roda do Dharma de oito raios, simbolizando os giros da roda do Dharma feitos pelo Buda e a capacidade do ensinamento do Buda de levar todos os seres à realização. De acordo com a tradição, os antigos símbolos indianos e tibetanos de riqueza real também completam a mandala, as assim chamadas oferendas preciosas do reino, como vacas realizadoras de desejos, joias preciosas realizadoras de desejos, campos férteis, joias, cavalos e elefantes. Essas representações tradicionais de riqueza e prazeres sensoriais podem ser substituídas ou ampliadas para incluir símbolos contemporâneos de riqueza e luxo: Rolls-Royces, iPads, hotéis cinco estrelas, parques nacionais, mirtilos orgânicos, iates – colocamos tudo o que nos impressiona como especialmente pródigo e prazeroso nos degraus do Monte Meru e nos continentes.

Se quisermos fazer a oferenda mais grandiosa e elaborada possível, imaginamos que da base da oferenda da mandala, em nossa mão esquerda, irradia um halo luminoso e multicolorido de arco-íris. Na extremidade de cada raio luminoso há outra mandala com a mesma inconcebível abundância daquela que acabamos de imaginar. Essa mandala também tem um halo luminoso de arco-íris e na ponta de cada raio há outra mandala e assim por diante, até que a oferenda se torne de bilhões, trilhões de sistemas luminosos de mundo. E nós, os praticantes, sentamos silenciosos e concentrados no centro desse universo incrivelmente rico, autocriado e resplandecente.

A ATIVIDADE DA PRÁTICA

Para realizar a prática, começamos sentados na postura de sete pontos. Ancorar a prática no corpo físico é sempre importante. Os benefícios da prática serão favorecidos se sentarmos eretos, alertas e motivados, mas será desequilibrado se estivermos encolhidos ou curvados.

Você já purificou a placa de oferenda; agora, segure-a em sua mão esquerda. É bom ter um avental amarrado em volta da cintura para pegar os grãos. O altar contém muitas oferendas. Da melhor forma possível, estabilize sua imaginação do palácio da mandala com os seis objetos de suas súplicas e estabilize a oferenda do universo do Monte Meru com suas abundantes riquezas. Com a mão direita, pegue um punhado de arroz ou outros grãos para a oferenda.

O grau de complexidade da visualização dependerá da liturgia que seu professor sugerir. Trabalharemos aqui com a oração de quatro linhas e a oferenda abaixo.

> Espalhando perfume sobre a terra e cobrindo-a de flores
> Adornando-a com o Monte Meru, os quatro continentes, o sol e a lua,
> Imagino tudo isso como um reino de Buda e o ofereço
> Para que todos os seres possam apreciar esse reino puro.

Ao recitar a prece, segure a placa de oferenda na mão esquerda e, com a mão direita, pegue um punhado de arroz do seu colo. Com o polegar em cima do punho, mova a mão no sentido anti-horário em torno da placa, deixando cair um pouquinho de arroz do punho enquanto a mão se move em torno da borda. Em seguida, derrube um montículo no centro, depois vá para o topo do prato (doze horas) para formar o primeiro continente, depois para as três horas no segundo continente e continue fazendo o mesmo nos locais de seis e nove horas. Em seguida, deixe cair um monte de arroz entre nove e doze e, finalmente, entre três e seis para formar o sol e a lua.

A maior parte do arroz colocada na placa desliza para o seu colo. Uma vez feita a oferenda, o que restar sobre a base pode ser removido com o pulso antes de começar novamente. Todo o arroz vai para o seu colo. Então você pega outro punhado e repete a recitação.

Na verdade, não é possível aprender a fazer isso só a partir da leitura – será necessário ver para entender melhor – mas essa descrição pode lhe dar uma ideia básica de como fazer a oferenda. Seu guia ou guru do ngondro indicará o número de recitações necessárias para completar a prática.

Essa é a descrição da atividade essencial da prática, mas examinaremos os aspectos da imaginação e da motivação antes de passar para as três etapas da prática – oferendas externas, internas e secretas – a serem feitas à medida que a recitação e as oferendas de grãos prosseguem. Contar as recitações continua sendo parte de cada etapa.

Trabalhando com o Monte Meru

Na história antiga, alguns sábios revelaram a altura exata do Monte Meru e descreveram sua profundidade em termos de um número específico de léguas abaixo do mar. Isso transmitiu a impressão equivocada de se tratar de um fenômeno convencionalmente visível. Esse mal-entendido de haver uma forma fixa é acrescido pelos diagramas estruturais da mandala do palácio e suas semelhanças com os palácios dos reis da Índia antiga. As "oferendas para o reino" são outra referência à Índia antiga mas, como já dissemos, esses itens podem ser substituídos por nossas próprias versões de produtos luxuosos.

Muitas pessoas do mundo moderno dizem: "Não consigo me relacionar com essa mandala ou com o Monte Meru porque isso parece estar muito ligado à Índia antiga, e hoje sabemos bem mais sobre o universo e a geografia do planeta Terra do que as pessoas conheciam há milhares de anos", e coisas do tipo. Elas pensam que essa visualização contradiz o conhecimento moderno. Mas não estamos falando de comprar uma passagem de avião para o Monte Meru ou escalá-lo como o Monte Everest. Estamos falando de emanações mentais.

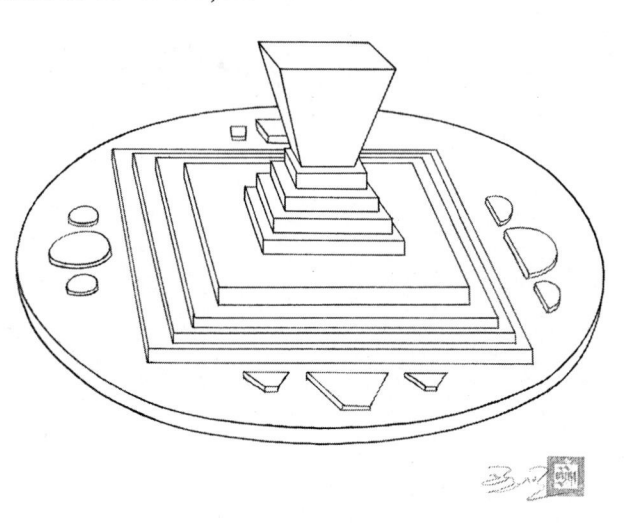

27. Mandala do universo com o Monte Meru no centro.

A descrição simbólica tradicional do Monte Meru contradiz deliberadamente a nossa imagem de uma montanha "real". Sua forma geométrica linear diverge do que pode ser interpretado como "comum". A água e os continentes também são altamente estilizados. Mesmo que alguns aspectos da imaginação do Monte Meru façam alusão à história da Índia, seu objetivo é nos transportar para novos domínios de experiência, e a ausência de qualquer imagem que corresponda a uma ideia ou pré-concepção de "montanha" reforça que a mandala é diferente do mundo convencional.

Real ou não?

Na prática da mandala, mesmo abrindo mão de um bem tão apreciado como um conversível vermelho, nós o recuperamos a tempo de ir para o trabalho. Se doarmos nosso próprio corpo, o teremos de volta a tempo do café da manhã. Então você pode pensar: "Trata-se apenas de uma representação. Como isso pode ser eficaz? Não é real. Eu apenas estou fingindo." Se pensar que está fingindo, a prática não será eficaz, é claro. Se praticar com a compreensão de que forma é vacuidade e vacuidade é forma, então não haverá nenhum problema. Você apenas finge ser um ser humano? O que se pretende aqui não é doar coisas "de fato", mas descobrir verdadeiramente a vacuidade de todos os fenômenos por meio da mente que abre mão, criando uma maneira mais fluente, menos substancial de ver a nós mesmos e o mundo que nos rodeia.

O grau de sinceridade que trazemos para a prática é o que a torna eficaz ou não. O objetivo do nosso ato de dar se torna a ferramenta para examinar e transformar a mente. Investigamos nosso apego. Sentimos o sofrimento causado pelo apego ao estabilizar a mente e aplicar o insight investigativo. Se realmente doamos o conversível vermelho ou não, ainda o usamos para reconhecer nossa identificação neurótica com esse monte de metal. Observamos o que esperamos obter com esse carro, como nos valemos dessa máquina para comunicar status, poder, riqueza, atratividade e confiança. A imaginação torna-se a ferramenta pela qual observamos a falta de confiança e como não confiamos em nossas capacidades. Com shamatha, tudo isso se torna uma experiência sentida, corporalizada, o que permite que haja mudança.

A prática tríplice de abrir mão: Externa, interna e secreta

A prática da mandala é dividida em oferendas externas, internas e secretas. A externa refere-se a doar atributos extraordinários de um universo imaginário, como o Monte Meru com suas joias e preciosas riquezas. Refere-se também a atributos do mundo que compartilhamos com todos os seres sencientes, como a Terra em que pisamos. Temos em comum a percepção das florestas de pinheiros e da Via Láctea, tulipas vermelhas e regatos nas montanhas. As oferendas internas são mais íntimas e pessoais para nós, como nossa família e nossos amigos, nossa riqueza e nossa saúde, e assim por diante. A oferenda secreta ocorre com a percepção de que o doador, a oferenda e o objeto da oferenda manifestam vacuidade. As formas mais grosseiras e óbvias de apego ao "eu" e avidez podem ser eliminadas por meio das oferendas externas e internas. Mas, para eliminar as formas mais sutis de apego ao ego, e mais difíceis de reconhecer, precisamos da prática secreta da mandala.

As oferendas externas, internas e secretas não são três práticas separadas e sequenciais, mas sim três aspectos da mesma prática que podem ser introduzidos durante a sessão de prática. As três categorias são simplesmente auxílios à compreensão e não refletem uma distinção inerente. Nas três, seguramos a mandala da oferenda, recitamos o mantra e nos sentamos diante da mandala da realização.

Imaginação

Antes de entrar nos detalhes das oferendas externas, internas e secretas, quero falar novamente sobre a imaginação porque, com essa prática, sem dúvida, a imagem se torna bastante complexa, mesmo para as versões menos elaboradas.

De um modo geral, aproveitamos o poder da imaginação para purificar e transformar nossas percepções convencionais da realidade. Por exemplo, temos uma ideia de como é uma montanha. O Monte Meru não coincide com essa ideia. Nesse exemplo delimitado de incompatibilidade, surge uma oportunidade de desenvolver flexibilidade. Ao trazer essa incompatibilidade para o contexto dos ensinamentos budistas, apreciamos os meios hábeis envolvidos. A realidade questionada é aquela em que formas – mesas, montanhas, carros, crianças, tudo, incluindo nosso "eu" – são percebidas como sólidas, permanentes, imutáveis e independentes. O que está ausente é uma compreensão da vacuidade. As formas de dentro do palácio da mandala manifestam vacuidade. As formas de fora do palácio da mandala manifestam vacuidade. No entanto, a maioria de nós está profundamente enraizada nos hábitos de percepção que excluem o aspecto vacuidade da equação forma-vacuidade. Por esse motivo, precisamos chacoalhar nossos padrões condicionados. Para isso, imaginamos a mandala. Entramos na nossa nave espacial criada pela mente e vamos para outro reino.

O ponto é que as formas de dentro da mandala não são nem mais nem menos vazias do que qualquer outra coisa. Mas usamos deliberadamente o poder da nossa própria imaginação para criar esse universo. E quanto mais nos familiarizamos com esse processo, podemos ver com mais facilidade que criamos as formas de fora da mandala, assim como criamos as de dentro. Todas as formas são vazias em essência. Trazer consciência plena para a prática da mandala, realmente nos ajuda a reconhecer que criamos nossa própria realidade. Com esse entendimento, operamos uma grande mudança afastando-nos da confusão e indo em direção à clareza.

É importante abordar as complexidades dessa visualização com uma mente relaxada. Os detalhes podem ser sufocantes no início. Estamos trabalhando com toda a assembleia de refúgio, uma projeção de todo o cosmo e todas as coisas nele contidas, além da nossa própria lista de objetos pessoais como oferendas. Além disso, contamos mantras e colocamos pilhas de arroz em uma placa! Lembre-se de que é sempre mais importante invocar a presença dos seres iluminados aos quais fazemos as oferendas do que se lembrar de todos os detalhes das imagens tradicionais.

A prática da imaginação dá suporte à meditação shamatha – a mente em calma permanência. Usar um objeto como suporte para a nossa meditação acalma a agitação da mente-do-macaco, trazendo a consciência plena para o próprio suporte. No caso específico da oferenda de mandala, no início podemos sentir que os vários elementos diferentes impossibilitam encontrar o ponto focal da consciência plena; ou podemos ficar tontos, tentando fazer a prática com a mente tensa a fim de guardar os detalhes de toda a esfera mágica; ou podemos sentir que estamos pulando de detalhe em detalhe, como um macaco balançando de um galho a outro. Muito provavelmente, os aspectos de cada elemento não serão tão claros, especialmente no início.

A questão é: não desanime. É mais importante desenvolver uma noção básica do que está acontecendo, sentir que o universo da mandala que oferecemos é o melhor, a oferenda mais bonita e mais prazerosa que podemos fazer. Essa intenção pura é suficiente para que a prática seja completamente efetiva. Não se preocupe se os detalhes não são perfeitamente claros.

As oferendas externas

Na liturgia da mandala, a oferenda externa inclui os quatro continentes que cercam o Monte Meru, o sol e a lua, e o oceano imaculado delimitado por um anel de montanhas de ferro. Também inclui todas as riquezas e joias, animais e flores, BMWs e hotéis cinco estrelas, e outros que colocamos em nossa oferenda do universo da mandala, bem como um trilhão de universos luminosos se optarmos por adicioná-los. Dependendo do texto do ngondro que estamos usando, essas descrições podem ser bastante elaboradas mas, em geral, a oferenda externa reflete nossa ideia de todo o sistema de mundo e seus atributos mais magníficos.

À medida que acumulamos as repetições enquanto fazemos a oferenda simbólica de arroz, imaginamos aspectos específicos do universo que podem encantar especialmente as deidades: "Ofereço florestas de pinheiros aromáticos, recifes de corais, ilhas tropicais e montanhas cobertas de neve." Podemos oferecer o que imaginamos ou identificamos como os aspectos mais magníficos, belos e agradáveis de todo o cosmo, podendo ser maravilhas ambientais, banquetes requintados, palácios magníficos ou aromas agradáveis. Como eu disse anteriormente, oferecemos também as percepções que compartilhamos: se estamos dirigindo um carro, podemos oferecer as árvores que vemos ou o céu acima de nós; ou podemos oferecer o prazer de ver crianças brincando, ver arte ou ouvir música.

Uma amiga americana me disse que há muitos anos, na Califórnia, ela estava hospedando um lama que chegara recentemente do Tibete. Uma tarde eles estavam no carro e ela precisava comprar mantimentos, então parou em um desses supermercados que são do tamanho de um campo de futebol. Posso lhe dizer, por experiência própria, que você não vai acreditar nessa história se não estiver familiarizado com um mega-supermercado. O lama viu gôndolas e gôndolas de alimentos, talvez 82 tipos de cereais de café da manhã, freezers de dezenas de metros de comprimento, quarenta tipos de suco enlatado em quatro tamanhos diferentes, dez marcas de papel higiênico, cinquenta sabores de sorvete – coisas assim. Ela descreveu como ele passava as mãos sobre esses objetos e os levantava das prateleiras como um cego tentando enxergar pelo tato.

No entanto, sua total estupefação não atingira o pico máximo até chegarem ao departamento de frutas. As gloriosas pirâmides de laranjas, toranjas, melões, bananas, maçãs, kiwis, abacaxis e muitas outras variedades eram mil vezes mais suntuosas do que qualquer coisa que ele já tinha visto, mesmo nos mais requintados altares dos lamas mais importantes do Tibete e até mesmo nas cerimônias mais auspiciosas. Era o universo inimaginável e inconcebível dos Budas que se manifestava diante de seus olhos.

Aparentemente, logo após sua surpresa inicial, o lama começou a fazer preces. Minha amiga não entendia tibetano, mas reconheceu o mudra – gesto com a mão – de fazer oferendas quando ele girava as mãos e depois estendia os braços a partir dos cotovelos com as palmas das mãos voltadas para cima, como se oferecesse tudo ao vento. Essa é a mente que abre mão, a mente que fica impressionada por uma apresentação mágica extraordinariamente bela, um excesso de bondade e riquezas. É com essa mente que o lama fez a oferenda do que acabara de encontrar. Não só não se banqueteou fisicamente com a comida, mas também não se permitiu se regalar com aquela visão. Sua reação a essa mandala surgida espontaneamente foi oferecê-la, distribuí-la para o benefício dos outros para que todos os seres pudessem conhecer tal abundância e o benefício dessas oferendas fosse a causa da iluminação dos seres. Isto é o que queremos dizer com a mente que abre mão. Muito diferente da generosidade comum, você não acha?

O benefício das oferendas imaginárias

Ajudar os outros por meio de atividades compassivas, protetoras ou generosas, mesmo que essas atividades sejam tingidas de avidez, com certeza contém sementes de bondade e contrapõe o carma negativo. Portanto, a questão que surge naturalmente é: como sentar diante de um altar e oferecer universos imaginários pode ser uma forma mais eficaz de acumular mérito do que fazer boas ações no mundo convencional? Normalmente, nossas boas ações no mundo estão comprometidas. Podemos agir de acordo com nossas ideias e conceitos sobre o que significa uma "boa ação". Nossas boas ações podem ser uma forma de nos exibirmos para os outros de modo que, apesar das aparências, essas atividades reforçam o apego ao ego e ao orgulho. Mesmo que tenhamos uma motivação positiva, quando agimos generosamente de uma maneira comum, muitas vezes o fazemos com um sentido claro de que existe um "eu" que está dando algo a outra pessoa, o que nos mantém aprisionados ao egoísmo habitual e dificulta nosso infinito potencial.

Isso é o oposto do que fazemos com as oferendas de mandala. O uso da imaginação nos liberta da mesquinhez habitual. Não temos ninguém para quem nos exibir. Sem amigos ou familiares testemunhando nossas boas ações, podemos experimentar um novo e vasto reino de pura generosidade, sem sermos estragados pelo orgulho e por ganhos pessoais. A generosidade gerada por meio da oferenda de mandala é livre da esperança de receber qualquer coisa em troca.

Uma vez desenvolvido algum entendimento da oferenda externa de mandala, do significado de abrir mão e de qual é essa sensação, então podemos prosseguir com a prática mais difícil da oferenda interna de mandala.

As oferendas internas

Na oferenda interna, a atividade de recitação e de oferenda permanece igual à externa, mas o conteúdo se torna mais pessoal. Aqui nos concentramos em quatro categorias de coisas às quais estamos mais ligados: nossa riqueza, nosso corpo, amigos e família (tradicionalmente nossa "comitiva") e nossa virtude. Todos os objetos, pessoas, emoções ou situações com que mais nos identificamos, aos quais estamos mais ligados e que agarramos com a fixação mais tenaz do ego estão dentro dessas quatro categorias e são os principais objetos de apego ao ego. As quatro categorias não precisam ser praticadas em nenhuma ordem específica.

Quanto mais íntimas forem essas oferendas, mais eficaz será a prática. Riqueza pode incluir joias, casas, carros, ações e empresas. Mas a riqueza também inclui objetos que enriquecem nossa vida de maneira pessoal, como alianças de casamento, fotografias de família, uma pessoa amada ou animal de estimação. Identificamos objetos que realmente significam algo, pois além dos próprios objetos, estamos vivenciando o abrir mão da posse.

O que acontece no seu corpo quando você tenta fazer isso? Na sua mandíbula? Nos seus ombros? Suas mãos? Você sente um aperto? Uma resistência? Deseja esticar a mão e pegar os objetos de volta? Veja se consegue se conectar com a sensação elástica do apego, que tem a qualidade de uma tira de borracha que o amarra ao objeto e se estica, ficando cada vez mais fina, mas não chega a arrebentar.

Oferecendo as kleshas

Devido ao fato de falarmos muito em riquezas e abundância para essa prática, muitas vezes ignoramos que o mais importante é trabalhar com a qualidade do apego. As kleshas – aflições mentais – fornecem um rico material para essa prática. Podemos oferecer nossa raiva, ganância ou pânico. Quando estava no retiro de três anos, estudamos um texto clássico que dizia: "O mundo exterior é o recipiente da oferenda, como uma tigela cheia de frutas ou joias. A tigela representa o universo e as frutas ou as joias representam todos os seres sencientes. O recipiente da oferenda contém tudo, e até mesmo nossas kleshas são oferendas adequadas".

Naquela época, pensei que parecia ofensivo oferecer raiva, inveja e orgulho aos Budas, como dar ao seu melhor amigo um monte de lixo de presente de aniversário. Quando perguntei a Saljay Rinpoche como poderia ser benéfico oferecer as kleshas, ele me disse: "Para o Buda não há diferença entre ouro e bosta. Fazemos oferendas para cultivar a mente que abre mão. A única oferenda que vale a pena ser feita é o próprio abrir mão. A prática é mais eficaz quando trabalhamos com as fixações de aversão e apego. Oferecemos a raiva para abrir mão da raiva; oferecemos o orgulho para abrir mão do orgulho. As bênçãos não vêm dos valores convencionais, mas da qualidade da renúncia".

Saljay Rinpoche me olhou atentamente. Podia ver que eu estava refletindo sobre o a surpreendente equivalência entre bosta e ouro. Com uma voz gentil, ele acrescentou: "O Buda tem tudo. Tudo. Ele não precisa de nada de nós. Nossas oferendas não o enriquecem nem lhe acrescentam nada. Isso seria impossível. Não podemos acrescentar nada ao Buda. Não estamos tentando agradá-lo. Fazer oferendas diz respeito a renunciar".

Tenho uma aluna cujo entusiasmo inicial pelo ngondro foi vencido pela sonolência. Ela tentou várias estratégias para estimular sua prática, até que finalmente teve que aceitar um padrão óbvio: nos mesmos dias em que não conseguia ficar acordada para praticar, ela conseguia chegar a uma festa bem acordada e cheia de energia; ou ia ao teatro e nem a escuridão fazia seus olhos se fecharem. Ela ficou desanimada e se culpava por resistir à prática. Parecia ter a ideia de que toda prática em cada nível deveria ser abordada de forma alegre e entusiasmada. Mas, naturalmente, se sempre nos sentirmos assim, não teremos motivação para praticar. Quando veio me ver, ela perguntou: "Por que, por que, por quê? Por que a prática é tão difícil, por que tenho mais entusiasmo por atividades ridículas do que para seguir o Dharma?"

Não existe uma explicação secreta. Estamos no samsara. É só isso. O samsara é um mau hábito seguido de outro – mau no sentido de nos apegarmos a hábitos que não nos afastam do sofrimento. O samsara é difícil. Mas nossa vida não é apenas uma escolha entre extremos: o nirvana é bom; o samsara é ruim. Estamos no samsara agora e estamos buscando a bondade no samsara. Por isso estamos fazendo o ngondro e os benefícios dessa prática vêm da nossa sinceridade.

Por isso não oferecemos apenas joias, frutas e tudo o que é lindo e maravilhoso. Eu disse a essa aluna: "Ofereça sua resistência, ofereça sua sonolência e confusão. Ofereça seu apreço por festas e filmes. Se rotular isso de 'ignorância', não tem problema – ofereça sua ignorância". Se reconhecermos nossas kleshas, que melhor oferenda poderia haver?

Oferecendo nosso corpo

A segunda categoria da oferenda interna de mandala é o nosso corpo. Quando nos pedem para desistir de algo, pensamos em primeiro lugar em nossos bens. Mas a maioria de nós conserva o mais profundo apego pelo próprio corpo. Aqui, queremos ser específicos e realmente sentir a renúncia das partes do nosso corpo: mãos, pernas, membros, órgãos, cérebro, olhos, ouvidos e assim por diante. Novamente, veja se você pode se conectar com a sensação de abrir mão e com qualquer resistência que possa surgir. Trabalhe com a sensação de posse tal qual fizemos em relação aos objetos. Abrir mão do corpo é um antídoto realmente poderoso ao nosso apego ao "eu" e a todas as ideias e fixações que criam imenso sofrimento devido aos interesses do "eu".

Oferecendo a família e os amigos

Para a terceira parte da oferenda interior, oferecemos nossa família e amigos. Abrimos mão do nosso apego a todos a nossa volta com quem nos sentimos pessoalmente conectados. Pense nos indivíduos que classificamos como "meus" tais como: minha esposa, meu pai, minha mãe, meu filho, meu professor, meu cachorro. Ou pense em alguém que esteja morrendo ou que tenha morrido recentemente e, a seguir, use essa situação para enfrentar o desafio de abrir mão.

Uma aluna me contou que, ao fazer essa prática, pensou em qual ser vivo ela mais amava nesse mundo: seu cão preto de nome Dante. Ela desenvolveu uma fantasia de dar o cachorro para mim. Sabia perfeitamente bem que não posso ter um cão: estou sempre viajando e hospedado em monastérios. Sem problema algum. Ela se ofereceu para cuidar do cachorro para mim, alimentar e andar com ele, ser a sua melhor amiga. E explicou: "Só consegui praticar dar o cachorro porque sabia que ainda o teria para mim".

"Tudo bem, é um começo", disse a ela. Então, para provocá-la, falei em um tom sério: "Um dia eu vou aparecer e pedir o cachorro de volta", e ela pareceu ficar completamente consternada.

Expliquei também que a fantasia dela realmente foi um começo na direção correta e que tinha um valor genuíno. Só o ato de considerarmos doar aquilo que mais amamos é uma grande coisa. Não se esqueça disso.

Oferecendo nossa virtude

Para o quarto aspecto da oferenda interior, abrimos mão da nossa virtude. Virtude significa todas as coisas de natureza positiva que realizamos, incluindo nossas ações positivas, nosso mérito, nossas meditações ou qualquer prática espiritual. Oferecemos como nossa virtude todas e quaisquer qualidades internas de natureza positiva que sentimos pertencer a nós: nossa generosidade, bondade, compaixão, diligência, perseverança, lealdade, coragem, bravura – quaisquer aspectos do nosso caráter que identifiquemos como positivo.

Muitos alunos afirmam que não conseguem se relacionar com suas virtudes. Isso parece estar baseado na suposição de que qualquer identificação de virtude automaticamente gerará orgulho e enaltecimento próprio. Esse é um tipo de ego ao contrário, porque torna nossa virtude uma grande coisa. Sugere a propriedade dessa virtude ou uma identificação completa com ela. Virtude é simplesmente a coisa positiva que fizemos ou estamos fazendo. Todo mundo tem algum grau de virtude. Mas, se ficarmos tensos ao identificá-la, nós a transformamos em algo especial, como "Uau, olhe para mim, sou tão gentil, paciente e maravilhoso". Começamos a nos vangloriar como um pavão e ficamos constrangidos ao mesmo tempo. Isso é apenas um ego complicado se manifestando, não virtude. Devemos tentar diferenciá-los.

As oferendas secretas

Em etapas anteriores do ngondro, sugeri a vacuidade como um dos vários estilos de meditação possíveis de revigorar a nossa mente quando o cansaço e o tédio desafiam nossas aspirações. Mas, com a mandala, a meditação da vacuidade é parte integrante da prática. A vacuidade é a oferenda secreta – secreta no sentido de profunda. A meditação da vacuidade não é mais um bônus opcional, mas é essencial para a realização dos benefícios da mandala. Para o cultivo da pura percepção da realidade – que repousa na vacuidade – falamos em acumulação de sabedoria porque a sabedoria é que reconhece a vacuidade.

Com as oferendas secretas de mandala, a atividade não muda. Continuamos a recitar o mantra e a colocar os sete montes de arroz em cima da placa da mandala de oferenda repetidas vezes, e continuamos a contar, mas deixamos de lado a visualização das oferendas do universo da mandala. Depois de estabilizarmos o corpo e a mente, começamos a perguntar: "Quem está fazendo essa oferenda?" Nosso corpo manifesta uma forma impermanente, porém esse é o aspecto de clareza da vacuidade. Seguramos uma placa de oferenda, que também é o aspecto de clareza da vacuidade. O arroz também é uma forma de vacuidade; assim como nosso altar, nossos frutos e doces, incenso e flores. Rogamos aos Budas e bodisatvas, que também são formas de vacuidade. "Vacuidade é forma, forma é vacuidade; forma nada mais é que vacuidade, vacuidade nada mais é que forma".

Você pode pensar em todas as oferendas anteriormente feitas para as práticas externas e internas, enquanto recita o mantra e faz os sete montes na mandala da oferenda: "A vacuidade dessa forma, desse ser, desse animal de estimação, dessa conta bancária, desse corpo, desse palácio, desses diamantes e rubis, desses cavalos e elefantes, desses membros, desse amigo, dessas kleshas e virtudes – ofereço tudo isso à vacuidade dos Budas e das deidades".

Continue a recitar e a fazer as oferendas de arroz, repousando na natureza vazia não dualista de todos os fenômenos; ou, se souber como praticar a natureza da mente, você pode simplesmente repousar na consciência plena pura. Pare todas as visualizações e o questionamento, mantendo apenas as recitações, a disposição dos sete montes e a contagem.

Tanto a meditação da vacuidade como a meditação da natureza da mente são formas absolutas da prática da mandala e têm o maior benefício. Como isso funciona? Como dissemos antes, a sabedoria reconhece a vacuidade. Perceber claramente a natureza vazia de todos os fenômenos é resultado da sabedoria, estabiliza a sabedoria e acumula mais sabedoria.

Esse é o benefício supremo, porque tudo o que fazemos é orientado para o fim absoluto do sofrimento, tanto o nosso como o dos outros. Realizamos isso reconhecendo e criando uma visão verdadeira e completa da realidade. Ao manter a percepção da vacuidade, estamos cultivando e acumulando sabedoria.

A oferenda secreta nos aproxima da próxima e última prática do ngondro. A acumulação de mérito e a sabedoria são aspectos básicos da escola Mahayana e necessários para a continuação do nosso caminho. Ambos condicionam nossa mente para a estrada à frente, e a conclusão dessa prática nos leva à iminência da percepção pura do mundo vajra. Com o próximo passo do ngondro – guru yoga – iniciamos de fato o Dharma Vajrayana. Com a oferenda secreta, acumulamos sabedoria; no guru yoga, praticamos a partir de um lugar de sabedoria. Porém nos aproximamos dele com a oferenda secreta.

Reunindo as duas acumulações

Tendo concluído as três oferendas, fazemos a aspiração de que todos os seres aperfeiçoem as duas acumulações. Isso é chamado de reunião das duas acumulações. As oferendas externas e internas compreendem a acumulação de mérito. A acumulação de sabedoria é realizada pela oferenda secreta. Além de oferecer o universo e tudo nele contido, virtude e mérito vêm da dedicação a todos os seres. Com essa prática, ocorre tanto uma oferenda quanto uma doação. Primeiro, desenvolvemos virtude e mérito, depois os doamos a todos os seres. Dessa forma, doar é receber. Damos e acumulamos mérito e sabedoria. Praticamos com a aspiração de que todos os seres se integrem com as duas acumulações.

Alternando técnicas de meditação

É preciso alguma prática para manter aos olhos da mente em todo o campo das deidades no palácio da mandala, o Monte Meru, os bilhões e trilhões de universos de luz, e etc. Mas também podemos usar métodos alternativos.

Quando der início a uma sessão de prática da mandala, tente cultivar um sentimento para todo esse imenso projeto. Sem ficar enredado nos detalhes, imagine o palácio da mandala; traga a presença dos Budas e bodisatvas; sinta a vastidão, a generosidade e a luminosidade translúcida de arco-íris desse palácio. Imagine o Monte Meru e todas as oferendas convencionais e pessoais que comunicam imenso prazer, luxo e inexplicável generosidade. Comece por esse caminho e contemple o seu significado geral. Permita que sua mente se mova suavemente de um aspecto do campo imaginado para outro e, em seguida, reconfigure lentamente os diferentes aspectos para que você tenha algum sentido da totalidade infinita. É importante abordar essa construção mental com a mente relaxada, caso contrário pode ser um exercício cansativo e desestimulante. Mas se (ou quando) você se tornar realmente inquieto ou entediado, pode mudar para outro método.

Shamatha com objeto

Para trazer estabilidade à sua mente, use como suporte o campo da imaginação ou um aspecto específico dentro dele. Poderia ser Vajradhara ou outra deidade, ou um cavalo ou um elefante, ou as joias do Monte Meru. Ou você pode deixar totalmente de lado as imagens e usar o movimento da mão de colocar o arroz na placa da mandala, ou o som da recitação como seu suporte.

Shamatha sem objeto

Enquanto repousa na consciência plena aberta, mantenha a recitação e continue a contagem. Com a prática da mandala, como com as práticas anteriores, o cultivo de shamatha não é o objetivo principal; no entanto, é um benefício secundário.

Bondade amorosa, compaixão e bodhichitta

Aqui você deixa a imaginação de lado, mas mantém a recitação ao fazer os montes e manter a contagem. Traga sua consciência plena para sua aspiração de ajudar todos os seres sencientes a se iluminarem. Você pode pensar: "Que eu possa acumular mérito e sabedoria para ajudar os outros a alcançarem a iluminação, e que todos os seres possam acumular mérito e sabedoria para que possam ajudar outros seres a se iluminarem". A ênfase permanece com a aspiração suprema de atingir a felicidade suprema.

O mérito é um benefício extra decorrente da manutenção da bodhichitta. Como shamatha, o mérito acumulado não é a principal intenção da oferenda de mandala, mas emerge automaticamente com o despertar da bodhichitta. Como eu disse antes, a aspiração de ajudar todos os seres sencientes a vivenciarem o fim do sofrimento acumula mérito. A motivação e a intenção condicionam a mente de maneira que aumentam nossa habilidade e capacidade de ajudar os seres sencientes e nos colocam na direção correta. Isso significa que seguimos rumo a uma atividade virtuosa e nos afastamos do comportamento que causa confusão e danos mentais ou físicos, tanto para nós quanto para os outros. Nosso mérito aumenta ao fazermos inúmeras oferendas com nossa aspiração de bodhichitta.

Vacuidade

Podemos também optar por trabalhar com a vacuidade, seja com a prática de vipassana ou a prática da natureza da mente. Além da oferenda secreta, podemos também compreender a natureza vazia das oferendas externas e internas. Utilizamos nossa imaginação para criar um campo extremamente complexo de universos dentro de universos. Com o insight, podemos examinar a união de forma e vacuidade em todos os fenômenos enquanto mantemos as recitações, fazemos os montes e mantemos a contagem. E podemos perguntar: "Quem está acumulando mérito e sabedoria? Eu sou vacuidade, minhas ações são vacuidade e os objetos das minhas súplicas são vacuidade". Ao fazer esse questionamento e depois repousar em uma mente não conceitual, a prática de oferenda se torna uma prática de oferenda absoluta. A fim de cumprir o nosso compromisso de ajudar todos os seres a se iluminarem, precisamos cultivar a sabedoria que reconhece a vacuidade.

Se você recebeu ensinamentos sobre a natureza da mente, então pode manter as recitações e oferendas de arroz, deixando que a mente repouse na consciência plena pura.

Você pode alternar esses estilos de meditação sempre que quiser. Não precisa fazê-los em nenhuma ordem específica e pode praticar mais um do que o outro. Pode acontecer de os estilos de meditação se alternarem espontaneamente por conta própria. Não há necessidade de bloquear essa alteração ou voltar ao que estava fazendo. Como meus professores enfatizaram: o objetivo é usar essas alternativas para manter a prática viva e vibrante e não apenas permanecer no piloto automático.

Finalizando a sessão de prática

Para terminar a sessão de prática, deixamos que todos os Budas e bodisatvas que imaginamos durante a prática da mandala se dissolvam no Buda Vajradhara. O próprio palácio se dissolve em Vajradhara, que então se dissolve em luz, e essa luz se dissolve em nós e em todos os seres sencientes. Em razão de tudo se dissolver em Vajradhara, tornamo-nos um com todos os Budas e bodisatvas; com o Buda Shakyamuni, o Dharma e a Sangha; com a raiz das bênçãos, que é o guru; com a raiz da realização, que são os yidams; e com a raiz da atividade, que são os protetores do Dharma. A seguir, deixe que sua mente repouse. Se você reconhece a natureza da mente, então repouse sua mente na consciência plena pura, ou apenas repouse na consciência plena aberta.

Dedicando o mérito

Logo após, dedicamos todo mérito e sabedoria que possamos ter alcançado para a liberação de todos os seres sencientes. Pessoas com quem temos uma conexão cármica podem ser diretamente ajudadas por essa dedicação. A maioria de nós e a maioria das pessoas que conhecemos é assolada pela insatisfação crônica. A prática da mandala nos ajuda a desenvolver abertura e a nos conectar com todos os seres. Doar, em última análise, inclui oferecer nossos padrões habituais de avidez, cujas raízes nos mantêm isolados e temerosos no mundo e perpetuam a insatisfação. Desejamos que todos os seres vivenciem essa possibilidade de abrir mão.

Arrumando o espaço

É inevitável que um pouco de arroz caia no chão. No final da sessão, não deixe de limpar completamente o espaço. Não misture o arroz varrido do chão com o arroz que sobrou no altar. Aquilo que quiser descartar, não jogue simplesmente no lixo. Continue a usá-lo como oferenda, talvez para alimentar insetos ou pássaros.

Sinais de realização

Os efeitos mais óbvios da prática da mandala relacionam-se ao nosso modo de abordar os atos de generosidade. Se pudermos alinhar esse conceito com a mente que abre mão, com certeza isso irá afrouxar os fortes grilhões da ganância. Em uma visão mais ampla, usar a imaginação para construir o universo da mandala é confrontar-se com as limitações da nossa percepção fixa e limitada. Não podemos estabilizar a percepção pura da unidade de forma e vacuidade de uma vez só, mas essa prática introduz uma visão mais expansiva. Isso também desestrutura a fixação ao ego pois é a mente da avidez que fixa esses preconceitos e fabricações.

No início do ngondro usamos a imaginação para dissolver os limites habituais de quem pensamos ser, ou do que podemos ser, e investigar a impermanência das mesas, das outras pessoas e talvez a nossa. Dessa forma, questionamos nossas suposições de que essas entidades existem de maneira sólida e individualizada. Questionar a realidade daquilo que aparece também ajuda a dissolver nosso apego e fixação. Com o ngondro extraordinário, os objetos da imaginação – Budas, deidades, yidams, todos os seres sencientes, universos sagrados inteiros – tornam-se bastante complexos. No entanto, continuamos dentro da nossa própria forma física. Com o nosso corpo comum, prostramos às três joias; com nossa fala comum, suplicamos a um Vajrasattva imaginado, purificando carma e obscurecimentos. Com a prática das oferendas de mandala, purificamos a ganância com a mente que abre mão, realizando assim as duas acumulações de mérito e sabedoria.

As deidades, Budas, yidams, palácios e universos imaginados ainda existiam lá enquanto estivemos sentados aqui. Somente no final de cada prática é que nos fundimos totalmente com todos os objetos da nossa imaginação e reconhecemos nossa inerente inseparabilidade deles.

Com essas três primeiras práticas fundamentais extraordinárias nos apoiando, chegamos ao guru yoga cheios de comprometimento, purificados e enriquecidos, prontos para dar um grande passo à frente: usar a imaginação para reconhecer que somos e sempre fomos Budas, praticando a partir de um lugar de sabedoria. Já não continuamos separados das deidades, praticando a partir de um sentido dualista de "eu" e "eles". Pela primeira vez usamos a imaginação para habitarmos uma deidade, sermos seres iluminados e nos aproximarmos cada vez mais da verdade de quem realmente somos.

11

A QUARTA PRÁTICA EXTRAORDINÁRIA

Guru Yoga

Visitantes de todas as partes do mundo consideravam meu pai um mestre iluminado, e não consigo me lembrar de uma ocasião em que as discussões sobre a suprema importância do guru não foram parte da minha vida. No entanto, quando eu era criança meu pai já era idoso. Ele estava doente com diabetes e usava óculos grossos. Sentia grande amor e devoção por ele como um professor, mas, para mim, o guru vivo parecia um pouco desgastado e considerá-lo um Buda vivo me deixava desconfortável.

Entrei em três anos de retiro em Sherab Ling ainda não convencido de que era necessário ter um guru, mas logo comecei a fazer meu processo com Saljay Rinpoche. Afinal, pensei: "Como poderíamos precisar de mais que Buda, Dharma e Sangha?"

A resposta veio numa tarde quando nos aquecíamos no sol de inverno e conversávamos casualmente. Saljay Rinpoche nunca antecipava nada. Estava me contando suas recordações de como era ser um jovem monge, sobre seu retiro de três anos no Tibete com cerca de trinta outros monges, e sobre seu mestre de retiro de idade avançada, La Gen (que significa "monge velho") Namdak, um lama altamente reverenciado. Parece que Namdak parou de raspar a cabeça, cabelos longos e ralos cresceram bem acima de suas orelhas e ele tossia muito alto.

Quando ensinou essa última etapa do ngondro a Saljay Rinpoche e a outros monges em retiro, La Gen Namdak veio se arrastando de sua cabana até o salão principal de ensinamentos. Tossindo o tempo todo, explicou que, no guru yoga, a pessoa visualiza o Guru Vajradhara ou Buda Vajradhara acima da cabeça, enfatizando que a deidade era unificada e idêntica ao guru vivo, e que o guru vivo também poderia ser visualizado.

Após os ensinamentos, um dos monges disse a um colega (que muitos anos depois se tornou meu professor Saljay Rinpoche): "Não consigo visualizar esse velho na minha cabeça. Ele é tão feio, tosse o tempo todo e seu cabelo é engraçado. O que devo fazer?" Saljay Rinpoche não soube o que dizer.

Alguns dias depois, Namdak apareceu no salão principal para dar ensinamentos. Saljay Rinpoche sussurrou para o seu amigo monge: "Conte a ele o seu problema. Diga algo."

Então o monge disse a Namdak: "Estou tendo dificuldade de praticar o guru yoga porque não quero imaginar um sujeito velho e feio como você no topo da minha cabeça."

Namdak respondeu: "Eu não disse que você tem que me imaginar [tosse, tosse]. Você pode visualizar Vajradhara."

Então perguntei a Saljay Rinpoche: "Se o guru não é a forma física, quem é ele?"

"A essência do guru é o guru", ele explicou. "A forma física do guru é apenas percepção. Quando visto por meio da percepção comum, não sou iluminado. Você não pode receber nenhuma bênção dessa forma comum. O verdadeiro professor é a essência da sabedoria desse corpo, fala e mente."

Continuei fazendo minhas perguntas até que Saljay Rinpoche ecoou meu pai: "Os Budas e os bodisatvas são como lamparinas que já foram acesas. Para acender sua chama, você precisa fazer a conexão, tocar pavio a pavio, mente a mente. A mente da devoção toca a mente da iluminação por meio do guru."

A história de Saljay Rinpoche não era apenas um ensinamento geral ou aleatório, mas tocou em algo que me causava muito constrangimento: Saljay Rinpoche era velho e tinha dentadura; mancava e andava com uma bengala e, como meu pai, usava óculos. Desde o momento em que me foi apresentado como meu mestre, fiquei pensando: "Por que esse velho é meu professor? Ele nem consegue andar."

Até então, eu era como o amigo de Saljay Rinpoche no Monastério de Palpung, incomodado por ter esse velho como meu guru. Mas, depois dessa conversa, deixei minha resistência de lado e retornei continuamente às palavras de Saljay Rinpoche: "A essência do guru é o guru."

27. Saljay Rinpoche em Sherab Ling por volta de 1988.

Na nossa tradição Karma Kagyu, na prática do guru yoga tornamo-nos a deidade Vajrayogini e suplicamos ao Buda Vajradhara, que está acima da nossa cabeça ou na nossa frente. Outras linhagens podem usar deidades diferentes, mas a prática mantém-se idêntica. O guru yoga combina refúgio, bodhichitta, confissão e oferendas, as paramitas e a acumulação de mérito e sabedoria – uma prática integral e completa que incorpora os passos anteriores. Mas, com uma grande diferença: agora praticamos de dentro do corpo, fala e mente de Vajrayogini. Funcionamos a partir das qualidades iluminadas que já descobrimos e nos sentimos como seres iluminados. Talvez não sejamos capazes de sustentar essa experiência após nossa sessão de prática, mas nos familiarizamos com ela e, com essa experiência, entramos no Vajrayana.

Percepção absoluta e relativa

Na vida cotidiana, geralmente nos sentimos separados das outras pessoas. Por isso não começamos a praticar o Dharma tornando-nos um com o Buda; ao contrário, funcionamos com os limites conhecidos da mente dualista e dizemos: "Eu estou aqui e o Buda Shakyamuni está lá". Com o guru yoga, trabalhamos para dissolver a percepção dualista. Vemos qualquer pessoa como um Buda, inclusive nós. Expandimos essa visão a outros seres senscientes por meio do guru. Em vez de ver Vajradhara ou Vajrasattva como corporificação do guru, como fizemos anteriormente, também percebemos que o guru é a corporificação dos Budas. Os objetos permanecem os mesmos; a percepção muda. "A essência do guru é o guru." A forma externa é a humana; a essência interior é o Buda, assim como sempre foi da perspectiva da visão absoluta. Isso é verdadeiro para todos nós. Não limitamos essa percepção ao guru; nós a aplicamos a todos os seres senscientes. No entanto, a conexão entre o guru e nós, e o guru e os Budas, inspira essa percepção e facilita o acesso a ela.

Anteriormente, nossa forma comum foi inspirada por uma forma búdica. Aqui, nossa forma búdica nos permite ver a forma humana do guru como um Buda. Antes, nossa forma humana desenvolveu devoção às formas dos Budas. Agora, nossa forma búdica responde com compaixão à forma humana. Embora falemos de devoção a seres iluminados e de compaixão por seres senscientes, finalmente essas duas qualidades se tornam uma. Uma vez que reconhecemos nosso professor como um Buda, torna-se mais fácil ver a nós mesmos e a todos os seres senscientes como Buda. Isso é considerar a realização como caminho.

Na sessão de prática propriamente dita, o praticante senta na postura de meditação corporificando o corpo de sabedoria de Vajrayogini e faz prostrações completas. Nesse momento, quem faz prostrações? Quem confessa, purifica e acumula? Nosso corpo comum o faz, porém, como emanações de Vajrayogini. Permanecemos sentados, enquanto do centro do nosso coração-Vajrayogini surgem milhares de manifestações da nossa própria forma comum. Mudamos de posição: antes os Budas eram emanações da nossa forma comum; agora nossa forma comum é uma emanação dos Budas. Vemos nosso corpo comum e ouvimos nossa voz comum suplicando aos Budas, mas através dos olhos e ouvidos de Vajrayogini. Nossa forma comum não é mais a realidade "relativa", mas "meramente" relativa, o que significa que não participamos mais da fabricação de permanência, solidez e independência. Da mente de sabedoria de Vajrayogini, vemos nossas próprias emanações como impermanentes, insubstanciais e interdependentes.

Nessa fase, estamos na metade do caminho para atravessar a ponte entre a percepção comum, dualista e a percepção pura – a união essencial, indivisível, de samsara e nirvana. Transformarmo-nos em uma deidade como Vajrayogini certamente nos coloca na ponte. Mas, na verdade, não podemos atravessar sozinhos. O guru nos ajuda a fazer a travessia da realidade relativa para a absoluta. O guru é o guia e também a ponte. O que nos afasta da confusão em direção à clareza é como percebemos o guru e a transformação que isso cria no nosso modo de vermos a nós mesmos.

O guru é o aspecto mais importante e o mais mal interpretado do Vajrayana. Principiantes no Vajrayana às vezes pensam que o papel do guru estimula uma espécie de teocracia, na qual o aluno inocente é escravizado a um senhor opressor. Essa visão falha em reconhecer o aspecto essencial: o aluno também é um Buda e todas as nossas práticas, princípios e estratégias estimulam esse entendimento. Todos os seres sencientes são Budas. Perceber alguém como um Buda nos ajuda a nos percebermos como um Buda. Oferece respiração, sangue e ossos a um conceito que, de outra forma, poderia permanecer distante, abstrato e idealizado.

Identificar heróis, mentores ou orientadores na vida comum funciona a partir do mesmo princípio que torna o guru tão benéfico. Digamos que somos um esquiador jovem do ensino médio. Um dia, um campeão olímpico que admiramos nos vê esquiando e diz: "Você também pode ser excelente." Isso nos leva a outra questão paralela: o compromisso de ser bem-sucedido não vem apenas do aluno, mas também dos orientadores e gurus. O compromisso deles é igualmente forte, se não mais forte, de ver os alunos descobrirem seu próprio estado búdico. Um bom treinador ou mentor acredita no aluno e reconhece seu potencial e suas melhores qualidades. Esse reconhecimento ajuda o aluno a se reconhecer. O treinador apresenta ao aluno o seu melhor, assim como um guru faz. O conteúdo difere, mas as estratégias são similares.

As estratégias do Vajrayana não são projetadas para beneficiar os seres iluminados; os seres iluminados não precisam delas. Os iluminados também não precisam da nossa devoção, oferendas e súplicas. Nós é que precisamos disso. Esse entendimento é especialmente importante para os ocidentais. Utilizamos esses sistemas e estratégias, com seus rituais, gurus e Budas, porque eles iluminam o caminho para o nosso próprio despertar.

Três aspectos importantes do guru yoga

Na prática do guru yoga, usamos a imaginação para chegar à percepção pura de um professor de carne e osso. Como isso funciona se torna claro por meio de três aspectos importantes: considerar a realização como caminho, devoção e fé e a conexão cármica.

O primeiro aspecto:
Considerar a realização como caminho

Com essa prática, não projetamos mais a vida interior de um Buda em formas externas, mas voltamos essas projeções para nosso interior a fim de iluminar nossas próprias qualidades búdicas. Com o guru yoga, nosso próprio corpo, fala e mente são transformados em corpo, fala e mente de um Buda. É o que queremos dizer com "a imaginação se torna o caminho." Em práticas anteriores, imaginamos as deidades a que aspiramos ser; dessa maneira, reduzimos a distância entre "nós" e "elas". Agora eliminamos completamente a separação.

Antes do guru yoga, abordamos a sabedoria por meio das nossas práticas de reconhecer a nossa verdadeira natureza como sabedoria, reconhecer a verdade da impermanência como sabedoria, reconhecer a verdade da vacuidade como sabedoria, reconhecer a interdependência de todos os fenômenos como sabedoria e reconhecer que o próprio sofrimento pode ser transformado em sabedoria. Todas essas visões são abordagens para desenvolver sabedoria. Com o guru yoga, eliminamos métodos e meios e corporificamos a sabedoria. Entramos no Vajrayana e nos tornamos o ser iluminado de Vajrayogini, mãe de todos os Budas, fonte de toda sabedoria.

Temos usado a consciência plena e a imaginação como método. Nas práticas de tomar refúgio, Vajrasattva e mandala, praticamos com aspectos relativos e absolutos, usando nossa própria forma, mas depois perguntando: "Quem está fazendo essa prática?" Usamos essa pergunta para investigar forma e vacuidade.

Falamos da natureza búdica existente dentro e fora da nossa forma e, em seguida, reconhecemos que somos fundamentalmente inseparáveis dos Budas. Mas, no guru yoga, funcionamos a partir do lugar onde temos nosso potencial realizado. Até aqui consideramos a semente como caminho, a causa como caminho e os meios como caminho. Agora, consideramos a realização como caminho.

É claro que ainda estamos no caminho. Até que possamos alcançar a plena iluminação, seremos limitados por conceitos em certa medida. Um toque de samsara continuará nos obscurecendo, alguma insatisfação perturbará nossa mente. Mas, quando o potencial e a realização se fundem, o vento a nosso favor se torna mais forte e nossos esforços se tornam mais efetivos.

Acreditar que somos um buda

Muitas pessoas praticam durante décadas sem realmente acreditar em sua capacidade de alcançar a liberação. Na verdade, é muito difícil acreditar 100% em nosso próprio estado búdico. Sempre que expressava essas dúvidas ao meu pai, ele dizia: "Isso é normal. Apenas tente. E continue praticando. O mais importante é continuar praticando."

Imaginar a nós mesmos como Vajrayogini pode parecer como se fantasiar para o Halloween. Precisamos ver se a fantasia serve perfeitamente e como nos sentimos com ela. De uma forma não ameaçadora, isso nos dá uma oportunidade de deixar os hábitos que nos confinam à caixa estreita que tem o rótulo "esse é quem eu sou". No entanto, com a prática da imaginação, o esforço ainda é da nossa parte e, na verdade, não podemos realizar plenamente o nosso potencial por nossa conta. De onde vem a verdadeira ajuda para alicerçar nossos esforços de estabilizar a percepção pura? Não vem das deidades, nem dos Budas e nem dos detentores da linhagem que morreram há centenas de anos. A ajuda direta e inestimável vem do guia vivo.

Advertência de Milarepa

Certa vez Milarepa se lembrou que, depois de viver em cavernas nas montanhas sem nada para comer além de urtigas, um aluno lhe disse: "Nenhuma pessoa comum conseguiria viver como você, usando apenas trapos nas costas durante o inverno e tendo urtigas como alimento. Portanto, você deve ser uma emanação do Buda."

Milarepa respondeu: "Essa é uma visão errada. Se praticar o Dharma, você tornar-se-á um Buda, tornar-se-á iluminado. Todos nós temos o mesmo potencial. Se pensar que não passo de uma emanação do Buda, você nunca reconhecerá seu próprio estado búdico."

Perceber Milarepa como uma emanação do Buda evidencia as conceituações da mente-do-macaco. Quando nossa relação com o guru é acompanhada de genuína devoção, a mente-do-macaco deixa de fazer malabarismos com tantas ideias e conceitos diferentes, positivos e negativos, sobre o guru e quem essa pessoa realmente é. A pessoa que se referiu a Milarepa como uma emanação provavelmente quis lhe fazer um elogio, como: "Uau, você é demais. Você deve ser uma emanação." No entanto, a percepção do aluno não lhe possibilitaria a verdadeira liberação.

Muitos alunos supõem que não ver um halo em torno da cabeça do seu guru significa que fracassaram no teste de devoção, o que apenas sugere mais conceitos. "Errado" é um conceito. "Halo" é um conceito. "Emanação" é um conceito. Mas, como já disse antes, usamos conceitos para ir além dos conceitos, e isso inclui falar sobre a percepção pura. Claro que é um paradoxo porque qualquer conceito sobre a percepção pura embaralha o seu significado.

O Buda como médico

O Buda Shakyamuni comparou o aluno com o paciente, o professor com o médico e o Dharma com os remédios. Entregamos nossos problemas físicos a um médico experiente e os problemas mentais a um médico-guru. O Buda que morreu há mais de 2.600 anos continua a iluminar nosso caminho, mas não pode ser tão bondoso e compassivo quanto um professor vivo. Ele não pode colocar um espelho para nos mostrar nossos hábitos neuróticos ou revelar os lugares secretos onde o ego corre para se esconder, como um caranguejo rastejando entre as pedras. Tendo feito o compromisso de eliminar as aflições mentais e as neuroses que surgem das repetições ignorantes do corpo, da fala e dos comportamentos mentais, nesse caso, precisamos de um remédio mais forte do que as palavras antigas dos textos sagrados. Precisamos de um médico vivo, bem treinado e qualificado, capaz de fazer os melhores diagnósticos e prescrever os remédios mais eficazes, que possam adquirir tantas formas quanto os pacientes e suas doenças.

A história tibetana está cheia de relatos de grandes mestres fazendo todo tipo de coisas na tentativa de guiar seus alunos para o despertar.

Algumas soam tão mágicas que as pessoas do mundo moderno se relacionam com elas mais como lendas populares do que como lições esclarecedoras. Mas muitas histórias contemporâneas também mostram que os remédios para nossas neuroses podem vir de formas inesperadas.

Alguns anos atrás, para celebrar seu aniversário, um discípulo levou seu professor a um restaurante elegante em Catmandu. O professor se ofereceu para fazer o pedido e o discípulo pensou: "Ótimo! Como ambos somos vegetarianos, será perfeito". Esse aluno não se privava simplesmente de comer carne: dissertava sobre isso para os outros alunos, mostrando-se orgulhoso da sua superioridade moral e desrespeitando os budistas que comiam carne.

Quando o garçom veio, o professor pediu frango masala e cordeiro ao curry. O aluno começou a mexer nervosamente em seu guardanapo e a beber copos de água em goladas. Quando os pratos chegaram, o professor pegou uma colher grande e disse: "Nossa, isso é muito delicioso. Faz muito tempo desde a última vez que comi um cordeiro ao curry e realmente vou me deliciar com esse prato".

O aluno não respondeu. Então, o professor perguntou: "E aí, está tudo certo?"

O discípulo murmurou: "Tudo bem." Mas ele estava nervoso, sentindo-se magoado e confuso.

O professor continuou a comer sua refeição feliz, até que finalmente disse: "Feliz aniversário. Espero que você esteja gostando do meu presente". Após a sua fala, ambos desataram a rir.

O Buda Shakyamuni prescreveu várias regras e regulamentos para seus seguidores em resposta a conflitos e circunstâncias que surgiram dentro da sua comunidade. Compilados em um conjunto de ensinamentos chamados vinaya, esses incluem códigos de comportamento ético, regulamentos sobre sexualidade, higiene pessoal, hábitos alimentares e assim por diante. Mas nem todas as circunstâncias possíveis surgiram. O vinaya não oferece remédios para o orgulho vegetariano. Em casos como esse é que um guia vivo pode ajudar.

Para que o paciente possa tomar o remédio, essa pessoa precisa confiar no médico. O discípulo vegetariano pôde receber a lição porque confiava que seu professor não estava apenas tentando estragar o seu aniversário, mas destruindo seu apego e orgulho. E o professor precisa conhecer a capacidade do aluno. Se o aluno apenas ficar magoado e zangado e não entender a lição, o ensinamento não acontece.

Entendendo a prece

Como nossa aspiração é realizar a iluminação em uma vida, usamos uma variedade de ferramentas poderosas para ajudar a erradicar nossa ignorância profundamente arraigada: imagens, odores, imaginação, mantra, objetos, prece e assim por diante. Se descartarmos a importância dessas ferramentas como meros adereços do Dharma, corremos o risco de deixar que nossa arrogância e orgulho nos vençam. Todos nós precisamos de suporte nesse caminho: você, eu, todo mundo.

A aspiração pode ser uma forma de prece: aspiramos a seguir com devoção o caminho do Buda, a ser compassivos com todos os seres sencientes, ser menos egoístas, a agir com mais generosidade e coisas do gênero. Aqui, a aspiração é como algo enrolado que queremos desenrolar, ou como um pequeno broto que deseja amadurecer em um grão graúdo. A sensação é a de trazer algo de dentro, não pedir algo que vem de fora.

Outro entendimento sobre a prece baseia-se em pedir ajuda e coisas àqueles que parecem estar fora de nós. Projetamos seres externos com a nossa imaginação; criamos dualidades entre "eu" e "o guru", ou "eu" e "o Buda" ou entre "o guru" e "o Buda". Então usamos essa realidade relativa como meios hábeis de modo que "eu" faço preces "ao guru" ou "ao Buda." Podemos pedir ajuda para remover negatividades e obscurecimentos. Já que temos hábitos de criar problemas, dualidades e preces são muito úteis.

Da perspectiva da visão absoluta, esses seres não estão fora de nós. Nós os criamos com a nossa imaginação. Dessa forma, a prece circula pela nossa mente como o algodão ao redor de uma roda de fiar: o material que enrolamos na roca é o mesmo material que sai dela, mas o processo cria texturas, qualidades e capacidades diferentes. A prece nunca abandona a nossa mente, mas a súplica é transformada pela imaginação dos Budas que circula pela mente. Isso aumenta a capacidade dessa súplica ou prece se tornar realidade.

As bênçãos dos Budas constituem a dádiva da confiança. Se a nossa própria sensação de confiança e capacidade aumentar, os efeitos certamente se manifestarão. Como dissemos antes, tudo pode ser sentido como uma bênção. O guru é o transformador elétrico em um circuito negativo para positivo. Nirvana é a nossa percepção. Samsara é a nossa percepção. Uma vez que entendemos que nenhum dos dois é mais sólido ou "real" do que o outro, o guru pode ajudar a nos orientar para a percepção que cria maior felicidade e acabar com o nosso sofrimento e o dos outros.

O segundo aspecto: devoção e fé

O segundo aspecto importante do guru yoga é fé e devoção. O treinamento budista tibetano clássico faz uma diferença entre fé e devoção, mas isso não é necessário aqui. O que é importante saber é que os jogos atuados pelos nossos egos inteligentes e estratégicos são derrotados pela devoção. A devoção genuína pode derreter até mesmo as camadas mais endurecidas da agressiva proteção ao ego. Isso é completamente necessário porque, sem suavizar nosso coração, nossas aspirações espirituais não podem amadurecer. Impossível.

Saljay Rinpoche me ensinou que trabalhamos com três tipos de devoção: (1) devoção da inspiração ou pura; (2) a devoção do anseio, ou desejo de conseguir alguma coisa; e (3) a devoção da confiança. Ele disse: "Suponha que você esteja fazendo uma viagem por um deserto ou uma planície, como a que temos no sul do Tibete. Você não tem carro, nem motocicleta, nem camelos. Apenas anda no deserto com um sol cintilando fulgurante e sem nuvens. Muito quente. No meio do caminho, você percebe que a viagem está demorando mais do que o esperado. Começa a ficar sem água. Fica olhando para cima na esperança de vir chuva. Com o sol escaldante sobre sua cabeça, o calor torna-se insuportável. O calor armazenado pela areia sobe do chão. Você continua andando com o calor que vem do céu, do chão e do ar. Fica com muita sede e só consegue pensar em água. Anseia pela água. Essa é a fé do anseio".

"Então você vê as imediações da planície ao longe e, pouco além, se ergue uma bela montanha verde-esmeralda com uma cachoeira cristalina descendo pelo seu pico. Ter essa visão o faz ficar muito feliz. Essa é a fé – ou devoção – da inspiração. Você sente a pureza dessa água e a saboreia em sua mente; sua fé na possibilidade do que ela lhe oferece o inspira a continuar andando em meio ao calor intenso. Quando se aproxima da cachoeira, pensa: 'Essa água vai saciar a minha sede'. Você confia nisso. Essa é a fé da confiança."

Depois de terminar essa explicação, Saljay Rinpoche me perguntou: "Entre esses três tipos de fé, qual é mais importante?"

Eu estava completamente perdido na história, pensando: "Sou só um garoto cruzando as planícies sozinho, estou com muito calor, sem água e morrendo de sede. Talvez eu morra." Então, apenas olhei para Saljay Rinpoche, esperando que ele respondesse sua própria pergunta.

"Como você desenvolve a fé da confiança?" ele continuou. "Pelo uso da razão. Em primeiro lugar, quando organizou sua viagem, você se abasteceu de suprimentos, inclusive água. Quando chegou às margens do deserto, viu as montanhas verdejantes e uma cachoeira ao longe e essa visão deixou você feliz. Essa sensação de felicidade revela pura devoção. Em segundo lugar, você desejou beber a água para saciar sua sede, e isso é devoção-desejo, a devoção do anseio. Em terceiro lugar, se beber a água com a firme convicção de que a água é boa para você porque elimina sua sede, isso é devoção com confiança. Você confia porque tem a experiência de como e por que isso funciona. Assim, a inspiração e o anseio surgem automaticamente."

Como desenvolvemos fé e devoção ao guru? Reconhecemos que, em essência, nosso professor é idêntico ao Buda. O professor, o guru e todos os Budas têm a mesma natureza búdica. O aluno também tem natureza búdica. Isso segundo a realidade absoluta. Se reconhecermos isso, nossa prática do guru yoga torna-se absoluta. Mas, sob a perspectiva da visão da realidade relativa, a devoção torna-se o meio pelo qual vemos que o professor é Buda, tornando-se o meio pelo qual desenvolvemos percepção pura. Confiamos na sabedoria da realidade absoluta para aceitar que os gurus, os Budas e nós somos indivisíveis, unificados desde tempos imemoriais, e que sempre existiu a unidade inerente da nossa mente com a mente do guru. Agora nos tornamos conscientes disso. Entendemos que toda percepção é uma emanação da mente.

O importante é não usar nossa mente de realidade-relativa para analisar, julgar e tentar descobrir se o nosso professor realmente é um Buda ou não; o importante é que, ao usar os meios de devoção relativos, percebamos o nosso professor como um Buda. Essa percepção realmente ajuda a alimentar a fé em nossa capacidade de nos percebermos como um Buda.

Os textos antigos não dão muita importância à autenticidade do guru. No entanto, nesses tempos de degeneração, não conseguimos encontrar professores perfeitos. Se o professor tiver obscurecimentos, então corremos o risco de receber um mau conselho, portanto, como podemos aplicar devoção e percepção pura? Meu pai me disse para nunca ir contra minha própria sabedoria intuitiva a fim de seguir o conselho do guru. Claro, se o conselho diz respeito ao Dharma, refletimos sobre ele com muita atenção. Se o conselho diz respeito às coisas mundanas, meu pai me disse que certamente não temos a obrigação de segui-lo.

Hoje em dia os alunos misturam as questões do Dharma com as questões mundanas. Perguntam ao guru tanto sobre a prática do Dharma quanto sobre qual casa comprar. Em uma única conversa indagam sobre meditação, trabalho e problemas de relacionamento. Meu pai explicou que, mesmo que o aluno faça perguntas sobre coisas mundanas, nenhum voto será quebrado se ele não seguir os conselhos mundanos do guru.

Muitos alunos contemporâneos seguem os professores por todo lado, acumulam iniciações e transmissões e recebem muitos ensinamentos.

Mas isso não é um substituto para a prática. Alunos autênticos não ficam em volta do professor tanto assim. Chegam para receber instrução, orientação ou esclarecimento e, depois, vão embora e praticam. Se percebemos o nosso professor como um Buda, recebemos as bênçãos dos Budas. Mas as bênçãos relacionam-se com o poder da interdependência, não simplesmente caem do céu. Elas não existem independentes da nossa mente. Nada existe. A capacidade de receber e de se beneficiar das bênçãos vem da nossa parte e isso vem da prática.

Há uma história tibetana que ilustra isso. Um lama errante e sem instrução pediu abrigo na casa de uma família. Para impressionar a família, receber dinheiro e comida extra, ele teria que inventar algo mais especial do que OM MANI PADME HUNG. Esse era o único mantra que ele conhecia, tal como qualquer criança no Tibete. Então, começou a murmurar sílabas absurdas de modo bem rápido: "OM VAJ LA TURE HUNG SO BENZA HA blá, blá." A família estava convencida de que era uma grande bênção receber este grande lama em sua casa.

Na manhã seguinte, a mulher disse ao lama: "Você é o Buda vivo e esperei tanto tempo por sua chegada. Agora, peço-lhe que me dê a transmissão para a prática da Tara Verde." O lama não conhecia a Tara Verde. Ele coçou a cabeça e disse: "Ah, hum, ah... Não tenho certeza de que você esteja pronta para receber esse ensinamento tão elevado."

Mas a mulher insistiu: "Você não pode ir embora sem me ensinar sobre a Tara Verde."

Finalmente, pediu que ela trouxesse água e arroz cru. Quando ela voltou, ele a instruiu para se sentar diante dele. Murmurou muitas sílabas, jogou arroz sobre a cabeça dela e a instruiu a beber água purificada, dizendo que ela havia recebido a transmissão. Em seguida, instruiu-a a sentar em silêncio por alguns minutos com os olhos fechados e que iria lhe ensinar o mantra.

Enquanto ela estava lá sentada, ele virou a cabeça para a direita e para a esquerda, tentando descobrir o que fazer. Do lado de fora da porta de entrada, viu a jovem filha da mulher varrendo o chão de terra. Pela janela aberta, um raio de sol iluminava as partículas de poeira subindo pelo ar. Ele começou a pensar: "Em breve, todos seremos pó. Eu também serei pó, a mulher e a filha, e o que eu disser a ela não fará diferença." Então pediu à mulher para abrir os olhos e disse-lhe: "Por causa da sua devoção e fé pura, vou lhe ensinar o mantra secreto e esotérico de Tara Verde que muito poucas pessoas sabem. Mas só com a condição de que você não repita isso a ninguém e só o pronuncie em voz baixa para si mesma". E disse a ela: "DOLMA, SATHU LU LU." O lama então seguiu seu caminho. Todos os dias, a mulher recitava o mantra. Logo a Tara Verde apareceu em seus sonhos, fazendo-a se sentir mais abençoada.

Um dia, um verdadeiro *mahapandita* – grande mestre-erudito – passou pela aldeia. A mulher se aproximou dele, sussurrando "DOLMA, SATHU LU LU." Todavia, o mahapandita pôde ouvir com clareza o que ela estava dizendo: "Tara, nada mais resta a não ser poeira."

O mahapandita ficou alarmado e perguntou: "O que você está dizendo?" Ela explicou que esse era um mantra raro e esotérico de Tara Verde dado a ela com grande sigilo. "Sinto muito em dizer," disse o mahapandita, "que esse não é o mantra correto. Para a Tara Verde, recitamos OM TARE TU TARE TURE SVA HA."

A mulher ficou muito emocionada com a preocupação do mahapandita por seu bem-estar espiritual. Pediu desculpas e prometeu dizer o mantra corretamente. Mas a Tara Verde não apareceu mais em seus sonhos. Então, uma noite, Tara Verde apareceu no sonho do mahapandita e disse: "Você não deveria ter feito a velha senhora se arrepender do seu mantra. Isso foi um erro."

Ao acordar, o mahapandita correu para a casa da mulher e disse: "Desculpe-me. Acabei de saber que o mantra que você estava recitando é um ensinamento antigo, secreto e muito apreciado da Tara Verde e você deve retornar a ele."

A senhora lhe disse: "Pensei mesmo que poderia ser porque, com seu mantra, não consegui ver a Tara Verde."

O poder da fé e da inspiração funciona dessa maneira. Ao mesmo tempo, mesmo que nosso professor seja realmente o Buda mais sublime, se não tivermos uma percepção pura, não saberemos disso e não poderemos percebê-lo dessa maneira. Quando Milarepa viu Marpa pela primeira vez, tudo o que viu foi um fazendeiro trabalhando nos campos. Quando Nyoshul Khen Rinpoche saiu do Tibete, ele foi para Calcutá, onde escolheu morar nas ruas como um mendigo entre os sadhus sem-teto. Escolheu praticar de uma forma difícil, em meio ao sofrimento, sem a proteção de vestimentas, abrigo ou refeições regulares, sem a proteção que sua própria reputação lhe concedia. Chamamos esse tipo de prática de "pôr lenha seca na fogueira". Primeiro, desenvolvemos uma inabalável realização e, então, intencionalmente, introduzimos obstáculos e circunstâncias difíceis para atiçar ainda mais a nossa realização.

Se eu tivesse visto Khen Rinpoche naquela época, sujo e quase nu, com cabelos longos e emaranhados, não posso dizer que teria reconhecido suas qualidades iluminadas. Se não tivermos percepção pura, até o próprio Buda não vai aparecer para nós. Se tivermos devoção e percepção puras poderemos progredir rapidamente em nosso caminho com um professor puro que pode estar a poucos passos à nossa frente, mas que ainda pode nos ajudar no processo de alcançar a realização por meio da percepção pura.

O terceiro aspecto: a conexão cármica

O terceiro aspecto importante do guru yoga é estabelecer a ligação cármica com os Budas através do guru. Nossa natureza búdica permanece inconsciente até quebrarmos o ciclo do samsara; até então, permanecemos como abelhas zumbindo em círculos. Precisamos da ajuda de seres que conhecem mais do que nós. Se nos conectarmos com a mente realizada do guru, podemos estabelecer uma conexão com todos os Budas por meio de preces e súplicas. Ver o corpo do professor, ouvir a voz do professor e receber o ensinamento do guru é a melhor conexão com o Dharma. É por isso que os textos dizem que os Budas e os bodisatvas são como o sol no espaço e suas bênçãos são como os raios do sol.

Saljay Rinpoche me explicou que nossos obscurecimentos são como o lixo. Se quisermos queimar o lixo, devemos colocá-lo sob o sol. Na verdade, o sol não pode incendiá-lo com tanta facilidade, mas se colocarmos uma lupa sobre ele, o lixo pegará fogo. A lente intensifica o poder dos raios do sol, fazendo com que o lixo da nossa ignorância queime rapidamente. Nosso guru é a lupa; o Buda é o sol.

Quando pensamos sobre os Budas e suas qualidades iluminadas, a separação entre eles e nós é tão grande que não conseguimos nos identificar. É inconcebível. Mas os gurus comem, dormem e usam o banheiro como nós; se cansam, ficam carecas e usam óculos. Trocam suas meias como nós. Ainda assim, admiramos seu comportamento altruísta e podemos florescer sob sua amorosa orientação. Ao mesmo tempo, as qualidades tão humanas do guru também significam que é fácil encontrar características de que gostamos e de que não gostamos, que respeitamos e não respeitamos.

Uma vez Milarepa estava ensinando em um grande festival de Dharma ao ar livre. Naquela época, ele já era reverenciado em toda a região e tinha muitos discípulos. Mas, naquele dia em particular, dois estudiosos presentes na multidão estavam com muita inveja da fama e da popularidade de Milarepa. Eles não eram praticantes. Estavam lá para julgar o conhecimento de Milarepa, não para receber sua sabedoria. Tinham emoções fortes e indomáveis e conspiravam para fazer Milarepa perder sua reputação.

Definidas suas estratégias, os estudiosos vieram até o local dos ensinamentos com vários de seus próprios admiradores. No início, sentaram-se em silêncio e ouviram educadamente; mas então um deles se levantou e gritou: "Você é o grande iogue e deve conhecer toda a lógica dos textos antigos."

"Não estudo textos", respondeu Milarepa. "Nem sei a diferença entre *tsema* e *chemma*". Em tibetano, *tsema* significa "lógica correta" e *chemma* refere-se a um prato de legumes.

28. Milarepa (1040-1123) Poeta-santo tibetano e o quarto detentor da linhagem Kagyu.

Então o estudioso disse: "Como pode saber alguma coisa se você não estuda? O resultado da lógica correta é a verdade."

Milarepa, famoso por ensinar por meio de canções, respondeu cantando:

> Conheci o professor correto
> e recebi a instrução essencial correta
> e fui para a montanha correta
> e, com o correto eu,
> praticando o Dharma correto
> alcancei a realização correta.

Isso deixou o estudioso tão irritado que ele pegou um punhado de terra, levantou-se e atirou-o em Milarepa. Esse desrespeito fez com que muitos dos admiradores do erudito saíssem do *shedra* – ou faculdade monástica.

Porém, aquele que fez a pergunta refletiu sobre a resposta de Milarepa e, algumas semanas depois, veio até Milarepa para fazer-lhe novas perguntas sobre o Dharma. Nos anos seguintes, tornou-se um grande iogue realizado. Aquele que jogou a terra continuou a desdenhar de Milarepa, mas acabou morrendo poucos anos depois.

Mais tarde, Milarepa comentou a respeito desses dois: "Ambos fizeram uma conexão – uma boa e uma ruim. Porém, mesmo aquele que fez a conexão ruim será liberado do samsara depois de mais algumas vidas." Esse é o poder da conexão cármica.

Isso conclui os três aspectos mais importantes da nossa prática do guru yoga: considerar a realização como o caminho, devoção e fé e fazer a conexão cármica. Agora passamos para as quatro considerações importantes a serem aplicadas quando escolhemos um guru.

Escolhendo um professor

Os tibetanos dizem: "Quando conhecer um professor, não devore essa pessoa como um cão que engole a carne sem saborear primeiro." Investigue. Examine. Essa é a responsabilidade do aluno. Lembre-se, podemos concluir os ensinamentos Vajrayana sem ter um professor especial. Nyoshul Khen Rinpoche teve vinte e cinco gurus.

Um dos motivos para não ter pressa nenhuma é que a maioria das pessoas vem até um professor, em especial ao seu primeiro professor, sem uma compreensão real do que um mestre tem para oferecer, ou mesmo o que eles próprios estão procurando e suas expectativas podem criar confusão. Muitos dos maiores mestres tibetanos da história nunca demonstraram o menor indício da sua mente de sabedoria. Meu pai era assim. Não havia nada brilhante sobre sua iluminação. Se ele tivesse ido ao mercado sozinho, ninguém prestaria atenção nele e tudo seria bom para ele.

O grande mestre Patrul Rinpoche parecia tanto ser um vagabundo que normalmente era tratado como um. Há muitas histórias de como os cuidadores ou cozinheiros nos monastérios tentavam expulsá-lo quando ele aparecia para ver os professores ou mesmo para dar ensinamentos. Até descobrirem quem ele era, as pessoas não conseguiam perceber suas qualidades.

Certa vez, a caminho do monastério de Tsechu no Tibete, Patrul Rinpoche passou por uma cabana de retiro e o monge que lá morava o chamou: "Ei, velho, você não tem roupas bonitas nem sapatos bons. Vou lhe dar algumas roupas e alimentá-lo se você limpar minha cabana, cozinhar para mim, limpar as tigelas de oferenda e fizer as oferendas. Daí talvez eu possa ensiná-lo de vez em quando."

Patrul Rinpoche disse: "Oh, isso parece um bom negócio." Então começou a fazer suas tarefas de forma impecável, limpando o altar, fazendo oferendas e cozinhando.

O monge retirante ficou muito feliz com esse acordo e um dia disse: "Agora vou lhe ensinar um pouco do Dharma das *Palavras do Meu Professor Perfeito*, o texto do grande mestre Patrul Rinpoche." Patrul Rinpoche ouviu muito respeitosamente e agradeceu ao monge por seus ensinamentos.

Isso continuou por muitos dias. Então, uma manhã, o lama percebeu que o alinhamento das tigelas de oferendas no altar não estava perfeito. Repreendeu seu velho empregado, dizendo: "Você não ouviu Patrul Rinpoche dizer que as tigelas de oferenda deveriam ser alinhadas perfeitamente?"

E Patrul Rinpoche disse: "Oh, sinto muito."

No dia da lua cheia, Patrul Rinpoche disse: "Gostaria de caminhar ao redor da estupa no templo hoje e venho pedir sua permissão. Estarei de volta a tempo para preparar sua refeição do meio-dia." O monge lhe deu sua permissão.

Patrul Rinpoche caminhou até a estupa, estava fazendo orações e rodeando o monumento quando um dos chefes administrativos do monastério o reconheceu e imediatamente começou a fazer prostrações em meio ao caminho lamacento. Ofereceu-lhe katas, sentiu-se bastante feliz e muito abençoado pelo grande mestre vir visitar seu monastério. Todas as outras pessoas na estupa, incluindo monges e leigos, perguntaram quem seria aquela pessoa; em breve se espalhou a notícia de que era o grande Patrul Rinpoche. Todos começaram a se aglomerar para fazer prostrações e receber bênçãos. E ele repetia: "Por favor, parem, por favor. Lamento ter que ir embora, mas tenho um compromisso importante e não posso ficar aqui. Deixem-me passar." Mas cada vez mais pessoas chegavam.

Em breve o monge da cabana começou a se perguntar: "O que aconteceu com o meu velho? Ele está muito atrasado." De repente, viu pessoas vindo da direção do monastério e perguntou: "Vocês viram aquele velho que é meu empregado?"

As pessoas disseram: "Não vimos seu velho empregado, mas Patrul Rinpoche está na estupa e todos estão recebendo bênçãos, então é provável que ele esteja lá".

Isso fez o monge ficar um pouco irritado, e ele pensou: "Assim que o velhote fizer meu almoço, vou sair e ver Patrul Rinpoche." Um pouco depois, ele viu um homem velho vindo pela estrada cercado por pessoas que se curvavam e se prostravam a ele, oferecendo katas. O monge pensou: "Aquele não poder ser o meu velho." Quando a multidão se aproximou, o monge viu que era ele. Ficou tão envergonhado que correu para casa, trancou a porta, todas as janelas e se escondeu.

Patrul Rinpoche ficou de fora da porta, dizendo: "Por favor, deixe-me entrar. Sinto muito por estar atrasado. Voltei para fazer o seu almoço." Então andou em torno da casa toda pedindo para que o monge o deixasse entrar, mas o lama estava muito envergonhado para aparecer e, por fim, Patrul Rinpoche foi embora.

Quem entre nós teria agido de forma diferente desse monge? Se aplicarmos valores mundanos à nossa busca, podemos acabar com um professor mundano. Então, talvez devamos cultivar alguma noção de quais qualidades estamos procurando. No entanto, uma vez que recebemos ensinamentos, automaticamente nos tornamos o aluno desse professor, por isso é importante investigar primeiro. Podemos fazer perguntas, ler os livros do professor, assistir a seus vídeos ou ouvir materiais de áudio.

Se um professor não é qualificado, não é autêntico, então será como um cego conduzindo outro cego. Se deixar que a fé cega dite a sua escolha do guru, então poderá escolher um professor cego, e esse professor cego poderá levá-lo a um penhasco. Nesses tempos degenerados, é quase impossível encontrar um professor perfeito. Mesmo que o professor seja 100% perfeito, o aluno pode não ter sabedoria suficiente para saber disso. De qualquer forma, o guru não escolhe o aluno; o aluno escolhe o guru e existem diretrizes para fazer essa escolha.

Quatro considerações para a escolha de um professor

As quatro considerações para a escolha de um professor são: uma análise sobre a linhagem, a história da prática do mestre, a sua compaixão e disposição para cuidar do aluno e a disciplina do professor em relação à manutenção dos votos que ele ou ela fez. Essa não é uma informação que você pode pesquisar na Internet. Isso demanda certo trabalho. Mas, se suas avaliações estiverem de acordo e houver uma conexão de coração entre você e o professor, seus esforços valerão a pena.

Primeira consideração: análise da linhagem do guru

A linhagem de um guru não garante a confiabilidade de um mestre. No entanto, essas considerações são como diretrizes, não garantias, e a linhagem é um excelente lugar para começar. No decorrer de centenas de anos, as contribuições dos seres iluminados enriqueceram essas linhagens por meio de ensinamentos orais, textos escritos e comentários acadêmicos. Além disso, a arte e as imagens aprimoram a história da linhagem, bem como as lendas e as histórias dos grandes mestres. Nenhum professor se iguala à magnitude da linhagem, mas o professor nos traz para a linhagem.

Imagine entrar em uma universidade especializada no assunto que mais o interessa, como um aspecto da ciência, arte ou história. Você tem acesso ao conhecimento cumulativo dos professores, alunos seniores, colegas, bibliotecas, bancos de dados e assim por diante. A riqueza da experiência e do conhecimento é vasta e você está lá para sorver tudo isso. Esse é o nosso trabalho. Que oportunidade maravilhosa – e é o mesmo para as linhagens do Dharma. Com a linhagem, a prática torna-se viva e transformadora. Nunca seca nem se torna entediante e estagnada, como seria possível se usássemos apenas livros.

E se encontrarmos um professor que não tenha uma linhagem? Nenhum antecessor? Um professor que não reverencia um mestre vivo? Ou um professor que humilha os seus colegas e se faz parecer melhor do que eles? É melhor evitar aqueles que se proclamam como mestres supremos, ou que se autodenominam seguidores, ou que promovem sua própria realização. No Vajrayana, dizemos que, se um professor afirma ter poderes clarividentes ou realizar milagres, ou diz que ele ou ela recebeu uma mensagem direta do Buda, ou divulga que tem energias especiais e capacidades de cura, ou um alto nível de realização, então, definitivamente, há algo errado. Esse não é um professor autêntico.

É responsabilidade do aluno verificar a linhagem e perguntar aos mestres da linhagem: "O que você acha dessa pessoa? Ele ou ela é um professor digno ou não? Os outros detentores da linhagem apoiam essa pessoa ou não?" Consulte seus próprios pares e fale com os colegas do professor.

Segunda consideração: a história da prática do guru

O professor deve ter uma história de prática, meditação e estudo. Se quisermos aprender o Dharma, devemos estudar com alguém que sabe mais do que nós, que tem mais experiência, mais prática e mais compreensão. A história de um professor pode revelar muito sobre seus legítimos interesses. Com o que ele está realmente comprometido? Aprofundando sua própria compreensão? Ajudando seus alunos? Ajudando seus próprios gurus? Cuidando dos outros? Fale com outros alunos sobre esse professor. É claro que sempre haverá surpresas; não podemos descobrir tudo com antecedência.

Terceira consideração: o guru deve cuidar dos alunos

Os alunos escolhem seus professores. Uma vez que o professor concorda em aceitar um aluno, esse professor tem a responsabilidade de orientar seu pupilo em direção à iluminação no melhor de suas capacidades. Os alunos devem ter a sensação de que o professor é parte da sua comitiva, tentando ajudá-los nessa jornada e cuidando da sua maturação espiritual. É a bondade e a compaixão do guru, a afeição e a amizade que tornam a jornada viva e sincera. Não podemos sentir a forte vibração do Dharma apenas a partir dos textos e dos mestres que já morreram.

É importante ter em mente que dois alunos não são iguais. Diferenças de personalidade e de neuroses significam que a orientação específica que ajuda um aluno pode prejudicar o outro. Por esse motivo, um aluno não consegue entender como um guru se relaciona com os outros porque dois alunos não são exatamente iguais.

O ponto mais importante é que o aluno precisa ter total confiança em que seu professor está fazendo todos os esforços para ajudá-lo no caminho para a liberação em benefício de todos os seres. Isso não faz do professor uma pessoa perfeita. Mas isso torna esse professor perfeitamente qualificado em relação a essa consideração.

Quarta consideração: manutenção dos votos

A quarta consideração ao escolher um professor diz respeito à disciplina do professor em relação aos votos com que ele ou ela se comprometeu – ou, em outras palavras, verificar se o professor está mantendo o samaya, um termo usado somente no Vajrayana. Samaya significa manter um respeito inabalável ao Buda, Dharma e Sangha e, no caso de Vajrayana, ao guru.

Alguns ocidentais têm a ideia de que deixar um professor significa quebrar o samaya, mas isso não é necessariamente verdadeiro. Se, após um período de estudo, você concluir que o professor não é adequado, então é melhor romper a conexão. Não há regras no Vajrayana que dizem que você tem que ficar com um professor independentemente do que aconteça. Definitivamente não. Se tiver 100% de prova de que o professor não é qualificado de acordo com essas quatro considerações, então você deve cortar os laços, podendo até discutir a situação com outras pessoas. Isso é completamente legítimo. Se o professor não tem essas quatro qualidades e tivermos provas de atividades inadequadas, então não estamos quebrando o samaya ao contar aos outros. Se o professor é afiliado a um monastério, a melhor opção é discutir esses problemas com o superior dessa pessoa.

Ocorreu uma situação em relação a um tulku no monastério mais próximo do meu em Kham, no leste do Tibete. Esse tulku era um dos principais professores dos jovens monges, bem como um administrador sênior. Mas ele desenvolveu um relacionamento com uma mulher da aldeia. Várias vezes ele foi visto saindo do quarto dela à noite, e os rumores na aldeia e no monastério tornaram-se tema de intermináveis fofocas. Este tulku havia crescido nesse monastério, portanto todos conheciam a natureza de seus votos; se os rumores estivessem corretos, ele os havia violado.

Quando as pessoas vivem em uma comunidade monástica muito coesa, o comportamento de cada pessoa afeta toda a comunidade. Imagine vinte pessoas remando um barco para frente, quando, de repente, uma delas decide mover os remos na direção oposta. Isso atrapalha todo o movimento do barco e o clima entre as pessoas pode se tornar nocivo. O programa para monges jovens é um campo de treinamento, e eles precisam ser inspirados por seus professores e não serem decepcionados ou perturbados.

Muitos monges juniores iam até os monges da administração e reclamavam sobre o comportamento desse tulku; mas não tinham nenhuma prova e o próprio tulku negava os rumores. Sem prova, nada poderia ser feito. Finalmente, todos ficaram fartos dos rumores, das fofocas e da confusão. Uma noite, depois de uma tempestade de neve, alguns monges seniores seguiram as pegadas do tulku e o pegaram na casa da mulher. Ele foi afastado do monastério. Finalmente, casou-se com a mulher e tiveram filhos. Ele visitava o monastério em ocasiões especiais como leigo, mas não podia praticar dentro do salão principal do Dharma.

Pragmaticamente falando, nem sempre conhecemos a natureza exata dos votos de um professor. E nem sempre sabemos que tipo de flexibilidade é permitida pela linhagem a esses votos. Também sabemos de muitos exemplos no Oriente e no Ocidente que, sempre que um professor é acusado de comportamento inadequado por um ou vários alunos, outros alunos vêm em defesa desse professor. Portanto, as acusações não são fáceis de se confirmar. No entanto, se considerarmos que um professor se comporta mal, mesmo sem provas, é melhor irmos embora porque, nessas circunstâncias, não podemos ser receptivos para aprender com essa pessoa. Essa é razão suficiente para seguir em frente, mas tente sair de forma neutra, sem animosidade. Não encorajamos outras pessoas a estudarem com esse professor nem as desencorajamos.

Muitas vezes, especialmente no Ocidente, os alunos se culpam por verem o professor com percepção impura. Se tiverem alguma crítica ou negatividade sobre o guru, eles se culpam. Isso não é benéfico. Se o relacionamento professor-aluno não está funcionando para nos ajudar em nosso caminho, é responsabilidade do aluno fazer uma mudança. Nesse caso, tente fazer a mudança sem deixar um gosto amargo na boca.

Fazendo o balanço

Considerando quão verdadeiramente estranho é o conceito de guru ao Ocidente, as questões mais importantes são as mais simples: "Isso está me ajudando? Sinto-me mais inspirado para praticar? Essa situação sustenta minhas aspirações ou não?" Às vezes, os alunos passam muito tempo fazendo um balanço: "Há essas coisas boas e há essas coisas ruins. Qual supera qual? O que devo fazer?"

Se não puder se beneficiar dos ensinamentos, ou se a situação se tornar um obstáculo para seu caminho, então você deve sair de forma neutra. Saljay Rinpoche disse que, se o nosso balanço indicar cerca de 70 a 80% de positivo, isso é muito bom. Se for 70% a 80% de negativo, então é melhor sair e não quebrar o samaya. Mas tente não criar muita negatividade em torno da situação.

Se ficar indo de professor a professor, sempre decepcionado, sempre se queixando e sempre se sentindo traído pelo comportamento ou pela personalidade de cada professor, então você precisa questionar o que está procurando. Muitas pessoas do mundo moderno procuram um guru do mesmo modo que buscam um parceiro para casar: querem o Sr. ou a Sra. Perfeição. Impossível. Cria-se um ideal conceitual que nem mesmo o Buda Shakyamuni poderia satisfazer. Essa abordagem de "o melhor de todos" não funciona no casamento e não funciona com os professores. Não há perfeição no samsara e isso inclui gurus e parceiros.

Os gurus de carne e osso têm personalidades com inclinações, tendências, carmas e gostos. Se você se concentrar nos traços de personalidade, é garantido que sempre achará falhas. Um guru come carne e isso é terrível, outro come doce o dia todo, e outro faz barulho para tomar sopa. Um professor budista foi informado de que não podia se iluminar porque estava gordo. Outro horrorizou seus alunos porque gostava de assistir boxe na televisão. Alguns professores gostam de mulheres, outros de cerveja, e outro compra meias de cashmere bordô em Londres. "Péssimo. Simplesmente horrível". Mas nenhum desses comportamentos nos diz nada sobre a capacidade de um professor nos guiar pelo nosso caminho. Quando usadas como críticas, a maioria dessas descrições reflete simplesmente comportamentos de que não gostamos ou não aprovamos, ou que julgamos como se fossem de um amigo. As distorções e opiniões formadas pela cultura, classe social e preferências pessoais entram em jogo.

Muitas vezes, julgamos o guru em termos relativos. Mas o papel do guru é nos levar à natureza absoluta de nós mesmos. É por isso que falamos sobre os benefícios da percepção pura e sobre perceber o guru como

Buda. Olhar subjetivamente para o aspecto mundano do comportamento do professor de nada nos servirá se nossas aspirações de iluminação forem genuínas. É por isso que Saljay Rinpoche me disse: "A essência do guru é o guru. Você não pode receber nenhuma bênção dessa forma comum. O verdadeiro professor é a essência da sabedoria desse corpo, fala e mente". As cavernas budistas de Ellora e Ajanta, na Índia, contêm Budas e salões imensos construídos com uma arquitetura de corte em rochas. A face da rocha foi esculpida para criar estruturas precisas e monumentais. Nada foi adicionado. Nenhuma forma foi esculpida e adicionada a outra. Cada imagem e cada forma emergiram da eliminação de camadas de rocha e lama. Alguém olhou para o lado de uma montanha e viu uma assembleia de Budas. Foi preciso haver uma mudança de visão.

Quando cheguei em Sherab Ling, fiquei decepcionado com o fato de um velho desdentado de bengala ser meu guru. Mas, assim que tive uma pequena mostra do que ele tinha para me ensinar, concentrei-me no seu conteúdo. Não é que o corpo físico do guru desaparece ou que o percebemos como a forma mais bonita do mundo. O que vemos muda. A mente do guru não é essencialmente diferente da mente de outra pessoa, inclusive a nossa. Mas nosso modo de perceber essa mente pode nos ajudar a acessar nossas melhores qualidades.

Três estilos de trabalhar com os gurus

Existem basicamente três estilos de trabalhar com os gurus. No primeiro, escolhemos um professor específico, que é nosso professor principal, nosso mestre-raiz. Podemos receber ensinamentos de outros professores, especialmente aqueles da mesma linhagem que esse guru, mas não há dúvida sobre quem é o nosso professor principal. O segundo estilo é ter muitos professores, sem ter nenhum guru-raiz ou principal. O terceiro estilo é o que chamamos de guru automático.

O primeiro estilo: ter um professor-raiz

Ter um professor para a vida toda funciona muito bem para muitas pessoas. É possível desenvolver um forte sentimento de confiança e, ao longo do tempo, a abertura do aluno ao guru pode aumentar as oportunidades para o professor ajudar essa pessoa a trabalhar com a mente, suas aversões e construções mentais autoimpostas.

Mas esse é apenas um estilo. É comum entre os ocidentais achar que é necessário ter um guru especial, ou que precisam ser muito íntimos e contar tudo ao guru – sobre família, relacionamentos, problemas de dinheiro e pedir o conselho do guru sobre onde viver, que casa comprar e quais ações adquirir – quase como se fossem casados. Se surgir uma oportunidade de receber ensinamentos de outro professor, sentem-se como se estivessem traindo o guru. Isso não é muito correto e a proximidade pode funcionar em sentido inverso. Muita ênfase é colocada sobre a pessoa, ou sobre a personalidade e as características dessa pessoa, ou sobre o relacionamento.

No Ocidente os professores tibetanos ainda não são tão comuns, por isso autênticos alunos do Dharma talvez só consigam ter acesso a um professor. No entanto, isso está mudando rapidamente à medida que mais professores tibetanos vêm para o ocidente com regularidade e muitos dos seus discípulos ocidentais se tornam professores. Mas há também uma ideia de "unicidade" que vai se instalando nessa situação e que pode desequilibrá-la: "Tenho apenas um pai e uma mãe, um marido ou uma esposa e, agora, tenho apenas um professor. Eu costumava ter um Deus e uma igreja e agora também tenho um professor."

Quanto maior for a fixação no "meu único guru", mais difícil será compreender o ensinamento de Saljay Rinpoche: "A essência do guru é o guru." Os traços de personalidade do guru – bom, mau ou neutro – não são a fonte de sabedoria ou de bênçãos. Os benefícios disponíveis através do guru se ampliam quando o guru é percebido como a essência do guru e também como a essência de todos os Budas e todos os seres iluminados nas dez direções. O verdadeiro cultivo do Dharma vem com essa expansão, essa radiante sabedoria da mente do guru. Podemos dizer que a ampliação surge quando o guru individual se funde ao campo de mérito e sabedoria, onde ele ou ela se une com todos os Budas. Mas, quanto mais unirmos o guru com a pessoa e a personalidade do "meu primeiro e único guru", menos o guru se torna o objeto da percepção pura que é refletida de volta para nós. A reflexão dessa percepção pura é o que mais nos beneficia.

Uma vez que o relacionamento guru-discípulo é tão novo para os ocidentais, levará tempo antes de ser entendido de maneira consistente. É compreensível que alguns ocidentais esperem que o guru funcione de maneira semelhante a outras figuras de autoridade em sua sociedade, como pais, chefes, generais, policiais ou psiquiatras. Todas essas projeções podem ser trabalhadas – se o aluno estiver disposto a trazer essas questões para o domínio do Dharma.

Às vezes, as pessoas me contam sobre sua infância, o que sua mãe fez com elas, o que seu pai disse e sobre um irmão, até que a história inclua toda a história da família. Enquanto isso eu me pergunto: "Onde está a pergunta relativa ao Dharma? Onde está a abertura? Onde está a oportunidade de praticar?" Um professor não precisa ser um terapeuta para ver as fixações, os anseios, a raiva ou a inveja. Mas, de vez em quando, quando introduzo práticas que podem ajudar a aliviar esses problemas, encontro resistência. Então às vezes penso: "Puxa, talvez essa pessoa queira um terapeuta, não um amigo do Dharma."

Quando os alunos indagam sobre problemas psicológicos, problemas conjugais, dramas familiares e outros, minha resposta geral é tentar transformar a conversa em Dharma para que eu possa sugerir atividades, práticas ou preces que espero ser de alguma ajuda. Geralmente, diante de perguntas não referentes ao Dharma, tento transformar a mente das pessoas em sua própria sabedoria, suas próprias inclinações e conhecimento. Com um pouco de encorajamento, as pessoas costumam encontrar a resposta para suas próprias indagações mundanas. Se a pessoa estiver disposta a usar os ensinamentos do Dharma para se ajudar, então eu tenho um papel a desempenhar.

Muitas pessoas vêm para o Dharma porque estão com alguma crise emocional ou vivenciando sofrimento mental crônico. Isso faz sentido. Mas, talvez, queiram que seu guru resolva todas as suas questões psicológicas. De alguma forma, têm a ideia equivocada de que resolver seus problemas é o trabalho do guru, em vez de levarem seus problemas para o caminho da meditação e do estudo. Atualmente, muitos alunos passam mais tempo seguindo seus gurus do que praticando. Os grandes mestres do Tibete iam até seus gurus para receber ensinamentos ou esclarecer suas instruções e, depois, partiam sozinhos para praticar. A questão não é como ou onde praticamos, mas sim não confundir prática com estar mais perto do professor. Precisamos cultivar nosso próprio guru interior.

Havia muitos gurus no Tibete. Gurus bons, ruins e falsos. Isso é normal. Muitas pessoas adquirem popularidade e fama por serem um figurão do governo ou do comércio e algumas pessoas atingem status social se posicionando como gurus. Inevitável. Mas, no antigo Tibete e até hoje, entre as comunidades do exílio, prevalece um tipo de "controle de qualidade". Se um professor se comporta mal, digamos, falando de maneira imprópria com o abade, ou se essa pessoa comprometer o monastério com um comportamento inadequado, os colegas afiliados a essa linhagem ou monastério tomam medidas. As primeiras tentativas envolvem discussões privadas com o objetivo de dar outra chance à pessoa. Mas, se continua a afetar negativamente uma comunidade ou linhagem, ela é "demitida," por assim dizer.

Não muito tempo atrás, havia um caso de um tulku no Nepal que tinha alguma formação, mas estava quebrando seus votos. Ele estava deturpando suas conquistas espirituais perante os jovens monges no monastério, bem como os leigos. Dizia que era um mestre realizado, capaz de ver os Budas e os bodisatvas. Falou dessa maneira aos patronos também. Aparentemente, tirou dinheiro dos patronos em nome do monastério. Mas, depois que todos dormiam, ele tirava suas túnicas, colocava roupas de um leigo e gastava o dinheiro bebendo uísque e dançando nas casas noturnas de Catmandu. Até comprou um carro; logo, não era nada discreto quanto a acumular fundos. Essa pessoa desrespeitou aqueles que tentaram ajudá-la e se recusou a fazer correções.

Finalmente, o chefe do monastério convocou uma reunião. Muitos mestres da linhagem de diferentes monastérios se juntaram a outros lamas e monges e o tulku estava presente. Diante dessa assembleia, o abade o denunciou publicamente, dizendo: "Você não pode se apresentar como afiliado a essa linhagem ou a esse monastério". Também tirou dele o status de tulku. Não poderia mais usá-lo para se promover e perdeu sua credibilidade. Ser um tulku não significa que a pessoa possa fazer qualquer coisa: um tulku deve respeitar as regras, a ética e o estilo de um monastério como qualquer outra pessoa, ou irá enfrentar repreensão ou expulsão.

É inevitável que toda comunidade enfrente transtornos. O importante é como as pessoas lidam com eles. Problemas também ocorrem quando professores isolados vivem e trabalham sem uma comunidade de outros pares. Em Taiwan, quinze ou vinte anos atrás, vários taiwaneses se proclamavam detentores da linhagem do Vajrayana e se chamavam de "Rinpoche Assim e Rinpoche Assado", e diziam coisas como: "Eu sou o segundo Buda". Como não havia professores alternativos, eles se deram muito bem. Mas quando os autênticos detentores da linhagem começaram a ensinar em Taiwan, os farsantes não conseguiram manter sua encenação. Quando as pessoas tiveram a oportunidade de escolher, a diferença entre o falso e o verdadeiro tornou-se óbvia, e hoje a situação em Taiwan é muito melhor.

No antigo Tibete, o isolamento das aldeias oferecia pouca proteção contra os lamas falsos que viajavam entre as comunidades camponesas, vestidos com boas roupas e talvez carregando um mala e uma roda de oração. É possível que se sentassem na estupa da aldeia com os queixos proeminentes, recitando OM MANI PADME HUNG. Embora toda criança no Tibete conheça esse mantra, eles ainda conseguiam ter o suficiente em sua tigela de mendicante para compensar a fraude.

O segundo estilo: ter muitos professores

Se fizermos uma conexão com um professor, tudo bem. Se fizermos muitas conexões, tudo bem também. Apenas continue praticando. O primeiro Khyentse Rinpoche, Jamyang Khyentse Wangpo [1820-92], percorreu toda a extensão do Tibete, por mais de uma década, buscando ensinamentos genuínos e profundos sem levar em conta a linhagem. Ele teve 125 lamas-raiz. Sua abertura a muitas linhagens e professores – e sua compreensão superior de todos os ensinamentos – o levou a iniciar uma abordagem da prática budista que passou a ser conhecida como o movimento não sectário Rime ["ri-mê"]. O grande Dilgo Khyentse Rinpoche, que posteriormente seguiu esses passos de máxima abertura, teria recebido ensinamentos de mais de cinquenta mestres.

O ponto importante é aplicar as quatro considerações a quaisquer que sejam os professores com quem estudamos. Em geral, mesmo que se sinta atraído por estudar com vários professores ao longo de um período de tempo, ainda deve haver uma conexão genuína de coração com cada um deles, ou algum motivo justo. O professor é como a flor, o Dharma é como o néctar e o aluno é como a abelha. Podemos ir a muitas flores para colher o néctar do Dharma.

Às vezes as circunstâncias exigem paciência, como o meu caso com Nyoshul Khen Rinpoche. Após a nossa reunião inicial no Butão, durante as cerimônias de cremação de Dilgo Khyentse, vi Khen Rinpoche algumas vezes quando ambos visitávamos Catmandu. Sempre aprendia algo com ele, mas não por meio de ensinamentos formais. Em 1994, ingressei no shedra afiliado ao Sherab Ling. Passei a maior parte das minhas férias no Nagi Gompa e, durante esse período, fiz muitas perguntas sobre meditação a meu pai. Mas ele sempre me dava a mesma resposta: "Como já disse antes, você deveria receber ensinamentos de Khen Rinpoche."

A linhagem de Nyongtri teve início com Vimalamitra e Padmasambava, também conhecido como Guru Rinpoche. Ambos viveram na Índia no século VIII da Era Comum e são reverenciados por plantar as sementes do Budismo no Tibete e por trazerem consigo as preciosas instruções da linhagem Nyongtri. Vimalamitra disse que a linhagem deve ser preservada por um mestre ensinando um aluno, até que os tempos degenerados demandem que esses ensinamentos profundos se tornem mais disponíveis.

Cinco sinais definem os tempos degenerados. O primeiro sinal é o surgimento de atividades não virtuosas, como guerra, assassinatos e massacre de animais. O segundo sinal é quando emoções pessoais, como raiva, inveja e vingança, são usadas indevidamente para fins políticos ou militares, resultando em um tremendo sofrimento para multidões de pessoas. O terceiro sinal diz respeito a pontos de vista degenerados, como quando as pessoas confiam cegamente nas limitações do seu próprio entendimento e agem para satisfazer seus desejos imediatos, valorizando fama, ganância e dinheiro. O quarto sinal são problemas extremos causados pelos quatro elementos: inundações, terremotos, secas, incêndios, tsunamis e furacões. O último sinal é o surgimento de novas doenças e epidemias, como HIV, herpes ou hepatite.

Depois de pedir ensinamentos a Khen Rinpoche pela primeira vez, algum tempo passou antes de ter tido a oportunidade de voltar ao Butão. Enquanto estudava no shedra fiz um plano com meu irmão, Tsoknyi Rinpoche, para viajarmos juntos do Nepal para o Butão durante as férias da primavera. Tudo foi organizado e eu estava no Nepal. Um problema: não consegui meu visto. Todos os dias verificava o correio e ligava para o serviço de emissão de vistos. Enquanto isso, minhas seis semanas de férias estavam acabando. Tsoknyi Rinpoche tinha seu próprio programa para fazer e não era certo que Khen Rinpoche pudesse me ensinar. Um amigo me disse que se eu fosse para o Butão por terra, poderia conseguir o visto ao atravessar a fronteira. Então eu fiz isso. Mas descobri que Khen Rinpoche não estava em Thimphu. Ele estava em Tarpaling, no leste do Butão, conduzindo a grande puja – uma cerimônia ritual. Essa puja durou onze dias e noites, vinte e quatro horas por dia. Quando cheguei a Tarpaling, expliquei: "Meu pai me enviou e realmente desejo receber ensinamentos".

Ele disse: "Você pode participar da puja", sem realmente dizer sim ao meu pedido. Então participei da puja por um, dois e três dias. Todas as noites jantávamos juntos, mas ainda sem ensinamentos. No último dia da puja, ele me deu uma introdução geral ao Dzogchen. Depois me pediu que o acompanhasse a Thimphu.

Thimpu situa-se na parte mais baixa de um vale estreito e arborizado e a casa do Rinpoche ficava no pé de uma montanha. Era uma casa de dois andares feita de concreto e madeira, com uma extensão no piso térreo onde às vezes fazíamos práticas rituais. Em cima ficavam os aposentos, que incluíam um pequeno quarto onde fiquei hospedado. De volta à casa dele, recebia ensinamentos diariamente. Durante dez semanas, tive que praticar três sessões por dia, de duas ou duas horas e meia cada. Não havia textos. Nenhum estudo. Trabalhando apenas a mente, de coração para coração e, depois, praticando sozinho e me encontrando com ele. Ao longo desse processo, ele decidiria se era hora de prosseguir ou não.

Meus quatro professores principais estavam intimamente ligados à mesma linhagem e suas próprias histórias de prática, de modo que os ensinamentos de cada um aprofundavam e confirmavam continuamente os dos outros. Mas, às vezes, se tiver muitos gurus, você poderá receber instruções contraditórias devido aos diferentes estilos, tradições e entendimentos diferentes ou algo assim. Por exemplo, de acordo com um professor, você deve fazer o ngondro na sequência tradicional – como apresentado aqui – mas outro guru diz que você pode praticar partes diferentes simultaneamente. Nesse caso, escolha um professor e fique com suas instruções durante todo o ngondro, ou outra prática específica. Só então recorra a um professor diferente para fazer outra prática. Se tiver muitos professores, no caso de uma prática como o ngondro, você pode imaginar Vajradhara como a essência de todos os diferentes professores, ou do professor que autorizou uma determinada prática.

Não importa quantos professores escolhemos, mesmo que sejam 125, cada um deve atender aos critérios de qualificação de acordo com o melhor do nosso conhecimento e avaliação. Se os professores realmente atenderem a essas qualificações, e se tiverem uma conexão conosco, então podemos nos beneficiar dos seus ensinamentos.

Dos meus quatro professores principais, apenas a Sua Eminência Tai Situ Rinpoche continua fisicamente vivo, e tenho a sorte de ainda ter acesso a esse professor perfeito e autêntico. Mas, no nível mais profundo, nunca fiz uma distinção entre um professor vivo e outro morto porque todos estão comigo, sempre, e ainda busco suas bênçãos. Às vezes sinto falta da presença relativa daqueles que não estão mais aqui, mas a conexão que tenho com eles, tanto de mente quanto de coração, está sempre comigo.

O terceiro estilo: estilo automático

Além de escolher entre um professor ou muitos, temos uma terceira categoria chamada estilo automático. Isso ocorre quando recebemos instruções introduzindo diretamente a natureza da mente e, de fato, reconhecemos a natureza da nossa mente. Esse professor se torna automaticamente um dos nossos professores-raiz. Se já tivermos escolhido um mestre antes, então teremos dois professores. Sem nenhum problema.

Um exemplo disso ocorreu com o tio de meu pai. Ele tinha seis ou sete anos quando saiu de casa para estudar em um monastério. Já havia sido identificado como um tulku, por isso foi muito bem tratado. Mas chegou ao monastério com hábitos de um garoto muito malcriado. Ele sempre procurava maneiras de fugir dos seus tutores e de seu atendente, e corria colina abaixo para brincar com as crianças da aldeia. Um dia, enquanto ele brincava com alguns meninos perto de uma estupa da aldeia, uma senhora desdentada, curvada e velha, segurando um mala em uma mão e uma roda de oração na outra, o reconheceu. Ela gritou: "Ei, garoto, o que você está fazendo aqui?"

Todos os meninos pararam de brincar e se aproximaram uns dos outros buscando segurança. Mas a velha continuou a olhar diretamente para o tio de meu pai e, em tom de reprimenda, disse: "Você não deveria estar aqui na aldeia; deveria estar no monastério, aprendendo meditação e estudando textos budistas. Você está perdendo o seu tempo brincando aqui."

O menino disse: "Do que você está falando? O que é meditação?"

E a velha disse: "Ha! Que criança engraçada você é! Você não sabe o que é meditação?"

O menino se virou para os amigos, mas eles simplesmente deram de ombros. Também encolheu os ombros e balançou a cabeça. "Eu não sei."

"É como se você voltasse os olhos para dentro, para a parte de trás da cabeça e olhasse para a mente." disse a velha.

O menino voltou sua atenção para seu interior, como se estivesse olhando para a parte de trás de sua cabeça, e – boom! – reconheceu a natureza da mente. Essa experiência o fez sentir uma imensa vastidão, espaço e simplicidade. Então subiu a colina de volta ao monastério e pediu instruções de meditação aos seus tutores.

À medida que foi crescendo, o tio do meu pai recebeu muitos ensinamentos de vários grandes mestres, mas dizia que nada fora superior ao que a velha senhora o ensinou. Ele sempre dizia: "Aquela velha senhora foi meu primeiro guru."

Isso conclui as três maneiras de escolher os gurus. Agora podemos entrar em alguns detalhes sobre a prática em si.

Sendo Vajrayogini

Quando imaginamos ser Vajrayogini, temos uma percepção das qualidades iluminadas das deidades, e podemos pensar: "A luz está emanando de mim. Tenho sabedoria e compaixão ilimitadas. Estou confiante e pacífico. Minha essência é a união de clareza e vacuidade". Não mais imaginamos a vida interior do Buda "lá fora". Não estamos mais nos preparando para ser um Buda. Não estamos suplicando para nos tornarmos um Buda, ou praticando generosidade, disciplina, meditação ou qualquer das paramitas para nos transformarmos em Budas. Somos Budas.

Vajrayogini, mãe de todos os Budas, aparece em diferentes formas, com diferentes nomes, cores e posturas. Para a nossa prática do guru yoga, Vajrayogini, de cor vermelha brilhante, está em pé sobre um disco lunar plano, coberto por um disco solar, ambos flutuando ligeiramente acima de um lótus. Suas características físicas – posição, cor, cabelo e expressão facial – emitem um extraordinário turbilhão de energia, como se fosse fotografada no meio de um passo de dança. Seus três olhos veem o passado, o presente e o futuro. Sua perna direita representa a realidade absoluta e ela a mantém erguida, liberta do samsara, com o joelho dobrado e afastado do corpo. A perna esquerda representa a realidade relativa e ela mantém seu pé esquerdo plantado em um cadáver humano esparramado no chão. O significado externo do cadáver é impermanência; o significado interno é que o ego foi aniquilado; o "eu" da fixação do ego foi destruído. O significado secreto é que a realidade relativa e a realidade absoluta agora se manifestam em união porque o ego-fabricante de infinitas dualidades foi liquidado. Agora, a união de samsara e nirvana – a verdadeira natureza da realidade – pode se manifestar.

29. Vajrayogini, Buda feminino de primordial importância na linhagem Kagyu.

O tronco de Vajrayogini se inclina para a direita. Seu rosto, inclinado para a esquerda, representa o dharmakaya, a forma da vacuidade. Chamas incandescentes circundam seu corpo, eliminando a escuridão da ignorância. Seus dois braços representam sabedoria e compaixão. Com a mão direita voltada para o céu, ela ergue uma pequena faca curvada para cortar o ego e os três venenos da ganância, da raiva e da ignorância. Na mão esquerda, próxima ao peito, ela segura uma taça de crânio cheia do néctar vermelho-sangue da bodhichitta, representando a realização. O vermelho expressa desejo, e ela realizou seu desejo de eliminar os obscurecimentos do ego e alcançar a sabedoria para ajudar todos os seres sencientes a alcançarem a iluminação. Lembre-se de que Vajrayogini não é feita de sangue e ossos, mas de luz. Embora se manifeste em cores brilhantes e intensidade energética, ela continua sendo transparente, luminosa e sem substância.

Ainda temos obscurecimentos. Mas devemos reconhecer que personificamos a essência das qualidades do Buda porque, se abordarmos essa prática com o nosso corpo convencional e a nossa mente comum, não receberemos as bênçãos que são transmitidas de mente a mente, de Buda para Buda. Sendo a Buda Vajrayogini tornamos isso viável.

Vajrayogini é uma das principais yidams na tradição Kagyu. Às vezes, ela aparece em união com um consorte masculino. Representa a sabedoria da vacuidade, a mãe de todos os Budas, de onde surgem todas as formas. Seu aspecto masculino representa método e clareza, a clareza da forma. Juntos, manifestam a união de forma e vacuidade. Não são duas entidades que se juntam. São uma única, manifestando-se como duas, e suas qualidades são inerentemente inseparáveis. Mas no mundo conceitual relativo que habitamos em nossa prática, para irmos além do mundo conceitual relativo, a manifestação feminina de sabedoria é mais importante. Para essa prática específica do guru yoga, usamos somente a forma única de Vajrayogini.

Vajrayogini tem seis ornamentos de ossos, um para cada uma das seis paramitas. Além de outros colares e ornamentos, ela usa cinco lenços transparentes que representam os cinco tipos de sabedoria, mas está nua, manifestando a mente desnuda, sem dissimulação, pura, despojada de fixações conceituais.

Podemos nos inspirar pensando: "Sou Buda na forma sambhogakaya. Até agora não reconheci que sou um Buda, mas hoje reconheço!" Dizemos "sambhogakaya" porque Vajrayogini é uma forma pura: ela não envelhece nem morre como a forma nirmanakaya do Buda Shakyamuni; ainda assim, ao contrário do dharmakaya, corporificação da vacuidade, Vajrayogini tem forma. Pensamos: "Agora tenho todas as qualidades iluminadas dos Budas: unicidade, sabedoria, pureza". Damos a isso o nome de orgulho vajra. Manifestamo-nos como Vajrayogini, mas ela não tem existência inerente. É uma manifestação da vacuidade ou da nossa natureza búdica. O orgulho convencional surge com o apego ao ego e nos faz pensar que somos superiores aos outros e mais importantes. Aqui, o orgulho surge da vacuidade para que possamos aumentar nossa confiança e capacidade, mas sem o eu, porque tudo decorre da vacuidade.

Imaginando Vajradhara

Vajradhara está sentado acima da nossa cabeça, tendo uma coluna dos mestres da linhagem acima de nossa cabeça. A figura mais alta dessa coluna é, de novo, Vajradhara, representando o chefe da linhagem. Algumas pessoas acham mais fácil imaginar Vajradhara de frente para elas. Acima ou à frente não importa. Mais uma vez, Vajradhara é azul celeste para indicar a realidade não fabricada e indivisível, além de sujeito e objeto. É a essência de todos os nossos professores – seja um ou vários professores. Podemos usar o guru-raiz que nos deu esse ensinamento específico. Vajradhara tem a mesma cor, ornamentos e postura das práticas de refúgio e mandala. Não precisamos nos envolver demais com todos os gurus da linhagem. Nosso foco principal é no Guru Vajradhara que está na parte inferior. Ele está em um trono de leão sentado sobre uma flor de lótus, sol e lua.

Tal como acontece com todas essas práticas, existem variações segundo cada linhagem. A escola Nyingma imagina Guru Padmasambhava em vez de Vajradhara. Diferentes manifestações de Budas podem ser usadas além de Vajrayogini. Mesmo dentro de uma linhagem, as liturgias variam, e algumas são bastante extensas. Aqui vamos abordar os principais aspectos.

As oferendas dos sete ramos

Como parte de uma rotina de prática diária, geralmente os praticantes do ngondro começam a primeira sessão de prática do dia com uma versão breve de todas as etapas anteriores do ngondro. No caso do guru yoga, já estamos sentados diante do nosso altar. Ao iniciar a prática do guru yoga, tente primeiramente dissolver todos os pensamentos conceituais em vacuidade. A partir da vacuidade, manifestamo-nos como Vajrayogini em nossa imaginação. Como Vajrayogini, fazemos a súplica ao guru e aos mestres da linhagem com a oferenda dos sete ramos.

A oferenda dos sete ramos não é exclusiva do guru yoga. Embora sintetizem o que fizemos no ngondro, os sete ramos são o início de muitas práticas pois ajudam a gerar devoção e receptividade, estabilizando as qualidades despertas do corpo, da fala e da mente. Sentados na postura correta, fazemos a súplica a Vajradhara, que corporifica todos os Budas, os seres iluminados, os mestres da linhagem e os gurus – incluindo o nosso próprio professor – com a oferenda dos sete ramos: prostrações, oferendas, confissões, regozijarmo-nos no mérito e na virtude dos outros, implorarmos ao Buda Vajradhara para continuar a girar a roda do Dharma e para permanecer no samsara para benefício de todos os seres. Terminamos a oferenda dos sete ramos dedicando o mérito.

Prostrações

Imaginamos fazer prostrações para invocar a mente que presta homenagem, a mente de extrema devoção e reverência aos gurus dos três tempos que espelham a verdadeira natureza da nossa mente. Não nos levantamos e fazemos as prostrações de modo físico. Agora somos

Vajrayogini. Nossa forma física permanece sentada e, do centro do coração do nosso imaginado corpo-Vajrayogini-de-sabedoria, de pé e de cor vermelha, surgem milhares, um número infinito, de réplicas emanadas do nosso corpo. Essas emanações fazem prostrações ao Buda Vajradhara. Além disso, podemos imaginar que todos os seres sencientes, no decorrer do tempo e do espaço, se unem às nossas emanações. Mantemos a imagem de Vajradhara como a corporificação de todos os seres iluminados, incluindo o nosso próprio professor – podemos imaginar nosso guru-raiz ou o guru que nos deu a transmissão dessa prática.

Além de emanar nosso corpo comum, também podemos emanar dakas e dakinis prostrando-se conosco. Ao mesmo tempo, estamos recitando a oração de sete ramos e invocando o guru como a essência de todos os Budas, reconhecendo o guru como aquele que nos demonstra que a natureza da mente é verdadeiramente dharmakaya. Além disso, as prostrações são o melhor antídoto contra o orgulho. Desprendermo-nos do veneno do orgulho nos ajuda a preparar a mente para as oferendas que vêm a seguir.

Oferendas

Essa prática inclui as oferendas da prática de mandala: universos, planetas, nossa riqueza, nosso corpo, séquito, virtude e todo o imaginável no universo digno de ser oferecido. Mais uma vez, a mente que abre mão é a melhor para contrapor a mente da avidez e do apego.

Confissão

Aqui repetimos o aspecto da confissão de Vajrasattva: o reconhecimento dos atos danosos do passado e a determinação de não os repetir. Mais uma vez, a confissão é feita pelas réplicas da emanação da nossa forma comum, que vem do centro do coração de Vajrayogini.

Regozijo

Regozijar-se com o sucesso dos outros significa abrir mão da competitividade, do ciúme e da inveja, cultivando a capacidade de celebrar as atividades virtuosas e o mérito dos outros que, ao mesmo tempo, geram mérito para nós.

Girar a roda do Dharma

Imploramos a Vajradhara e a todos os Budas e bodisatvas que girem a roda do Dharma. O aparecimento de um Buda não garante que ele deixará um legado de ensinamentos porque os ensinamentos só se manifestam quando são solicitados. Desse modo, pedimos ensinamentos com a aspiração de criar a oportunidade de que a roda do Dharma seja girada em benefício de todos os seres sencientes, para que eles possam conhecer o fim absoluto do sofrimento.

Permanecer no Samsara

Ao reconhecer seu papel de irradiar luz dentro da escuridão do samsara, suplicamos aos gurus, Budas e a todos os seres de sabedoria que habitam a forma nirmanakaya (humana) para permanecerem entre nós o maior tempo possível e se manifestarem de maneira acessível a nós, com sabedoria e compaixão ilimitadas, a fim de ajudar todos os seres sencientes a se iluminarem.

Dedicação

Reconhecemos que nosso guru, na forma de Vajradhara, foi testemunha da nossa prática com a determinação de dedicar todo mérito e virtude à iluminação de todos os seres. Fazemos a aspiração sincera de seguir o exemplo do nosso guru, dedicando nosso próprio mérito e virtude à iluminação de cada ser sem exceção.

A INVOCAÇÃO DE SEIS LINHAS

Com a conclusão da prece de sete ramos, seguimos para a invocação de seis linhas do guru. Na linhagem Kagyu, esse é o coração da prática do guru yoga no ngondro. Pela primeira vez, nós – como Vajrayogini – estamos nos dirigindo ao guru de dentro do corpo de sabedoria de um ser iluminado.

Precioso Guru, eu lhe rogo,
Abençoe-me para que eu possa abrir mão dessa mente que se fixa ao eu;
Abençoe-me para que a renúncia possa nascer no meu ser;
Abençoe-me para que os pensamentos não espirituais possam ter fim;
Abençoe-me para que eu possa perceber a minha própria mente como incriada;
Abençoe-me para que a ilusão possa ser pacificada por si só;
Abençoe-me para que tudo que aparece e existe possa emergir como dharmakaya.

O primeiro pedido de ajuda – abrir mão da mente que se fixa ao eu – é a essência de toda a prática, de todo o caminho do Dharma. "Com imensa devoção, peço sua ajuda para abrir mão do ego, da avidez, desse apego prejudicial ao eu". Se pudermos funcionar a partir de um lugar onde a mente já abriu mão das fixações e foi libertada do domínio do ego, então as qualidades iluminadas naturais e inerentes reluzirão. As preces que se seguem são aspectos do abrir mão.

A renúncia trabalha para soltar a fixação ao ego. Não quer dizer que precisamos vestir túnicas e ir para uma caverna. Qualquer tentativa de renunciar genuinamente aos hábitos do ego equivale à renúncia. Sentar em nossa almofada de meditação reflete um compromisso com a renúncia. A tentativa deliberada de trabalhar com a mente-do-macaco – seja no restaurante, durante as aulas ou no aeroporto – recorre à renúncia, mesmo se pensarmos que nossos esforços foram em vão. Toda vez que interferimos com o hábito de agir de forma compulsiva ou gananciosa, praticamos a renúncia. Toda vez que usamos nossa consciência plena para cortar o cordão entre o impulso e a atividade de agarrar, isso é renúncia.

Os pensamentos não espirituais são atividades da mente e do corpo que se desviam do propósito de ajudar os outros. No caminho do Dharma, tudo começa e termina com a bodhichitta, o desejo de ajudar todos os seres a alcançarem a iluminação. Qualquer pensamento desconectado com o ajudar os outros é, portanto, não espiritual. Se abrirmos mão das fixações ao ego, se renunciarmos às preocupações egocêntricas, então a bodhichitta se manifesta. Oramos para que esses pensamentos e os hábitos que nos mantêm ligados aos problemas da mente-do-macaco e ao egoísmo cheguem ao fim. Pedimos ao guru que nos abençoe para que possamos eliminar a negatividade e os pensamentos nocivos.

A mente incriada expressa a mente original não fabricada e não produzida, que não surge nem desaparece. Não nasce nem morre. Como o espaço, é livre, indivisível e ilimitada e, portanto, todas as possibilidades estão disponíveis: iluminação, estado búdico, bodhichitta, tudo. Assim, pedimos ao guru que nos abençoe para que possamos reconhecer essa mente incriada desde tempos imemoriais.

Oramos para que a delusão seja naturalmente pacificada. Enfrentamos muitas delusões na vida diária. Como ir além delas? Só pensar que a delusão é enganosa não ajuda; procurar um antídoto é, em si, uma delusão. Então, a prescrição aqui é se autolibertar. Fazemos isso com a consciência plena. A consciência plena da delusão dissolve a própria delusão.

Finalmente, suplicamos ao guru para que tudo aquilo que aparece e existe aflore como dharmakaya. Isso significa viver com um reconhecimento completo da verdadeira natureza da realidade. Tudo é experienciado por meio da percepção pura. Samsara e nirvana são uma unidade. Oramos para que esse reconhecimento da mente desperta seja alcançado por todos os seres sencientes.

Alternando estilos de meditação no guru yoga

Diferentes professores indicam diferentes maneiras de praticar o guru yoga. Em alguns casos, são necessárias 111 mil repetições da prece de seis linhas. Definimos a melhor maneira de fazer isso no ngondro com o guia qualificado. Além disso, juntamente com essa prece, podemos variar o que a mente faz durante as repetições. Tal como aconteceu com as práticas anteriores, se a nossa mente se tornar entediada ou agitada, alternamos. Por exemplo, podemos relaxar a visualização e repousar na consciência plena aberta, ou praticar shamatha sem objeto. Ou podemos usar o som da recitação como objeto de shamatha, ou repetir as orações com foco na bodhichitta, pensando: "Que eu possa abrir mão da fixação ao ego para o benefício de todos os seres para que eles possam abrir mão da fixação ao ego e se iluminar". Trazemos deliberadamente à mente o desejo compassivo de levar todos os seres sencientes ao despertar. Ou podemos continuar fazendo as repetições enquanto indagamos: "Quem está orando para quem? Quem está perguntando o quê? Quem está orando? Quem está ouvindo?" Se tivermos recebido instruções de como repousar na natureza da mente, também podemos alternar com essa prática de meditação. Mantemos a recitação durante qualquer que seja o estilo de meditação escolhido.

Iniciações Vajrayana

Por meio da recitação, da liturgia e do ritual, o guru dá ao praticante a permissão para fazer determinadas práticas. É uma iniciação, tanto no sentido de entrar em um mundo sagrado por meio da cerimônia, como também para iniciar um processo que necessita da nossa participação para a sua realização. Na antiga Índia, as iniciações eram realizadas quando um novo rei ascendia ao trono; era uma forma de conferir confiança a fim de ajudar o novo rei a reconhecer e a cumprir seus próprios poderes. Aqui somos todos novos reis. Essas quatro iniciações, bem como as práticas que elas nos permitem realizar, são formas de reconhecer nossos próprios tesouros.

Na minha tradição, essas iniciações – ou o que chamamos de abhishekas – geralmente são conferidas pelo professor a um aluno individualmente ou a um grupo de alunos. Aqui, imaginamos as quatro iniciações como parte da nossa sessão de meditação do guru yoga e podem ser realizadas de modo intermitente durante toda a sessão de prática. O número de vezes que fazemos as iniciações em uma sessão depende de nós, mas a sequência das quatro deve ser feita a cada vez. Cada iniciação envolve a remoção de obscurecimentos do corpo, da fala e da mente, nos leva a avançar no caminho da meditação e planta as sementes para a realização dos quatro kayas: nirmanakaya, sambhogakaya, dharmakaya e svabhavikakaya, que é a integração e a essência de todos os kayas.

Nosso corpo físico está sentado diante do nosso altar. Mesmo que tenhamos praticado com Vajradhara acima do nosso corpo-Vajrayogini, nas quatro iniciações imaginamos o Guru Vajradhara na nossa frente. E lembre-se de que ele é a corporificação de todos os gurus e Budas. Escolha a forma que lhe for mais atraente, mais inspiradora, lembrando que, em essência, essa forma inclui todos os Budas.

Em primeiro lugar, permitimos que os Budas da linhagem acima da cabeça de Vajradhara se dissolvam em luz. Essa luz então se funde com o Vajradhara inferior. Esse é o Vajradhara azul que, como Vajrayogini, imaginamos estar à nossa frente, e que agora visualizamos. Imaginamos que nosso "eu" comum é inseparável de Vajrayogini. Dessa maneira, a nossa forma comum é que se beneficia das iniciações. Começamos com a iniciação do vaso.

Iniciação do vaso

O vaso relaciona-se à forma física – forma, cor, corpo, matéria, bem como aos elementos naturais e aos elementos dentro do nosso corpo. Da testa do guru sai um feixe de luz branca que entra em nosso corpo-Vajrayogini, por entre as nossas sobrancelhas. Dissolve os obscurecimentos físicos, como doença e dor; purifica também o carma negativo cometido pela atividade do corpo, tal como ferir ou matar os outros. Essa iniciação confere clareza à mente. Permite a percepção pura, o que significa vivenciar tudo como uma manifestação de consciência plena pura e luminosa. Além disso, a iniciação nos autoriza a avançar para a próxima etapa. Nessa etapa, chamada estágio de desenvolvimento, os hábitos de percepção impura são desestruturados quando nos imaginamos como uma deidade e, por meio de mantras e práticas de imaginação, permitimos que as qualidades iluminadas da deidade se fundam em nós e gerem nossas próprias qualidades búdicas inerentes. Mesmo que a sabedoria dos Budas não tenha forma ou cor, praticamos usando forma e cor. Dessa maneira, plantamos a semente de nos transformarmos em nirmanakaya – um Buda na forma humana. Esse "vaso" representa a forma humana que se torna o recipiente ou receptáculo para o nirmanakaya.

Iniciação secreta

Em seguida, da garganta do Guru Vajradhara surge uma luz vermelha que entra pela nossa garganta-Vajrayogini, purificando os obscurecimentos e negatividades relacionados à fala: mentir, caluniar, difamar, fazer fofocas e assim por diante. Isso nos permite entrar no estágio de completude, que segue o estágio de desenvolvimento.

Dentro da nossa mente, temos a mesma sabedoria e a consciência plena de um Buda, e nosso corpo também é o mesmo que o corpo de um Buda. Praticamos o estágio de completude com a ideia de que nosso corpo é o aspecto de sabedoria de um Buda. O nível bruto do corpo está relacionado ao ar ou ao vento, que se manifesta como fala. Então, praticamos com o corpo usando um treinamento físico que envolve canais, respiração e energias. Esse treinamento também vê a realização ou o resultado como caminho porque os aspectos corporais com os quais trabalhamos – prana, bindu, nadi – já estão dentro de nós. Prana refere-se à energia do vento ou correntes de energia que circulam pelos canais do nosso corpo; os nadis são os canais através dos quais o prana se movimenta. Bindu refere-se às "gotas sutis" dos elementos energéticos do corpo, muito pequenas para serem vistas a olho nu.

Trazer nossa consciência plena para esses aspectos sutis do corpo, aprendendo a controlar e a direcionar essas energias internas nas práticas do estágio de completude, pode ajudar a avançar e estabilizar nosso esforço de reconhecer a verdadeira natureza da vacuidade da mente. Usamos a transformação dos aspectos físicos comuns para sustentar a transformação da mente. Se, ao longo do tempo, purificamos o corpo, então todas as nossas impurezas e obscurecimentos são purificados. Isso naturalmente dá origem ao reconhecimento da natureza da mente. O resultado será a manifestação do sambhogakaya – que aparece, mas não tem substância. É a essência búdica desprendida da matéria física. Quando aplicamos o conceito de "secreto" a certos aspectos dessas práticas, basicamente queremos dizer "profundo" ou "interior", ou o que é mais sutil do que os fenômenos externos.

Iniciação do conhecimento-sabedoria

Do centro do coração do Guru Vajradhara, emerge uma luz azul que entra no coração-Vajrayogini, purificando as negatividades e obscurecimentos da mente: visões errôneas ou pervertidas, ódio, indulgências da mente-do-macaco, auto-admiração, fixação ao ego e assim por diante. Isso confere a iniciação da sabedoria e nos permite praticar a união de bem-aventurança e vacuidade.

A palavra bem-aventurança pode criar alguma confusão do mesmo modo que a palavra feliz, especialmente no Ocidente, onde bem-aventurança, ou êxtase, foi associado a drogas psicodélicas, ou a alguma patetice alucinada, ou a algum estado transcendente que nega qualquer situação de desprazer. Aqui, bem-aventurança significa que estamos do outro lado de dukkha. Abrimos mão do apego à maneira de como as coisas deveriam ser. Isso não significa que nossas circunstâncias são perfeitas. Significa que, na ausência do apego ao que desejamos, reconhecemos a perfeição inata de seja o que for que apareça. Aqui, bem-aventurança implica em uma sensação de alegria ativa e cheia de energia, algo mais forte do que a neutralidade emocional. Há uma sensação entusiástica e jubilosa de "Uau, estou livre!"

Iniciação da palavra

Com a quarta iniciação, todas as três luzes do guru entram simultaneamente no nosso corpo-Vajrayogini, purificando as mais sutis tendências habituais, obscurecimentos e negatividades de corpo, fala e mente de uma só vez, permitindo-nos receber ensinamentos orais que apontem diretamente a natureza da mente. Esses ensinamentos orais explicam por que chamamos isso de iniciação da palavra. Nesse momento, nossa mente comum é a mente da iluminação. Temos essa mente 24h por dia, nos sete dias da semana, e essa mente é totalmente livre de conceitos, apegos, aversão, ganância e ignorância. O único obstáculo? Não a reconhecemos. Aqui nos preparamos para receber "a palavra," ou a prática do Mahamudra de introduzir diretamente a natureza da mente – a essência do Mahamudra.

O resultado dessa iniciação é svabhavikakaya, a essência de todos os kayas – a essência de todas as coisas. Todas essas iniciações consideram a realização como caminho. A sabedoria se mistura com o nível bruto do corpo, como a manteiga é inerente ao leite. Uma vez que as impurezas são drenadas, nossa mente de sabedoria floresce, porém, precisamos saber que já temos tudo o que precisamos dentro de nós.

Resumo das quatro iniciações

As quatro iniciações contêm dezesseis elementos ao todo. A iniciação do vaso, a iniciação secreta, a iniciação do conhecimento-sabedoria e a iniciação da palavra correspondem ao corpo, à fala, à mente e à união de corpo, fala e mente.

Cada iniciação concede permissão a quatro outras práticas: a prática do estágio de desenvolvimento segue-se à iniciação do vaso; a prática do estágio de completude segue-se à iniciação secreta; a união de bem-aventurança e vacuidade segue-se à iniciação do conhecimento-sabedoria; e o caminho da liberação segue-se à iniciação da palavra.

Cada iniciação planta a semente para manifestar o nirmanakaya, que corresponde ao corpo; o sambhogakaya, que corresponde à fala; o dharmakaya, que corresponde à mente; e o svabhavikakaya, que responde à união de corpo, fala e mente.

Conclusão do guru yoga

No final da quarta iniciação, Guru Vajradhara se desfaz em luminosidade e se dissolve em nós. Reconhecemos diretamente: "Eu e o guru somos um." Nunca estivemos separados desde o início, mas não reconhecíamos isso antes. Portanto, usamos a realidade relativa – luzes, dissolução, etc. – como suporte ao nosso reconhecimento da realidade absoluta. Imaginamo-nos separados para chegar ao reconhecimento da unidade. Não apenas nos tornamos um com o guru, mas tornamo-nos um com todos os seres sencientes. Nesse momento, há três transformações: nosso corpo e os corpos de todos os seres sencientes se tornam o corpo do guru; nossa fala e a fala de todos os seres sencientes se tornam a fala do guru; nossa mente e as mentes de todos os seres sencientes se tornam a mente do guru. Mesmo os fenômenos externos – mesas, árvores, livros, edifícios, etc. – se transformam em dharmakaya. Essa é a qualidade da devoção, da fé, da compaixão e do amor que se espalha para todos os fenômenos. Tudo decorre do amor, da alegria e da devoção. Isso se chama "transformar todos os fenômenos em dharmakaya por meio do guru yoga", e ocorre depois de receber as iniciações.

Se fizermos as iniciações de modo intermitente ao longo da sessão, então devemos terminar a sessão com um conjunto final de iniciações. Uma vez concluídas, repouse nessa união não fabricada. Sente-se em silêncio com esse estado mental o maior tempo possível. Em seguida, dedique o mérito para encerrar a sessão.

Compre um ...

O principal benefício – o que queremos obter com o guru yoga – é uma oportunidade de vivenciar nossa própria natureza verdadeira por meio da fé e da devoção ao guru. Fazemos isso suplicando a Vajradhara enquanto imaginamos que somos Vajrayogini. Essa é a essência da prática. Mas, de novo, podemos também usar o guru yoga para cultivar shamatha, despertar a bodhichitta, contemplar a vacuidade ou repousar na natureza da mente. O guru yoga é uma forma poderosa de nos conectarmos ao estado natural da mente por isso recomendo, em especial, fundirmos nossa mente com o guru de tempos em tempos ao longo da prática e, simplesmente, repousarmos nossa mente de forma natural e não fabricada enquanto continuamos a recitar a liturgia e a contar a invocação de seis linhas.

Sinais de mudança

A mudança ocorrida com o guru yoga adquire muitas formas, pois vários aspectos das práticas anteriores começam a se encaixar com maior significado e profundidade. O cultivo da devoção tende a inspirar a nossa meditação e, como resultado, a mente em meditação tende a ficar mais quieta por longos períodos. Esse é o melhor sinal de que a prática está funcionando. À medida que desenvolvemos fé no professor e em nós mesmos, essa confiança revigorada também fortalece a nossa prática. É assim que funciona. E o fortalecimento da confiança em nossa própria capacidade também fortalece a prática da meditação.

No guru yoga, inicialmente vemos o guru como um Buda. Isso nos leva a ver a nós mesmos como Budas e, então, com percepção pura, vemos todos os seres sencientes como Budas. Com esse entendimento, as kleshas não conseguem mais manter seu poder habitual sobre a nossa vida. O orgulho, a arrogância, a raiva e outras aflições começam a diminuir e a minguar à medida que nossa mente se preocupa menos em satisfazer o eu. O que nos torna mais disponíveis para ver, ouvir e responder às necessidades dos outros. À medida que a sabedoria e a compaixão prevalecem na mente, a fixação ao ego automaticamente diminui.

Existem muitas práticas que podemos fazer depois de completar o ngondro. No entanto, elas basicamente dão suporte e estabilizam o caminho para a liberação que começa com o ngondro. Como eu disse no início, vários grandes mestres fizeram o ngondro muitas vezes, mas nenhuma prática é igual à outra.

12

Após o Ngondro

Quando tinha vinte anos, fui de Sherab Ling até o Butão para visitar Nyoshul Khen Rinpoche. Já havia recebido a primeira metade dos ensinamentos Nyongtri e fui receber o segundo. Entretanto, cheguei à casa de Khen Rinpoche em Thimphu em um estado de terrível confusão: tinha recebido tantos ensinamentos maravilhosos que não sabia qual deles fazer. Sabia que a prática da natureza da mente era a mais importante, mas também me ensinaram que o reconhecimento da verdadeira natureza da mente é consolidado e aprimorado por muitos métodos, todos eles apresentados como práticas realmente importantes: yoga das deidades, prática do corpo sutil, oferenda de mandala e muitas outras.

Toda vez que aprendia uma nova prática, meus professores me diziam quão profunda e transformadora ela era, absolutamente necessária para minha maturação e continha a própria essência do ensinamento do Buda. Mas, em algum momento, comecei a me perguntar: "Como vou conseguir fazer todas essas meditações? Existem muitas práticas essenciais".

Durante meses, sempre que começava uma prática, pensava que outra seria melhor. Se escolhesse uma versão realmente elaborada da prática da mandala, julgava que seria mais sábio e mais fácil escolher uma prática de visualização mais simples. Outro dia estabelecia que minha realização seria mais bem embasada por uma prática simples, mas tinha medo de perder algum aspecto importante que pudesse estar inserido em uma prática mais complicada. Aí me lembrava de ter ouvido: "A renúncia é o aspecto mais importante do Dharma", então pensava em me concentrar nela. Porém, também me lembrava de ouvir que "a bodhichitta é o mais importante", e passava para essa prática. Por fim, decidi adiar a decisão sobre qual prática fazer até que a opção perfeita se apresentasse. Logo depois me repreendia por estar perdendo tempo.

Após seis meses de confusão constante, fui visitar Khen Rinpoche. Estávamos juntos no chão de seu quarto. Ele nunca se sentava em uma cadeira ou dormia em uma cama elevada, mas sempre preferia tapetes. À direita do seu tapete havia uma grande janela por onde eu podia ver toda a cidade de Thimphu – uma cidade pequena e linda. A janela estava aberta, deixando entrar uma brisa suave na sala. Como sempre, sua mente parecia nunca se afastar da consciência plena e seus olhos estavam cheios de sabedoria e bondade.

O quarto tinha muitas thangkas penduradas nas paredes, incluindo imagens de Vajrasattva, Padmasambhava, Samantabhadra e Amitabha. Olhava para esses seres iluminados e me perguntava qual deles oferecia a melhor prática. Então expliquei: "Não tenho dúvidas de que os ensinamentos sobre a natureza da mente são os melhores. Mas não sei qual é a melhor prática para auxiliar nesse processo." Expliquei que durante meses eu vinha pulando de uma prática para outra, sem confiança sobre qual era a melhor para o meu caminho. "Agora estou farto de todas essas maravilhosas possibilidades", disse-lhe, "mas, ao mesmo tempo, não quero perder nenhum ponto importante. Você tem algum conselho para me dar?"

Sua resposta foi me contar uma história sobre Atisha. Khen Rinpoche me disse que Atisha tinha sido convidado para ir ao Tibete pelo rei, que explicara a Atisha que o Budismo em seu país não estava prosperando. Quando veio da Índia para o Tibete algumas centenas de anos antes, o Dharma contava com forte apoio político e patrocínio real. Porém, um rei chegou ao poder e, sentindo-se muito ameaçado pela devoção do povo ao Dharma, tentou erradicar o Budismo.

"O rei não queria competir com o Buda," explicou Khen Rinpoche, rindo. "Ele não teve sucesso, mas o florescimento inicial dos ensinamentos do Buda tinha declinado. Muitos aspectos sutis de entendimento haviam sido perdidos, enquanto outros se tornaram incompreendidos. Após esse momento difícil, um novo rei assumiu o comando, determinado a ver o Dharma florescer no Tibete uma vez mais".

Nessa época, Atisha já era altamente respeitado por sua realização e conhecimento perfeitos, bem como por seu compromisso de corrigir as visões distorcidas. Atisha aceitou o convite do rei e foi para o Tibete. Logo que atravessou a fronteira ocidental, chegou a Ngari, cidade natal do famoso tradutor Lotsawa Rinchen Zangpo. Naquela época, Rinchen Zangpo já era idoso e havia traduzido ou revisado mais de cem textos. Foi também um dos monges enviados à Índia pelo rei tibetano para estudar os ensinamentos budistas e aprender sânscrito, como parte do programa para restabelecer o Dharma no Tibete. Os dois mestres ficaram felizes de se conhecer e passaram dias discutindo os aspectos essenciais dos primeiros ensinamentos do Buda, a compaixão do Grande Veículo e os ensinamentos de sabedoria que se desenvolveram no Tibete.

A cada pergunta que Atisha fazia sobre textos sânscritos ou determinados pontos sutis dos ensinamentos indianos ou tibetanos, Rinchen Zangpo dava a resposta perfeita, sem nenhum erro. Atisha ouvia atentamente, ficando cada vez mais impressionado com o perfeito entendimento de Rinchen Zangpo. Finalmente, Atisha declarou a Rinchen Zangpo: "Tendo um grande mestre como você no Tibete, não há necessidade de eu estar aqui. Posso dar meia volta e voltar para a Índia".

Rinchen Zangpo ficou muito satisfeito, mas respeitosamente implorou a Atisha para continuar sua jornada. Atisha estava refletindo sobre isso quando perguntou a Rinchen Zangpo: "Me diga uma coisa: como você reúne todas essas práticas importantes?"

Rinchen Zangpo respondeu: "Para reuni-las, construí uma casa de três andares. Na parte da manhã, pratico o Veículo Básico no piso térreo. Ao meio-dia, subo ao segundo andar e pratico o Grande Veículo e, à noite, vou para o terceiro andar e pratico o Veículo Vajra."

Quando Rinchen Zangpo terminou sua explicação, Atisha ria tanto que mal conseguia falar. Por fim, ele disse: "Agora eu entendo por que preciso ficar no Tibete!"

Lotsawa Rinchen Zangpo perguntou a Atisha: "Como você pratica todos os três veículos juntos?"

Atisha disse: "A prática fundamental tem dois aspectos: refúgio e bodhichitta. A prática principal tem dois aspectos: sabedoria e método. Para concluir, praticamos a dedicação. Essas cinco práticas abrangem todos os pontos-chave das três yanas. Isso é o suficiente. Todo o Dharma budista está contido nessas práticas e as fazemos sentados em uma almofada. O refúgio representa o Veículo Básico, a bodhichitta representa o Grande Veículo, método e sabedoria representam o Veículo Vajra. O método aqui pode ser entendido como shamatha ou também a prática das deidades. A sabedoria é a vacuidade. Então, termine com a dedicação."

Esses ensinamentos deixaram Rinchen Zangpo muito contente. Prometeu passar o resto de sua vida em retiro e continuou a seguir o ensinamento de Atisha.

Então, Khen Rinpoche me disse: "Esse é o mapa essencial. Com ele você não se perde. Se conhecer esse mapa, você conhece todo o corpo do Dharma budista. Qualquer ensinamento que receber pode ser usado para adicionar detalhes ao seu mapa."

Depois de um breve silêncio, Khen Rinpoche perguntou: "Você ainda deve estar se perguntando como tudo isso é praticado em uma almofada?" Ele não esperou pela resposta, continuando de imediato: "O refúgio é a porta de entrada para os ensinamentos fundamentais. Qualquer prática começa com o refúgio. Com o refúgio, deixamos para trás a confusão do samsara e mantemos a mente voltada para a liberação. Contudo, quando você entende que o guru e o Buda são os mesmos, a prática do refúgio se torna guru yoga.

Depois do refúgio, estabeleça sua motivação em bodhichitta, que é a porta de entrada para o Mahayana. Isso define nossa intenção para cada prática e, finalmente, para qualquer atividade da vida diária. Vajrasattva e mandala expandem a visão do Mahayana.

"A seguir vêm as práticas principais do Vajrayana. Os métodos para trabalhar com as deidades estabilizam nosso entendimento da união de forma e vacuidade, que é a sabedoria. O método geral do Vajrayana é o de considerar a realização como caminho. No guru yoga, nós nos tornamos a deidade iluminada Vajrayogini. Para fazer isso com genuína convicção, precisamos entender a verdade da vacuidade, que é a sabedoria.

"Essa é a essência de todas as práticas das deidades que vêm após o ngondro. Seja qual for a sua prática, o aspecto mais importante é a consciência plena. A consciência plena contém tudo. Uma vez que você reconhece a consciência plena, todas as práticas se tornam profundas. Se você não desenvolveu a consciência plena, então, mesmo que pratique todos os tipos de métodos maravilhosos, eles não vão realmente lhe ajudar. Por isso, dedique o mérito. Sempre termine com a dedicação do mérito."

Com as palavras de Khen Rinpoche, senti uma sensação quase física de ansiedade deixando meu corpo e minha mente. Depois dessa conversa, fiz muitas práticas diferentes, mas nunca mais me preocupei com qual era a melhor ou se estava perdendo alguma coisa. Com o conselho de Khen Rinpoche, entendi que todos os Dharmas são um. Não importa a forma da prática – shamatha, prática das deidades, bodhichitta – o objetivo é o mesmo: libertar o ego das fixações, ir além dos conceitos, ajudar os outros e reconhecer a consciência plena.

O núcleo central máximo da nossa jornada do ngondro ainda pode ser condensado em três práticas: a cabeça, o coração e o braço da prática. Refúgio e bodhichitta juntos são a cabeça da prática. O coração da prática é a sabedoria, que pode ser abordada pela vacuidade ou pelas meditações sobre a natureza da mente. Essa é a essência do Vajrayana. No final, dedicamos o mérito, que é o braço da prática.

Os quatro pensamentos juntos nos inspiram a renunciar ao samsara. A prática do refúgio confirma e aprofunda essa renúncia. Com a renúncia, descobrimos nosso potencial. Sentimo-nos esperançosos a nosso próprio respeito. A própria possibilidade de liberdade traz uma intensa alegria para o nosso caminho. É como ver a cachoeira do outro lado do deserto: ainda estamos com sede, mas a visão da água traz esperança e felicidade. Com o refúgio exterior, recorremos ao Buda, Dharma e Sangha para proteção e orientação. Com o refúgio interior, voltamo-nos para a nossa própria sabedoria e compaixão. Em ambos os casos, descobrimos que nossa natureza é idêntica à dos seres iluminados.

A bodhichitta determina nossa intenção. Uma vez que purifica nossas negatividades e nossos obscurecimentos, a própria bodhichitta abrange os efeitos da prática de Vajrasattva. E já que acumula mérito e virtude, a bodhichitta abrange os efeitos da prática da mandala. E, como disse Khen Rinpoche, uma vez que percebemos o guru como o Buda, então o refúgio e o guru yoga se tornam uma única prática.

Neste momento você pode estar se perguntando se praticar os quatro pensamentos, Vajrasattva e as outras práticas, é uma espécie de retrocesso. "Por que eu deveria fazer todas essas práticas quando posso fazer refúgio, bodhichitta e dedicação?"

Como mencionei anteriormente, meu pai disse que a iluminação é um processo de descobrir a nós mesmos. Cada prática oferece uma forma específica de chamar a atenção para diferentes partes da nossa verdadeira natureza, aspectos que foram encobertos e obscurecidos. Mas chegamos nesse caminho com diferentes personalidades, necessidades e aptidões. Um mapa essencial nos é oferecido com a sugestão de explorarmos o território do budadharma – que é o mesmo que examinar a nós mesmos – de forma tão completa quanto possível a fim de descobrir o que funciona e o que não funciona.

O que realmente ajuda a estabilizar nossa renúncia e realização? Mesmo um guru nem sempre pode nos dizer exatamente o que fazer com a nossa prática. A investigação do que funciona deve vir da nossa parte. E não se esqueça do que Khen Rinpoche disse sobre o reconhecimento da consciência plena. O reconhecimento da consciência plena adiciona uma dimensão mais profunda a todas as práticas. Com consciência plena, todas as práticas se tornam profundas.

Sonhos e Profecias

A autorização de ensinar a linhagem Nyongtri a mais de um aluno no período de uma vida foi dada a Khenpo Ngawang Palzang, professor do meu mestre Nyoshul Khen Rinpoche. Foi profetizado na época em que Khenpo Ngawang Palzang recebeu esses ensinamentos, que havia chegado o momento certo de serem mais amplamente disseminados. Enquanto estava recebendo esses ensinamentos, Khenpo Ngawang Palzang teve um sonho profético.

Em seu sonho, uma enorme estupa cobria toda a região do Tibete. Foi-lhe dito que o rei budista indiano, Ashoka, construíra essa estupa. De repente, a parte oeste da estupa rachou e se partiu. Tudo começou a se desintegrar e a desmoronar do topo da estupa, como se um terremoto estivesse abalando o chão. Os pedaços esfacelados se espalharam e rolaram pelas montanhas até caírem no oceano, que tingiu-se de cor vermelho vivo. Então, uma voz vinda do céu disse: "Dez milhões de seres no oceano alcançarão a realização direta."

A grande estupa no sonho representa o Budismo Tibetano. A construção da estupa pelo rei Ashoka significa que o Budismo veio da Índia para o Tibete. A estupa caindo na direção oeste prenunciava que o Budismo seria destruído no Tibete durante a Revolução Cultural Chinesa, mas se moveria para o ocidente e se espalharia pelo mundo todo. O oceano está fora do Tibete, mas tornou-se vermelho, a cor principal do Budismo Tibetano. Isso significa que o Vajrayana seria levado para longe de sua terra natal pelas águas do oceano. Os "dez milhões de seres" referem-se a pessoas em todo o mundo, bem distantes do Tibete. Atingir a realização direta significa ser iluminado.

Minha aspiração é que a destruição de tamanha profusão de Dharma dentro do Tibete se transforme em incomensurável benefício para os seres em todo o mundo.

Espero sinceramente que este livro ofereça orientações esclarecedoras. É possível que, sendo um leitor principiante do Budismo, você tenha aprendido algo útil. Isso seria maravilhoso. Talvez você já esteja pensando sobre a sua mente de uma nova maneira. Se serviu para alguma coisa, se você conseguiu identificar qualquer sabedoria nessas páginas, por favor, considere dedicar esse mérito às outras pessoas.

O Buda Shakyamuni falou sobre os incomparáveis benefícios que surgem para quem lê ou apenas ouve quatro linhas de Dharma. Portanto, alegre-se com o fato de ter dedicado seu precioso tempo a esses ensinamentos. Assim como fazemos com a prática, não queremos guardar o mérito e a sabedoria só para nós, ou usarmos o Dharma para pormos outro chapéu em nossa cabeça. Queremos compartilhá-lo para o benefício de todos os seres. Mesmo em uma aspiração silenciosa, podemos pensar: "Dedico qualquer coisa que tenha aprendido aos outros seres, para que possam ser livres de confusão em suas vidas e possam desenvolver sabedoria e clareza. E que o sofrimento se transforme em paz."

Glossário

Abreviações: (sânsc.): Sânscrito   (tib.): Tibetano

Atisha (980–1054) Estudioso e sábio indiano, tradutor de textos budistas; teve um papel decisivo na transmissão do Dharma da Índia para o Tibete.

Bodh Gaya Local onde se situa a árvore bodhi, no estado indiano de Bihar, identificado como o local onde o Buda Shakyamuni histórico se iluminou.

bodhi (sânsc.) Iluminação. Ver bodhichitta.

bodhichitta (sânsc.) Mente da iluminação. A bodhichitta absoluta refere-se à mente iluminada que reconhece diretamente a vacuidade. No sentido absoluto, o termo é intercambiável com estado búdico, despertar, iluminação, realização da vacuidade e reconhecimento de uma consciência plena ilimitada, indivisível, como o céu.
A bodhichitta relativa trabalha com conceitos e dualidades para atingir nosso objetivo da bodhichitta absoluta. A bodhichitta relativa é formada pela aspiração e pela bodhichitta da aplicação. A bodhichitta da aspiração refere-se à intenção perseverante de ajudar todos os seres sencientes a se iluminarem e a se libertarem do sofrimento. A bodhichitta da aplicação refere-se às maneiras pelas quais colocamos nossas aspirações em prática. Nos ensinamentos tradicionais, a bodhichitta da aplicação é a prática das seis perfeições. Ver paramitas.

bodisatva (sânsc.: bodhisattva) Aquele que trabalha incessantemente para ajudar os seres sencientes a se livrarem do sofrimento e tornarem-se Budas.

Buda (sânsc.: Buddha) Ser Iluminado. Aquele que despertou para a verdadeira natureza da realidade. Ver Shakyamuni.

budadharma (sânsc.: buddhadharma) Em geral se refere aos ensinamentos budistas.

calma permanência (sânsc.: shamatha) Refere-se à mente que mantém sua própria serenidade, independentemente das circunstâncias externas; cultivada pela consciência plena meditativa.

carma (sânsc.: karma) O princípio de causa e efeito em que as ações virtuosas destinadas a diminuir o sofrimento para si e para os outros são a causa de experiências futuras positivas, enquanto as ações não virtuosas causam experiências negativas. "Futuro" pode ser o próximo momento, ano ou vida.

clareza Aspecto inerente da consciência plena; a qualidade cognoscente da mente.

compaixão Qualidade inerente da natureza búdica ou bondade básica; a sua expressão suprema é acessada pela sabedoria da vacuidade.

consciência normal A maneira como nos relacionamos com a consciência plena antes de começar a trabalhar com a nossa mente; consciência sem o reconhecimento da própria consciência plena.

consciência plena A qualidade inata da mente, conhecedora e sempre presente. Embora exista apenas uma consciência plena, expressões variadas são classificadas em termos de consciência normal, consciência plena meditativa e consciência plena pura.

consciência plena meditativa Consciência plena que reconhece sua própria presença.

consciência plena nua Estado mental livre de pensamento em que a consciência plena se autorreconhece, livre dos filtros de conceitos, memórias e associações.

consciência plena pura O reconhecimento da presença e da natureza da consciência plena.

dakas e dakinis (sânsc.) Manifestações masculinas e femininas da atividade iluminada.

dez vantagens Qualidades e condições inerentes a um grande número de nascimentos humanos que proporcionam a oportunidade de despertar; contemplações utilizadas na primeira prática fundamental.

Dharma (sânsc.) Este termo tem muitos significados diferentes, incluindo "a lei" e "fenômenos"; mais comumente, refere-se aos ensinamentos budistas. É uma das Três Joias: Buda, Dharma e Sangha.

dharmakaya (sânsc.) O corpo do Dharma; o aspecto vacuidade-sabedoria da realidade iluminada; sem forma, não fabricado, expansividade semelhante ao céu.

Dilgo Khyentse Rinpoche (1910-91) Nasceu no Tibete e é considerado um dos mais excelentes mestres tibetanos de todos os tempos. Após a invasão chinesa, Dilgo Khyentse Rinpoche foi fundamental para manter a continuidade dos ensinamentos para as comunidades tibetanas de monges e leigos no exílio, além de levar o Budismo para o Ocidente.

dukkha (sânsc.) Sofrimento e insatisfação; estado mental que cria e perpetua a angústia mental, identificando-se com a reatividade negativa. A liberação vem de reconhecer que o sofrimento não é intrínseco à nossa natureza básica.

estado búdico Termo usado de forma intercambiável com iluminação, despertar e realização direta da realidade absoluta; a concretização da natureza búdica, estado onde todos os obscurecimentos, negatividades e ilusões enganosos foram eliminados, transcendendo a dualidade de samsara e nirvana.

estupa (sânsc.) Estrutura arredondada que representa a mente do Buda; muitas vezes construída para preservar as relíquias dos seres iluminados.

girar a roda do Dharma Ensinar o Dharma; manter os ensinamentos budistas ativos e vivos, apresentando e reintroduzindo o Dharma aos seres sencientes ao longo da história.

guru (sânsc.) Um professor ou guia espiritual.

guru yoga (sânsc.) A última prática fundamental que enfatiza a inseparabilidade intrínseca entre a verdadeira natureza do aluno e a essência iluminada do guru.

iniciação Cerimônia, muitas vezes em uma forma ritual, por meio da qual o professor-guru ajuda o aluno a reconhecer um aspecto de sua natureza iluminada, capacitando-o a fazer determinadas práticas que ajudam a gerar a realização dessa qualidade.

iluminação Um estado de ser em que a natureza búdica – união de clareza e vacuidade – foi plenamente realizada.

imaginação Nesse texto, o uso convencional do termo visualização é, muitas vezes, substituído por imaginação. Em ambos os casos, é a fabricação mental intencional de formas específicas que servem de auxílio para a prática.

impermanência Todos os fenômenos condicionados mudam; tudo o que nasce irá se dissolver. Nossas tentativas habituais de fixar tudo o que inevitavelmente muda negam a verdade da impermanência e criam o sofrimento do samsara.

introdução à natureza da mente Ensinamentos orais pessoais em que o professor introduz o aluno à natureza de sua própria mente. Neste texto, Mingyur Rinpoche explica como os alunos que já receberam essas instruções podem aplicá-las às práticas fundamentais.

Kagyu Uma das quatro linhagens do Budismo Tibetano.

kaya (sânsc.) Corpo, no sentido de um corpo de pensamento, ou um agrupamento ou conjunto de qualidades relacionadas. Ver também três kayas, dharmakaya, nirmanakaya, sambhogakaya.

klesha (sânsc.) Transgressão. Um estado mental destrutivo, como raiva ou ganância, que obscurece a bondade e a pureza originais.

Linhagem Nyongtri (tib.) Linhagem do Budismo Vajrayana que é transmitida para um aluno de cada vez em um processo chamado "ensinamentos experienciais"; Mingyur Rinpoche recebeu a transmissão da linhagem Nyongtri de Nyoshul Khen Rinpoche.

luminosa Qualidade inerente à consciência plena.

Mahamudra (sânsc.) "Grande Selo." A tradição de meditação da linhagem Kagyu, que enfatiza o reconhecimento da natureza essencial da própria mente e o treinamento nessa experiência.

Mahayana (sânsc.) O grande veículo (maha significa "grande", yana significa "veículo"); um movimento dentro do Budismo que começou na Índia no início da Era Comum e que enfatiza a compaixão e o trabalho para a iluminação em benefício de todos os seres; também chamado de caminho do bodisatva.

mala (sânsc.) O colar de 108 contas que permite aos praticantes manterem a contagem dos mantras e preces.

mandala (sânsc.) Um círculo sagrado; um universo perfeitamente abrangente, um reino sem limites, sem começo e sem fim; as mandalas podem se referir a uma categoria de representações pictóricas de reinos sagrados, usadas como auxílios visuais para práticas específicas. A prática de mandala é uma das práticas fundamentais extraordinárias; "mandala" também pode se referir à placa ritual ou placa circular usada como suporte para a prática de mandala.

mantra (sânsc.) *Man* significa "mente" e *tra* significa "proteção"; uma sequência de sílabas em sânscrito que tem o poder de incorporar a sabedoria de uma determinada deidade; é recitado em repetições como prece, súplica ou invocação.

meditação Trabalhar com a mente de forma intencional a fim de reconhecer suas qualidades inerentemente despertas.

Milarepa (1040-1123) O praticante mais puro e mais amplamente venerado do Tibete, famoso por sua prática solitária nas cavernas do Himalaia e pelo ensinamento direto proferido por meio de canções.

mente-do-macaco A mente que tagarela consigo mesma de forma incontrolável e não consegue se desligar das preocupações com o "eu".

mudra (sânsc.) Gesto ritual associado às mãos e aos dedos, mas não limitado a eles.

Nagi Gompa Convento de monjas situado no vale de Catmandu, local de retiro de Tulku Urgyen Rinpoche.

Naropa (1016-1100) O segundo mestre iluminado da linhagem Kagyu. Excelente estudioso e dialético da famosa Universidade Nalanda, situada no estado de Bihar, na Índia que, tendo confrontado sua compreensão imperfeita, abandonou sua estável posição de professor para estudar com o excêntrico mestre Tilopa.

natureza búdica Bondade, sabedoria e compaixão básicas e inerentes a todos os seres scientes; a natureza suprema da realidade que descobrimos no caminho espiritual.

ngondro (tib.) O que vem primeiro; práticas fundamentais do Budismo Tibetano que nos ajudam a fazer a travessia da confusão para a clareza.

nirmanakaya (sânsc.) A forma corporificada da iluminação; nirmana significa "manifestar", e kaya significa "corpo." Um Buda nirmanakaya é acessível a pessoas comuns usando percepções sensoriais comuns, como foi o caso do Buda Shakyamuni.

nirvana (sânsc.) Um estado mental que foi liberado da ignorância e ilusões que definem a realidade convencional e que realizou sua verdadeira natureza, ilimitada, luminosa e livre de sofrimento.

Nobre Sangha Ver Sangha.

Nyoshul Khen Rinpoche (1932-99) Nyoshul Khen superou condições difíceis para se tornar um mestre erudito, influente e profundamente reverenciado. Sobreviveu escasssamente após sua fuga do Tibete e, muitos anos depois, se instalou em Thimpu, no Butão. Foi um dos quatro professores principais de Mingyur Rinpoche.

oito liberdades Estar livre dos oito estados restritivos. As práticas fundamentais compreendem oito contemplações de circunstâncias que restringem a capacidade de alcançar a iluminação; quando nascem livres dessas restrições, os seres humanos têm uma capacidade ilimitada de despertar.

paramitas (sânsc.) Seis perfeições ou qualidades que nos ajudam a passar do samsara para o nirvana: generosidade, disciplina, paciência, diligência, meditação e sabedoria. São também chamadas de perfeições transcendentes pois, sendo os seis principais métodos da bodhichitta da aplicação, são a expressão natural da sabedoria da vacuidade.

percepção pura A experiência de toda percepção sensorial como manifestações da realidade absoluta ou iluminada.

práticas fundamentais Ver ngondro.

práticas preliminares Ver ngondro. Termo tradicional usado para o ngondro, mas neste texto, é substituído por "práticas fundamentais."

protetores do Dharma (sânsc.: dharmapala) Manifestações da atividade iluminada que removem os obstáculos e salvaguardam as experiências e as realizações para aqueles que estão no caminho do despertar.

quatro incomensuráveis A aspiração a que todos os seres sencientes tenham felicidade e suas causas; que sejam livres do sofrimento e suas causas; que nunca se separem da sublime felicidade livre do sofrimento (o que significa que nunca sofram da incapacidade de se alegrar com o bem-estar dos outros) e vivam em equanimidade, livres de apego e aversão àqueles que estão próximos e distantes.

Quatro Nobres Verdades O primeiro ensinamento dado por Shakyamuni, o Buda histórico: a verdade do sofrimento, a verdade das causas do sofrimento, a verdade da cessação do sofrimento, a verdade do caminho que leva à cessação do sofrimento, também chamado de nobre caminho óctuplo.

Realidade absoluta Ver vacuidade.

realização A iluminação ou o fim do sofrimento, esse é o objetivo da prática budista. No Vajrayana, a realização é considerada como caminho (e não como causa); o caminho começa com a verdade da iluminação original, e o caminho do Dharma é um meio para essa realização.

reconhecimento Despertar; estar ciente do que acontece internamente e externamente, enquanto está acontecendo.

rinpoche (tib.) Precioso; uma expressão de respeito.

sabedoria Nos ensinamentos tibetanos, a sabedoria relaciona-se especificamente com o reconhecimento da natureza búdica, a união de vacuidade e clareza.

Saljay Rinpoche (1910-99) Foi mestre de retiro de Sherab Ling desde 1985 até o final de sua vida. Completou seu treinamento no Monastério de Palpung no Tibete sob a orientação do 11º Tai Situ Rinpoche. Após a invasão chinesa, fugiu para o Sikkim, onde permaneceu até a morte do 16º Karmapa; depois foi para Sherab Ling para ficar perto do 12º Tai Situ Rinpoche. Foi mestre de retiro de Mingyur Rinpoche e um dos seus quatro professores principais.

samaya (sânsc.) Um voto ou juramento específico do Vajrayana que é realizado por meio de iniciações e se aplica a uma grande quantidade de preceitos; comumente usado em associação com uma confiança inabalável que o aluno deposita no guru.

sambhogakaya (sânsc.) O aspecto de radiante clareza da realidade iluminada, que é representada por deidades que se manifestam como manifestações transparentes de luz e cor, semelhantes à holografia.

samsara (sânsc.) Girar em círculos. Um estado mental aprisionado à existência cíclica; um estado mental que se prende ao desejo e à ilusão; o mundo da confusão.

Sangha (sânsc.) A Nobre Sangha se refere à comunidade de seres iluminados; A sangha comum se refere a amigos que compartilham o caminho do Dharma. É parte das Três Joias: Buda, Dharma e Sangha.

seres sencientes Todos os seres dos seis reinos do samsara; seres dotados da mente que se manifesta na existência cíclica definida pela ignorância e pelo sofrimento.

shamatha (Skt.) Ver calma permanência.

Shakyamuni O Buda histórico (aproximadamente 566-485 a.C.). Sua renúncia ao mundo de confusão convencional e sua determinação de reconhecer a causa e a cessação do sofrimento inspiraram e geraram todas as tradições subsequentes do Budismo vigentes até o presente.

Shantideva Mestre indiano do século VIII cujos estudos na Universidade de Nalanda foram considerados medíocres até que fez um discurso para a assembleia de monges. Os ensinamentos extraordinários que proferiu são conhecidos como Bodhicharyavatara, ou O Caminho do Bodisatva. Celebrado como brilhante, sucinto e profundo, esse texto continua sendo amplamente estudado, ensinado e reverenciado pelos budistas de todo o mundo.

seis reinos Os reinos da existência samsárica que descrevem estados mentais como raiva, ganância e ignorância. Os três reinos inferiores são os reinos do inferno, dos fantasmas famintos e dos animais. Os três reinos superiores são os reinos dos humanos, dos semideuses e dos deuses.

sofrimento Ver dukkha.

Sutra do Coração (sânsc.: Prajnaparamita) Também conhecido como Sutra da Perfeição da Sabedoria. Texto budista conhecido por ensinar que "Forma é vacuidade e vacuidade é forma; forma não é diferente de vacuidade e vacuidade nada mais é que forma". Esse ensinamento mostra que, embora apareçam, os fenômenos são desprovidos de qualquer natureza verdadeira e substancial.

Tai Situ Rinpoche (nascido em 1954) Reconhecido como o 12º Tai Situ pelo 16º Karmapa, que supervisionou sua entronização no Monastério de Palpung no leste do Tibete e que o conduziu a salvo na idade de seis anos (ao lado do 6º Mingyur Rinpoche) após a invasão chinesa. Por fim, ele se instalou perto de Bir, no noroeste da Índia, e desenvolveu o Monastério Sherab Ling, onde Mingyur Rinpoche começou a estudar aos onze anos. Hoje, supervisiona uma vasta rede de monastérios Kagyu, centros de retiro e centros de Dharma em todo o mundo, contribuindo enormemente para o contínuo florescimento do Dharma tibetano. É um dos quatro professores principais de Mingyur Rinpoche.

Três Joias O Buda, o Dharma e a Sangha.

três kayas nirmanakaya, sambhogakaya e dharmakaya.

três raízes As fontes de refúgio, juntamente com as Três Joias, na tradição Vajrayana. Ver também o guru, yidam e protetor do Dharma.

Tilopa (989-1069) Iogue indiano excêntrico cujos ensinamentos dados a Naropa (1016-1100) deram início à linhagem Kagyu.

Tsoknyi Rinpoche (nascido em 1966) Nasceu no Nepal e é um dos irmãos de Mingyur Rinpoche. Seu estilo acessível de ensinar baseia-se em sua profunda experiência de meditação e seu contínuo engajamento com o mundo moderno. Casado e pai de duas filhas, viaja extensivamente enquanto supervisiona dois conventos de monjas no Nepal, um dos maiores conventos no Tibete e mais de cinquenta centros de prática e locais de retiro na região leste do país. Seu último livro, escrito com Eric Swanson é Coração aberto, mente aberta: despertando o poder do amor essencial, publicado em português pela Editora Lúcida Letra.

tulku (tib.) O renascimento de alguém que alcançou realizações espirituais e, portanto, é considerado especialmente dotado do potencial para o desenvolvimento espiritual.

Tulku Urgyen Rinpoche (1920-96) Um dos mestres de meditação mais conceituados do século passado; nasceu em Kham, veio ao Nepal após a invasão chinesa do Tibete e fundou dois monastérios e muitos centros de ensino; morava no Nagi Gompa, no vale de Catmandu. Hoje seu legado é continuado por seus filhos Chökyi Nyima Rinpoche, Tsikey Chokling Rinpoche, Tsoknyi Rinpoche e Yongey Mingyur Rinpoche. Foi um dos quatro professores principais de Mingyur Rinpoche.

vacuidade A natureza fundamental de todos os fenômenos, o que indica que eles não têm nenhuma identidade inerente e independente; usado de forma intercambiável com o termo realidade absoluta.

vajra (sânsc.) Raio que é como um diamante, inquebrantável, símbolo da verdade indestrutível do Dharma, capaz de dissipar toda ignorância e ilusão; um objeto ritual que simboliza compaixão e meios hábeis, usado em conjunto com um sino ritual, símbolo de sabedoria e vacuidade.

Vajradhara (sânsc.) O Buda primordial que representa a vacuidade, a essência do estado iluminado. Neste texto, Vajradhara é visto como a corporificação do dharmakaya. Embora o dharmakaya esteja além de conceitos e forma, Vajradhara tem a cor azul para representar as qualidades ilimitadas da nossa verdadeira natureza. Essa imagem exemplifica o uso da forma para ir além da forma, e o uso da visualização para ir além de tudo o que é concebível.

Vajrasattva (sânsc.) Deidade de meditação que simboliza purificação.

Vajrayana (sânsc.) Veículo dos ensinamentos budistas que se baseia na visão de que o caminho do despertar é um processo de reconhecimento de que a iluminação, ou o estado búdico, não é um objetivo a atingir, mas sim uma realidade imanente que só pode ser reconhecida no momento presente. Essa abordagem está associada principalmente às escolas tibetanas de Budismo, embora também seja encontrada em algumas escolas do Budismo japonês.

Vajrayogini (sânsc.) Deidade de meditação usada na prática do guru yoga; é a essência de todos os Budas e, como a mãe divina, é a origem de todos os Budas.

Veículo Básico Os ensinamentos do Buda Shakyamuni que enfatizam as três marcas da existência: não eu, impermanência e sofrimento.

Vinaya (sânsc.) Coletânea de ensinamentos do Buda Shakyamuni sobre disciplina e comportamento apropriado para a comunidade de monges ordenados; um livro de regras que até hoje orienta a comunidade monástica.

vipassana Insight; visão clara. A meditação vipashyana (sânsc.), ou vipassana, enfatiza que o reconhecimento de todas as coisas emerge da vacuidade; é inseparável da vacuidade e se dissolve em vacuidade. Vipassana é a percepção direta e prática de que toda experiência de fato aparece, mas não pode ser capturada por palavras e conceitos e, portanto, é totalmente impossível de se apreender, não tem fundamento e é como o espaço.

yana (sânsc.) Veículo; um método para seguir um caminho ou tradição budista. A história e os ensinamentos do Budismo são convencionalmente divididos no Veículo Básico, no Veículo do Mahayana e no Veículo do Vajrayana.

yidam (tib.) Na tradição Vajrayana, os yidams são seres iluminados que servem de base para práticas específicas de meditação; como suportes à prática, podem aparecer como formas externas mas, em última instância, são vivenciados como manifestações mentais.

Leituras Recomendadas

Textos sobre as práticas fundamentais do Budismo Tibetano

Chagdud Tulku. *Ngondro Commentary: Instructions for the Concise Preliminary Practices of the New Treasure of Dudjom*. Junction City, Califórnia: Padma, 1995.

Dahl, Cortland. *Entrance to the Great Perfection: A Guide to the Dzogchen Preliminary Practices*. Ithaca, N.Y.: Snow Lion, 2009.

Dilgo Khyentse. *The Excellent Path to Enlightenment: Oral Teachings on the Root Text of Jamyang Khyentse Wangpo*. Ithaca: Snow Lion, 1996.

———. *Guru Yoga: According to the Preliminary Practice of Longchen Nyingtik*. Ithaca: Snow Lion, 1999.

———. *The Wish-Fulfilling Jewel: The Practice of Guru Yoga according to the Longchen Nyingtik Tradition*. Boston: Shambhala, 1999.

Dudjom Rinpoche. *A Torch Lighting the Way to Freedom: Complete Instructions of the Preliminary Practices*. Boston: Shambhala, 2011.

Dzongsar Jamyang Khyentse. *Não é para a felicidade: um guia para as chamadas práticas preliminares*. Teresópolis, RJ: Lúcida Letra, 2017.

Jamgon Kongtrul. *The Torch of Certainty*. Boston: Shambhala, 2000.

Khenpo Ngawang Pelzang. *A Guide to the Words of My Perfect Teacher*. Boston: Shambhala, 2004.

Patrul Rinpoche. *As Palavras do Meu Professor Perfeito*. Tradução do Grupo de Tradução Padmakara. Porto Alegre: Makara, 2008.

Thinley Norbu. *A Cascading Waterfall of Nectar*. Boston: Shambhala, 2006.

Créditos

Fotografias

Páginas 18, 31, 59, 69, 116, 125, 126, 179, 228, 336: As fotos da infância de Mingyur Rinpoche, membros de sua família e seus professores são da coleção particular de Mingyur Rinpoche. Fotógrafos desconhecidos. Cortesia de Mingyur Rinpoche.

Página 143: Foto de Mingyur Rinpoche em seus aposentos em Sherab Ling, feita por Alex Campbell. Cortesia de Alex Campbell.

Página 86: Foto de Nyoshul Khen Rinpoche feita por Matthieu Ricard. Cortesia dos Arquivos do Monastério Shechen (Shechen Archives).

Página 113: Foto de Dilgo Khyentse Rinpoche e Tulku Urgyen Rinpoche, feita por Matthieu Ricard. Cortesia do Shechen Archives.

Página 81: Foto de Tai Situ Rinpoche por Marie Sepulchre. Cortesia de Marie Sepulchre.

Página 247: Foto de Sonam Chödrön e Tashi Dorje por Tim Olmsted. Cortesia de Tim Olmsted.

Desenhos

Páginas 23, 24, 41, 311, 315: Desenhos com tinta feitos em papel por Gyalpo Urgyen, 2013. Cortesia do Tergar International.

Pinturas

Página 191: Pintura do campo de refúgio da linhagem Karma Kagyu. Pigmento mineral em algodão, artista desconhecido do leste do Tibete, por volta de 1921. Cortesia da Himalayan Art Resources. As reproduções que mostram imagens de Shantideva, Milarepa, Atisha, Buda Shakyamuni, Vajradhara, o 11º Tai Situ Rinpoche, Vajrasattva e Vajrayogini foram extraídas dessa pintura. Para mais informações, visite: www.himalayanart.org/image.cfm/65861.html

Textos

No Prefácio

Rangdrol, S. T. *The Life of Shabkar: The Autobiography of a Tibetan Yogin*. Traduzido por M. Ricard e o Padmakara Translation Group. Ithaca: Snow Lion Publications, 2001.

Ricard, Matthieu. *On the Path to Enlightenment: Heart Advice from the Great Tibetan Masters*. Boston: Shambhala Publications, 2013.

Jigme Lingpa. *Treasury of Precious Qualities*. Traduzido do tibetano por Padmakara Translation Group. Reimpresso por meio de um acordo com a Shambhala Publications, Inc. Boston, MA. www.shambhala.com.

Outras citações no prefácio são traduções originais do tibetano para o inglês por Matthieu Ricard.

Em Transformando a Confusão em Clareza

Excertos de Shantideva de *O Caminho do Bodisatva*. Traduzido por Manoel Vidal e Cândida Bastos. Três Coroas: Makara, 2013

Citações da liturgia de práticas fundamentais (ngondro) são de Jamgön Kongtrül Lodrö Tayé, *Nectar of the Simple Yogi*. Traduzido por Cortland Dahl sob a direção de Yongey Mingyur Rinpoche. Manuscrito não publicado, 2007. Escrita no século XIX por um dos maiores luminares espirituais do Tibete, essa liturgia é usada como base para as práticas contemplativas e meditativas da linhagem Karma Kagyu do budismo tibetano. Cortesia do Tergar International.

As citações atribuídas ao Buda Shakyamuni no capítulo 2 e no capítulo 6 são extraídas de *Thus Have I Heard: The Long Discourses of the Buddha*. Traduzido por Maurice Walshe (Londres: Wisdom, 1987).

Sobre a Comunidade de Meditação Tergar

Sob a orientação de Yongey Mingyur Rinpoche e do Tergar International, a Comunidade de Meditação Tergar é uma rede internacional de centros e grupos de prática que oferecem cursos abrangentes de treinamento de meditação e estudo para budistas e não budistas. Para saber mais sobre programas e locais, acesse www.tergar.org

Tergar's Online Learning Community (TLC) – Comunidade de Aprendizagem On-line do Tergar – oferece retiros, cursos e programas de estudo sobre meditação e o caminho budista. Esses programas permitem que os participantes tenham acesso a professores notáveis em todo o mundo e tenham oportunidades de se conectarem uns com os outros. Para saber mais, acesse www.learning.tergar.org

Para mais informações, contate:
Tergar International
810 First St. South, Suite 200
Hopkins, MN 55343 USA
(952) 232-0633
info@tergar.org

Sobre a Fundação Yongey

A Fundação Yongey apoia os projetos de Mingyur Rinpoche em todo o mundo. Todos os recursos deste livro são destinados à educação e suporte de monjas e monges que vivem nos monastérios de Mingyur Rinpoche na Índia, no Nepal e no Tibete. Para saber mais, visite www.yongeyfoundation.org

Índice Remissivo

Símbolos

6º Mingyur Rinpoche 404
7º Mingyur Rinpoche 84

A

abhishekas 381
abrir mão 21, 24, 26, 42, 99, 107, 121, 122, 171, 189, 239, 284, 301, 306, 322-325, 332, 377-380
aflições mentais 94, 173, 323, 342
Alegre Sabedoria 5
alegria 76, 120, 128, 133, 156, 226, 243, 245, 250, 251, 256, 257, 260, 384, 385, 392
Alegria de Viver 5, 9
amor 40, 89, 150, 151, 171, 194, 201, 202, 208, 212, 235, 242, 244, 247-256, 263, 294, 334, 385, 405
Angulimala 268-270, 276-283
antídoto 124, 135, 273, 282, 283, 287, 291, 292, 305, 325, 376, 379
apego 22, 23, 25, 29, 34, 36, 42, 72, 98, 122, 165, 185, 231, 239, 243, 245, 251-257, 265, 274, 282, 301, 302, 306, 308, 316, 317, 321-325, 333, 344, 374-378, 383, 402
apego ao ego 301, 302, 308, 317, 321, 322, 374
arrependimento 128, 154, 273, 278-283, 286, 292
Ashoka 394
As Palavras do Meu Professor Perfeito 408
aspiração 32, 40, 97, 98, 117, 122, 128, 137, 141, 173, 180, 210, 211, 221, 235, 240-288, 292, 293, 296, 311, 328, 330, 344, 377, 394, 395, 396, 402
Atisha 114, 289, 290, 389-391, 396, 409
atividade iluminada 201, 397, 402
Avalokiteshvara 206

B

bem-aventurança 67, 99, 383, 384, 385
bênçãos 23, 43, 160, 197, 205, 206, 220, 227, 230, 272, 284, 286, 289-292, 309, 323, 331, 345, 348, 350, 355, 363, 370, 373
bindu 382
Bir 83, 84, 124, 404
Bodh Gaya 80, 81, 107-109, 247, 258, 280, 396
bodhichitta 40, 141, 190, 209, 210, 211, 229, 232-235, 240, 242, 244, 257-268, 273, 282, 287, 288, 296, 301, 330, 336, 373, 379, 380, 386, 388, 391-393, 396, 402
bodhichitta absoluta 107, 136, 187-190, 202, 207, 214, 215, 218, 235, 240, 254, 257, 262, 270, 277, 297, 298, 331, 337, 338, 344, 347, 361, 372, 385, 396, 398, 402, 406
bodhichitta e compaixão 40, 141, 190, 209-211, 229, 232, 233, 234, 235, 240, 242, 244, 257, 258, 259, 260, 261, 262, 265, 267-268, 273, 282, 287, 288, 296, 301, 330, 336, 373, 379, 380, 386, 388-393, 396, 402
bodhichitta relativa 42, 75, 133-134, 184, 188, 202, 207, 215, 218-219, 236, 257, 258, 259, 261, 262, 263, 270, 273, 277, 298, 305, 310, 338, 344, 347, 364, 370, 372, 385, 396

bodisatvas 112, 203, 208, 209, 213, 215, 220, 259, 327, 329, 331, 335, 350, 365, 377

bondade amorosa 106, 190, 199, 233, 234, 235, 236, 240, 243, 246, 247, 249, 254, 256, 262, 263

Budas 40, 42, 48, 90, 91, 106, 186, 197, 201-203, 208, 214, 219, 221, 227, 229, 230, 235, 237, 238, 267, 272, 274, 276, 284, 285, 286, 292, 305, 309-312, 320, 323, 327, 329, 331, 333, 335, 337, 338, 339, 340, 341, 345, 347, 348, 350, 351, 362, 363, 364, 365, 371, 373, 374, 375, 376, 377, 381, 382, 386, 396, 406

Buda Shakyamuni 33, 49, 80, 88, 108-114, 127, 200, 213, 218-220, 258, 268, 277, 309, 331, 337, 342-343, 361, 374, 395, 396, 401, 406, 409, 410

Budismo Tibetano 3, 5, 15, 19, 27, 37, 94, 112, 188, 226, 269, 394, 399, 401, 408

Butão 13, 85-88, 367-368, 388, 401

C

calma permanência 26, 80, 271, 319, 396, 404

caminho budista 11, 21, 411

Caminho do Bodisatva 280, 293, 404, 410

carma 19, 30-32, 39, 112, 135, 138-157, 172-173, 203, 241, 250, 254, 257, 268-283, 286, 287, 292, 298, 300-305, 321, 333, 361, 381, 397

causa e efeito 30, 40, 135, 138-143, 145, 147-150, 152, 154, 155, 244, 397

Chenrezik 206, 220

Choying Dorje 300

clareza 12, 16, 19, 21, 26, 28, 35, 42-44, 67, 79, 99, 127, 132, 153, 163, 178, 189, 198, 212, 214, 218, 219, 221, 237, 248, 259, 261, 274, 275, 278, 285-288, 296, 310, 318, 327, 338, 349, 371, 373, 382, 395, 397-403

compaixão 19, 23, 39, 76, 83, 84, 97, 105, 106, 124, 126, 134, 146, 150-151, 163, 167, 175, 181, 189, 190, 198-214, 220, 233-235, 240-264, 272, 274, 278, 280, 284, 285, 294, 326, 337, 356, 358, 371, 373, 377, 385, 387, 390, 393, 397, 400, 401, 406

compaixão ilimitada 146, 175, 181, 201-202, 208, 212, 218, 235, 243, 262, 263, 300, 379, 396, 401, 402

compaixão na prática 55, 210, 256, 271, 287, 336, 406

compaixão no guru yoga 328, 334, 340

comparação 244

compromisso 134, 148, 173, 211, 232, 254, 265, 331, 339, 342, 355, 378, 390

Comunidade de Meditação Tergar 7, 411

comunidade monástica 359, 406

concentração 48, 142, 237

condicionamento cultural 160, 302

confiança 38, 43, 51, 75, 84, 87, 91, 93, 97, 114, 139, 158, 181, 194, 201, 208, 226, 236, 273, 292, 302, 316, 317, 345, 346, 358, 363, 374, 380, 386, 389, 403

confissão 226, 293, 336, 376

confusão 16, 19, 20, 21, 25, 28, 29, 32, 43, 44, 73, 89, 114, 127, 136, 141, 153, 176, 178, 180, 189, 196, 200, 211, 212, 217, 237, 243, 259, 263, 264, 267, 287, 302, 310, 311, 318, 324, 330, 338, 353, 359, 383, 388, 389, 391, 395, 401, 403, 404

consciência plena 26, 29, 30, 46, 47, 48,

49, 50, 58, 59, 61, 62, 63, 64, 65, 66, 69, 70, 71, 72, 73, 74, 75, 76, 77, 90, 92, 95, 99, 100, 101, 102, 103, 105, 106, 120, 128, 129, 130, 131, 132, 133, 145, 151, 153, 158, 162, 168, 169, 170, 172, 184, 186, 189, 194, 195, 196, 197, 198, 212, 213, 220, 223, 224, 225, 228, 230, 233, 234, 237, 239, 240, 255, 260, 261, 265, 272, 279, 280, 282, 287, 288, 294-298, 318-319, 327, 329, 330, 331, 340, 379, 380, 382, 383, 389, 392, 393, 396, 397, 399

consciência plena aberta 62-66, 71, 100-102, 128, 129, 151, 168, 169, 170, 172, 195-196, 212, 223-224, 234, 255, 265, 296, 329, 331, 380

contentamento 36, 74, 199

corpo 28, 42, 50-57, 63, 84, 86, 95, 100, 101, 104, 113-118, 126, 128-137, 140, 143, 144, 154, 155, 160, 164, 170, 175, 176, 178, 183, 185, 187, 193, 212, 218, 220-221, 226-229, 233, 240, 241, 269, 272, 283, 285-287, 291-295, 297, 298, 300-305, 313, 316, 322-325, 327, 333, 335, 337, 338, 340, 342, 350, 362, 372-392, 398-401

corpo sutil 388

culpa 128, 146, 154, 269, 271, 278-283, 286, 298

D

Dalai Lama 80, 243, 254

desejo 16, 20, 25, 27, 36, 40, 95, 98, 118, 127, 133, 140, 169, 170, 172, 186, 199, 211, 228, 243, 244, 245, 246, 248, 249, 250, 256, 258, 259, 278, 345, 346, 368, 373, 379, 380, 403

desperto 36, 86, 104, 198

destino 10, 31, 97, 146-148, 222, 241

devoção
  três tipos de, 16, 108, 109, 126, 190, 201, 206, 217, 231, 260, 284, 309, 334-339, 341, 342, 344-347, 349, 350, 353, 375, 378, 385, 386, 389

dez vantagens 93, 105, 108, 397

Dharma 12, 16, 20, 21, 22, 35, 38-40, 48, 61, 74, 75, 78, 80, 83, 88, 89, 90, 91, 93, 96, 97, 100, 103, 104, 106, 108-112, 118, 126, 127, 132, 134, 139, 156, 158, 174, 178, 181, 182, 192-195, 198, 202-213, 217, 219, 220, 225-226, 231-233, 237, 241, 242, 245, 259, 260, 261, 266, 267, 269, 277, 281, 306, 309, 312, 324, 328, 331, 334, 337, 341, 342, 344, 347, 350, 351, 352, 353, 354, 357, 358, 360, 363, 364, 365, 367, 375, 377, 378, 379, 388, 389, 390, 391, 392, 394, 395, 396, 398, 402, 403, 405, 406, 414, 419

refúgio no, 12, 16, 20, 21, 22, 35, 38, 39, 40, 48, 61, 74, 75, 78, 80, 83, 88, 89, 90, 91, 93, 96, 97, 100, 103, 104, 106, 108, 109, 110, 112, 118, 126, 127, 132, 134, 139, 156, 158, 174, 178, 181, 182, 192, 193, 194, 195, 198, 202, 203, 204, 205, 206, 208, 209, 211, 212, 213, 217, 219, 220, 225, 226, 231, 232, 233, 237, 241, 242, 245, 259, 260, 261, 266, 267, 269, 277, 281, 306, 309, 312, 324, 328, 331, 334, 337, 341, 342, 344, 347, 350, 351, 352, 353, 354, 357, 358, 360, 363, 364, 365, 367, 375, 377, 378, 379, 388, 389, 390, 391, 392, 394, 395, 396, 398, 402, 403, 405, 406

dharmakaya 207, 214, 218-219, 373-374, 376, 378-379, 381, 385, 398-399, 405-406

Dilgo Khyentse 10, 13, 85, 112, 113, 367,

398, 408, 409

dissolução 123, 128, 131-132, 230, 385

dukkha 33, 35, 75, 158, 159, 165, 169, 173, 199, 202, 383, 398, 404

dúvida 134, 144, 215, 238, 362

Dzogchen 88, 188, 234, 369, 408

E

ego 60, 72, 80, 89, 98, 108, 153, 154, 189, 194, 211, 220, 256, 258, 260, 261, 262, 264, 265, 271, 272, 294, 301, 302, 303, 304, 305, 307, 308, 317, 321, 322, 326, 332, 342, 345, 372, 373, 374, 378, 379, 380, 383, 387, 392

emoções 26, 35, 46, 50, 66, 72, 97, 162, 163, 167, 189, 196, 247, 253, 322, 351, 368

equanimidade 66, 140, 163, 164, 166, 243, 245, 250, 251, 253, 257, 269, 274, 279, 402

espaço 53, 63, 65, 135, 136, 177, 214, 220, 223, 240, 279, 280, 285, 303, 305, 332, 350, 371, 376, 379, 407

esperança e medo 210, 211, 239, 260

estado búdico 21, 27, 39, 40, 93, 112, 175, 193, 197, 205, 207, 210, 218, 219, 230, 234, 242, 262, 339, 341, 379, 396, 398, 406

estágio de completude 382, 383, 385

estágio de desenvolvimento 382, 385

ética 140, 366

existência 20, 32, 39, 66, 90, 91, 93, 94, 96, 99, 104, 105, 110, 111, 117, 121, 133, 134, 135, 143, 154, 155, 157, 169, 176, 374, 403, 404, 406

existência humana preciosa 32

F

fé 26, 201, 205, 217, 265, 292, 339, 345-349, 353, 356, 385, 386

felicidade 12, 13, 20, 24, 25, 32, 35, 36, 40, 69, 76, 85, 98, 99, 120, 127, 140, 155, 157, 159, 164, 169, 188, 193, 194, 199, 227, 241, 243, 244, 245, 246, 247, 248, 249, 251, 253, 254, 255, 256, 258, 260, 302, 303, 330, 345, 346, 392, 402, 408

fixação ao ego 72, 153, 194, 211, 256, 262, 265, 294, 305, 332, 378, 380, 383, 387

G

ganância 88, 94, 96, 97, 98, 99, 121, 122, 124, 127, 130, 137, 159, 169, 170, 256, 273, 306, 323, 332, 333, 368, 373, 384, 399, 404

Gandhi 254

generosidade 42, 140, 149, 207, 210, 242, 259, 260, 261, 265, 286, 300, 301, 305, 306, 309, 310, 321, 322, 326, 329, 332, 344, 371, 402

Geshe Ben 307

Guru Rinpoche 80, 367

gurus 49, 78, 197, 216, 217, 272, 284, 339, 347, 351, 353, 357, 361, 362, 365, 369, 371, 374, 375, 377, 381

guru yoga 43, 190, 207, 328, 333-340, 345, 347, 350, 353, 371, 373, 375, 378, 380-381, 385, 386, 391, 392, 393, 398, 406

H

HUNG 23, 283, 284, 285, 348, 366

I

identidade 73, 107, 135, 169, 177, 184, 196, 270, 297, 406

ignorância 17, 20, 34, 94, 95, 97, 121, 122, 131, 153, 169, 170, 171, 181, 188, 211, 220, 228, 250, 256, 267, 270, 302, 304, 324, 344, 351, 373, 384, 401, 404, 406

iluminação 17, 21, 38, 40, 80, 89, 93, 108, 109, 114, 131, 132, 141, 175, 190, 197, 200, 201, 208, 210, 242, 246, 258, 259, 261, 262, 264, 265, 268, 270, 278, 280, 287, 310, 311, 321, 330, 335, 340, 344, 353, 358, 362, 373, 377, 379, 384, 393, 396, 398, 399, 400, 401, 402, 403, 406

imaginação 42, 93, 106, 107, 197, 207, 213, 218, 220, 221, 222, 223, 240, 268, 272, 276, 283, 285, 287, 288, 296, 300, 301, 305, 312, 313, 314, 316, 317, 318, 319, 322, 329, 330, 332, 333, 339, 340, 341, 344, 345, 375, 382, 399

imparcialidade 255

impermanência 19, 28, 29, 30, 32, 39, 105, 115, 117, 118, 119, 121, 122, 123, 125, 127, 128, 129, 130, 133, 134, 135, 136, 137, 158, 173, 175, 184, 185, 211, 271, 277, 302, 333, 340, 372, 399, 406

incomensuráveis 202, 242, 243, 244, 245, 254, 257, 258, 265, 402

inerente 46, 99, 134, 135, 160, 163, 176, 184, 193, 235, 270, 297, 317, 333, 347, 374, 384, 397, 399, 406

iniciação da palavra 384, 385

iniciação do vaso 381, 384, 385

iniciação secreta 384, 385

iniciações 82, 347, 380, 381, 384, 385, 403

insatisfação 21, 29, 32, 33, 89, 119, 121, 134, 148, 158, 165, 166, 167, 168, 169, 171, 189, 192, 196, 246, 250, 304, 332, 340, 398

insetos 41, 239, 243, 259, 269, 278, 280-281, 332

insuficiência 195

intenção 48, 49, 50, 53, 61, 62, 63, 72, 73, 74, 76, 91, 101, 102, 140, 141, 169, 182, 193, 210, 211, 212, 232, 241, 253, 265, 286, 287, 296, 301, 306, 319, 330, 391, 393, 396

interdependência 32, 138, 139, 187, 205, 229, 273, 303, 340, 348

introdução à natureza da mente 234

inveja 61, 66, 98, 168, 169, 170, 186, 228, 251, 273, 306, 323, 351, 364, 368, 377

J

Jamyang Khyentse Wangpo 367, 408

K

Kagyu 215, 218, 336, 352, 372-373, 378, 399-401, 405, 409, 410

Kathok 85

Katmandu 15, 17, 18, 45, 111, 115, 117, 179, 180, 203, 343, 365, 367, 401, 405

Khenpo Ngawang Palzang 394

kleshas 95, 97, 300, 323, 324, 327, 386

L

linhagem 9, 37, 38, 43, 83, 85, 87, 88, 108, 110, 114, 203, 204, 205, 214, 215, 216, 217, 218, 223, 229, 243, 267, 272, 341, 352, 356, 357, 360, 362, 365, 366, 367, 368, 369, 372, 374, 375, 378, 381, 394, 399, 400, 401, 405, 409, 410

Lotsawa 390-391

M

Mahamudra 11, 180, 188, 216, 234, 384, 400

Mahayana 220, 268, 269, 328, 391, 400, 407

mala 23, 24-25, 228, 289-290, 311, 366, 370, 400

mantra 12, 23, 49, 268, 269, 271, 272, 273, 283, 284-285, 287-290, 298, 300, 308, 311, 317, 327, 344, 348-349, 366, 400

Marpa 350

meditação 12, 17, 25, 26, 29, 45-76, 93, 99-105, 118, 119, 121, 124, 127-133, 136, 148, 150, 160, 161, 167, 169, 170, 171, 173, 177, 183, 184, 186, 187, 188, 195, 205-207, 213, 223-225, 229, 232, 233, 234, 236, 240, 245, 246, 248, 249, 253, 259-261, 280, 286, 294, 297, 305, 319, 326, 327, 331, 338, 347, 357, 365, 367, 370, 371, 378, 380, 381, 386, 400, 402, 405-407, 411

meditação da consciência plena 26, 59, 61, 63, 101, 224, 294

Meditação Guiada da Vaca 100

meditação sobre morte 12, 105, 118, 124, 127, 128, 132, 133, 136, 173

medo 12, 66, 68, 94, 117, 127, 130, 132, 133, 149, 161, 170, 210, 211, 239, 243, 252, 260, 261, 269, 277, 298, 388

meios hábeis 193, 214, 236, 318, 344, 406

mente da realidade relativa 75

mente-do-macaco 57-74, 195, 202, 234, 272, 319, 341, 378, 379, 383, 400

mérito 16, 42, 128, 210, 240, 241, 242, 265, 266, 269, 288, 299-305, 321, 326, 328, 330, 332, 333, 336, 364, 375, 377, 386, 392, 393, 395

Milarepa 12, 112, 175, 341, 342, 350, 351, 352, 353, 400, 409

Mingyur Rinpoche 12-16, 18, 31, 69, 81, 84, 116, 124-126, 143, 179, 247, 399, 401, 403, 404, 405, 409, 410, 411

momento da morte 29

momento presente 32, 50, 114, 132, 142, 185, 188, 190, 207, 231, 406

Monastério Palpung 83, 191

Monastério Rumtek 83

Monastério Sherab Ling 22, 80, 125, 404

Monastério Tergar 258

Monte Meru 312-319, 328, 329

morte 12, 28, 29, 31, 32, 41, 98, 113, 115, 117, 118, 121, 123, 124, 126, 127, 128, 129, 130, 131, 132, 133, 137, 143, 161, 162, 173, 175, 256, 259, 298, 403

motivação 39, 49, 50, 72, 140, 141, 193, 209, 210, 211, 221, 228, 229, 231, 240, 243, 257, 258, 260, 261, 262, 265, 267, 273, 282, 286, 288, 301, 308, 314, 321, 324, 330, 391

movimento 23, 129, 165, 185, 233, 236, 237, 279, 311, 329, 359, 367, 400

mudra 41, 53, 321, 401

N

nadi 382

Nagi Gompa 17, 18, 34, 45, 84, 90, 113, 117, 130, 164, 179, 228, 238, 275, 367, 401, 405

Namdak 334, 335

não-meditação 102, 103

não virtuosas 140, 153, 270, 368, 397

na prática do refúgio 256

Naropa 23, 112, 114, 401, 405

natureza búdica 39, 75, 90, 91, 92, 94, 97, 99, 131, 132, 152, 190, 197, 198, 199, 207, 223, 225, 226, 235, 256, 267, 271, 304, 340, 347, 350, 374, 397, 398, 399, 401, 403

natureza búdica e compaixão 152, 198, 199, 226, 304

natureza da mente 46, 77, 90, 99, 132, 144, 180, 234, 296, 297, 304, 327, 330, 331, 370, 371, 376, 380, 383, 384, 386, 388, 389, 392, 399

ngondro 19, 22, 25, 26, 27, 37, 39, 43-46, 49-50, 61, 73, 77-78, 89, 90, 98, 105-106, 117, 118, 136, 138, 174, 190, 192, 193, 197, 204, 207, 221, 222, 226, 228-236, 259, 260, 261, 262, 268, 269, 271, 278, 287, 290, 300, 305, 314, 319, 324, 326, 328, 333, 334, 369, 375, 378, 380, 387, 392, 401, 402, 410

niilismo 146

nirmanakaya 218, 219, 374, 377, 381, 382, 385, 399, 401, 405

nirvana 21, 25, 43, 77, 98, 188, 189, 202, 207, 214, 215, 241, 262, 324, 338, 372, 379, 398, 401, 402

Nyingma 85, 374

Nyongtri 87, 367, 368, 388, 394, 399

Nyoshul Khen Rinpoche 12, 72, 78, 84, 85, 86, 87, 141, 310, 350, 353, 367, 388, 394, 399, 401, 409

O

ódio contra si mesmo 244

oferenda de mandala 308-309, 319, 322, 330, 388

oferenda dos sete ramos 375

oferendas 27, 203, 252, 300, 304, 307-339, 354, 375, 376

oito liberdades 93-94, 100, 104

orgulho 88, 98, 169, 170, 172, 178, 204, 228, 266, 282, 306, 321, 322, 323, 326, 343, 344, 374, 376, 387

orgulho vajra 374

P

Padmasambhava 374, 389

padrões habituais 21, 39, 122, 158, 192, 306, 332

paramita 259-261

paramitas 207, 215, 259-261, 265, 286, 336, 371, 373, 396, 402

Patrul Rinpoche 354, 355, 408

Pema Wangchug Gyalpo 82

Pensamentos 67, 70

percepção 43, 79, 118, 120, 134, 135, 153, 160, 161, 168, 169, 175, 177, 178, 184, 185, 186, 187, 189, 190, 198, 202, 217, 222, 269, 305, 311, 317, 318, 326, 328, 332, 335, 337, 338, 339, 341, 342, 345, 347, 350, 360, 361, 364, 371, 379, 382, 386, 402, 407

percepção pura 187, 190, 217, 305, 328, 332, 338, 339, 341, 342, 347, 350, 361, 364, 379, 382, 386, 402

placa de oferenda 313, 314, 327

postura dos sete pontos 51, 73, 220

prana 382

prática da deidade 291

prática da mandala 42, 190, 269, 298, 299, 303, 305, 310, 316, 317, 318, 327, 329, 331, 332, 388, 393

prática de Vajrasattva 190, 228, 268, 269, 270, 272, 273, 294, 297, 393

prática do refúgio 209, 220, 256, 391, 392

práticas comuns 27

práticas extraordinárias 27, 37

práticas fundamentais 5, 9, 10, 13, 15, 16, 19, 21, 77, 192, 241, 333, 399, 400, 401, 402, 408, 410

prece 180, 203, 210, 228, 232, 235, 240, 314, 344, 345, 378, 380, 400

professores 9, 12, 78, 83, 89, 108, 110, 144, 200, 204, 214, 216, 217, 229, 284, 297, 331, 347, 354, 357, 358, 359, 361, 362, 363, 366, 367, 369, 370, 374, 380, 388, 401, 403, 405, 409, 411

projeções 26, 35, 60, 153, 160, 161, 185, 189, 305, 339, 364

pronúncia do 289

prostrações 74, 221-241, 268, 300, 338, 354, 355, 375, 376

protetores do Dharma 205, 209, 212, 213, 220, 309, 331, 398

protetores mundanos 208

purificação 41, 132, 198, 200, 240, 268-273, 277, 278, 280, 283, 286, 287, 289, 291, 298, 300, 301, 406

Q

qualidades negativas 92

Quatro Nobres Verdades 207, 402

quatro pensamentos que transformam a mente 27, 37, 90

R

raiva 29, 30, 35, 61, 66, 73, 88, 94, 96, 97, 99, 121, 124, 127, 137, 140, 142, 147, 148, 150, 151, 162, 163, 169, 170, 171, 172, 178, 192, 195, 196, 204, 208, 228, 248, 254, 273, 301, 323, 364, 368, 373, 387, 399, 404

realização 27, 37, 41, 73, 75, 82, 132, 175, 187, 190, 197, 202, 203, 205, 206, 208, 218, 225, 258, 260, 262, 308, 310, 312, 317, 326, 331, 337, 339, 340, 350, 352, 353, 357, 373, 380, 381, 382, 384, 388, 390, 392, 393, 394, 396, 398, 399, 403

realização como caminho 310, 337, 339, 340, 384, 392

reencarnação 31, 32, 81, 82, 124, 144

refúgio 15, 27, 39, 40, 174, 190-249, 256, 261, 267, 268, 270, 291, 309, 318, 336, 340, 374, 391, 392, 393, 405, 409

reino animal 94, 95

reino dos fantasmas famintos 94, 96, 170-171

reinos dos infernos 94

relaxamento 36, 56-57, 62, 65

renascimento 32, 405

renúncia 23, 25, 173, 378, 379, 388, 392, 393, 404

resolução 273, 292, 293, 294, 298

respiração 48, 49, 61, 62, 63, 64, 70, 73, 105, 129-132, 338, 382

Rime 367

Rinchen Zangpo 390, 391

roda de oração 23, 186, 187, 366, 370

roubar 140, 279, 287

S

sabedoria 9, 16, 25, 39, 42, 76, 78, 79, 83, 89, 93, 95, 97, 99, 106, 109, 110, 119, 124, 131, 134, 163, 181, 182, 187-189, 197, 198, 199, 201, 202, 203, 205, 206, 207, 209, 212, 214, 217, 218, 219, 220, 225, 227, 228, 240, 259, 261, 263, 269, 272, 274, 277, 278, 279, 282, 284, 285, 286, 288, 291, 299, 301, 304, 305, 309, 310, 327, 328, 330-338, 340, 347, 351, 353, 356, 362, 363, 364, 371, 373, 374, 376, 377, 378, 382, 383, 384, 385, 387, 389, 390, 391, 392, 393, 395, 397, 398, 400, 401, 402, 403, 406

Saljay Rinpoche 23-25, 42, 59-61, 68, 78, 83, 84, 97, 138-140, 180-192, 216, 232-234, 262, 263, 323, 334-336, 345, 346, 351, 361-363, 403

samaya 358, 359, 361, 403

sambhogakaya 218, 219, 374, 381, 383, 385, 399, 403, 405

samsara 20, 23, 25, 32, 34, 35, 39, 43, 75, 77, 80, 94, 96, 98, 106, 117, 120, 121, 127, 133, 134, 141, 158, 159, 162, 163, 165, 172, 173, 181, 189, 200, 203, 204, 207, 211, 214, 215, 241, 249, 250, 259, 262, 263, 265, 267, 274, 304, 306, 324, 338, 340, 350, 353, 361, 372, 375, 377, 391, 392, 398, 399, 402, 403, 404

Sangha 39, 40, 89, 108, 110, 181, 192, 193, 194, 195, 198, 203, 204, 205, 206, 208, 212, 213, 220, 221, 232, 233, 241, 242, 267, 309, 331, 334, 358, 392, 398, 401, 403, 405

sangye 17

Sarnath 80

seis reinos 94, 95, 169, 173, 404

seres iluminados 39, 175, 197, 201, 207, 208, 209, 213, 216, 219, 221, 227, 230, 241, 264, 272, 284, 285, 309, 319, 337, 339, 356, 363, 375, 376, 389, 393, 398, 403, 407

seres sencientes 109, 123, 173, 197, 199, 210, 211, 218, 219, 221, 222, 226, 235, 254, 255, 256, 261, 262, 265, 267, 268, 278, 283, 288, 291, 294, 301, 308, 317, 323, 330, 331, 332, 333, 337, 338, 344, 373, 376, 377, 379, 380, 385, 386, 396, 398, 401, 402, 404

shamatha 61-64, 121, 147, 167, 184-185, 195, 213, 223, 233-236, 239, 240, 279-280, 287, 288, 295, 296, 317, 319, 329, 330, 380, 386, 391-392, 396, 404

Shantideva 110, 280, 293, 404, 409, 410

Siddhartha 200

sinais 48, 76, 109, 163, 368

sofrimento 12, 16, 17, 19, 21, 28, 30, 32, 33, 34, 35, 39, 40, 42, 66, 69, 88, 93, 94, 96, 97, 98, 99, 101, 105, 109, 119, 120, 121, 124, 135, 136, 140, 141, 148, 149, 152, 154, 156, 157, 158, 159, 160, 161, 162, 164, 165, 166, 167, 168, 169, 170, 172, 173, 174, 175, 178, 182, 183, 188, 189, 192, 193, 199, 200, 201, 202, 203, 207, 210, 211, 234, 241, 242, 243, 244, 245, 249, 250, 254, 255, 256, 258, 260, 262, 263, 264, 265, 267, 273, 277, 278, 279, 288, 291, 292, 298, 304, 316, 324, 325, 328, 330, 340, 345, 350, 365, 368, 377, 395, 396, 397, 398, 399, 401, 402, 403, 404, 406

Sonam Chödrön 247, 409

sonhos 106, 178, 180, 181, 298, 349

Suddhodana 200

suporte 40, 48, 49, 50, 51, 52, 61, 62, 63, 64, 66, 70, 71, 72, 73, 101, 112, 114, 118, 119, 130, 133, 167, 177, 184, 185, 186, 195, 223, 228, 233, 239, 240,

261, 271, 273, 274, 280, 282, 287, 288, 292, 295, 305, 306, 310, 319, 329, 344, 385, 387, 400, 411

Sutra do Coração 136, 176, 404

svabhavikakaya 381, 384, 385

T

Tai Situ Rinpoche 78, 80, 81, 82, 83, 124, 370, 403, 404, 409

Tara Verde 348, 349

Tashi Dorje 80, 247, 409

tempo 11, 12, 15, 16, 19, 21, 22, 28, 30, 36, 42, 46, 52, 54, 56, 58, 61, 64, 68, 70, 73, 77-79, 84, 85, 88, 91, 96, 98, 99, 102, 103, 104, 106, 108, 111, 115, 116, 117, 118, 121, 126, 130, 133, 134, 135, 136, 137, 138, 139, 141, 143, 144, 155, 160, 176, 179-180, 186, 189, 190, 210, 223, 227, 229, 232, 235, 236, 237, 239, 244, 247, 248, 249, 253, 257, 262, 263, 264, 265, 277, 283, 286, 289, 295, 303, 305, 308, 311, 316, 326, 334, 335, 343, 348, 349, 351, 354, 360, 363, 364, 365, 367, 368, 370, 376, 377, 383, 386, 389, 395

tempos de degeneração 347

testemunhar 274, 280, 282, 284

Thimphu 368, 369, 388, 389

Tilopa 23, 401, 405

torma 308

transmissão 37, 38, 87, 88, 110, 205, 206, 348, 376, 396, 399

Três Joias 398, 403, 405

três raízes 205, 240, 405

três tipos de devoção 47, 345, 346

Tsoknyi Rinpoche 18, 69, 80, 124, 130, 179, 192, 368, 405

Tso Pema 80

Tulku Pema Wangyal 87

tulkus 83, 84

Tulku Urgyen Rinpoche 16, 17, 18, 78, 113, 228, 401, 405, 409

U

união de vacuidade 219, 263, 264, 274, 288, 403

V

vacuidade 19, 104, 107, 135, 136, 174, 175, 176, 177, 178, 180, 181, 182, 183, 184, 185, 186, 187, 188, 189, 190, 197, 211, 214, 216, 218, 219, 225, 235, 236, 240, 262, 263, 264, 265, 270, 272, 274, 277, 278, 288, 296, 297, 298, 303, 304, 305, 310, 316, 317, 318, 326, 327, 328, 330-332, 340, 371, 373, 374, 375, 383, 385, 386, 391, 392, 396-407

Vajradhara 197, 198, 213, 214, 215, 216, 217, 218, 219, 220, 232, 233, 309, 329, 331, 334, 335, 336, 337, 369, 374, 375, 376, 377, 381, 382, 383, 385, 386, 406, 409

Vajrasattva 190, 206, 228, 267, 268, 269, 270, 271, 272, 273, 274, 275, 276, 280, 282, 283, 284, 285, 286, 287, 288, 290, 291, 292, 293, 294, 295, 296, 297, 298, 308, 311, 333, 337, 340, 376, 389, 391, 393, 406, 409

Vajrayana 188, 198, 205, 216, 222, 226, 230, 268, 269, 270, 287, 328, 337, 338, 339-340, 353, 357-359, 366, 380, 391-394, 399, 403-407

Vajrayogini 336-338, 340-341, 371-378, 381-386, 392, 406, 409

Vimalamitra 367-368

Vinaya 406

vipassana 225, 233, 236, 240, 261, 288, 296, 330, 407

virtudes 251, 286-287, 326-327

virtuosas 111, 140, 147, 153, 210, 242, 270, 368, 377, 397

visão 10, 27, 43, 45, 76, 83, 120, 122, 123, 128, 134, 135, 140, 142, 146, 151, 167, 175, 183, 185, 187, 189, 190, 205, 212, 218, 223, 229-230, 252, 263, 267, 270, 298, 302, 310, 321, 328, 332, 337-338, 341, 344, 346-347, 362, 391-392, 406, 407

visualização 102, 225, 233-236, 238, 274, 296, 298, 314, 315, 318, 327, 380, 388, 399, 406

Y

yidams 206-208, 212-213, 218, 309, 331, 333, 373, 407

Que muitos seres sejam beneficiados.

Para maiores informações sobre lançamentos de livros budistas pela Lúcida Letra, cadastre-se em www.lucidaletra.com.br

Impresso em maio de 2018 na gráfica da Editora Vozes, utilizando-se as tipografias Minion e Flamenco.